U0938757

★本书是2010年国家社科基金重点项目“中国涉外民事法律适用法制定与完善研究”（批准号：10AFX015）和2008年国家社科基金一般项目“欧盟民事司法协助制度研究”（批准号：08BFX078）的阶段性成果

外国国际私法立法精选

SELECTED CODIFICATIONS of FOREIGN PRIVATE INTERNATIONAL LAW

白俄罗斯共和国民法典·
摩尔多瓦共和国民法典·
吉尔吉斯共和国民法典·
立陶宛共和国民法典·
俄罗斯联邦民法典·
……

邹国勇⊙译注

中国政法大学出版社

2011·北京

图书在版编目（CIP）数据

外国国际私法立法精选 / 邹国勇译注. —北京：中国政法大学出版社，2010.12

ISBN 978-7-5620-3784-2

Ⅰ.外… Ⅱ.邹… Ⅲ. 国际私法-立法－资料-汇编-外国 Ⅳ.D997

中国版本图书馆CIP数据核字(2010)第218282号

书　　名	外国国际私法立法精选 WAIGUO GUOJI SIFA LIFA JINGXUAN
出版发行	中国政法大学出版社(北京市海淀区西土城路 25 号) 北京 100088 信箱 8034 分箱　邮编 100088　fada.sy@sohu.com http://www.cuplpress.com (网络实名：中国政法大学出版社) (010)58908524(编辑部)　58908325(发行部)　58908334(邮购部)
承　　印	固安华明印刷厂
规　　格	787×960mm　16 开本　23.75 印张　425 千字
版　　本	2011 年 1 月第 1 版　2011 年 1 月第 1 次印刷
书　　号	ISBN 978-7-5620-3784-2/D·3744
定　　价	36.00 元

序

得知邹国勇博士译注的《外国国际私法立法精选》一书即将由中国政法大学出版社出版，作为他在武汉大学攻读硕士学位和博士学位期间的导师，我感到甚为欣慰，特写下数言，是为序。

据我所知，国勇博士在武汉大学学习期间，精于德语，长于英语。正因为有良好的外语功底，他自1999年研习国际私法以来，不仅阅读了大量原始的外国国际私法文献，而且还先后翻译了德国、奥地利、瑞士、斯洛文尼亚、委内瑞拉、俄罗斯、白俄罗斯、阿塞拜疆、立陶宛、保加利亚、土耳其、荷兰、卡塔尔、马其顿、吉尔吉斯、亚美尼亚、摩尔多瓦等国家以及欧洲联盟的国际私法和仲裁法立法资料，字数达40余万字。本书所收录的外国国际私法立法资料是他10多年来从事国际私法立法翻译的结晶，凝聚着他多年来研习国际私法的心血。因此，本书的出版，对我国从事国际私法教学与理论研究的人员以及实务工作者都有较大的参考价值，对我国《涉外民事关系法律适用法》的进一步完善也具有一定的借鉴意义。

综观全书，它主要有以下几个特点：

一是紧跟前沿，资料新颖。本书所收录的国际私法立法资料，均为20世纪90年代以来新制定或修订的立法，为我们把握外国国际私法立法的新近发展提供了方便。例如，德国、奥地利、土耳其、瑞士等国的国际私法分别制定于1896年、1978年、1982年和1987年，然而随着时代的变迁和社会的发展，这些国家都不同程度地对其国际私法进行了修订甚至多次修订。国勇博士多年来一直密切跟踪外国国际私法立法动态，所翻译的立法资料均为最新修订文本，这无疑有助于读者了解和掌握外国国际私法立法的最新发展动态。

二是精心注解，内容全面。国勇博士不仅精心地翻译了本书所收录的外国国际私法立法资料，而且还根据他所掌握的立法资料对其中法律文献、立法条文等做了较为详细的注解。例如，他在书中对德国《民法典施行法》、奥地利1978年6月15日《关于国际私法的联邦法》、瑞士1987年12月18日《关于国际私法的联邦法》中的诸多章节、条款的修订背景、时间、原因等进行了注解。本书较为全面的内容又辅之于精心注解的特点，既能让读者了解外国国际私法法律文献、立法条文，又能让读者把握其修订的背景、原因等。

三是忠于原文，通顺畅达。法律文献中大量存在的长句和特有词汇，对翻译者的语言驾驭能力和理解力要求较高。为了使翻译的外国国际私法立法资料既忠于原文，又通顺畅达，能较好地表达原文的写作风格，国勇博士谨慎细微、再三核校了本书所收录的外国国际私法立法资料，防止误译、漏译和曲译，并在文件的注释中标明了资料来源和参考过的他人译文资料。为了易于国内读者阅读，国勇博士在翻译过程中，努力使译文符合现代汉语的语法及用语习惯，做到字通句顺，文畅意达。

国际私法的发展经历了六百多年的思想激荡岁月，在这条思想的历史长河中，各国学者纷抒己见、著书立说，力图为国际私法的发展做出自己的贡献。随着历史的车轮驶过21世纪的前十年，中国的经济实力和国际地位正日益增强、国际民商事往来也越来越多，如何透过外国国际私法的立法来寻找适合当前中国国际私法发展的路径，为日益增长的国际民商事往来提供切实的法律支持，已经成当今国际私法学者义不容辞的责任。

“博观而约取，厚积而薄发。”作为一名国际私法的学者，广泛阅读世界各国国际私法文献是十分必要的。只有广见博识，才能择其精要者而取之；也只有积累丰厚，才能得心应手为己用，做到积之于厚，发之于薄。古人陶渊明有诗云：“盛年不再来，一日难再晨，及时宜自勉，岁月不待人。”在国勇博士译作即将出版之际，谨以此诗句共勉。

黄　进

2010年11月15日于北京

前 言

自1999年进入武汉大学法学院研习国际私法以来，受师兄陈卫佐博士、杜涛博士的启发，我先后翻译了委内瑞拉、白俄罗斯、斯洛文尼亚、阿塞拜疆、立陶宛、保加利亚、土耳其、卡塔尔、马其顿、吉尔吉斯、德国、奥地利、瑞士、俄罗斯等国家以及欧洲联盟的国际私法立法资料近40余万字。在翻译立法资料的同时，我一直关注世界各国国际私法立法的前沿动态。

20世纪以来，国际私法立法在世界范围内遍地开花，国际私法的成文化趋势日益凸显。尤其是20世纪70年代以来，世界各国掀起了一股国际私法的立法浪潮，或制定系统的国际私法规范，或对原有的国际私法条款进行大刀阔斧的改革。据笔者不完全统计，自1918年以来，先后有64个国家、地区制定了系统的国际私法规范。综观这些国家、地区的国际私法立法模式，大体分为三类：(1) 专编专章式，即在《民法典》、《民法典施行法》或《家庭法典》等民事法典中系统地规定法律适用条款，主要有德国[①]、俄罗斯、白俄罗斯、立陶宛、摩尔多瓦、吉尔吉斯、亚美尼亚、蒙古、哈萨克斯坦、卡塔尔、阿尔及利亚、越南、埃及、美国的路易斯安那州、阿拉伯也门共和国、也门人民共和国、阿拉伯联合酋长国、马达加斯加、中非、塞内加尔、加蓬、多哥、希腊、西班牙、葡萄牙、秘鲁、巴拉圭、中国、中国澳门等29个国家、地区；(2) 单行法规式，即以单行法规专门规定涉外民事法律适用条款，主要有日本[②]、北洋政府时期的中国、[③] 瑞典、[④] 泰国、中国台湾、波兰、德

---

① 我国很多教材认为德国是第一个制定国际私法单行法的国家，其实这种说法是不科学的。德国的国际私法条款一直系统地规定于《民法典施行法》中。德国《民法典施行法》最初制定于1896年8月18日，自1900年1月1日起施行，至今已经历了一百多年的风雨历程。随着时代的发展，德国先后于1986年、1999年、2008年、2009年对《民法典施行法》进行了多次重大修改，但其国际私法条款仍然主要规定在《民法典施行法》第二章中，因此，德国是一个采取专编专章式的国际私法立法的国家。

② 例如：1898年7月16日起施行的《法例》(先后为1942年第7号法律、1947年第223号法律、1964年第100号法律、1986年第84号法律、1989年第27号法律和1999年第151号法律所修正。)、1964年《关于遗嘱方式的准据法》和2006年6月15日通过的《法律适用通则法》。

③ 北洋政府曾于1918年制定了《法律适用条例》。

④ 瑞典曾于1937年制定了《关于继承的法律冲突法》。

意志民主共和国、[①] 奥地利[②]、布隆迪、荷兰[③]、英国、列支敦士登、格鲁吉亚[④]、阿塞拜疆、美国俄勒冈州、[⑤] 爱沙尼亚[⑥]等16个国家和地区；（3）法典式，即以法典的形式制定国际私法条款，包括总则、管辖权、法律适用、外国法院判决的承认与执行等内容，主要有加拿大的魁北克、[⑦] 科威特、捷克斯洛伐克、阿尔巴尼亚、前南斯拉夫、匈牙利、土耳其、瑞士、罗马尼亚、朝鲜、意大利、委内瑞拉、突尼斯、斯洛文尼亚、韩国、比利时、保加利亚、乌克兰、马其顿等19个国家和地区。据此，在国际私法的立法模式上，呈现出专编专章式、单行立法式和法典式“三足鼎立”的态势。

由于上述国家、地区的国际私法立法资料很多已被国内同仁翻译成中文，因此，本书仅收录了我自己翻译或与他人合作翻译的近20年制定或修订的国际私法立法资料，共计24万字。根据这些国家和地区的国际私法立法模式和立法体系，我将本书分为四篇：第一篇“专编专章式国际私法立法”，主要有德国、俄罗斯、白俄罗斯、立陶宛、摩尔多瓦、吉尔吉斯、亚美尼亚、卡塔尔、哈萨克斯坦、阿尔及利亚等国家；第二篇“单行法规式国际私法立法”，包括奥地利、阿塞拜疆、荷兰（物权、侵权）等国家；第三篇“法典式国际私法立法”，包括保加利亚、斯洛文尼亚、马其顿、委内瑞拉、土耳其、瑞士

---

① 德意志民主共和国曾于1975年12月5日通过了《关于国际民事、家庭和劳动法律关系以及国际经济合同适用法律的条例》，1990年10月3日两德统一后，该法律也被废止。

② 奥地利共和国于1978年6月15日通过了《关于国际私法的联邦法》。此后，根据1998年8月14日《修改〈关于国际私法的联邦法〉和〈消费者保护法〉的联邦法》第1条、1999年1月12日《修改〈关于国际私法的联邦法〉的联邦法》、2000年12月29日《亲子关系法修订法》第10条、2003年12月16日《金融安全法和修改〈关于国际私法的联邦法〉的联邦法》第2条、2004年6月21日《修订家庭法和继承法的联邦法》第2条等立法规定，废除了奥地利共和国《关于国际私法的联邦法》第22条和第36~45条，修订了第21条、第26条、第35条、第50条和第53条，并增加了第33a条。

③ 例如：荷兰王国《1993年3月18日关于海事、内河航运和航空的国际私法法令》、2001年4月11日《侵权法律冲突法》和2008年2月25日《物权冲突法》。

④ 格鲁吉亚1998年4月29日通过了《关于国际私法的立法》，由于语言的问题，国内尚无该立法的中译本。

⑤ 例如：2001年《俄勒冈州合同冲突法》、2009年《俄勒冈州关于侵权及其他非合同之诉的法律选择法》。

⑥ 爱沙尼亚2002年通过了《国际私法的立法》，并于2004年4月22日修订。由于语言的问题，国内尚无该立法的中译本。

⑦ 1991年12月18日通过、1994年1月1日开始生效的加拿大《魁北克民法典》第十卷第3076~3178条专门对国际私法问题做了详细规定。这些国际私法条款虽然在形式上属于《魁北克民法典》第十卷，但在结构上浑然一体，既有总则，又有分则，而分则又涉及冲突法（人法、物法、债法、程序法）、魁北克当局的国际管辖权、外国判决的承认与执行及外国当局的管辖权等内容，实际上已超出了民法典的范畴，完全可以视为一部单行的国际私法典。

等国家；第四篇“欧洲联盟的国际私法立法”，即欧盟理事会近年来以条例形式制定的国际私法文件，包括《关于破产程序的第1346/2000号条例》、《关于婚姻事项及父母亲责任事项的管辖权及判决的承认与执行并废除第1347/2000号条例的第2201/2003号条例》、《关于合同之债法律适用的第593/2008号条例》等。本书凝聚着我十来年研习国际私法的心血，虽然有些译文曾刊载于《中国国际私法与比较法年刊》等学术刊物上，但为了确保翻译的质量，我在今年暑假期间又根据外文资料对译文进行了逐一核对并做了必要的修改。另外需要说明的是，凡是本书中收录的与他人合作翻译的国际私法立法资料，我均在注释中做了说明。

我衷心感谢那些为本书的问世做出过贡献的人。感谢我的导师——中国政法大学校长黄进教授多年来一直关心学生的成长，不仅为本书的出版牵线搭桥，还欣然为之做序，使本书增色不少。感谢武汉大学国际法研究所宋连斌教授的鼓励与帮助。感谢中国政法大学出版社编辑部钱琦主任和其他编辑付出的辛勤劳动。感谢“武汉大学人文社会科学‘70后’学者学术发展计划”对本书出版给予的资助。感谢贤妻甘雯女士的理解与支持，感谢大妹邹美英帮助我照顾小孩，为我分担家务，使我有更多的时间和精力来完成本书的校对工作。女儿邹莱嘉（彤彤）自2007年10月8日出生以来，让我体验着为人之父的艰辛与喜悦，她健康、快乐地成长是我最大的欣慰。

“他山之石，可以攻玉”。希望本书的出版能对我国学者了解外国国际私法立法的最新发展动态有所帮助，更希望对今后进一步完善2010年10月28日通过的《中华人民共和国涉外民事关系法律适用法》有所借鉴。虽几经努力，但因本人学识和水平有限，加之翻译中的语文转化等原因所致的，难免有一些疏漏和误译之处，恳请广大读者予以宽容和赐教（电子邮箱：zgy69@yeah. net；zgy69@hotmail. com）。

邹国勇
2010年9月9日于武汉大学东中区
2010年11月15日修订于德国科隆大学

目 录

附 录:

第一篇

专篇专章式国际私法立法

德国《民法典施行法》（节录）*

（截至2010年1月2日）

第一编　总则

第二章　国际私法

第一节　一般规定①

第3条　适用范围；与欧洲共同体的规定以及与国际条约的关系②

除非作准的是

---

* 德国《民法典施行法》（Einführungsgesetz zum Bürgerlichen Gesetzbuche）最初制定于1896年8月18日，自1900年1月1日起施行，至今已经历了一百多年的风雨历程。随着时代的发展，德国尽管对《民法典施行法》进行了多次重大修改，但其国际私法条款仍然主要规定在《民法典施行法》中。本人翻译的德国《民法典施行法》中的国际私法条款，以德国联邦司法部官方网站（http://www.gesetze-im-internet.de/bgbeg/BJNR006049896.html）上公布的文本为基础，并同时参照了IPRax 2009年第4期第366～371页刊登的文本。部分条款的翻译参考了杜涛所著的《国际私法的现代化进程：中外国际私法改革比较研究》（上海人民出版社2007年5月版）第301～316页所附的译文、陈卫佐博士翻译的1999年5月21日《关于非契约之债和物权的国际私法的法律》（刊载于《民商法论丛》第19卷第696～700页）以及南京师范大学金振豹先生翻译的“德意志联邦共和国《〈民法典〉施行法》第3～46条（国际私法）”（刊载于《中国国际私法与比较法年刊》第10卷，北京大学出版社2008年版，第415～434页）。本译文及其修订版先后载于《国际法与比较法论丛》第17辑（中国方正出版社2007年版）第659～680页和《德国法研究》第4卷（哈尔滨工业大学出版社2010年版）第198～212页。——译者注

① 本节标题原为“指引”（Verweisungen），被2008年12月10日《关于使国际私法条款与欧盟第864/2007号条例相适应的法律》（Gesetz zur Anpassung der Vorschriften des Internationalen Privatrechts an die Verordnung（EG）Nr. 864/2007 vom 10. 12. 2008，BGBl. I S. 2401）第1条第1项修改为现有标题，自2009年1月11日起生效。——译者注

② 2008年12月10日《关于使国际私法条款与欧盟第864/2007号条例相适应的法律》第1条第2项对《民法典施行法》第3条规定进行了修订，并将原第3条的主要内容改为现行第3a条，自2009年1月11日起施行。2009年6月25日《关于使国际私法条款与欧盟第593/2008号条例相适应的法律》（Gesetz zur Anpassung der Vorschriften des Internationalen Privatrechts an die Verordnung（EG）Nr. 593/2008 vom 25. Juni. 2009，BGBl. I S. 1574）第1条第1项又对《民法典施行法》第3条规定进行了修订，并自2009年12月17日起施行。——译者注

（1）欧洲共同体可直接适用的现行规定，尤其是

（a）欧洲议会及理事会 2007 年 7 月 11 日《关于非合同之债法律适用的第 864/2007 号条例》（“罗马Ⅱ”）[①]，以及

（b）欧洲议会及理事会 2008 年 6 月 17 日《关于合同之债法律适用的第 593/2008 号条例》（“罗马Ⅰ”）[②]，或者

（2）已成为可直接适用的内国法的各项国际条约规定，

否则，当案件与外国有联系时，依照本章规定确定应适用的法律（国际私法）。

第 3a 条　对实体规范的指引；单行规定

1. 对实体条款的各项指引，均为对被援用的法律体系中除国际私法之外的法律规范的指引。

2. 如果根据本章第三节和第四节的各项指引，某人的财产应受某一国家的法律支配，则此类指引并不针对不在该国境内、并且按照其所在地国法律应受特殊条款支配的财产。

第 4 条　反致与转致，法律体系的分裂

1. 如果其他国家的法律被指引，则该国的国际私法亦应予以适用，除非其违背指引的本意。如果该其他国家的法律反致德国法律，则适用德国的实体规定。

2. 当事人可以选择某一国法律时，则只能选择该国的实体规定。

3. 如果被指引的是具有多个区域性法律体系的国家的法律，但并未指明应以哪一区域性法律体系为准，则由该国法律决定应适用哪一区域的法律体系。若无此种规定，则适用与案件有最密切联系的那一区域的法律体系。

第 5 条　属人法

1. $_{1}$ 如果被指引的是某人所属国法律，而该人属于多个国家，则适用其中与该人有最密切联系之国家的法律，此种联系尤其可通过其惯常居所或者其生活经历来确定。$_{2}$ 如果该人还是德国人，则该法律地位具有优先效力。

2. 如果某人无国籍或其国籍无法查明，则适用其惯常居所地国法律，或者当其无惯常居所时，适用其居所地国法律。

---

① Verordnung（EG）Nr. 864/2007 des Eurpäischen Parlaments und des Rates vom 11. Juli 2007 über das auf außervertragliche Schuldverhältnisse anzuwendende Recht（“Rom II”），ABl. EU Nr. L 199 vom 31. 7. 2007, S. 40.

② Verordnung（EG）Nr. 593/2008 des Eurpäischen Parlaments und des Rates vom 17. Juni 2008 über das auf vertragliche Schuldverhältnisse anzuwendende Recht（“Rom I”），ABl. EU Nr. L 177 vom 4. 7. 2008, S. 6.

3. 如果被指引的是某人的居所地国法律或惯常居所地国法律，而一个无完全行为能力的人在未经其法定代理人同意的情况下改变其居所的，则此种改变本身并不导致适用其他国家的法律。

第 6 条　公共秩序

其他国家的法律规范，如果其适用会导致与德国法律的根本原则明显不相容的结果，则不予适用。尤其当该法律的适用违背基本权利时，不予以适用。

第二节　自然人的权利及法律行为

第 7 条　权利能力与行为能力

1. 人的权利能力与行为能力，适用该人所属国法律。在行为能力因缔结婚姻而得以扩展时，亦适用此规定。

2. 曾经取得的权利能力或者行为能力，不因取得或丧失作为德国人的法律地位而受影响。

第 8 条　禁治产（废除）[①]

第 9 条　死亡宣告

死亡宣告、死亡及死亡时间的确定以及推定存活与推定死亡，适用失踪人在根据现有信息获知其仍存活的最后时间所属国的法律。如果失踪人在该时间为外国国民，则在存在正当利益的前提下可以依照德国法律宣告其死亡。

第 10 条[②]**　姓名**

1. 人的姓名，适用其所属国法律。

2. 夫妻双方可以在结婚之时或之后在户籍官员处根据下列法律选择其将来采用的姓名：

（1）夫妻一方所属国法律，而无需考虑第 5 条第 1 款之规定；或者

（2）德国法律，只要夫妻一方在德国有惯常居所。

在结婚后做出的声明必须经过公证。此种选择对子女姓名的效力，应当适用《民法典》第 1617c 条的规定。

3. 照料权人可以在户籍部门决定子女根据以下法律之一获得家族之姓：

---

① 本条被 1990 年 12 月 12 日《关于改革成年人监护和保佐法的法律》（Gesetz zur Reform des Rechts der Vormundschaft und Pflegschaft für Volljährige vom 12. 12. 1990, BGBl. I S. 2002）第 7 条第 29 款废除。——译者注

② 1997 年 12 月 16 日《关于改革亲子关系法的法律》（Gesetz zur Reform des Kindschaftsrechts vom 16. 12. 1997, BGBl. I S. 2942）对《民法典施行法》第 10 条第 2 款第 3 句做了修改，对第 3 款进行了重新表述，并废除了第 4 款，这些新规定自 1998 年 7 月 1 日起施行。——译者注

(1) 父母一方所属国法律，而无需考虑第5条第1款之规定，

(2) 德国法，只要父母一方在德国有惯常居所；或者

(3) 给予子女姓氏的人的所属国法律。

在出生登记之后提交的声明必须经过公证。

4. (废除)

第11条　法律行为的形式

1. 法律行为，如果符合构成其标的法律关系之准据法或者行为实施地国法律所规定的形式要求，则在形式上有效。

2. 如果一份合同系由位于不同国家的当事人订立，只要该合同符合构成其标的的法律关系的准据法或者上述国家之一的法律所规定的形式要求，则在形式上有效。

3. 如果一份合同系通过代理人订立，则在适用第1款和第2款时应以该代理人所在国为准。

4. 成立物权或者行使物权的法律行为，只有在满足作为该法律行为标的的法律关系之准据法所规定的形式要求时，才具有形式效力。①

第12条　对合同其他当事人的保护

如果一份合同系在位于同一国家的当事人之间订立，依照该国法律的实体规定具有权利能力、行为能力及交易能力的自然人，不得根据其他国家法律的实体规定主张自己无权利能力、无行为能力及无交易能力，除非其他的合同当事人在订立合同时知晓或者理应知晓此种无权利能力、无行为能力及无交易能力。但该规定不适用于家庭法和继承法上的法律行为以及对位于其他国家境内的地产所做的处分行为。

第三节　家庭法

第13条　结婚

1. 结婚的要件，适用许婚者各方所属国法律。

2. 如果根据上述法律缺乏结婚的要件，在下列情况下适用德国法律：

(1) 许婚者一方在德国有惯常居所或者是德国人；

(2) 许婚者双方已经采取了为满足该要件所要求的步骤；并且

(3) 拒绝缔结该项婚姻违背婚姻自由原则；尤其是在许婚者一方此前的

---

① 本条原第4款被2009年6月25日《关于使国际私法条款与欧盟第593/2008号条例相适应的法律》第1条第2项所废除，并将原第5款改为现行第4款，自2009年12月17日起施行。——译者注

婚姻已通过一项在此地做出或被承认的判决予以解除或者其原配偶已被宣告死亡，则该原有婚姻不构成障碍。

3. 在德国结婚只能依照德国所规定的形式进行。但如果许婚者双方均非德国人，则他们可以到其中一方所属国政府之合法授权者面前依照该国法律规定的形式结婚；以此种方式缔结的婚姻由上述合法授权者记载于其掌管的婚姻登记簿，其副本经过公证后具有完全的结婚证明效力。

第 14 条　婚姻的一般效力

1. 婚姻的一般效力适用

（1）夫妻双方所属国法律或者在婚姻存续期间最后的所属国法律，前提是夫妻一方仍属于该国，否则

（2）夫妻双方的惯常居所地国法律或者在婚姻存续期间最后的惯常居所地国法律，前提是夫妻一方的惯常居所仍在该国；或者

（3）以其他方式与夫妻双方均有最密切联系国家的法律。

2. 如果夫妻一方属于多个国家，则夫妻双方可以不受第 5 条第 1 款的约束而选择其中任一国的法律，前提是夫妻另一方也属于该国人。

3. 如果第 1 款第 1 项所述要件不具备，并且具有下列情形之一的，夫妻双方可以选择其中一方所属国法律：

（1）夫妻双方均无他们的惯常居所地国国籍，或者

（2）夫妻双方的惯常居所不在同一国家。

夫妻双方取得共同国籍的，则上述法律选择的效力终止。

4. 法律选择须经公证。如果法律选择非在德国进行，只要其满足所选择的法律或者法律选择做出地国法律对于婚姻契约所规定的形式要件，则该法律选择亦足为有效。

第 15 条　婚姻财产制

1. 婚姻在财产法上的效力，适用结婚时支配婚姻一般效力的法律。

2. 对于其婚姻在财产法上的效力，夫妻双方可以选择：

（1）夫妻一方所属国法律；

（2）夫妻一方的惯常居所地国法律；或者

（3）不动产所在地法律。

3. 第 14 条第 4 款相应适用。

4. 关于被驱逐者和难民的婚姻财产制的法律规定不受影响。

第 16 条　对第三人的保护

1. 如果婚姻在财产法上的效力受其他国家法律的支配，并且夫妻一方在德国有惯常居所或者在德国从业，则相应适用《民法典》第 1412 条之规定；

外国的法定财产制视同合同财产制。

2. 在德国实施的法律行为，适用《民法典》第 1357 条之规定；位于德国的动产适用《民法典》第 1362 条之规定；在德国的从业活动适用《民法典》第 1431 条和第 1456 条之规定，前提是这些规定比外国法对善意第三人更有利。

第 17 条　离婚

1. 离婚适用进入离婚请求诉讼程序时支配婚姻一般效力的法律。如果根据该法律不得离婚，只要请求离婚的夫妻一方此时是德国人或者在结婚时曾是德国人，则离婚适用德国法律。

2. 在德国只能通过法院判决离婚。

3. 法定养老金的补偿，由根据第 1 款第 1 句规定应予以适用的法律支配；只有在依该规定应适用德国法，并且得到在离婚请求进入诉讼程序时夫妻双方所属国的任一国法律的认可时，才能进行法定养老金的补偿。在其他情况下，只要满足下列条件之一，而且进行法定养老金补偿对于对于双方包括其在境外生活期间的经济状况也不会有失公平，则可应夫妻一方的请求按照德国法实施法定养老金补偿：①

（1）夫妻另一方在婚姻存续期间已经在德国获得了领取养老金的候补资格；或者

（2）婚姻一般的效力在婚姻存续期间某一阶段受某法律支配，而该法律认可法定养老金补偿制度。

第 17a 条② 婚姻住房（Ehewohnung）和家用器具

位于德国境内的婚姻住房及位于德国境内的家用器具，其使用权以及与此相关的禁止进入、禁止接近和禁止接触的命令，依照德国的实体规定。

---

① 第 17 条第 3 款系根据 2009 年 4 月 3 日的《对法定养老金补偿进行结构性改革的法律》（Gesetz zur Strukturreform des Versorgungsausgleichs, BGBl. 2009 I S. 700, 722）第 20 条修改，自 2009 年 9 月 1 日起施行。——译者注

② 本条规定系根据 2001 年 12 月 11 日《关于在发生暴力行为和跟踪时改善民事司法保护以及分居时便利婚姻住房交付的法律》（Gesetz zur Verbesserung des zivilgerichtlichen Schutzes bei Gewalttaten und Nachstellungen sowie zur Erleichterung der überlassung der Ehewohnung bei Trennung vom 11. 12. 2001, BGBl. I S. 3513 ~ 3517）增订，自 2002 年 1 月 1 日起施行。——译者注

第 17b 条[①] 注册的同性生活伴侣关系[②]

1. $_1$ 已注册的同性生活伴侣关系的建立、一般效力、财产法效力及其解除，依照注册地国的实体规定。$_2$ 对于同性生活伴侣关系在扶养法和继承法上的效果，适用依照一般规定应作准的法律；如果根据该法律，同性生活伴侣关系不具有法定扶养请求权或者法定继承权，就此而言，则相应适用本款第 1 句规定。$_3$ 法定养老金补偿适用依照第 1 句所确定的法律；如果根据该规定应适用德国法，而且在受理解除同性生活伴侣关系的申请期间，同居者一方所属国法律认可了同性生活伴侣之间的法定养老金补偿制度，则进行法定养老金补偿。$_4$ 在其他情况下，如果同居一方在同居期间已在德国获得了领取养老金的候补资格，并且实施法定养老金补偿对于双方包括其在境外生活期间的经济状况也不会有失公平，则可应同居另一方的请求按照德国法进行法定养老金的补偿。[③]

2. 第 10 条第 2 款和第 17a 条相应适用。如果同性生活伴侣关系的一般效力由其他国家法律支配，则对于德国境内的动产适用《同性生活伴侣关系法》第 8 条第 1 款，对于在德国境内实施的法律行为适用《同性生活伴侣关系法》第 8 条第 2 款以及《民法典》第 1357 条，前提是这些规定比外国法律对善意第三人更有利。

3. 如果相同的两人在不同国家注册了数个同性生活伴侣关系，则对于第 1 款所述的效力及结果，以最后建立的同性生活伴侣关系为准，并自其成立时起算。

---

① 本条原来为第 17a 条，系根据 2001 年 2 月 16 日《同性生活伴侣关系法》（Lebenspartnerschaftsgesetz vom 16. 2. 2001, BGBl. I S. 266～279）第 3 条第 25 款增订，并自 2001 年 8 月 1 日起施行；后来被 2001 年 12 月 11 日立法第 10 条第 2 项改为现行第 17b 条，自 2002 年 1 月 1 日起施行。——译者注

② 德语中的“Lebenspartner”从字面上意为“生活伴侣”，但根据 2001 年 2 月 16 日《同性生活伴侣关系法》第 1 条第 1 款第 1 句，“Lebenspartner”专指已注册的同性生活伴侣，而不包括已经结婚的男女和尚未结婚的异性同居者。《同性生活伴侣关系法》自 2001 年 8 月 1 日起施行后，同性同居者可以通过在有管辖权的机关注册而取得“注册的同性生活伴侣”的法律地位，结成“注册的同性生活伴侣关系”（eingetragene Lebenspartnerschaft）。注册的同性生活伴侣关系在民事身份、财产法、扶养法和继承法上产生某些类似于婚姻的法律效果，如注册的同性生活伴侣可以采用共同的姓氏，互相负有照料、扶养的义务，在同性生活伴侣一方死亡的情况下，存活的另一方有法定继承权等。——译者注

③ 第 17b 条第 1 款第 3 句和第 4 句系根据 2004 年 12 月 15 日《关于修订同性生活伴侣系法的法律》（Gesetz zur überarbeitung des Lebenspartnerschaftsrechts vom 15. 12. 2004, BGBl. I Nr. 69, S. 3396）第 5 条第 27 款增订，自 2005 年 1 月 1 日起施行。2009 年 4 月 3 日的《对法定养老金补偿进行结构性改革的法律》第 20 条又对《民法典施行法》第 17b 条第 1 款进行了修改，自 2009 年 9 月 1 日起施行。——译者注

4. 在外国注册的同性生活伴侣关系的效力，不得超出《民法典》和《同性生活伴侣关系法》的规定。

第 18 条　扶养

1. 扶养义务，适用各扶养权利人惯常居所地现行法律中的实体规定。如果扶养权利人根据该法律不能从义务人处得到扶养，则适用他们共同所属国法律中的实体规定。

2. 如果扶养权利人根据第 1 款第 1 句或者第 2 句应予以适用的法律仍不能从义务人处得到扶养，则适用德国法律。

3. 对于旁系血亲或者姻亲之间的扶养义务，扶养义务人可根据双方共同所属国法律的实体规定，或者在无共同所属国时，根据义务人惯常居所地的现行法律中的实体规定以不存在此种义务为由，对扶养权利人的请求提出抗辩。

4. 如果在德国被判决离婚或者离婚在德国被承认，则对于已离婚夫妻之间的扶养义务以及对这种义务所做判决的更正，以支配离婚的法律为准。本规定亦适用于不解除婚姻关系下的分居以及婚姻被宣告无效或失效的情形。

5. 如果扶养权利人和义务人均为德国人，并且义务人在德国有惯常居所的，则适用德国法律。

6. 适用于扶养义务的法律特别决定下列事项：

（1）扶养权利人是否能够、在多大范围内以及向谁请求扶养；

（2）谁有权提起扶养之诉以及提起扶养之诉的期限；

（3）当一个承担公共职责的机构向扶养权利人支付了费用后，向扶养义务人提出了相关法律所承认的偿还请求权，扶养义务人的偿还责任之范围。

7. 在计算扶养费的数额时，即使应适用的法律有不同规定，也应考虑到扶养权利人的需要以及扶养义务人的经济状况。

第 19 条①　出身

1. 子女的出身，适用该子女的惯常居所地国法律。就子女与其父母任何一方的关系而言，亦可适用该父母方的所属国法律。如果母亲已婚，则子女的出身还可根据第 14 条第 1 款所规定的、于其出生时支配其母亲婚姻的一般效力的法律确定；如果该婚姻此前已因死亡而解除，则以婚姻解除的时间为准。

2. 如果父母之间没有结婚，则父亲对母亲因怀孕而应承担的义务由母亲

---

① 第 19～21 条经 1997 年 12 月 16 日《关于改革亲子关系法的法律》第 12 条修改，自 1998 年 7 月 1 日起施行。——译者注

的惯常居所地国法律支配。

第 20 条　对出身的异议

可根据导致出身要件得以产生的任何法律对（子女的）出身提出异议。在任何情况下，子女均可根据其惯常居所地国法律对其出身提出异议。

第 21 条　亲子关系的效力

子女与其父母之间的法律关系，适用该子女的惯常居所地国法律。

第 22 条[①]　收养子女

1. 子女的收养适用收养人在收养时的所属国法律。通过夫妻一方或双方进行的收养，适用第 14 条第 1 款所规定的支配婚姻一般效力的法律。

2. 就被收养子女与收养人以及与该子女有家庭关系的其他人之间所形成的亲属关系而言，收养的后果适用第 1 款所确定的法律。

3. $_1$ 无论依照本条第 1 款和第 2 款应适用的法律有何规定，对于收养人、收养人的配偶或者其他亲属死亡后的权利继承，被收养人均享有与依照德国实体规定被收养的子女同等的权利，前提是被继承人已经在遗嘱中有此指示，并且该继承由德国法律支配。$_2$ 如果收养以一项外国判决为基础，则第 1 句规定也相应适用。$_3$ 如果被收养人在收养时已年满十八周岁，则不适用第 1 句和第 2 句的规定。

第 23 条[②]　同意

子女以及与该子女有家庭关系的人对于出身声明、取名或者收养的同意，其必要性以及做出，还应额外适用该子女所属国法律。如果出于子女利益的需要，可以适用德国法律以取代之。

第 24 条[③]　监护（Vormundschaft）、照管（Betreuung）和保佐（Pflegschaft）

1. 监护、照管与保佐的产生、变更和终止以及法定监护和保佐的内容，适用被监护人、被照管人或者被保佐人的所属国法律。对于在德国有惯常居所，或者没有惯常居所但在德国有居所的外国国民，可以依照德国法律为其

---

① 第 22 条第 2 款和第 3 款系根据 2001 年 11 月 5 日《关于调整国际收养方面的法律问题并进一步发展收养居间法的法律》（Gesetz zur Regelung von Rechtsfragen auf dem Gebiet des internationalen Adoption und zur Weiterentwicklung des Adoptionsvermittlungsrechts vom 5. 11. 2001，BGBl. I S. 2950 ~ 2959）增订，自 2002 年 1 月 1 日起施行。——译者注

② 第 23 条第 1 句经 1997 年 12 月 16 日《关于改革亲子关系法的法律》第 12 条修改。——译者注

③ 本条根据 1990 年 12 月 12 日《关于改革成年人监护和照顾法的法律》第 7 条第 29 款修改。——译者注

指定一个照管人。

2. 如果由于无法确定谁是事件的当事人，或者由于当事人位于其他国家而需要设立保佐的，则适用支配该事件本身的法律。

3. 临时措施以及照管、所指定的监护和保佐的内容，依照做出该指定的国家的法律。

第四节　继承法

第25条　因死亡而发生的权利继承（Rechtsnachfolge von Todes wegen）

1. 因死亡而发生的权利继承，依照被继承人死亡时的所属国法律。

2. 被继承人可以对位于德国的不动产以遗嘱的形式选择德国法。

第26条　遗嘱

1. 遗嘱，即使系是由数人在同一文件上设立，只要符合以下法律之一规定的形式要件，则在形式上有效：

（1）被继承人设立遗嘱时或者死亡时的所属国法律，而不考虑第5条第1款之规定；

（2）被继承人设立遗嘱地法律；

（3）被继承人设立遗嘱时或者死亡时的住所地或者惯常居所地法律；

（4）所涉及的不动产所在地法律；或

（5）适用于因死亡而发生的权利继承的法律或者设立遗嘱时应适用于继承的法律。

被继承人是否在特定地点有住所，由施行于该地的法律调整。

2. 第1款之规定也适用于撤销以前遗嘱的遗嘱。此种撤销如果符合根据第1款规定能使被撤销的遗嘱有效的任一法律的规定，即在形式上为有效。

3. 如果法律规定允许对遗嘱的形式进行涉及被继承人的年龄、国籍或其他人身属性方面的限制，则此种法律规定应被视为属于形式规定。对于用以证明遗嘱有效性之证人应当具有的人身属性，也同样适用该规定。

4. 第1款至第3款也相应适用于其他遗嘱。

5. 在其他情况下，设立遗嘱之有效性及相关事项适用设立遗嘱时支配因死亡而发生的权利继承关系的法律。已获得的遗嘱能力不因取得或丧失作为德国人的法律地位而受影响。

第27～37条　（废除）

第五节 非合同之债[①]

第 38 条 不当得利

1. 基于履行行为而产生的不当得利返还请求权，适用该项履行行为所依据的法律关系的准据法。

2. 因侵害某一受保护的利益而产生的不当得利返还请求权，适用该侵害行为发生地国法律。

3. 在其他情况下，基于不当得利而产生的返还请求权，适用不当得利发生地国法律。

第 39 条 无因管理

1. 因处理他人事务而产生的法定请求权，适用事务处理地国法律。

2. 因清偿他人债务而产生的请求权，适用支配该债务的法律。

第 40 条 侵权行为

1. 因侵权行为而产生的请求权，适用赔偿义务人行为地国法律。受害人得要求代之以适用结果发生地国法律。该项指定法律的权利，仅能在第一审法院第一次开庭日期届满前或书面预审程序终结前行使。

2. 赔偿义务人与受害人在责任事件发生时在同一国家有惯常居所的，则应适用该国法律。涉及公司、社团或者法人的，其主要管理机构所在地视同惯常居所地；如果是其某一营业所参与，则该营业所所在地视同惯常居所。

3. 不得提出受其他国家法律支配的请求权，只要该项请求：

（1）实质上大大超出了受害人所需要的适当赔偿，

（2）明显出于对受害人进行适当赔偿之外的其他目的，或者

（3）与对联邦德国有约束力的国际公约的责任法规定相抵触。

4. 受害人得直接向赔偿义务人的保险人主张请求权，前提是侵权行为的准据法或者支配保险合同的法律对此有规定。

第 41 条 实质性更密切联系

1. 如果某另一国家的法律比根据第 38 条至第 40 条第 2 款本应适用的法律存在实质性的更密切联系，则适用该另一国家的法律。

2. 实质性更密切联系可特别产生于：

（1）双方当事人之间因某一债务关系而存在的特殊法律关系或者事实关

---

① 本法第二章第五节标题系根据 2009 年 6 月 25 日《关于使国际私法条款与欧盟第 593/2008 号条例相适应的法律》第 1 条第 3 项修改，该立法第 1 条第 4 项废除了原来第一小节第 27 ~ 37 条有关合同之债法律适用的规定，自 2009 年 12 月 17 日起施行。——译者注

系，或者

（2）在第38条第2款和第3款以及第39条的情况下，各方当事人在重要法律事件发生时在同一国家有惯常居所；第40条第2款第2句之规定相应适用。

第42条　法律选择

在非合同之债据以产生的事件发生后，各方当事人可以选择支配该非合同之债的法律。第三人的权利不受影响。

第六节　物权

第43条　对物的权利

1. 对某物的权利，适用该物之所在地国法律。

2. 如已设定权利的物进入其他国家，则该权利的行使不得与该国的法律制度相抵触。

3. 如果对进入内国的物的权利尚未事先取得，则在内国取得该项权利时，在其他国家进行的程序应视同为内国程序。

第44条　地产侵扰①

因地产对外界的侵扰而产生的请求权，相应适用《第864/2007号条例》②的规定，但其第三章除外。

第45条　运输工具

1. 对空中、水上和轨道运输工具的权利，适用其来源国法律。即

（1）对于航空器为其国籍国；

（2）对于水上运输工具为其注册登记国，否则为船籍港或者故籍地（Heimatort）所在国；

（3）对于轨道运输工具为其入境许可国。

2. 上述运输工具之法定担保权的产生，适用被担保的债权的准据法。多个担保权的等级顺位，适用第43条第1款的规定。

第46条　实质性更密切联系③

如果存在比依照第43条和第45条所确定的法律具有实质性更为密切联

---

① 本条规定经2008年12月10日《关于使国际私法条款与欧盟第864/2007号条例相适应的法律》第1条第3项修改，自2009年1月11日起施行。——译者注

② 该条例全称为前文提及的《关于非合同之债法律适用的第864/2007号条例》。——译者注

③ 本条规定经2008年12月10日《关于使国际私法条款与欧盟第864/2007号条例相适应的法律》第1条第4项修改，自2009年1月11日起生效。——译者注

系的另一国法律，则适用该另一国法律。

第七节 为实施第3条第1项所指欧洲共同体各项规定而制定的特别条款①

第一小节 《第864/2007号条例》的实施②

第46a条 环境侵害③

受害人可基于《第864/2007号条例》第7条所规定之权利，根据损害事件发生地国法律主张请求权，但该权利仅能在第一审法院第一次开庭日期届满前或书面预审程序终结前行使。

第二小节 《第593/2008号条例》④ 的实施⑤

第46b条 特殊领域的消费者保护

1. 如果一项合同由于法律选择而不受欧盟成员国或者《欧洲经济区协定》的其他缔约国的法律支配，但只要该合同与前述任一国家的领土有密切联系，则在该国境内施行的为转化消费者保护指令而制定的规定同样适用。

2. 如果企业：

（1）在消费者惯常居住的欧盟成员国或者《欧洲经济区协定》的其他缔约国境内开展职业性或者营业性活动；或者

（2）以某种方式在欧盟的该成员国或者《欧洲经济区协定》的其他缔约国境内或者在包括前述国家在内的多个国家开展此类活动，且合同在该活动范围内，则应特别视为存在密切联系。

3. 对于不受欧盟成员国法律或《欧洲经济区协定》的其他缔约国法律支配的合同，

---

① 本节及第46a条系根据2008年12月10日《关于使国际私法条款与欧盟第864/2007号条例相适应的法律》第1条第5项增订，自2009年1月11日起生效。——译者注

② 本小节标题系根据2009年6月25日《关于使国际私法条款与欧盟第593/2008号条例相适应的法律》第1条第6项增订，自2009年12月17日起施行。——译者注

③ 本条标题系根据2009年6月25日《关于使国际私法条款与欧盟第593/2008号条例相适应的法律》第1条第7项修改，自2009年12月17日起施行。——译者注

④ 该条例全称为前文提及的2008年6月17日《关于合同之债法律适用的第593/2008号条例》。——译者注

⑤ 本小节标题系根据2009年6月25日《关于使国际私法条款与欧盟第593/2008号条例相适应的法律》第1条第8项增订，将《民法典施行法》原第29a条改为第46条和《保险合同法施行法》第12条第1款、第2款稍做调整后改为本法第46c条，自2009年12月17日起施行。——译者注

只要合同所涉及的住宅位于在前述任一国家境内，则亦可适用《民法典》中有关分时居住权合同的规定。

4. 本条款意义上的消费者保护指令系指其下列有效文本：

（1）欧洲经济共同体理事会1993年4月5日《关于消费者合同中的滥用条款的第93/13号指令》①；

（2）欧洲议会及理事会1994年10月26日《关于在取得不动产分时使用权合同的某些方面保护受让人的欧共体第94/47号指令》②；

（3）欧洲议会及理事会1997年5月20日《关于在远程销售中订立合同时保护消费者的欧共体第97/7号指令》③；

（4）欧洲议会及理事会1999年5月25日《关于消费品买卖和消费品保证特定事项的欧共体第1999/44号指令》④；

（5）欧洲议会及理事会2002年9月23日《关于向消费者提供融资服务的远程销售并修改欧洲经济共同体理事会第90/619号指令、欧洲共同体第97/7号指令和第98/27号指令的欧共体第2002/65号指令》⑤；

（6）欧洲议会及理事会2008年4月23日《关于消费者信贷合同并废除欧洲经济共同体理事会第87/102号指令的欧共体第2008/48号指令》⑥。

第46c条　强制保险合同（Pflichtversicherungsverträge）

1. 欧盟某成员国或者《欧洲经济区协定》的其他缔约国对某些风险规定了保险义务的，则承保此类风险的保险合同应适用前述国家的法律，前提是该国有这种法律适用的规定。

---

① Richtlinie 93/13/EWG des Rates vom 5. April 1993 über mißbräuchliche Klauseln in Verbraucherverträgen, ABl. EG Nr. L 95 vom 21. 4. 1993, S. 29.

② Richtlinie 94/47/EG des Europäischen Parlaments und des Rates vom 26. 10. 1994 zum Schutz der Erwerber im Hinblick auf bestimmte Aspekte von Verträgen über den Erwerb von Teilzeitnutzungsrechten an Immobilien, ABl. EG Nr. L 280 vom 29. 10. 1994, S. 83.

③ Richtlinie 97/7/EG des Europäischen Parlaments und des Rates vom 20. Mai 1997 über den Verbraucherschutz bei Vertragsabschlüssen im Fernabsatz, ABl. EG Nr. L 144 vom 4. 6. 1997, S. 19.

④ Richtlinie 1999/44/EG des Europäischen Parlaments und des Rates vom 25. Mai 1999 zu bestimmten Aspekten des Verbrauchsgüterkaufs und der Garantien für Verbrauchsgüter, ABl. EG Nr. L 171 vom 7. 7. 1999, S. 12.

⑤ Richtlinie 2002/65/EG des Europäischen Parlaments und des Rates vom 23. September 2002 über den Fernabsatz von Finanzdienstleistungen an Verbraucher und zur Änderung der Richtlinie 90/619/EWG des Rates und der Richtlinien 97/7/EG und 98/27/EG, ABl. EG Nr. L 271 vom 9. 10. 2002, S. 16.

⑥ Richtlinie 2008/48/EG des Europäischen Parlaments und des Rates vom 23. April 2008 über Verbraucherkreditvertrag und zur Aufhebung der Richtlinie 87/102/EWG des Rates, ABl. Nr. L 133 vom 22. 5. 2008, S. 66.

2. 一份针对强制保险而订立的合同，如果订立合同系基于德国法律规定的法定义务，则适用德国法律。

第五编　因新近修订《民法典》和《民法典施行法》而制定的暂行规定

第220条　有关1986年7月25日《重新规定国际私法的法律》的暂行规定

1. 1986年9月1日之前完成的行为仍适用原来的国际私法。

2. 家庭法上的法律关系的效力，自第1款所规定的日期起，适用本法第一编第二章的规定。

3. 截至1983年4月8日，在1953年3月31日之后、1983年4月9日之前因缔结婚姻而产生的财产法上的效力，适用：

（1）夫妻双方在结婚时的国籍国法；

（2）夫妻双方在结婚时所适用的法律或者他们曾经选定准备适用的法律，尤其是夫妻双方依其订立婚约的；

（3）辅助性的法律，即丈夫在结婚时的国籍国法。

对于1983年4月8日之后缔结的婚姻适用第15条。对于以前适用第1句第3项的婚姻，不以结婚时刻而以1983年4月9日为准。在1983年4月8日之前，仅仅由于准据法的变更使以前的财产关系终止而产生的请求权，在第1款所指的日期前视为延期支付。对于1983年4月8日之后因缔结婚姻而产生的财产法上的效力，适用第15条。1953年4月1日之前因缔结婚姻而产生的财产法上的效力不受影响；夫妻双方得依第15条第2款、第3款进行法律选择。

4. （废除）

5. （废除）

第六编 生效以及因在《统一条约》第3条所指领域施行《民法典》和《民法典施行法》而制定的暂行规定

第230条[①] **生效**

对于《统一条约》第3条所指领域，自加入生效之日[②]起，按照下列暂行规定施行《民法典》和本《民法典施行法》。

第236条 施行法——国际私法

§1. 已完成的行为

在加入生效前完成的行为，仍适用原来的国际私法。

§2. 家庭法上的法律关系的效力

家庭法上的法律关系的效力，自加入生效时起，依第一编第二章的规定。

§3. 夫妻财产制

在加入生效前已缔结的婚姻在财产法上的效力，自该日起适用第15条的规定；此时，不以结婚时间而以加入生效为准。如果仅仅由于第1句所指的准据法变更而使以前的财产关系终止而产生的请求权，则在加入生效后的两年期限内，视为延期支付。

---

① 本条规定根据1997年12月4日《援助法》(Beistandsgesetz vom 4. 12. 1997, BGBl. I, S. 2846) 进行了重新表述，自1998年7月1日起施行。——译者注

② 该“加入”是指根据联邦德国和民主德国签订的《统一条约》，原民主德国的5个州于1990年10月3日加入联邦德国，该日期为“加入”的生效日期。——译者注

德国《重新规定国际破产法的法律》*

（2003 年 3 月 14 日）

联邦议院通过如下法律：

第 1 条　对《破产法施行法》的修订

最后经 2001 年 10 月 26 日立法[①]第 9 条修订的 1994 年 10 月 5 日《破产法施行法》[②] 第 102 条表述如下：

“第 102 条　《关于破产程序的第 1346/2000 号条例》的施行

第 102 条 §1　地域管辖

1. 如果依照欧盟理事会 2000 年 5 月 29 日《关于破产程序的第 1346/2000 号条例》[③] 第 3 条第 1 款的规定，德国法院对破产程序具有国际管辖权，并依照《破产法》第 3 条不能确定国内审判籍的，由债务人主要利益中心所在辖区的破产法院专属管辖。

2. 如果德国法院依照《第 1346/2000 号条例》第 3 条第 2 款具有管辖权，则由债务人营业所所在辖区的破产法院专属管辖。《破产法》第 3 条第 2 款相应适用。

3. 在不损抑第 1 款及第 2 款有关管辖权规定的前提下，对于《第 1346/2000 号条例》规定的判决和其他措施，由债务人财产所在辖区的国内破产法院管辖。当债务人财产位于多个法院的辖区时，为有利地促进或快速解决程序，各州政府有权颁布行政法规指定其中一个法院依照《第 1346/2000 号条例》做出判决或采取其他措施。各州政府可将该授权移交给州司法行政机关。

---

* 德国联邦议院 2003 年 3 月 14 日通过《重新规定国际破产法的法律》（Gesetz zur Neuregelung des internationalen Insolvenzrechts）后，2003 年 3 月 19 日公布于《联邦法律公报》2003 年第一部分第十号第 345 ~ 351 页。本法用于转化欧洲议会和欧盟理事会 2001 年 3 月 19 日的《关于保险企业整顿和清算的第 2001/17 号指令》（ABl. EG Nr. L 110 S. 28）和 2001 年 4 月 4 日的《关于信贷机构整顿和清算的第 2001/24 号指令》（ABl. EG Nr. L 125 S. 15）。——译者注

① BGBl. I S. 2710.

② BGBl. I S. 2911.

③ ABl. EG. Nr. L 160 S. 1. 下文简称《第 1346/2000 号条例》。

第102条§2 做出开始（破产程序）裁定的理由

假如债务人的财产位于欧洲联盟另一成员国境内，则在开始（破产程序）的裁定中应简要说明德国法院据以依照《第1346/2000号条例》第3条具有管辖权的事实和法律上的考虑。

第102条§3 司法管辖权冲突的避免

1. 如果欧洲联盟另一成员国的法院已开始了主要破产程序，只要该破产程序悬而未决，则不得向国内法院就属于破产财团的财产请求开始此类程序。违背本款第1句规定开始的破产程序不得继续进行。外国主要破产程序的管理人有权就开始的国内程序提出控告。

2. 如果欧洲联盟某个成员国法院由于德国法院依照《第1346/2000号条例》第3条第2款具有管辖权而拒绝开始破产程序的，则德国破产法院不得因为另一成员国具有管辖权而拒绝开始破产程序。

第102条§4 为便利其他成员国法院而中止破产程序

1. 如果根据§3第1款规定，破产法院不得继续业已开始的破产程序，则为给欧盟其他成员国法院提供便利应主动中止程序。若指定了破产管理人或债权人委员会的，破产法院在中止程序前听取破产管理人、债权人委员会已经债务人的意见。如果破产程序已经中止，则各债权人有权提出抗告。

2. 破产程序在其中止之前发生的并不限于该程序持续期间的效力，即使其与在欧盟另一成员国开始的破产程序的效力相抵触，如果后者根据《第1346/2000号条例》延伸至国内的，继续有效。该规定亦适用于程序中止期间由破产管理人或破产管理人依职权对该程序所实施的法律行为。

3. 在依第1款中止程序前，破产法院应将中止程序的情况告知尚未审结程序的欧盟另一成员国法院，并说明将中止的程序的开始如何宣告、在哪些公共登记簿及注册机关登记以及谁为破产管理人等情况。在中止程序的决定中，应载明为其中止程序的另一成员国法院的名称，并向该法院转交一份中止决定的副本。《破产法》第215条第2款不予适用。

第102条§5 公告

1. 根据《第1346/2000号条例》第21条第1款所做的判决的基本内容进行公告应向依照§1有管辖权的法院提出。法院可要求提供经欧盟成员国境内有资格人士认证的译本。《破产法》第9条第1款及第2款以及第30条第1款相应适用。

2. 如果债务人在国内有营业所，则可依职权进行第1款所指的公告。已宣告开始破产程序的，可以同样方式宣告终止。

第 102 条 §6　在公共登记簿及注册机关登记

1. 要进行《第 1346/2000 号条例》第 22 条所指的注册登记的，应向根据 §1 有管辖权的法院提出申请。如果程序的开始已依照主要破产程序开始国的法律进行了同样登记的，该法院应向注册主管机关请求登记。《破产法》第 32 条第 2 款第 2 句不予适用。

2. 注册的形式和内容依德国法。如果程序开始国法中具有德国法中不存在的注册登记制度的，则破产法院必须选择与程序开始国的注册制度最相近的注册。

3. 如果向无管辖权的法院提出第 1 款或者 §5 第 1 款所指的申请，则该无管辖权的法院应立即将该申请移交给有管辖权的法院，并通知申请人。

第 102 条 §7　法律救济

对于破产法院做出的 §5 或 §6 所指之判决，可立即提出抗告。《破产法》第 7 条相应适用。

第 102 条 §8　对开始（破产程序）决定的执行

1. 如果主要破产程序的管理人依照程序开始国法有权根据开始程序的决定对采用强制执行的方式要求归还由债务人保管的财物，则在国内的可执行性宣告适用《第 1346/2000 号条例》第 25 条第 1 款第 1 项。对于强制执行的破产财团资产的估价，相应地适用第 1 句。

2. §6 第 3 款相应适用。

第 102 条 §9　破产计划

如果破产计划规定了延期付款、减免或对债权人权利进行了其他限制，则只有全体相关债权人均已表示同意该计划时，破产法院方能批准该计划。

第 102 条 §10　中止清算

如果根据主要破产程序管理人依照《第 1346/2000 号条例》第 33 条所提的申请，在国内的从属破产程序中已中止对存在别除权的财产进行清算的，则应从破产财团中继续向债权人拨付所欠债款的利息。

第 102 条 §11　通知债权人

对于惯常居所、住所或所在地在欧洲联盟其他成员国境内的债权人，应送达包括开始破产程序的决定在内的指示，以便通知债权人《破产法》第 77 条所指的嗣后申报债权的后果。”

第 2 条　对《破产法》的修订

最后经 2001 年 12 月 13 日立法[①]第 9 条修订的 1994 年 10 月 5 日《破产法》[②] 作如下修订：

1. 第十一编表述如下：

“第十一编　国际破产法

第一节　一般规定

第 335 条　原则

破产程序及其效力，只要无另外规定，由程序开始国法律支配。

第 336 条　不动产合同

破产程序对于涉及不动产物权或不动产使用权的合同的效力，由财产所在地国法支配。对于在船舶登记处、在建船舶登记处或航空器留置权登记处注册的财产，准用保管该注册的国家的法律。

第 337 条　雇佣关系

破产程序对雇佣关系的效力，由依照《民法典施行法》规定准用于雇佣关系的法律支配。

第 338 条　抵销

破产债权人的抵销权，如果依照适用于债务人的债权的法律规定，债权人在破产程序开始时享有抵销权的，则不受开始的破产程序的影响。

第 339 条　与破产程序有关行为的撤销

如果依照程序开始国法律的规定，已经具备撤销与破产程序有关法律行为的条件，则可以撤销有关法律行为，除非撤销相对人证明该法律行为准用另一国法律，且根据该法规定该法律行为无任何瑕疵。

第 340 条　有组织的市场、退休金交易

1. 破产程序对《有价证券交易法》第 2 条第 5 款所指的有组织市场的参与者的权利与义务的效力，由适用于该市场的国家的法律支配。

2. 破产程序对《商法典》第 340b 条意义上的退休金交易以及债务让渡合同和抵销协议的效力，由准用于这些合同的国家的法律支配。

3. 本条第 1 款也相应适用于《信贷法》第 1 条第 16 款意义上的制度参与者。

---

① BGBl. I S. 3574.

② BGBl. I S. 2866.

第 341 条　债权人权利的行使

1. 每个债权人可在主要破产程序和任何从属性破产程序中申报其债权。

2. 破产管理人有权对其被指定的程序中所申报的债权在另一破产程序中对债务人的财产进行申报。债权人拒绝或撤回申报的权利不受影响。

3. 只要债权人未做其他决定，管理人视为受托，由于在其被指定的程序中的所申报的债权中投票权在另一个破产程序中就债务人的财产行使表决权。

第 342 条　返还义务，抵充

1. 如果破产债权人通过强制执行、债务人履行或其他方式从程序开始国以外的财产中获得由破产财团支付的某种清偿，则他必须将所得返还给破产管理人。关于不当得利法律后果的规定相应适用。

2. 破产债权人可以保留他在另一国进行的破产程序中的所得利益。但在分配时仅在其余债权人受到与他同等的清偿后方予以考虑。

3. 破产债权人得对破产管理人的要求就所得作出答复。

第二节　外国破产程序

第 343 条　承认

1. 开始的外国破产程序得以承认，但不适用于下列情况：

（1）依照德国法规定，程序开始国的法院无管辖权；

（2）该承认将明显违背德国法的基本原则，尤其是与公民的基本权利相抵触。

2. 对于申请开始破产程序以后采取的保全措施以及为实施或终止已被承认的破产程序所作出的裁定，第 1 款相应适用。

第 344 条　保全措施

1. 如果在主要破产程序开始前已在外国指定了临时管理人，则破产法院可根据管理人的申请命令为保全国内从属性破产程序所涉及的财产而采取必要的措施。

2. 临时管理人有权立即对（法院的）决定提出申诉。

第 345 条　公告

1. 如果具备承认程序开始的条件，则破产法院根据外国破产管理人的申请必须在国内公布有关程序开始的裁定以及指定破产管理人的决定的基本内容。第 9 条第 1、2 款及第 30 条第 1 款相应适用。如果已宣布破产程序开始，则终止时采用同样的方式公布。

2. 如果债务人在国内有分支机构，则法院依职权进行公告。《商法典》第 13e 条第 2 款第 4 句和第 3 款规定的破产管理人或常任代表通知本法第 348

条第1款规定的有管辖权的破产法院。

3. 当确信存在承认破产程序开始的客观条件时，才允许提出申请，并给管理人签发进行公告的决定。针对破产法院做出的拒绝予以公告的裁决，外国管理人有权立即提出申诉。

第346条　土地登记簿

1. 债务人的处分权如果因程序开始或依照第343条第2款或第344条第1款采取的保全而受到限制，则应外国破产管理人的请求，破产法院须请求地产登记处将破产程序的开始以及对债务人处分权的限制等事项载入土地登记簿：

（1）债务人已作为所有权人进行登记的地产；

（2）对于已为债务人登记的地产权及注册的权利，如果按照权利的类型和情形来看，不进行登记可能对破产债权人不利。

2. 仅在确信存在承认开始破产程序的事实条件时，才允许依照第1款提出申请。外国管理人有权对破产法院的判决立即提出申诉。对于取消登记，第32条第3款第1句相应适用。

3. 对于在船舶登记处、在造船舶登记处及航空器的抵押权登记处进行的开始破产程序的登记，第1款及第2款的规定相应适用。

第347条　任命管理人的证明，通知法院

1. 外国破产管理人应出具经认证的任命决定的副本或者由其他主管机关制作的任命证书。破产法院可要求提供经程序开始国的权威人士认证的译本。

2. 根据第344条至第346条规定提出申请的外国破产管理人，将外国破产程序中的所有的主要变更以及所有其所知的涉及债务人财产的其他外国破产程序告知法院。

第348条　破产法院的管辖权

1. 对于第344条至第346条所指事项的裁判，由债务人的营业所，若无营业所，由债务人的财产所在辖区的破产法院专属管辖。第3条第2款相应适用。

2. 当多个破产法院均有权作出第344条至第346条所指的判决时，为有利于程序的快速解决，各州政府有权通过发布行政法规的方式指定其中一个法院作出判决。各州政府可将此授权移交给州司法行政机关。

3. 当多个联邦州的法院有权作出第344条至第346条所指的判决时，各州可协商指定由其中一州的法院判决。如果无管辖权法院收到第344条至第346条所指的申请，则该法院应立即将该申请转给有管辖权的法院，并告知申请人。

第 349 条　对不动产的处分

1. 如果债务人已对位于国内的并在土地登记簿、船舶登记簿、在建船舶登记簿或航空器抵押权登记机关登记的破产财产，或者类似财产上的权利进行了处分，则适用《民法典》第 878 条、第 892 条、第 893 条，《已登记船舶及在建船舶权利法》第 3 条第 3 款、第 16 条、第 17 条，《航空器权利法》第 5 条第 3 款，第 16 条和第 17 条的规定。

2. 如果为了保全国内某项债权，已在土地登记簿、船舶登记簿、在建船舶登记簿或航空器抵押权登记机关进行了预先登记，则第 106 条仍不受影响。

第 350 条　对债务人的履行

如果在为完成某项义务而对债务人实施了某种履行，即使属于外国破产程序破产财团的义务须要履行，只要履行人在履行时未意识到程序已经开始，则其可以免除义务。如果其在第 345 条所指的公告前已经履行，则推定其未知晓程序开始。

第 351 条　物上权

1. 第三人对于外国破产程序开始时位于国内的破产财产的权利，以及依照内国法在破产程序中享有优先清偿分出资产的权利，不受外国破产程序开始的影响。

2. 外国破产程序对于债务人在位于国内的不动产权利的效力，在不损抑第 336 条第 2 句的情况下，依照德国法确定。

第 352 条　法律争议的中断和受理

1. 破产程序开始时未决的法律争议，若涉及破产财产的，则因外国破产程序的开始而中断。该中断一直持续至依照程序开始国法有权继续法律争议的人受理该法律争议，或直至破产程序终止。

2. 如果对债务人的财产的管理和处分权通过第 343 条第 2 款规定的保全措施移交给临时破产管理人，则第 1 款规定相应适用。

第三节　有关国内财产的特别程序

第 353 条　外国判决的可执行性

1. 对于外国破产程序中作出的判决，仅在执行令载明允许强制执行时，方能强制执行。《民事诉讼法》第 722 条第 2 款及第 723 条第 1 款相应适用。

2. 对于第 343 条第 2 款所指的保全措施，第 1 款规定相应适用。

第 354 条　开始特别程序的条件

1. 如果德国法院不具有对债务人的所有财产开始破产程序的管辖权，但债务人在国内有营业所或其他财产的，则允许根据债权人的申请对债务人的国内财产开始特别破产程序。

2. 如果债务人在国内无营业所，则仅在债权人对开始破产程序具有特别利益时，尤其是能预见到他将在外国程序中面临比本国程序中更为不利的处境时，方允许债权人申请开始特别程序。

3. 对于特别程序，由营业所所在地的破产法院专属管辖，如果无营业所，则由债务人的财产所在地的破产法院专属管辖。第3条第2款相应适用。

第355条　剩余债务免除，破产计划

1. 在特别程序中不适用有关剩余债务免除的条款。

2. 含有延期支付、减免或者对债权人权利的其他限制规定的破产计划，仅在所有相关债权人对该计划表示同意时，才能在该程序中予以批准。

第356条　从属破产程序

1. 对外国主要破产程序的承认并不排除对国内财产开始从属破产程序。对于从属破产程序，补充适用第357条和第358条的规定。

2. 外国破产管理人也有权申请开始从属破产程序。

3. 程序的开始不必有确切的开始理由。

第357条　破产管理人的合作

1. 破产管理人须立即向外国管理人通报所有对外国破产程序具有意义的情况。他还须给予外国管理人对国内财产进行估价或其他使用提出建议的机会。

2. 外国管理人有权参加全体债权人大会。

3. 破产计划应交与外国管理人，让其发表意见。外国管理人有权自己提交计划。第218条第1款第2句及第3句相应适用。

第358条　最后分配时的剩余

在从属破产程序中进行最后分配时，所有债权有可能得到全额清偿，此时，破产管理人须将剩余财产返还给主要破产程序的外国管理人。”

2. 以前的第十一编为第十二编。

3. 以前的第335条为第359条。”

第3条　对《对讼费法》的修订（略）

第4条　对《初级法律人员法》的修订（略）

第4a条　对《联邦中央登记机关法》的修订（略）

第5条　生效

本法自公布之次日起生效。

《俄罗斯联邦民法典》（节录）*

第三卷

第六编　国际私法

第六十六章　总则

第 1186 条　有外国人参加的或含有其他涉外因素的民事法律关系准据法的确定

1. 适用于有外国公民或外国法人参加的或具有其他涉外因素的民事法律关系的法律，包括民事权利的客体处于外国的情形，根据俄罗斯联邦缔结或参加的国际条约、本法典、其他法律（第 3 条第 2 款）以及俄罗斯联邦认可的惯例确定。

国际商事仲裁庭应适用的法律规定的特殊性，由国际商事仲裁法予以规定。

2. 若依照本条第 1 款无法确定应适用的法律，则适用与民事法律关系有最密切联系的国家的法律。

3. 若俄罗斯联邦缔结或参加的国际条约含有适用于相应关系的实体法规范，则不得根据冲突规范为此类完全由实体法规范调整的问题确定准据法。

---

* 《俄罗斯联邦民法典》2001 年 11 月 1 日由国家杜马通过，2001 年 11 月 4 日由联邦议会批准，2002 年 3 月 1 日起生效。该法典第三卷第六编为国际私法条款。该法根据科隆大学的 Christel Mindach 博士的德文译本（资料来源：IPRax 2002，Heft 4，S. 327 – 332）译出，官方文本为俄文。本译文原载于《民商法论丛》第40 卷（法律出版社2008 年版）第599 ~612 页，此处略有修改。国内其他译本可参见：（1）《俄罗斯联邦民法典》（第三部分），张洪波、姚晓南译，刘慧珊校，载《中国国际私法与比较法年刊》第 5 卷，法律出版社 2002 年版，第 614 ~626 页；（2）邹龙妹：《俄罗斯国际私法研究》，知识产权出版社 2008 年版，第 237 ~252 页；（3）杜涛：《国际私法的现代化进程：中外国际私法改革比较研究》，上海人民出版社 2007 年版，第 327 ~345 页。——译者注

第 1187 条 确定准据法时对法律概念的识别

1. 在确定应适用的法律时，依照俄罗斯法对法律概念进行解释，但法律另外规定的除外。

2. 在确定应适用的法律时，若需要识别的法律概念是俄罗斯法中所没有的，或者在俄罗斯法中的名称或内容不同，从而无法根据俄罗斯法律直接做出解释时，则可适用外国法对之进行识别。

第 1188 条 多法律体系国家法律的适用

若要适用一个国家的法律，而该国同时施行多个法律体系，则适用根据该国法律所确定的法律体系。如果不能根据该国法律确定哪一个法律体系应得以适用，则适用与该关系有最密切联系的法律体系。

第 1189 条 互惠

1. 外国法在俄罗斯联邦的适用，并不取决于该外国在同类关系上是否适用俄罗斯法律，但法律规定根据互惠原则适用外国法的情形除外。

2. 若外国法的适用取决于互惠关系，在无其他相反证明时，推定存在这种互惠。

第 1190 条 反致

1. 依照本编规定对外国法的任何指引，均须视为对相应国家实体法而非冲突法的指引，但本条第 2 款规定的情形除外。

2. 如果被指引的是规定自然人法律地位的俄罗斯法（第 1195 ~ 1200 条），则接受外国法的反致。

第 1191 条 外国法律规范内容的查明

1. 法院在适用外国法律规范时，应依照该外国对法律规范的官方解释、适用实践以及法律学说查明其内容。

2. 本着查明外国法律规范的目的，法院可依照规定的程序，请求俄罗斯联邦司法部或者在俄罗斯联邦境内以及国外的其他主管机构或组织予以协助和解释，或者聘请专家。

诉讼参与人可以提交其据以提出请求或抗辩的某外国法规范内容的证明材料；或者用其他方式协助法院查明这些规范的内容。

对于与双方当事人从事经营活动有关的请求，法院可以责令各方当事人承担证明外国法律规范内容的责任。

3. 即使依照本条规定采取了措施，如果在合理期限内仍不能查明外国法律规范的内容，则适用俄罗斯法。

第 1192 条 强制性规范的适用

1. 俄罗斯立法中的强制性规范由于其本身的规定或鉴于其特殊意义，包括在保障民事流转关系参与者的权利和合法利益方面的意义，而不论应适用的法律为何而均调整相应的关系，则本编规定不影响俄罗斯联邦立法中强制性规范的效力。

2. 法院在根据本编规定适用任何一个国家的法律时，如果依照与法律关系有密切联系的另一国法律，该另一国的强制性规范不论应适用的法律为何均应调整相应的法律关系，则可考虑适用该强制性规范。此时，法院必须考虑此类规范的目的和性质以及适用或不适用的后果。

第 1193 条　公共秩序条款

1. 根据本编规定应适用的外国法律规范，若其适用的结果显然违背俄罗斯联邦法律秩序的基本原则（公共秩序），则例外地不予适用。

2. 不得仅因外国的法律、政治和经济制度不同于俄罗斯联邦的法律、政治和经济制度而拒绝适用该外国的法律规范。

第 1194 条　报复

对于那些对俄罗斯公民和法人的财产和人身非财产权利实行特别限制的国家，俄罗斯联邦政府可对其公民和法人的财产和人身非财产权利采取相应的对等措施。

第六十七章　人的法律地位的准据法

第 1195 条　自然人的属人法

1. 自然人的国籍国法，视为其属人法。

2. 若一人有俄罗斯国籍的同时还有另一外国国籍，则其属人法为俄罗斯法。

3. 若外国公民在俄罗斯联邦境内有住所，则其属人法为俄罗斯法。

4. 若一人具有多个国籍，则该人的住所地国法视为其属人法。

5. 无国籍人以其住所地国法为属人法。

6. 难民以其避难地国法为属人法。

第 1196 条　自然人民事权利能力的准据法

自然人的民事权利能力由其属人法决定。外国公民和无国籍人在俄罗斯联邦享有与俄罗斯公民同等的民事权利能力，但法律另有规定的情形除外。

第 1197 条　自然人民事行为能力的准据法

1. 自然人的民事行为能力由其属人法决定。

2. 依照其属人法不具有民事行为能力的自然人，若依行为实施地法具有民事行为能力的，则不得援引其不具有行为能力，除非能够证明另一方当事人已知晓或显然已知晓其无行为能力。

3. 在俄罗斯联邦宣告自然人无行为能力或限制行为能力的，依俄罗斯法。

第 1198 条　自然人姓名权的准据法

自然人的姓名权、姓名权的使用及保护，依其属人法确定，但本法典或其他法律另有规定的除外。

第 1199 条　监护和保佐的准据法

1. 对未成年人、无行为能力人或限制行为能力人监护或保佐的设立或取消，依该被监护人的属人法。

2. 承担监护（保佐）的监护人（保佐人）的义务，依被指定为监护人（保佐人）的人的属人法。

3. 监护人（保佐人）与被监护人（被保佐人）的关系，依指定监护（保佐）的机关所在地国法确定。但是，若被监护人（被保佐人）在俄罗斯联邦境内有住所，且俄罗斯法对其更为有利，则适用俄罗斯法。

第 1200 条　宣告自然人失踪和宣告自然人死亡的准据法

在俄罗斯联邦宣告自然人失踪和宣告自然人死亡，依俄罗斯法。

第 1201 条　决定自然人从事经营活动能力的准据法

自然人不设立法人但作为个体经营者从事经营活动的权利，依该自然人以个体经营者资格进行注册地国法确定。若由于未要求强制注册而不能适用这一规定，则适用从事经营活动的主要场所所在地国法。

第 1202 条　法人的属人法

1. 法人以其设立地法为属人法。

2. 根据法人的属人法特别确定：

（1）一个组织作为法人的地位；

（2）法人的组织法形式；

（3）对法人名称的要求；

（4）法人设立、重组和清算的问题，包括权利继受问题；

（5）法人权利能力的内容；

（6）法人取得民事权利和承担义务的程序；

（7）内部关系，包括法人与其股东的关系；

（8）法人对自己的债务承担责任的能力。

3. 若法人的机构或代表实施法律行为地国的法律中没有关于法人机构或代表实施行为的权利限制，则法人不得援引此类权利限制，除非可以证明法律行为的另一方当事人已知晓或者显然应当知晓此类限制。

第 1203 条　依照外国法不具有法人资格的外国组织的属人法

依照外国法不具有法人资格的外国组织，以其设立地国法为属人法。

此类组织的活动，只要可以适用俄罗斯法，则相应地适用本法典中有关调整法人活动的规定，但法律、其他法律文件以及对法律关系的性质另有规定的除外。

第 1204 条　国家参与涉外民事法律关系

国家参与的涉外民事法律关系，一般适用本编的规定，但法律另有规定的除外。

第六十八章　财产关系和人身非财产关系的准据法

第 1205 条　物权准据法的一般规定

1. 不动产和动产的所有权和其他物权的内容、行使和保护，依该财产所在地国法确定。

2. 该项财产属于不动产还是动产，依该财产所在地国法确定。

第 1206 条　物权产生和消灭的准据法

1. 财产所有权和其他物权的产生和消灭，依该所有权和其他物权据以产生和消灭的法律行为或其他事件发生时该财产之所在地国法确定，但法律另有规定的除外。

2. 因法律行为引起的所有权和其他物权的产生和消灭，如果该法律行为系针对正在运输途中的财产而实施，则依发运地国法确定，但法律另有规定的除外。

3. 因时效而取得的财产所有权和其他物权的产生，依该时效届满时该财产的所在地国法确定。

第 1207 条　船舶和宇宙物体的物权的准据法

须经国家注册的飞船、海运船舶、内河船舶和宇宙物体的所有权和其他物权及其实现和保护，适用该船舶和物体的注册地国法。

第 1208 条　诉讼时效的准据法

诉讼时效，依适用于相应法律关系的国家法律确定。

第 1209 条　法律行为形式的准据法

1. 法律行为的形式，依其实施地法。但是，在外国实施的法律行为，若其遵守了俄罗斯法的要求，不得因其未遵守形式规定而认定为无效。

本款第 1 项的规定也适用于委托书的形式。

2. 涉外经济行为的形式，只要一方当事人为俄罗斯的法人，不论该行为的实施地在何处，均依俄罗斯法。如果一方当事人是从事经营活动的自然人，并且根据本法典第 1195 条的规定其属人法为俄罗斯法的，也适用这一规定。

3. 涉及不动产的法律行为的形式，依该财产所在地国法；但是，涉及已在俄罗斯联邦国家注册机关注册的不动产的法律行为，其形式依俄罗斯法。

第 1210 条　合同当事人的法律选择

1. 合同当事人可以在订立合同时或嗣后协议选择适用于该合同权利和义务的法律。当事人所选择的法律适用于动产的所有权和其他物权的产生和消灭，但不得损害第三人的权利。

2. 当事人选择准据法的协议必须是明示的，或者能从合同条款或案件的综合情况中明确体现出来。

3. 当事人在订立合同后对准据法所做的选择，在不损害第三者权利的情况下，具有溯及既往的效力并视为自订立合同之时起有效。

4. 当事人既可以对整个合同，也可以对合同的个别部分选择准据法。

5. 若选择法律时的案件综合情况表明，该合同实际上仅与一国法律有联系，则当事人对另一国法律的选择不影响与合同有实际联系的国家的强制规范的效力。

第 1211 条　当事人未协议选择法律时合同的准据法

1. 当事人未协议选择合同准据法时，适用与合同有最密切联系的国家的法律。

2. 若从法律、合同条款或合同性质或者案件的综合情况中不能得出其他结论，则履行对合同内容有决定性意义的义务的一方当事人的住所地国或主要营业地国的法律视为与合同有最密切联系的国家的法律。

3. 若从法律、合同条款或合同性质以及案件综合情况中不能得出其他结论，则下列一方当事人特视为履行对合同内容有决定性意义的义务的当事人：

（1）买卖合同中的卖方；

（2）赠与合同中的赠与人；

（3）租赁合同中的出租人；

（4）无偿使用合同中的出借人；

（5）承揽合同中的承揽人；

（6）运送合同中的承运人；

（7）运输代办合同中的代办人；

（8）借贷（信贷）合同中的出借人（债权人）；

（9）转让货币债权的融资合同中的融资方；

（10）银行存款（提存）和银行账户合同中的银行；

（11）保管合同中的保管人；
（12）保险合同中的保险人；
（13）委托合同中的受托人；
（14）行纪合同中的行纪人；
（15）代办合同中的代办人；
（16）商业特许合同中的权利持有人；
（17）抵押合同中的抵押人；
（18）担保合同中的担保人；
（19）许可证合同中的许可证签发人。

4. 若从法律、合同条款或合同性质以及案件综合情况中不能得出其他结论，尤其视为与合同有最密切联系的国家的法律是：

（1）对于建筑承包合同和有关设计、勘察的承揽合同，为该合同规定的成果主要完成地国法律；

（2）对于普通合伙合同，为该合伙主要活动地国法律；

（3）对于通过拍卖、竞标或者在交易所订立的合同，为拍卖、竞标进行地或者交易所所在地国法律。

5. 对于混合合同，若从法律、合同条款或合同性质以及案件综合情况中不能得出其他结论，则适用从整体上与该合同有最密切联系的国家的法律。

6. 若在合同中使用了国际交往中通用的贸易术语，则在合同无其他说明的情况下，视为双方当事人约定将相应贸易术语所表示的商业交易惯例适用于他们的关系。

第 1212 条　消费者合同的准据法

1. 作为合同一方当事人的自然人，如果为了个人、家庭、家务以及其他与经营活动无关的需要而使用、取得、订购或者有意使用、取得、订购动产（工作、服务），凡具有下列情形之一者，对该合同准据法所做的选择不得剥夺该自然人（消费者）住所地国法中的强制性规范为其权利所提供的保护：

（1）在订立合同之前已经在该国向消费者发出了要约或者广告，并且消费者在该同一国家实施了为订立合同所必需的行为；

（2）消费者合同的另一方当事人或其代理人曾在该国收到消费者的订单；

（3）消费者取得动产、完成工作或提供服务的订购行为系在另一国家所为，但访问该国是另一方当事人为促使消费者订立合同而提议的。

2. 如果消费者合同的双方当事人未协议选择准据法并且存在本条第 1 款所列情形，则对有消费者参与的合同适用消费者的住所地国法。

3. 本条第 1 款和第 2 款的规定不适用于：

（1）运送合同；

（2）完成工作合同和服务合同，如果该工作或服务完全是在消费者住所地国以外的另一国完成或提供。

本款的例外规定不适用于以一次性付款价格订立的运送和安置旅客的服务合同（无论该一次性付款中是否包括其他服务的价值），尤其不适用于旅游服务合同。

第 1213 条　不动产合同的准据法

1. 当事人未约定不动产合同的准据法时，适用与合同有最密切联系的国家的法律。若从法律、合同条款或合同性质以及案件综合情况中不能得出其他结论，则不动产所在地国法视为与合同有最密切联系的国家的法律。

2. 对涉及俄罗斯联邦境内的土地、地下资源、独立水体以及其他不动产的合同，适用俄罗斯法律。

第 1214 条　设立有外国人参股的法人的合同的准据法

设立有外国人参股的法人的合同，适用合同规定的法人设立地国法律。

第 1215 条　合同准据法的适用范围

依照本法典第 1210 条至 1214 条以及第 1216 条的规定应适用于合同的法律尤其决定下列事项：

（1）合同的解释；

（2）合同各方当事人的权利和义务；

（3）合同的履行；

（4）不履行或不适当履行合同的后果；

（5）合同的终止；

（6）合同无效的后果。

第 1216 条　债权转让的准据法

1. 原债权人和新债权人之间有关债权转让的协议的准据法，依本法典第 1211 条第 1 款和第 2 款确定。

2. 债权转让的许可、新债权人与债务人之间的关系、新债权人向债务人主张该债权的条件以及债务人适当履行债务的问题，均依作为转让标的之债权的准据法确定。

第 1217 条　因单方法律行为所生之债的准据法

因单方法律行为而产生的债务，若从法律、法律行为的内容或性质或者案件综合情况中不能得出其他结论，则适用因其单方法律行为而负有债务的当事人的住所或主要营业所所在地国的法律。

代理权的有效期及其终止，由代理权授予地国法决定。

第 1218 条　支付利息的准据法

金钱债务引起的利息的收取以及利息的计算方式和金额，由适用于相关债务的国家法律决定。

第 1219 条　因造成损害所生债务的准据法

1. 因造成损害而产生的债务，适用据以提起损害赔偿要求的行为或其他事件发生地国的法律。若这种行为或事件的损害后果发生在另一国，只要造成损害者预见到或理应预见到损害会在该另一国发生，则可适用该另一国的法律。

2. 因在国外造成损害而产生的债务，若双方当事人为同一国家的公民或法人，则适用该国的法律。若双方当事人不是同一国家的公民或法人，但在同一国家有住所的，则适用该住所所在地国的法律。

3. 在造成损害的行为实施后或者造成损害的其他事件发生后，双方当事人可以约定对因造成损害而产生的债务适用法院地国法。

第 1220 条　因造成损害所生债务的准据法的适用范围

因造成损害所生债务的准据法，尤其决定下列事项：

（1）致害人承担损害责任的能力；

（2）责成不是致害人的人承担损害责任；

（3）责任的依据；

（4）责任限制和免除责任的依据；

（5）损害赔偿的方式；

（6）损害赔偿的范围与数额。

第 1221 条　因商品、工作或服务缺陷造成损害所生责任的准据法

1. 因商品、工作或服务缺陷所产生的损害赔偿请求权，依受害人的选择适用：

（1）销售者、制作者或其他致害人的住所或主要营业所所在地国的法律；

（2）受害人住所或主要营业所所在地国的法律；

（3）工作完成地、服务提供地或商品购买地国的法律。

本款第 2、第 3 项所规定的受害人的法律选择，只有在致害人不能证明商品进入有关国家未经其同意的情况下，方予以认可。

2. 若受害人不行使本条规定的法律选择权，则依本法典第 1219 条确定准据法。

3. 本条的规定相应地适用于因商品、工作或服务的信息不真实、不完整而产生的损害赔偿请求权。

第 1222 条　因不正当竞争所生债务的准据法

因不正当竞争而产生的债务，若从法律或者债的性质中不能得出其他结论，则适用受到这种竞争行为影响的市场所在国的法律。

第 1223 条　因不当得利所生的债务的准据法

1. 因不当得利而产生的债务，适用不当得利发生地国的法律。

双方当事人可以约定对此种债务适用法院地国法律。

2. 如不当得利涉及某一现存或推定的法律关系，并因此取得或保管了财产，则对因不当得利而产生的债务适用曾支配或可以支配该法律关系的国家的法律。

第 1224 条　继承关系的准据法

1. 继承关系，依被继承人的最后住所地国法确定，但本条另有规定的除外。

不动产的继承，依该财产所在地国法确定；已在俄罗斯联邦国家注册机关注册的不动产，其继承依俄罗斯法确定。

2. 当事人设立和撤销遗嘱的能力，包括设立和撤销涉及不动产的遗嘱的能力，以及该遗嘱的形式或撤销遗嘱的文书的形式，均依遗嘱人设立遗嘱时或制作撤销遗嘱文书时的住所地国法律确定。但是，遗嘱或对遗嘱的撤销符合遗嘱设立地或撤销遗嘱的文书制作地法律或俄罗斯法律的形式要求，则不得以遗嘱或撤销遗嘱的文书不符合形式而认定其无效。

《白俄罗斯共和国民法典》（节录）*

第七十四章 总则

第 1093 条 涉外民事法律关系准据法的确定

1. 适用于有外国公民、法人参与的民事法律关系或其他涉外民事法律关系的法律，根据依白俄罗斯共和国宪法、本法典、其他立法文件、国际条约及国际习惯确定，但不得违背白俄罗斯共和国的立法。

2. 当事人的法律选择必须是明示的，或可直接从合同条款和实际情况中综合体现出来。

3. 若依照本条第 1 款规定不能确定应适用的法律，则适用与涉外民事法律关系有最密切联系的法律。

4. 本编①有关确定法院应予适用的法律的规定，有权对法律适用问题作出裁决的其他国家机关应类推适用。

第 1094 条 法律概念的识别

1. 确定应适用的法律时，法院应根据法院国的法律对法律概念进行解释，但法律另有规定的除外。

2. 若待识别的法律概念是法院国的法律中所没有的，或者在法院国的法律中以其他名称表述或具有其他内容，且依照该法不能确定该法律概念，则可适用外国法对其进行识别。

第 1095 条 外国法内容的确定

1. 适用外国法时，法院或其他国家机关必须根据该外国的官方解释、适用实践以及法律学说确定法律规范的内容。

2. 为确定外国法律规范的内容，法院可按照规定的程序请求白俄罗斯共和国司法部、其他主管国家机关，包括在国外的类似部门或机关予以协助或

---

* 1999 年 7 月 1 日实施的新《白俄罗斯共和国民法典》第七编为国际私法条款，本法根据 Oleg Mosgo 先生的德文译本（资料来源：IPRax 2000, Heft 2, S. 149 – 154）译出，并由韩德培先生（1911 ~ 2009）校对。本译文原载于《中国国际私法与比较法年刊》第 4 卷（2001 年）北京大学出版社 2001 年版，第 707 ~ 717 页，此处略有修改。——译者注

① 本编即《白俄罗斯共和国民法典》规定国际私法条款的第七编，下同。——译者注

解释，或聘请专家。

3. 诉讼当事人有权提供证实其据以提起诉讼请求或抗辩的外国法律规范内容的文件，并可采用其他方式协助法院确定此类法律规范的内容。

4. 即使依据本条规定采取了措施，如果在合理期限内仍不能确定外国法律规范的内容，则适用白俄罗斯共和国法律。

第 1096 条　反致以及对第三国法律的转致

1. 依照本编规定对外国法的任何指引，均指对该国实体法而非冲突法的指引，但本条另有规定的情形除外。

2. 依照本法典第 1103 条、第 1104 条第 1、3、5 款以及第 1106 条和第 1109 条适用外国法时，反致适用白俄罗斯共和国法律，转致适用第三国法律。

第 1097 条　法律规避的后果

民事法律关系的参与者的协议和其他行为，如果旨在规避本编有关准据法的规定而使其法律关系受其他法律支配，则归于无效。在此情况下，适用依照本编规定应予适用的国家的法律。

第 1098 条　互惠

1. 法院适用外国法，并不取决于该外国是否在类似法律关系上适用白俄罗斯共和国法律。但该规定不适用于白俄罗斯共和国立法规定的根据互惠原则适用外国法的情形。

2. 若外国法的适用取决于互惠关系，在无相反证明时，推定存在互惠。

第 1099 条　公共秩序

若外国法的适用违背白俄罗斯共和国法律体系的基本原则（公共秩序）以及属于立法文件直接规定的其它情况，则不适用该外国法。在此情况下，适用白俄罗斯共和国法律。

第 1100 条　强制性规范的适用

1. 本编规定不影响白俄罗斯共和国法律中那些不论应适用的法律为何，均调整法律关系的强制性规范的效力。

2. 依本编规定适用白俄罗斯共和国以外国家的法律时，如果依照该国法律，其强制性法律规范不论应适用的法律为何，均调整决定性法律关系，则法院可适用该国强制性的、与该法律关系具有密切联系的规范[①]。此时，法院应考虑此类规范的目的、性质及其适用后果。

---

① 因为白俄罗斯法律不作严格的公法、私法划分，据此，该规定也包含外国的公法性规范。不过，其适用范围要受到第 1100 条第 2 款第 2 句的限制。——译者注

第 1101 条　多法律体系国家法律的适用

若要适用一国法律，而该国具有多个法域或多个其他法律体系时，则依照该国法律确定应适用的法律体系。

第 1102 条　报复

对于那些对白俄罗斯公民和法人的权利实行特别限制的国家，白俄罗斯共和国政府可对该国公民和法人的权利进行对等限制。

第七十五章　冲突规范

第一节　人

第 1103 条　自然人的属人法

1. 自然人以其国籍（该自然人是其臣民）国的法律为属人法。若一个自然人具有两个或多个国籍，则以与其有最密切联系的国家的法律为其国籍法。

2. 无国籍人以其固定住所地国法为属人法。

3. 难民以其避难地国法为属人法。

第 1104 条　自然人的权利能力与行为能力

1. 自然人的权利能力与行为能力，依其属人法确定。

2. 外国公民与无国籍人在白俄罗斯共和国境享有与白俄罗斯共和国公民同等的民事权利能力，但白俄罗斯共和国宪法、法律、缔结或参加的国际条约另有规定的除外。

3. 自然人的民事行为能力，如果涉及白俄罗斯共和国境内完成的法律行为以及因白俄罗斯共和国境内的致害行为而产生的责任，依白俄罗斯共和国法律确定。

4. 自然人从事经营活动、成为个体经营者并取得相关权利、承担相关义务的能力，依该自然人以个体经营者资格进行注册地国法确定。若无注册国，则适用该个体经营者从事经营活动的主要场所地国法。

5. 禁治产及对自然人行为能力的限制，依法院地国法。

第 1105 条　自然人的失踪与死亡宣告

自然人的失踪与死亡宣告，依法院地国法。

第 1106 条　自然人的姓名

自然人的姓名权、姓名权的使用及保护，依其属人法确定，但本法典第

18 条第 2 款第 2 项与第 4 款[①]、第 1115 条以及第 1132 条另有规定的除外。

第 1107 条 白俄罗斯公民在境外进行民事身份登记

侨居国外的白俄罗斯共和国公民，在白俄罗斯共和国的驻外领事机构处进行民事身份登记。此时，适用白俄罗斯共和国法律和其他立法文件。

第 1108 条 对外国机关出具的户籍证明的承认

由外国主管机关出具的、用以证实在白俄罗斯境外已依照这些国家有关白俄罗斯公民、外国公民、无国籍人的法律进行户籍登记的证书，如经依法认证，则在白俄罗斯共和国承认有效，但白俄罗斯共和国缔结或参加的国际条约另有规定的除外。

第 1109 条 监护和托管

1. 对未成年人以及无行为能力或限制性行为能力的成年人进行监护与托管的指定与撤销，依被指定或被撤销监护或指托管的人的属人法确定。

2. 监护人（托管人）承担监护（托管）的义务，依被指定为监护人（托管人）的人的属人法。

3. 监护人（托管人）与被监护人（被托管人）之间的法律关系，依指定监护人（托管人）机关所在国法律。但是，若被监护人（被托管人）在白俄罗斯共和国境内有住所，且白俄罗斯共和国法律对其更为有利，则适用白俄罗斯共和国法律。

4. 对居住在白俄罗斯共和国境外的白俄罗斯共和国公民指定的监护（托管），只要主管领事机关对监护的指定及其承认不提出任何合法异议，得在白俄罗斯共和国承认有效。

第 1110 条 依照外国法不具有法人资格的外国组织的权利能力

依照外国法不具有法人资格的外国组织的民事权利能力，依该组织的成立地国法确定。

第 1111 条 法人的属人法

法人以其成立地国法为属人法。

第 1112 条 外国法人的权利能力

1. 外国法人的民事权利能力，依其成立地国法。

2. 若外国法人机构或代表实施法律行为地国的法律中没有关于法人机构

---

① 《白俄罗斯共和国民法典》第 18 条规定涉及自然人的姓名权。该条第 2 款第 2 项对自然人更改姓名并应告知其债权人与债务人而采取必要措施的义务作了规定。此外，该自然人还要承担更改姓名后因未尽充分告知义务而对债权人与债务人会产生消极后果的风险。该条第 4 款规定，禁止获得属于另一人姓名所享有的权利。——译者注

或代表的代理权限制的规定，则该外国法人在订立合同不得援引此类限制。

第 1113 条　对外国法人在白俄罗斯共和国境内的活动进行国家管制

外国法人在白俄罗斯共和国境内从事经营活动或者其他受民事法律[①]调整的活动，应遵守有关白俄罗斯共和国法人从事此类活动的规定，但白俄罗斯共和国法律对外国法人另有规定的除外。

第 1114 条　国家参与涉外民事法律关系

国家参与的涉外民事法律关系，适用本编的规定，但白俄罗斯共和国的立法文件另外规定的除外。

第二节　人身非物质权利的准据法

第 1115 条　对人身非物质权利的保护

人身非物质权利，适用据以提出诉讼请求的行为或事件的发生地国法。

第三节　法律行为、代理、时效

第 1116 条　法律行为的形式

1. 法律行为的形式，依行为实施地法律。在外国实施的法律行为，只要满足了白俄罗斯共和国法律规定的形式要求，不得因其未遵守形式规定而被宣告为无效。

2. 涉外经济行为，只要一方当事人为白俄罗斯共和国法人或公民，不论其实施地在何处，均须采用书面形式。

3. 以不动产为标的之法律行为的形式，依该财产所在地国法律，若该不动产已在白俄罗斯共和国注册，则依白俄罗斯共和国法律。

第 1117 条　代理

代理的形式及有效期，依代理权授予地国法确定。若代理满足了白俄罗斯共和国法律规定的形式要求，则不得因其未遵守形式规定而被宣告为无效。

第 1118 条　时效

1. 时效，依相关法律关系的准据法确定。

2. 不受时效限制的诉讼请求，只要该法律关系中至少有一方当事人为白俄罗斯共和国公民或法人，则依白俄罗斯共和国法律确定。

---

① 在白俄罗斯法律体系中，“民法”是包括商法在内的一个广义概念，涉及除劳动法和家庭法以外的所有私法领域。——译者注

第四节 所有权与其他物权

第 1119 条 所有权与其他物权准据法的一般规定

1. 不动产与动产的所有权与其他物权，依该财产之所在地国法，但立法文件另有规定的除外。

2. 财产属于不动产还是动产以及对财产的其他法律识别，依该财产之所在地国法确定。

第 1120 条 所有权与其他物权的产生与消灭

1. 作为法律行为标的之财产的所有权与其他物权的产生与消灭，依该法律行为实施地法，但当事人另有约定的除外。

2. 非因法律行为引起的财产所有权与其他物权的产生与消灭，依财产权与其他物权据以产生或消灭的行为或事件发生时该财产所在地国法律，但白俄罗斯共和国法律另有规定的除外。通过占有而取得的财产所有权或其他物权的产生，依该占有时效届满时该财产之所在地国法律。

第 1121 条 交通工具及其他需经国家注册的财产的所有权与其他物权

交通工具及其他需经国家注册的财产的所有权与其他物权，依该交通工具所在地国法或该财产注册地国法确定。

第 1122 条 处于运送中的动产的所有权与其他物权

因法律行为而处于运送中的动产的所有权与其他物权，在运送期间依该财产始发地国法律，但当事人另有约定的除外。

第 1123 条 所有权与其他物权的保护

1. 所有权与其他物权的保护，依权利人的选择适用财产所在地国法或法院地国法。

2. 不动产所有权与其他物权的保护，适用不动产所在地国的法律。就已在白俄罗斯共和国注册的财产而言，适用白俄罗斯共和国法律。

第五节 合同之债

第 1124 条 合同当事人的法律选择

1. 合同当事人可以在订立合同时或事后协商一致地选择适用于合同权利与义务的法律，但该法律选择不得违背法律规定。

2. 当事人约定的法律选择必须是明示的，或者能直接从合同条款或案件的综合情况中明确体现出来。

3. 当事人在合同订立后约定的法律选择，在不损害第三者权利的情况下，具有溯及既往至合同订立时的效力。

4. 合同当事人既可就整个合同也可对合同的某些部分进行法律选择。

第 1125 条　未选择法律时合同的准据法

1. 未选择法律时，合同适用下列当事人的活动中心地所在国的法律：

（1）买卖合同中的卖方；

（2）赠与合同中的赠与人；

（3）租赁合同中的出租人；

（4）无偿借用合同中的出借人；

（5）加工承揽合同中的承揽人；

（6）运送合同中的运送人；

（7）运输代办合同中的代办人；

（8）借贷（信贷）合同的出贷人（债权人）；

（9）委托合同中的受托人；

（10）行纪合同中的行纪人；

（11）保管合同中的保管人；

（12）保险合同中的保险人；

（13）担保合同中的担保人；

（14）典当合同中的典当人；

（15）有关专有权使用的许可证合同中的许可证签发人。

若上述 15 类当事人的活动中心地不能确定，则适用其成立地国法或固定住所地国法。

2. 因不动产合同以及财产信托合同而产生的权利义务，适用该财产所在地国法，若涉及已在白俄罗斯共和国注册的财产，则适用白俄罗斯共和国法律。

3. 既未选择法律，又不属于本条第 1 款规定的情形的：

（1）共同作业合同、建筑合同及有关基建工作的其他合同，适用此类活动的从事地国法或合同规定的结果完成地国法；

（2）在拍卖、招标或证券交易期间订立的合同，适用拍卖、招标发生地国法或交易所所在地国法。

4. 本条第 1 至第 3 款未列举的合同，在未选择法律时适用实施特征性履行的一方合同当事人的活动中心地国法。若实施特征性履行的合同当事人的活动中心地无法确定，则适用该合同当事人的成立地国法或其固定住所地国法。若合同的特征性履行无法确定，则适用与合同有最密切联系国家的法律。

5. 就合同的履行而言，应考虑履行地法，但合同当事人另有约定的除外。

6. 若合同中使用了国际商业交往中通用的贸易术语，则在合同无其他说明时推定合同当事人已约定将该贸易术语的通常含义适用于其合同关系。

第 1126 条　成立具有外方参股的法人的合同的准据法

成立具有外方参股的法人合同，适用该法人的成立地国法。

第 1127 条　准据法的适用范围

1. 依照本节规定应适用的法律，尤其调整下列事项：

（1）合同的解释；

（2）合同当事人的权利与义务；

（3）合同的履行；

（4）不履行或不当履行合同的后果；

（5）合同的终止；

（6）合同无效（Nichtigkeit）或失效（Unwirksamkeit）的后果；

（7）与合同相关的债权转让与债务承担。

2. 履行的方式、过程及不当履行时应采取的措施，在适用准据法之外还应考虑合同履行地国法。

第六节　非合同之债

第 1128 条　因单方行为引起的债权债务关系

因悬赏、无因管理或其他单方行为引起的法律行为，适用“行为地”法律。该“行为地”依白俄罗斯共和国法律确定。

第 1129 条　侵权行为引起的债权债务关系

1. 因侵权行为之债而产生的权利与义务，适用据以提起损害赔偿的行为或事件的发生地国法。

2. 因国外的侵权行为所生之债而产生的权利与义务，若双方当事人均为同一国家的公民或法人，则依该国法律确定。

3. 根据白俄罗斯共和国法律，若据以提起损害赔偿的行为或情况不构成违法的，则不得适用外国法。

第 1130 条　损害消费者的赔偿责任

消费者因购买商品或提供的服务而提起的损害赔偿请求权，依消费者的选择适用：

（1）消费者的住所地法；

（2）商品生产者或服务提供者的住所地法或所在地法；

（3）消费者购买商品地法或被提供服务地法。

第 1131 条　不当得利

1. 因不当得利引起的债权债务关系，适用不当得利发生地国法。

2. 因取得财产的法律依据丧失或因节省费用而发生的不当得利，则依照对该法律依据起决定作用的国家法律来确定应适用的法律。

3. 不当得利的概念，依白俄罗斯共和国法律确定。

第七节　知识产权

第 1132 条　知识产权

1. 知识产权，适用该权利被请求保护地国法。

2. 以知识产权为标的之合同，适用基于本编有关合同法律关系的规定所确定的法律。

第八节　继承权

第 1133 条　继承关系

只要第 1134 条与第 1135 条未作其他规定，且被继承人在遗嘱中未选择其国籍国法，则继承关系适用被继承人的最后固定住所地国法律。

第 1134 条　不动产以及需经注册财产的继承

不动产的继承，依该财产所在地国法确定，对于已在白俄罗斯共和国注册的财产的继承，则依白俄罗斯共和国法律确定。

第 1135 条　遗嘱能力、遗嘱以及废除遗嘱的文书的形式

只要被继承人在遗嘱中未选择其国籍国法，则被继承人设立或废除遗嘱的能力、遗嘱以及废除遗嘱的文书的形式，依照被继承人设立或废除遗嘱时的固定住所地国法确定。遗嘱以及废除遗嘱的文书，只要其形式满足被继承人遗嘱处分地的要求或者符合白俄罗斯共和国法律的形式要求，则不得因未遵守形式规定而被宣告为无效。

《立陶宛共和国民法典》[*]（节录）

第二章 国际私法

第一节 总则

第 1.10 条 外国法的适用

1. 外国法律适用于立陶宛共和国缔结或者参加的国际条约、当事人约定或者立陶宛共和国法律所规定的应适用外国法的民事关系。

2. 对应适用的外国法的指引，包括对依照该外国法规定适用于诉讼案件事实情况的一切法律规范的指引。

3. 本法典无例外规定的，对应适用的外国法的指引并非指引该国的国际私法，而是指引该国的内国实体法。

4. 若依本法典规定应适用其法律作为准据法的外国存在施行不同法律体系的多个法域，则对应适用的外国法的指引，系指引依照该外国法的准则所确定的相应法域的法律体系。

5. 若依本法典规定应适用其法律作为准据法的外国存在适用于不同人种的多种法律体系，则适用依照该国法律准则所确定的法律体系。

6. 根据本条第 4 款、第 5 款应适用的外国法未规定准则时，适用与诉讼案件有最密切联系的法律体系的法律。

第 1.11 条 对适用外国法的限制

1. 外国法律规范，如果其适用将与立陶宛宪法或其他法律中规定的公共秩序相抵触，则予以排除适用。此时，适用立陶宛共和国的民事法律。

2. 与诉讼案件有最密切联系的立陶宛共和国及其他国家的强制性法律规范，不论合同当事人是否已协议选择另一外国法，必须予以适用。在解决此类问题时，法院须考查法律规范的性质、目的、适用或不予适用的法律后果。

---

* 《立陶宛共和国民法典》（2001 年 7 月 1 日生效）第一卷第一编第二章为国际私法条款。本法根据 Pavel Ravluševicius 博士的德文译本（资料来源：IPRax 2003，Hcft 3，S. 298－305）译出，本译文曾载于《中国国际私法与比较法年刊》第 7 卷（2004 年），法律出版社 2005 年版，第 616～632 页，此处略有修改。——译者注

3. 依照本法典本应适用的外国法，在考查诉讼案件的全部事实因素时若发现诉讼案件或诉讼案件的某些部分与该法律无任何联系而与另一国法律有最密切联系，则应予排除适用。若应适用的法律系合同当事人协议选择所致，则不适用本款规定。

第 1.12 条　外国法内容的查明

1. 对于立陶宛共和国缔结或者参加的国际条约或者立陶宛共和国法律所规定的情况，法院依职权适用外国法，对其做出解释并查明其内容。

2. 若适用外国法系因合同当事人的协议所致，则诉讼当事人必须提供一切与外国法规范内容有关的证明资料，包括该国的官方解释、适用实践与学说。应一方诉讼当事人的请求，法院可在获取应适用的外国法的有关信息时提供帮助。

3. 法院或诉讼当事人未履行本条第 1 款及第 2 款所规定的义务时，适用立陶宛共和国法律。

4. 在例外情况下，为保障一方当事人的权利与义务或其财产安全而有必要采取临时措施时，若诉讼案件的准据法及其内容仍未确定，则法院可适用立陶宛共和国法律以解决该紧迫问题。

第 1.13 条　国际条约

1. 立陶宛共和国缔结或者参加的国际条约同立陶宛共和国民法典以及其他法律有不同规定的，适用国际条约的规定。

2. 立陶宛共和国缔结或者参加的国际条约直接适用于民事关系，但国际条约明确规定必须适用立陶宛共和国内国法律文件的除外。

3. 在适用、解释国际条约的规定时，必须考虑其国际性以及确保其统一适用和解释的必要性。

第 1.14 条　反致以及对第三国法律的转致

1. 应适用的外国法规定反致立陶宛共和国法律的，在本法典规定的情况下适用立陶宛共和国法律。

2. 应适用的外国法规定指引第三国法律的，在本法典规定的情况下适用第三国法律。

3. 在确定个人民事法律地位时，如果应适用的外国法规定转致立陶宛共和国法律的，适用立陶宛共和国法律。

4. 合同当事人已选择准据法的，以及在确定支配法律行为的形式与法定之债的准据法时，不适用本条第 1 款、第 2 款及第 3 款规定。

5. 依照上述 4 款规定适用国际条约时，反致以及对第三国法律的转致问题，依照国际条约规定予以解决。

第二节 自然人民事法律地位的准据法

第 1.15 条 外国公民与无国籍人的民事权利能力

1. 外国公民在立陶宛共和国享有与立陶宛共和国公民同等的民事权利能力。个别例外情况，由立陶宛共和国法律规定。

2. 宣告外国公民失踪或死亡，依其固定住所地国法。

3. 无国籍人在立陶宛共和国享有与立陶宛共和国公民同等的民事权利能力。个别例外情况，由立陶宛共和国法律规定。

4. 宣告无国籍人失踪或死亡，依其固定住所地国法。

第 1.16 条 外国公民与无国籍人的民事行为能力

1. 外国公民或无国籍人的民事行为能力，依其固定住所地国法确定。

2. 外国公民或无国籍人无固定住所地或其住所地难以确定的，行为能力依其实施相关法律行为的所在地国法确定。

3. 居住于多个国家的人，适用与其有最密切联系的国家的法律。

4. 外国公民以及在立陶宛共和国有固定住所的无国籍人，依照立陶宛共和国的法律规定宣告为无行为能力人或限制性行为能力人。

5. 若在固定住所变更前已取得行为能力，则行为能力不受固定住所地变更的影响。

第 1.17 条 禁止援引无行为能力

1. 自然人，只要其依照法律行为实施地法具有行为能力，则不得依照其固定住所地法援引自己无行为能力；但另一方合同当事人依照该人曾经的固定居住地国法规定已知或理应知道其无行为能力的除外。

2. 家庭、继承以及物权事项，不适用本条第 1 款规定。

第 1.18 条 宣告外国公民与无国籍人死亡或失踪

外国公民与无国籍人的失踪或死亡宣告，依其最后的确切固定住所地国法。

第三节 法人与其他组织的准据法

第 1.19 条 外国法人与其他组织的民事权利能力

1. 外国法人及其他组织的民事权利能力，依照该法人或组织的设立地国法确定。

2. 在违背法人及组织的设立章程时，民事权利能力依照实际活动所在地法确定。

3. 不论法人或其他组织的设立地位于何处，子公司的民事权利能力，只要其分支机构、营业活动或其他活动的主要场所地位于立陶宛共和国境内，依立陶宛共和国法律。

4. 法人或其他组织之间的联合、合并或地址迁移，若一个法人（组织）位于立陶宛共和国境内而另一法人（组织）位于外国，只要其行为依照两国法律规定业已实现，则不影响立陶宛共和国境内的此类机构的民事权利能力。

第 1.20 条 准据法的调整事项

1. 本法典第 1.19 条规定的准据法调整下列事项：

（1）法人或其他组织的法律形式与地位；

（2）法人或其他组织的设立、重组与清算；

（3）法人或其他组织的名称；

（4）法人或其他组织的机构体系及其内部权能；

（5）法人或其他组织的民事责任；

（6）法人或其他组织的代表处；

（7）违背法律或设立章程的法律后果。

2. 在立陶宛共和国注册的法人或其他组织的名称，依照立陶宛共和国法律予以保护。

第 1.21 条 外国法人及其他组织的代表处与分支机构的准据法

1. 在立陶宛共和国注册的外国法人或其他组织的代表处与分支机构，适用立陶宛共和国法律。

2. 以代表处或分支机构名义从事活动的人员中，必须有一人在立陶宛共和国境内有住所地。

3. 以代表处或分支机构名义从事活动的人员的权利与义务，依照立陶宛共和国法律确定。

第 1.22 条 法人或其他组织的代理人及其民事责任的准据法

1. 依照外国法成立的法人或其他组织在立陶宛共和国境内从事活动的，以法人或其他组织名义从事活动并为其谋利益的人员的民事责任，依照立陶宛共和国法律确定。

2. 由法人或其他组织的机关或代表处实施的超越权限的法律行为，只要合同当事人的固定住所地法或分支机构所在地法对权能未作限制规定，法人或其他组织不得要求宣告为无效；但是，另一方合同当事人在考查与其他合同当事人的关系时曾知晓或理应知晓存在权利限制的情况除外。

第 1.23 条 作为民事关系主体的国家及其机构、自治单位及其机构的准据法

国家及其机构、自治单位及其机构作为民事关系主体的，适用该国的法律。

第四节 家庭关系的准据法

第 1.24 条 结婚协议的准据法

1. 结婚协议的准据法，依合同当事人的固定住所地法确定。

2. 协议结婚的双方当事人的固定住所地位于不同国家的，该协议的法律后果，在考虑与争讼有最密切联系的法律的前提下，依协议签订地法、合同当事人一方的固定住所地法或者国籍国法确定。

第 1.25 条 结婚条件的准据法

1. 夫妻双方的行为能力及结婚的其他条件，依立陶宛共和国法律。

2. 夫妻一方在立陶宛共和国境内有固定住所地或者在结婚时是立陶宛国公民的，在立陶宛共和国民政部门登记结婚。

3. 在立陶宛共和国境内无固定住所地的外国公民及无国籍人的夫妻双方的行为能力及其他结婚条件，若该婚姻旨在得到夫妻双方固定住所地国的承认，则可依照夫妻双方的固定住所地法确定。

4. 依照外国法合法取得的婚姻，在立陶宛共和国境内予以承认；但是，夫妻双方均在立陶宛共和国境内有固定住所地，且其取得婚姻旨在规避立陶宛共和国法律关于该结婚无效的规定的情况除外。

第 1.26 条 结婚程序的准据法

结婚的程序，依婚姻缔结地法确定。若结婚的程序满足夫妻双方的固定住所地或者结婚时夫妻双方国籍国的法定要求，则婚姻亦宣告有效。

第 1.27 条 夫妻人身关系的准据法

1. 夫妻之间的人身关系，适用夫妻双方的固定住所地法。

2. 若夫妻双方的固定住所地位于不同国家，则夫妻之间的人身关系适用最后的共同固定住所地法。夫妻双方无共同固定住所地的，适用与夫妻之间人身关系有最密切联系的国家的法律。不能确定与夫妻之间的人身关系有最密切联系的国家的法律时，适用婚姻缔结地法律。

第 1.28 条 夫妻共同财产制的准据法

1. 夫妻共同财产的法律效力，依夫妻双方的固定住所地国法。夫妻双方的固定住所地位于不同国家的，适用夫妻双方的国籍国法。夫妻双方国籍不同又无共同固定住所地的，适用婚姻缔结地国法。

2. 夫妻共同财产的契约性法律效力，由协议选择的国家的法律支配。此时，夫妻双方可选择其将来的固定住所地国法、婚姻取得地国法或者夫妻一方的国籍国法。夫妻双方有关准据法的协议，只要满足所选择的法律或协议达成地法律的要求，则为有效。

3. 通过协议选择的准据法，若第三人对协议的事实已知晓或理应知晓，则对第三人适用。

4. 夫妻双方通过协议选择的准据法，若依照不动产所在地国法或不动产的官方注册地国法规定，涉及不动产的请求权应得到支持，则适用于解决与不动产物权有关的争讼。

5. 有关夫妻共同财产法律效力的协议发生变更时，适用夫妻双方的固定住所地法。夫妻双方在夫妻共同财产的法律效力发生变更时居住于不同国家的，适用夫妻双方最后的共同固定住所地法；若无最后的共同固定住所地，则适用支配夫妻共同财产关系的法律。

第 1.29 条　同居及离婚的准据法

1. 同居及离婚，适用固定住所地法。

2. 夫妻双方无共同固定住所地的，适用最后的固定住所地法，在其他情况下适用受理案件的法院所在地法。

3. 夫妻双方的国籍国法禁止离婚或要求离婚满足特定条件的，若夫妻一方有立陶宛国籍或者在立陶宛共和国境内有固定住所地，则依立陶宛共和国法律解除婚姻。

第 1.30 条　宣告婚姻、离婚或同居无效的诉讼案件的管辖权

宣告婚姻、离婚或同居无效的诉讼案件，属于立陶宛共和国民法典规定事项的，由立陶宛共和国法院管辖。

第 1.31 条　子女出身（准正）的准据法

1. 子女的出身（父亲或母亲身份的承认、确定或否认），在考虑对子女最有利的法律的前提下，由已出生的子女所取得的国籍国法、已出生的子女的固定住所地国法、已出生的子女的父母一方的固定住所地国法或国籍国法支配。

2. 确定子女准正时的法律后果，应以固定住所地法为准。

3. 子女或其父母一方在立陶宛共和国境内有固定住所地的，子女的准正，由立陶宛共和国法院或立陶宛其他国家机关决定。

4. 承认父亲（母亲）身份时，子女的父母的行为能力，依父母双方的固定住所地国法。承认父亲（母亲）身份的形式，适用承认地或子女固定住所地国法。

5. 确定未婚父母所生子女的出身时，适用本条规定。

第 1.32 条　父母与子女关系的准据法

1. 父母与子女之间的人身关系与财产关系，适用子女的固定住所地国法。

2. 父母在子女的固定住所地国无固定住所，而子女与父母双方具有同一国家国籍的，适用该国籍国法。

第 1.33 条 收养子女的准据法

1. 收养子女，适用子女的固定住所地国法。

2. 若依照被收养的子女的固定住所地法、养父母的固定住所地法或者养父母的国籍国法规定，可预见到收养该子女将不被承认，若该规定不损害该子女利益，则可依照这些法制规定进行收养。若不能预见该国是否承认收养，则禁止收养。

3. 被收养子女、养父母及其亲属之间的关系，适用养父母的固定住所地国法。

4. 与收养有关的诉讼案件，子女及养父母的固定住所地位于立陶宛共和国境内的，由立陶宛共和国法院管辖。

第 1.34 条 未成年人的监护、保佐及保护的准据法

未成年人的监护、保佐及保护，适用依照 1961 年 10 月 5 日《关于行政机关对未成年人保护的管辖权与准据法海牙公约》所确定的法律。

第 1.35 条 监护与保佐已成年的家庭成员的准据法

1. 已成年的家庭成员的监护与保佐，适用该成年人的固定住所地国法。

2. 与监护与保佐已成年家庭成员有关的诉讼案件，若该成年人的固定住所地或财产所在地位于立陶宛共和国境内，则由立陶宛共和国法院管辖。

第 1.36 条 家庭成员扶养义务的准据法

家庭成员的扶养义务，适用 1973 年 10 月 2 日《关于承认与执行扶养义务判决的海牙公约》。

第五节 合同性之债的准据法

第 1.37 条 合同之债的准据法

1. 合同之债，适用合同当事人协议选择的法律。合同当事人的此种协议，依照所缔结的合同条款或诉讼案件的事实情况确定。合同当事人可通过自己协议将具体国家的法律选择适用于整个合同、合同的具体几部分或具体某部分。

2. 合同当事人有权随时通过协议以另一法律取代已为合同之债所选择的准据法。准据法的变更具有溯及力，但此溯及力不得对抗第三人，且不得构成宣告合同无效之理由。

3. 合同当事人已选择外国法为合同准据法之情势，不构成不适用立陶宛共和国或其他国家的强制性法律规范之理由，合同当事人不得通过协议取代或者放弃这些强制性法律规范。

4. 合同当事人未选择准据法的，适用与合同之债有最密切联系的国家的法律。此时，下列地点所在地国法视为与合同之债有最密切联系的国家的法律：

（1）依合同规定负有完成特征性履行义务的合同当事人的固定住所地或者主要管理机构所在地。若该义务与合同当事人的经济活动所在地国法有最密切联系，则适用经济活动所在地法；

（2）不动产所在地，若合同以不动产权利或不动产的使用权为标的；

（3）对于运输合同，为承运人的主要经济活动所在地，前提是承运人的主要经济活动所在地、货物装载地、货物发运人的主要所在地或货物发运地均处于该国境内。

5. 如果合同当事人的特征性履行无法依照完成地予以确定，并且诉讼案件的事实情况表明合同与另一国法律有最密切联系，因而不适用本条第 4 款所规定的推定规则时，则不适用本条第 4 款规定。

6. 保险合同，适用保险人的固定住所地或者经济活动所在地国法；涉及不动产的保险合同，适用该财产的所在地国法。

7. 仲裁协议，适用支配主合同的法律；（主合同）无效时适用仲裁协议缔结地法；仲裁协议缔结地不能确定的，适用仲裁庭所在地法。

8. 在交易所缔结的合同或通过拍卖缔结的合同，适用交易所所在地或者拍卖发生地国法。

第 1.38 条　法律行为形式的准据法

1. 法律行为的形式，适用本法典第 1.37 条第 1 款规定的法律。

2. 合同当事人未选择准据法的，法律行为的形式由行为实施地法支配。由居住于不同国家的合同当事人缔结的合同，只要法律行为的形式满足其中任何一国对法律行为形式的法定要求，则为有效。

3. 涉及不动产或者不动产权利的法律行为的形式，依照该财产所在地国的法律规定。

4. 依照本法典第 1.39 条第 1 款缔结的消费者合同的形式，适用消费者的固定住所地法。

第 1.39 条　消费者合同适用外国法的特别规定

1. 本条或者其他条款规定的消费者合同，系指自然人（消费者）与商品或服务出售方（提供者）之间不是以消费者的职业或营业活动为目的，即以满足消费者个人、家庭需要或者家务需要为目的而缔结的有关交付商品或者提供服务的合同。

2. 本法典第 1.37 条第 1 款所规定的合同当事人选择合同关系准据法的权利，不得剥夺与限制消费者为维护自身利益而依照消费者固定住地法规定提出权利主张的权利：

（1）如果依照（消费者）固定住所地法规定，消费者合同系因特别要约或者广告而缔结；

（2）如果消费者系受另一方合同当事人指使而进入外国；

（3）如果另一方合同当事人或其代理人已在消费者固定住所地收到订购。

3. 如果消费者合同的当事人未选择准据法，适用消费者的固定住所地国法。

4. 运输合同以及在立陶宛共和国境外提供服务的服务合同，不适用本条规定。

第1.40条　代理及其期限与内容的准据法

代理的形式，适用代理书签发地国法。如果代理书中未提及代理期限，则代理的期限、代理人的权利与义务、代理人与被代理人的相互责任及其对第三人的责任，适用代理人的营业地国法。

第1.41条　赠与合同的准据法

1. 赠与合同，适用赠与人的固定住所地或者经济活动所在地国法；但有关不动产的赠与合同除外，此类合同适用不动产所在地国法。

2. 若赠与合同的形式满足合同缔结地、赠与人的固定住所地或者赠与人经济活动所在地的法定要求，则不得认为该合同无效。

第1.42条　债权转让与债务承担的准据法

1. 债权转让与债务承担，适用合同当事人协议选择的法律。

2. 就债权转让与债务承担协议选择的法律，只要债务人不同意适用该协议选择的法律，则对债务人不予适用。

3. 合同当事人未协议选择准据法的，债权转让与债务承担引起的债权债务关系，适用支配主债权债务关系的法律，由它对既有的债权转让或债务承担做出决定。

4. 债权转让与债务承担的形式，适用支配债权转让或债务承担的准据法。

第六节　侵权行为所生之债的准据法

第1.43条　侵权行为所生之债的准据法

1. 侵权行为所生之债的合同当事人的权利与义务，依受害人的选择适用侵权行为实施地、造成损害的事实发生地或者损害结果发生地国法。

2. 侵权行为实施地、造成损害的事实发生地或者损害结果发生地不能确定的，适用与损害赔偿诉讼案件有最密切联系的国家的法律。

3. 损害发生后，当事人可以协议选择受理诉讼案件的法院所在地国法为损害赔偿的准据法。

4. 双方当事人的固定住所地位于同一国境内的，损害赔偿适用该国法。

5. 因产品瑕疵造成损害所生之债，只要受害人的固定住所地位于结果发生地国，或者责任人的经济活动所在地、受害人取得产品地也位于该国，则适用损害结果发生地国法。如果损害责任人的固定住所位于受害人的固定住所地国，或者受害人在该国购买产品的，则适用受害人的固定住地国法。依上述规定不能确定准据法的，适用损害责任人所在地国法；但原告依照损害结果发生地国法规定主张债权的情况除外。

6. 承担民事责任的条件、范围、责任人以及免除民事责任的理由，依照支配侵权行为所生之债的准据法确定。

第 1.44 条　公路交通事故损害赔偿的准据法

公路交通事故的损害赔偿请求权，适用依照 1971 年 5 月 4 日的《关于公路交通事故法律适用的海牙公约》确定的法律。

第 1.45 条　侵害人格权引起的损害赔偿请求权的准据法

1. 通过公共信息通讯工具侵害人格权而引起的损害赔偿请求权，依受害人的选择适用受害人的固定住所地、经济活动所在地、损害结果发生地、造成损害者的固定住所地或经济活动所在地国法。

2. 抗辩，适用出版物出版地、广播或电视发射地国法。

第 1.46 条　因不正当竞争所致损害赔偿请求权的准据法

因不正当竞争所致损害赔偿的请求权，适用发生不正当竞争损害结果的市场所在地国法。个人利益受损时，适用受害人经济活动所在地国法。

第 1.47 条　多个赔偿义务人

由众人造成的损害，对具体个人而言，依本法典第 1.43 条确定应适用的法律。

第七节　物权的准据法

第 1.48 条　所有权的准据法

1. 不动产与动产的所有权及其他物权，适用其法律状态发生变化时该物之所在地国法。不动产或动产的确定，依该物之所在地国法。

2. 所有权及其他物权的官方注册，依照注册时该物之所在地国法。

3. 运输途中之物的所有权及其他物权，依该物之运输目的地国法。

4. 因时效取得的不动产所有权，依物之所在地国法。

第 1.49 条　当事人选择动产准据法的权利

1. 合同当事人可根据物的发运地国法、目的地国法或者支配法律行为的法律规定，协议选择支配动产权利的产生及消灭的准据法。

2. 合同当事人对准据法的选择不得对抗第三人。

第 1.50 条　有关动产限制的准据法

1. 当动产进入立陶宛共和国时，依外国法存在限制的，对该动产的权利在立陶宛共和国同样受到限制。

2. 国外既已存在的对物扣押权，只要该权利不用于对抗善意第三人，则在该物进入立陶宛共和国时仍然有效。

3. 对动产出口物的扣押权，适用物之目的地国法。

第 1.51 条　抵押的准据法

1. 权利、有价证券及债权的抵押，依合同当事人协议选择的法律，除非所选择的法律用于对抗第三人。

2. 合同当事人未协议选择准据法的，有价证券与债权的抵押，依债权人的固定住所地或经济活动所在地国法；其他权利的抵押，适用支配此类权利的准据法。

第八节　知识产权的准据法

第 1.52 条　知识产权的合同债权债务关系的准据法

1. 合同当事人未依照本法典第 1.37 条规定选择准据法的，知识产权的合同性债权债务关系的准据法，依照转让或者使用知识产权的合同当事人的固定住所地或者作业地国法确定。

2. 雇主与雇员之间有关制作知识产权标的物的合同，适用支配合同关系的法律。

第 1.53 条　知识产权及其保护的准据法

1. 知识产权及其保护，适用据以申请保护该权利的国家的法律。

2. 侵害知识产权的损害发生后，当事人可以协议选择以受理案件的法院地国法为准据法。

第九节　其他债权债务关系的准据法

第 1.54 条　不当得利之债的准据法

1. 因无法律根据而引起的债权债务关系的请求权，适用调整该债权债务关系的国家的法律。

2. 对不当取得的财产的请求权，适用违法行为实施地国法。

3. 当事人之间存在法律关系的，如果财产系无因取得或积蓄所致，则适用支配该法律关系的国家的法律。

第 1.55 条　单方法律行为的准据法

单方法律行为，适用完成地法。

第 1.56 条　有价证券的准据法

1. 支票与有价证券，适用 1931 年 3 月 19 日《统一支票法日内瓦公约》与 1930 年 6 月 7 日《统一汇票、本票法日内瓦公约》的规定。

2. 其他有价证券，适用出票地法。

第 1.57 条　记账货币的准据法

1. 合同当事人未协议选择其他法律的，记账货币依照记账地国法确定。

2. 其他情况下，适用货币发行国法律。

第 1.58 条　由其他原因引起的债权债务关系的准据法

由本法典本章节未提及的其他原因引起的债权债务关系，适用该原因产生地国法。

第 1.59 条　诉讼时效的准据法

诉讼时效，依照支配民事关系参加者的权利与义务的国家的法律。

第十节　继承的准据法

第 1.60 条　遗嘱能力

被继承人设立、变更与撤销遗嘱的能力，依被继承人的固定住所地法。自然人无固定住所地或者固定住所地不能确定的，设立遗嘱的能力依遗嘱设立地法。

第 1.61 条　遗嘱形式

1. 变更或撤销遗嘱的形式，依该法律文书的签署地法。

2. 遗嘱、遗嘱的变更及撤销，只要该法律文书的形式符合被继承人的固定住所地法、被继承人签署该法律文书时或死亡时的国籍国法规定，亦为有效。涉及不动产的遗嘱及其变更与撤销，只要其形式符合不动产所在地国法规定，则为有效。

第 1.62 条　其他继承关系的准据法

1. 除不动产之外的其他继承关系，适用被继承人死亡时的固定住所地国法。不动产的继承关系，适用不动产所在地国法。

2. 立陶宛共和国公民死亡后发生的继承，若继承人居住于立陶宛共和国境内并对遗产的法定份额主张权利的，除不动产外，适用立陶宛共和国法律。

3. 如果依照继承关系的准据法规定，遗产不能归入外国国家，又无其他继承人，且该财产位于立陶宛共和国境内的，该财产归立陶宛共和国所有。

《摩尔多瓦共和国民法典》[*]（节录）

第五卷 国际私法

第一编 关于国际私法的一般规定

第 1576 条 涉外民事法律关系准据法的确定

1. 与外国法律有联系的民事法律关系，其准据法依摩尔多瓦共和国签署的国际条约、本法典、摩尔多瓦共和国其他法律以及摩尔多瓦共和国认可的国际习惯确定。

2. 依照本条第 1 款无法确定准据法时，适用与涉外民事法律关系有最密切联系的法律。

第 1577 条 法律概念的识别

1. 在确定涉外民事法律关系的准据法时，应考虑依照摩尔多瓦共和国法律对法律概念进行识别，但法律、摩尔多瓦共和国签署的国际条约另有规定的除外。

2. 如果需要进行法律识别的法律概念为摩尔多瓦共和国法律所不知晓，以其他名称或以其他内容为其所知晓，并且无法通过按照摩尔多瓦共和国法律进行解释来加以确定，则在对这些概念进行法律识别时可适用另一国家的法律，但前提是不得因此对民事权利加以限制或者使涉及赔偿责任的措施无法确定。

第 1578 条 外国法内容的查明

1. 在适用外国法时，法院对外国法规范内容的查明，应经该外国的立法机关确认，并考虑该外国对这些法律规范的官方解释和适用实践。

2. 为查明外国法的内容，法院可要求摩尔多瓦共和国境内外的主管机关

---

* 本法典由摩尔多瓦共和国议会主席耶乌哲尼亚·奥斯塔普丘克（Eugenia OSTAPCIUC）于 2002 年 6 月 6 日签发第 1107 - XV 号主席令通过，并公布于 2002 年 6 月 22 日第 82 - 86/661 号《摩尔多瓦共和国法律公报》。其官方文本为俄语和摩尔多瓦语，本译文系根据德文译本（资料来源：http://www.cis-legal-reform.org/civil-code/moldova/civil-code-buch-5_ger.htm）翻译，并由匡增军博士（武汉大学边界研究院副教授）根据俄语文本校对。——译者注

或由专家鉴定对该内容做出解释。

3. 一方当事人援引外国法的，法院可要求该当事人证明外国法的内容。

4. 如果应适用的外国法内容无法查明，则适用摩尔多瓦共和国法律。

第 1579 条 多法律体系国家法律的适用

如果所指引的法律所属国具有数个区域法律体系，而且无法确定以哪一区域法律体系为准，则由该国法律确定应适用哪一区域法律体系，或者适用与相应民事法律关系有最密切联系的区域法律体系。

第 1580 条 互惠原则

1. 法院适用外国法律，并不取决于该外国对类似关系是否适用摩尔多瓦共和国法律，但摩尔多瓦共和国法律规定应根据互惠原则适用外国法的情形除外。

2. 外国法的适用取决于互惠时，如无相反证明，则推定互惠存在。

第 1581 条 公共秩序

根据第 1576 条第 1 款应适用的外国法规定，如果其适用的结果违背摩尔多瓦共和国的公共秩序，则不予适用。其他国家的法律被排除适用时，适用摩尔多瓦共和国的相应法律。

第 1582 条 强行规范的适用

1. 在摩尔多瓦共和国法律中，凡是由于其有明文规定或者由于其对保障民事法律主体的权利和利益特别重要而不论准据法为何均应调整相应关系的强制性规范，其效力不受本编规定的影响。

2. 不得仅基于外国的法律、政治或经济制度不同于摩尔多瓦共和国的法律、政治或经济制度而拒绝适用该外国法规范。

第 1583 条 对外国法的指引

根据本编规定对任何外国法的指引，均视为对有关国家实体法而非冲突法的指引。

第 1584 条 报复

如果某些国家对摩尔多瓦共和国公民、法人的财产权和人身非财产权施加特别限制，则摩尔多瓦共和国可对这类国家公民和法人的财产权和人身非财产权施加限制。

第 1585 条 对已在外国取得的权利的承认

已在外国取得的权利，只要其不违反公共秩序，则在摩尔多瓦共和国境内受到承认和尊重。

第 1586 条 国际条约

国际条约无其他规定的，适用本法典的规定。

第二编 冲突法

第一章 自然人的地位

第 1587 条 自然人的本国法

1. 自然人的民事地位和权利能力及行为能力，依其本国法。

2. 国民的本国法，系指该人的国籍国法。国籍，依该有疑义的国籍所指国家的法律确定。一人拥有两个或多个国籍的，则以与该人有最密切联系的国家的法律为其本国法。

3. 无国籍人，以其住所地国法或者惯常居所地国法为本国法。

4. 难民，以给予其难民身份的国家的法律为本国法。

5. 依照外国法被推定为拥有其他国家国籍的摩尔多瓦共和国公民，以摩尔多瓦共和国法为本国法。

第 1588 条 外国公民和无国籍人的权利能力

外国公民和无国籍人在摩尔多瓦共和国享有与本国公民同等的权利能力，但摩尔多瓦共和国宪法、其他法律或者摩尔多瓦共和国签署的国际条约另有规定的除外。

第 1589 条 外国公民和无国籍人的姓名

外国公民和无国籍人对自己姓名及其使用和保护的权利，由其本国法支配。为防止在摩尔多瓦共和国境内发生损害姓名权的行为，依摩尔多瓦共和国法律采取保障措施。

第 1590 条 外国公民和无国籍人的行为能力

1. 外国公民或无国籍人的行为能力，依其本国法认定。

2. 依住所地法无行为能力的当事人，如果依交易成立地法为有行为能力的，则不得援引其无行为能力，但另一方当事人知道或者理应知道其无行为能力的除外。

3. 外国公民或无国籍人的民事行为能力，如果涉及在摩尔多瓦共和国境内达成的交易以及损害赔偿义务，依摩尔多瓦共和国法认定。

4. 依先前法律取得的、被认可的成年资格，并不因该人归属新本国法支配而受到影响。

第 1591 条 宣告外国公民或无国籍人为无行为能力人或限制行为能力人

1. 宣告外国公民或无国籍人为无行为能力人或限制行为能力人，依摩尔多瓦共和国法律。

2. 无行为能力的外国公民或者无国籍人的法定代理，以及对限制行为能力的外国公民或无国籍人的援助，依调整该代理关系或援助行为的法律。

第 1592 条　监护和保佐

1. 未成年人、成年的无行为能力人或限制行为能力人设立、变更监护和保佐，监护和保佐的效力和终止，以及监护人、保佐人与被监护人、被保佐人之间的关系，依被监护人或被保佐人的本国法。

2. 对监护或者保佐的同意，依被指定为监护人或保佐人的该人的本国法。

3. 监护人或保佐人与被监护人或被保佐人之间的关系，依指定监护人的组织所属国法确定。但是，被监护人或被保佐人住所在摩尔多瓦共和国境内的，如果摩尔多瓦共和国法律对其更为有利，则适用摩尔多瓦共和国法。

4. 对侨居摩尔多瓦共和国境外的摩尔多瓦共和国公民所指定的监护或保佐，如果摩尔多瓦驻该国领事机构或摩尔多瓦驻该国大使馆不对该监护或保佐提出任何合法异议，则在摩尔多瓦共和国承认为有效。

第 1593 条　宣告外国公民或无国籍人失踪和死亡

宣告外国公民或无国籍人失踪或死亡以及对这种宣告的撤销，依其本国法。该法不能确定的，则适用摩尔多瓦共和国法。

第 1594 条　摩尔多瓦共和国公民在境外办理民事身份登记

侨居境外的摩尔多瓦共和国公民，在摩尔多瓦共和国驻外领事馆，无驻外领事馆的，则在摩尔多瓦共和国驻外大使馆办理民事身份登记。

第 1595 条　外国公民和无国籍人的商业活动

不设立法人，但被许可作为商人从事商业活动的外国公民或无国籍人，其身份依该外国公民或无国籍人取得从事商业活动许可的所在地国法认定。

第二章　法人的地位

第 1596 条　外国法人的本国法

1. 法人的本国法，系指该法人的设立地国法。

2. 根据法人的本国法确定的事项包括：

（1）该组织作为法人的法律地位；

（2）法人的法律组织形式；

（3）对法人名称的要求；

（4）法人活动的设立与终止的原因；

（5）法人的重组条件问题，包括权利的继承问题；

（6）法人权利能力的内容；

（7）法人取得民事权利和承担民事义务的方式；

（8）法人的内部关系，包括法人与其股东之间的关系；

（9）法人的责任。

3. 外国法人不得援引其机构或代表的交易达成地国法所不知晓的、对其机构或代表实施法律行为的授权限制，除非另一方当事人知晓或者理应知晓上述限制。

第 1597 条　法人的代表处（分支机构）、分公司的准据法

1. 在其他国家境内的法人的代表处（分支机构）的法律地位，依该法人的本国法。

2. 在其他国家境内的法人的分公司的法律地位，不管该法人的本国法为何，依该分公司的设立地国法。

第 1598 条　适用于外国法人的摩尔多瓦共和国法

外国法人在摩尔多瓦共和国境内从事商业活动或受民法调整的其他活动，须遵守本法有关摩尔多瓦法人从事类似活动的规定，但摩尔多瓦共和国法律对外国法人另有规定的除外。

第 1599 条　依外国法为非法人的组织的本国法

依外国法为非法人的外国组织，以其设立地国法为本国法。上述组织的活动，适用本法典有关调整法人活动的条款、其他法律规范或者依法律行为的内容确定，但法律另有规定的除外。

第 1600 条　国家参与涉外民事法律关系

有国家参与的涉外民事法律关系，根据一般原则，适用本法典的规定，但法律另有规定的除外。

第三章　物权与人身非财产权

第 1601 条　有关物权的一般规定

1. 动产、不动产的占有、所有权和其他物权的内容，此类权利的行使与保护，依照该物之所在地国法确定，但法律另有规定的除外。

2. 物属于动产还是不动产范畴，以及对该物进行的其他法律识别，依照该物之所在地国法确定。

第 1602 条　物权的取得与消灭

1. 所有权与其他物权的取得与消灭，依照致使所有权与其他物权取得或消灭的法律行为或其他事件发生时该物之所在地国法确定，但摩尔多瓦共和国法律另有规定的除外。

2. 作为交易标的之物的所有权与其他物权的取得与消灭，依照适用于该交易的法律确定，但当事人协议另有约定的除外。

3. 因占有而取得物之所有权与其他物权，依占有期限届满之时该物之所在地国法确定。

第 1603 条　运输工具的物权

1. 对运输工具的物权的产生、转让和消灭，依：

（1）船舶或者航空器所悬挂的国旗所属国法；

（2）适用于有轨机动车或机动车运输企业的法律地位的法律。

2. 本条第 1 款的规定也适用于：

（1）属于技术设备的甲板（船舷）上的物；

（2）以运输工具的保养费用为标的之债权。

第 1604 条　需注册之物的物权

需经国家注册之物的所有权和其他物权，依这些物上的权利进行国家注册所在地国法确定。

第 1605 条　处于运输途中之物的物权

对于因交易而处于运输途中之物而言，其所有权与其他物权的产生与消灭，依该物之发运地国法确定，除非：

（1）当事人协议另有约定；

（2）该物属于乘客的私人之物，适用该乘客的本国法。

第 1606 条　有价证券

1. 有价证券的发行，依适用于发行该证券的法人之法律地位的法律。

2. 转让有价证券的条件和后果，依：

（1）可转让的有价证券的付款地法；

（2）证券持有人在转让证券时的所在地法；

（3）适用于发行记名证券的法人之法律地位的法律。

第 1607 条　人身非财产权

1. 著作权的取得、内容与消灭，依该作品通过展览、广播、发表、上演或以其他方式第一次为公众所知晓的所在地国法。

2. 已创造的、但尚未为公众所知晓的著作权，依作者的本国法。

3. 知识产权的取得、内容与消灭，依该权利注册地国法。

4. 要求进行物质赔偿或者道义上补偿的，依著作权或知识产权被侵害地国法。

5. 摩尔多瓦共和国境内的外国公民和无国籍人，享有与本国公民同等的著作权与知识产权。

第 1608 条 广告的形式

1. 任何与物相关的广告形式，依进行广告时的广告地法。

2. 第 1 款所指的广告形式，在结果上构成不动产权利依据的，即便通过适用另一法律而构成了取得、转让或消灭物权或实物担保的法定原因，仍依该物之所在地国法。

第四章 法律行为

第 1609 条 法律行为的准据法

1. 法律行为的形式要求，依构成法律行为标的之法律关系的准据法确定。在摩尔多瓦共和国境外实施的法律行为，如果满足下列要求之一，则在形式上有效：

（1）遵守了法律行为实施地法；

（2）满足了摩尔多瓦共和国法律的要求；

（3）遵守了合同订立者的本国法或住所地法；

（4）依照适用于审查法律行为效力的机构的法律，法律行为有效。

2. 就构成法律行为标的之法律关系的要求而言，依法律行为实施者选择的法律，或者依与该法律关系有最密切联系的国家的法律，或者依该单方法律行为实施地法。如果构成法律行为标的之法律关系的准据法要求采用特定的认证形式，即使合同在国外订立，也不得规避该要求。

3. 从属法律行为，依构成主要法律行为标的之法律关系的准据法，但当事人另有约定的除外。

第五章 合同之债与非合同之债

第 1610 条 合同实质要件的准据法

1. 合同，依当事人选择的法律。

2. 合同当事人可以就合同的全部或各部分做出法律选择。

3. 法律选择必须明示做出，或者在合同条款或者其他情况中阐明。

4. 法律选择可随时做出或者变更。当事人有权随时协议变更合同的准据法。

5. 订立合同后做出或者变更法律选择的，则自合同订立之时起即属有效，但不得影响合同的形式效力或者与该合同有关的第三人已取得的权利。

6. 如果合同采用了为国际商业贸易所认可的商业术语，在合同无其他说明时，应认定当事人已同意就这些术语适用与该商业术语相应的现行商事惯例或习惯。

第 1611 条　未选择法律时合同的准据法

1. 未选择法律时，合同依与之有最密切联系的国家的法律，并推定与履行义务的债务人在订立合同时的住所地国、惯常居所地国或者法人注册地国存在最密切联系。

2. 当事人未协议选择合同准据法的，不论本条第 1 款规定为何：

（1）对于不动产合同以及有关信托管理财产的合同，适用该物之所在地国法；

（2）对于建筑承包合同和设计勘探承包合同，适用合同所规定的成果完成地国法；

（3）对于合伙合同，适用该合伙业务实施地国法；

（4）对于通过拍卖或招标订立的合同，适用拍卖或招标地国法。

第 1612 条　准据法的适用范围

根据本法典规定，以合同准据法为准的特别是：

（1）合同的解释；

（2）各方当事人的权利和义务；

（3）合同的履行；

（4）不履行合同或者有瑕疵地履行合同的后果；

（5）合同的终止；

（6）合同无效或解除合同的后果；

（7）与合同有关的债权转让和债务承担。

第 1613 条　形式要求的准据法

1. 合同应满足本法典第 1609 条第 1 款所指法律规定的形式要求。

2. 合同在形式上为有效，只要：

（1）合同当事人在订立合同时处于不同国家，而合同形式符合其中一个国家法律的要求；

（2）合同当事人一方的代理人遵守了其在订立合同时所在国的法律。

第 1614 条　无因管理和不当得利的请求权

1. 无因管理，依代理人实施行为地法。

2. 因不当得利而产生的请求权，依不当得利发生地国法。

第 1615 条　侵权行为

1. 侵权行为，依照该行为实施地国法识别为致害行为。

2. 侵权行为的准据法决定：

（1）侵权能力；

（2）责任的形式、条件和范围；

（3）限制责任或排除责任的条件；

（4）可据以要求损害赔偿的损害的性质；

（5）损害赔偿请求权的可转让性；

（6）请求损害赔偿的权利人。

3. 侵权行为的损害结果全部或部分发生于侵权行为实施地国以外的其他国家境内的，则相关的损害赔偿适用该其他国家的法律。

第 1616 条　因侵犯人格产生的责任

因媒体侵犯人格而产生的请求权，依受害人的选择适用：

（1）受害人的本国法；

（2）受害人的住所地国法或者惯常居所地国法；

（3）侵害行为的结果发生地国法；

（4）著作权人的住所地国法或者惯常居所地国法。

第 1617 条　因产品瑕疵产生的责任

1. 因产品瑕疵产生的请求权，依消费者的选择适用：

（1）受害人的住所地国法或者惯常居所地国法；

（2）产品获得地国法，但以制造商或者供应商不能证明产品系在未征得其同意的情况下进入销售为条件；

2. 仅在产品属于个人或家庭使用时，方可主张本条第 1 款所指的请求权。

第 1618 条　因不正当竞争产生的责任

因不正当竞争而产生的损害赔偿请求权，适用：

（1）侵权行为损害结果发生地国法；

（2）受害人注册地国法；

（3）支配当事人所订立的合同的法律，如果实施了侵权行为并损害了当事人之间的现存关系。

第 1619 条　义务的转移与消灭

1. 债权转让，依被转让的债权的准据法，但当事人另有约定的除外。出让人与受让人对另一法律的选择，仅在征得第三者同意时方可对抗第三人。出让人与受让人之间的义务，以该转让所依据的法律关系的准据法为准。

2. 债权的转移，依支配原债权人与新债权人之间的法律关系的法律，但当事人另有约定的除外。

3. 债务的转让与更新，依构成合同标的之债务关系的准据法。

4. 对于结算，依通过结算来清偿债权的准据法。

第 1620 条　货币

1. 用以支付的货币，依已将货币置于流通的国家的法律。

2. 货币对债务额的效力，依该债务的准据法。

3. 用何种货币支付，依支付行为发生地国法，但当事人另有约定的除外。

第六章　涉外继承关系

第 1621 条　继承的准据法

继承的准据法决定：

（1）开始遗产继承的时间；

（2）有资格继承者的范畴；

（3）无继承资格的法定条件；

（4）对被继承人所遗留财产的占有权的行使；

（5）接受遗产与拒绝接受遗产的条件、后果；

（6）继承人有承担债务的义务的范围；

（7）国家对无人继承财产的权利。

第 1622 条　遗产的准据法

1. 动产的继承关系，依遗产人死亡时已生效的（遗产人）本国法。

2. 不动产的继承关系，依该财产的所在地国法。

第 1623 条　遗嘱的准据法

1. 只要不违反强制性规定，遗产人可通过遗嘱将其遗产的转移由本法典第 1622 条所指法律以外的另一法律支配。所选择的法律适用于本法典第 1621 条所指的诸情形。

2. 遗嘱的设立、变更或撤销，只要根据下列法制之一，满足了设立、变更或撤销遗嘱时或者遗产人死亡时应适用的形式要求，即属有效：

（1）遗产人的本国法；

（2）遗产人的住所地法；

（3）遗嘱的设立地、变更地或撤销地法；

（4）作为遗产标的不动产所在地法；

（5）执行遗产转移程序的法院或者机关所在地法。

第七章　时效

第 1624 条　时效的准据法

提出请求权的时效，依主体权利的准据法。

议会主席

耶乌哲尼亚·奥斯塔普丘克（Eugenia OSTAPCIUC）

《吉尔吉斯共和国民法典》*（节录）

第六十四章　总则

第 1167 条　涉外私法法律关系准据法的确定

1. 有外国公民或外国法人参加的或具有其他涉外因素的私法关系的准据法，依照本民法典、其他法律、国际条约、认可的国际惯例以及根据当事人的协议确定。

2. 当事人选择法律的协议必须是明示的，或者必须从合同条款和个案的实际情况中明显看出这种选择。

3. 若不能根据本条第 1 款确定准据法，则适用与涉外私法关系有最密切联系的法律。

4. 外国法律规范，不得仅因其具有公法性质而限制适用。

第 1168 条　法律定性

1. 法院或其他国家机关对法律概念进行法律定性时，应以作为法院所在地国的吉尔吉斯共和国法律对该概念所作的解释为依据，但法律另有规定的除外。

2. 若该法律概念是作为法院所在地国的吉尔吉斯共和国法律中所没有的或者在吉尔吉斯共和国法律中有不同的名称与内容，并且不能根据吉尔吉斯共和国法律的解释确定，则在对其进行法律识别时亦可适用外国法。

第 1169 条　外国法律规范内容的查明

1. 在适用外国法时，法院或其他国家机关可依照该外国的官方解释、适用实践及学说查明该外国法律规范的内容。

2. 为查明外国法规范的内容，法院或其他国家机关可依照法定程序请求

---

* “吉尔吉斯共和国冲突法”规定在《吉尔吉斯共和国民法典》第二卷第七编中，经 1998 年 1 月 5 日第 1 号法律颁布并于同日开始生效。由于吉尔吉斯共和国的法制受原苏联传统的影响，将家庭法单独立法，而不规定在民法典之中，因而民法典中无相应的家庭法冲突规范。本法根据德文译本（资料来源：IPRax 2004, Heft 3, S. 270－275）翻译，官方文本为吉尔吉斯语。本译文原载于《中国国际私法与比较法年刊》第 8 卷（2005 年），法律出版社 2006 年版，第 624～634 页，此处略有修改。——译者注

司法部和其他国家主管机关或机构予以协助和说明，亦可向外国的相应机关求助或者向专家咨询。

3. 争议当事人有权提交证实其据以主张债权或抗辩的外国法律规范内容的文件，或者在法院或其他国家机关查明该规范内容时通过其他方式予以协助。

4. 如果尽管采取了本条规定的措施，但在规定的期限内仍不能查明外国法律规范的内容时，则适用吉尔吉斯斯坦共和国法律。

第 1170 条　反致及对第三国法律的转致

1. 依照本章规定对外国法的指引，均为指引该国的实体法而非冲突法，但本条另有规定的除外。

2. 依照本法典第 1177 条、第 1178 条第 1 款、第 3 款和第 5 款、第 1180 条以及第 1183 条规定适用外国法的，接受对吉尔吉斯共和国法律的反致以及对第三国法律的转致。

第 1171 条　规避法律的后果

受本法典调整的法律关系的当事人，其旨在规避本章有关法律适用的规定从而使相应法律关系受另一法律支配的协议及其他行为无效。此时，适用依照本章规定应予以适用的国家的法律。

第 1172 条　互惠

1. 法院或其他国家机关适用外国法，不取决于该外国在同类法律关系上是否适用吉尔吉斯共和国法律，但吉尔吉斯共和国法律规定适用外国法律以互惠为条件的情况除外。

2. 若外国法的适用以互惠为条件，则推定存在此种互惠，除非有其他相反证据。

第 1173 条　公共秩序保留

1. 外国法，若其适用违背吉尔吉斯斯坦共和国法制的基本原则，则不予适用。此时，适用吉尔吉斯共和国法律。

2. 不得仅因为外国的法律、政治或经济制度不同于吉尔吉斯共和国的法律、政治或经济制度而排除该外国法的适用。

第 1174 条　强制规范的适用

1. 本章规定不影响吉尔吉斯共和国的强制性法律规范的效力，不论准据法有何规定，此种强制性法律规范均适用于相应法律关系。

2. 根据本章规定适用一国法律时，法院可适用与法律关系有密切联系的另一国的强制性规范，只要依该另一国法律规定，此种强制性规范无须考虑准据法而直接调整该相应法律关系。同时，法院须顾及此种规范的规定、性质及其适用的后果。

第 1175 条　多法律体系国家法律的适用

若应适用某国法律，而该国存在多个区域性的法律体系或其他法律体系的，则适用依照该国法规定应予适用的法律体系。

第 1176 条　报复

对于那些对吉尔吉斯共和国公民或法人的权利实行特别限制的国家，吉尔吉斯共和国政府亦可对该国公民或法人的权利实施相应的限制（报复）措施。

第六十五章　冲突规范

第一节　自然人与法人

第 1177 条　自然人的属人法

1. 自然人以其国籍国法为属人法。具有双重国籍或多个国籍时，以与其有最密切联系的国家的法律为属人法。

2. 无国籍人，以其固定住所地国法为属人法。

3. 难民，以其避难地国法为属人法。

第 1178 条　自然人的权利能力与行为能力

1. 自然人的权利能力与行为能力，由其属人法确定。

2. 外国公民与无国籍人，在吉尔吉斯斯坦共和国享有与吉尔吉斯共和国公民同等的民事权利能力，但吉尔吉斯共和国法律或国际条约另有规定的除外。

3. 自然人在法律行为以及因造成损害所引起的义务方面的民事行为能力，依法律行为实施地国法或者因造成损害引起的义务产生地国法。

4. 自然人成为个体经营者的能力以及具有与此相关的权利与义务，依该自然人以个体经营者资格进行注册地国法确定。无注册地国时，适用从事个体经营活动的主要场所地国法。

5. 宣告自然人为无行为能力人或者限制性行为能力人，依照法院所在地国法。

第 1179 条　自然人的失踪与死亡宣告

宣告自然人失踪或死亡，依照法院所在地国法。

第 1180 条　自然人的姓名

自然人的姓名权及其使用与保护，依其属人法，但本法典第 54 条第 2 款第 3 句和第 4 句、第 1188 条以及第 1189 条另有规定的除外。

第 1181 条 侨居国外的吉尔吉斯共和国公民家庭状况的登记

侨居国外的吉尔吉斯斯坦共和国公民，在吉尔吉斯共和国驻外领事处进行家庭状况文书的登记。此时，适用吉尔吉斯共和国法律。

第 1182 条 对外国机关所出具的家庭状况证书的承认

由外国机关根据该国法律出具的用于证明侨居国外的吉尔吉斯共和国公民、外国公民和无国籍人家庭状况的文件，附有公证书的，在吉尔吉斯共和国予以承认。

第 1183 条 监护和照料

1. 对未成年人、无行为能力人或者有限制性行为能力的成年人的监护和照料，依照法院所在地国法予以设立或撤销。

2. 监护（照料）人接受监护（照料）的义务，由监护（照料）人的属人法支配。

3. 监护（照料）人与被监护（照料）人之间的法律关系，由指定监护（照料）人的机关所在地国法支配。居住于吉尔吉斯共和国的被监护人，如果吉尔吉斯共和国法律对其更为有利，亦可适用吉尔吉斯共和国法律。

4. 为侨居国外的吉尔吉斯共和国公民设立的监护（照料），如果吉尔吉斯共和国驻外的相关领事处对设立监护（照料）或对其承认无任何法律异议，则在吉尔吉斯共和国承认为有效。

第 1184 条 法人的属人法

法人以其设立地国法为属人法。

第 1185 条 法人的权利能力

1. 法人的民事权利能力，依照法人的属人法确定。

2. 如果外国法人的机构或代表的行为实施地国法没有关于代理权限制的规定，则外国法人不得对其机构或代表所实施的法律行为援引代理权限制。

第 1186 条 法人在吉尔吉斯斯坦共和国的国内行为

法人在吉尔吉斯共和国境内从事的经营活动或实施的其他行为，由民事法律调整，但吉尔吉斯共和国法律对法人另有规定的除外。

第 1187 条 国家参与涉外私法关系

国家参与的涉外私法关系，一般适用本章的规定，但法律另有规定的除外。

第二节 人身非物质权利，知识产权

第 1188 条 对人身非物质权利的保护

人身非物质权利的保护，适用行为地国法或者据以提出保护请求的情况发生地国法。

第1189条　知识产权

1. 知识产权，适用请求保护此种权利所在地国法。

2. 以知识产权为标的之合同，由依照本章有关合同之债的规定所确定的法律支配。

第三节　法律行为，代理，诉讼时效

第1190条　法律行为的形式

1. 法律行为的形式，由法律行为实施地国法支配。在外国实施的法律行为，如果其满足吉尔吉斯共和国法律的形式要求，则不得因其未遵守形式规定而视为无效。

2. 涉外经济行为，只要有一方当事人为吉尔吉斯斯坦共和国法人或公民，则不管行为实施地规定如何，须采用书面协议形式。

3. 与不动产有关的法律行为的形式，由该财产所在地国法支配，涉及在吉尔吉斯共和国国家注册机关登记的财产，适用吉尔吉斯共和国法律。

第1191条　代理

代理的形式与有效时间，适用代理权授予地国法。满足吉尔吉斯共和国法律要求的代理，不得因其未遵守有关形式方面的规定而视为无效。

第1192条　诉讼时效

1. 诉讼时效，由相应法律关系的准据法支配。

2. 诉讼时效未涉及的请求权，只要相应的法律关系至少有一方当事人为吉尔吉斯共和国公民或者法人，则适用吉尔吉斯共和国法律。

第四节　物权

第1193条　有关物权准据法的一般规定

1. 不动产与动产的所有权与其他物权，依该财产所在地国法，但法律另有规定的除外。

2. 不动产与动产的区分以及财产的其他法律定性，依照该财产所在地国法。

第1194条　物权的产生与消灭

1. 对财产之物权的产生与消灭，依照行为实施时或者物权据以产生或消灭的事实发生时该财产的所在地国法确定，但吉尔吉斯共和国法律另有规定的除外。

2. 构成法律行为对象的财产的物权的产生与消灭，由该法律行为实施地国法支配，但法律行为的当事人另有约定的除外。

3. 因时效而取得的财产所有权的产生，依照时效届满时该财产所在地国法支配。

第 1195 条　交通工具与其他须在国家登记机关注册的财产的物权

交通工具与其他须在国家登记机关注册的财产之物权，由该交通工具与财产注册地国法支配。

第 1196 条　处于运输途中的动产的物权

因某法律行为而处于运输途中的动产的所有权与其他物权，由该财产发运地国法支配，但法律行为的当事人另有约定的除外。

第 1197 条　物权的保护

1. 所有权和其他物权的保护，依原告的选择，适用财产所在地国法或处理争议的法院所在地国法支配。

2. 不动产的所有权和其他物权的保护，适用该财产所在地国法。涉及在吉尔吉斯共和国国家登记机关注册的财产，适用吉尔吉斯共和国法律。

第五节　合同之债

第 1198 条　合同当事人的法律选择

1. 合同，适用合同当事人选择的法律，但法律另有规定的除外。

2. 合同当事人既可以为整个合同，亦可为合同的某些部分选择所适用的法律。

3. 合同当事人可在合同缔结时或事后随时选择准据法。合同人亦可随时协商一致地变更合同的准据法。

第 1199 条　未协议选择法律时合同准据法的确定

1. 未协议选择合同的准据法时，适用下列合同当事人的设立地、住所地或主要营业地国法：

（1）买卖合同中的卖方；

（2）赠与合同中的赠与人；

（3）租赁合同（不动产租赁合同）中的出租人；

（4）无偿使用财产合同中的出借人；

（5）加工承揽合同中的承揽人；

（6）运送合同中的承运人；

（7）运输代办合同中的代办人；

（8）借款或其他信贷合同中的出借人；

（9）委托合同中的受托人；

（10）商务代理合同中的代理商；

（11）保管合同中的保管人；

（12）保险合同中的保险人；

（13）担保合同中的担保人；

（14）抵押合同中的抵押人；

（15）有关专有权使用的许可证合同中的许可人。

2. 合同当事人未协议选择合同准据法时，不论本条第 1 款规定如何，适用下列规定：

（1）不动产合同适用该不动产所在地国法；

（2）共同作业合同与建筑合同，适用相关作业地或合同规定的结果发生地国法；

（3）作为拍卖、竞标结果所缔结的合同或在证券交易所缔结的合同，适用拍卖地、竞标地或证券交易所在地国法。

3. 对于本条第 1 与第 2 款未提及的合同，当事人未协议选择准据法时，适用合同特征性履行当事人的设立地、住所地或主要营业地国法。若不能确定合同的特征性履行，则适用与合同有最密切联系的国家的法律。

第 1200 条　有关设立法人的涉外合同的准据法

有关设立法人的涉外合同，适用法人设立地国法。

第 1201 条　准据法的适用范围

1. 依照本节规定所确定的合同准据法特别适用于：

（1）合同的解释；

（2）合同当事人的权利和义务；

（3）合同的履行；

（4）不履行或不当履行合同的后果；

（5）合同的终止；

（6）合同无效的后果；

（7）与合同相关的债权转让与债务承担。

2. 合同履行的方式与程序以及不当履行合同时须采取的措施，在适用合同准据法之外，还须考虑履行地国法。

第六节　非合同之债

第 1202 条　因单方行为引起的债务

因单方行为（悬赏、无因管理等）引起的债务，适用本章第四节规定。

第 1203 条 因造成损害引起的债务

1. 因造成损害所产生的权利与义务，适用据以提出损害赔偿请求的相关行为或其他事件发生地国法。

2. 因在外国造成损害产生的责任而引起的权利与义务，如果其当事人均为同一国的公民或自然人，则适用该国法律。

3. 如果据以提出损害赔偿请求的行为或据事件依照吉尔吉斯共和国法律不构成违法，则不适用外国法。

第 1204 条 消费者损害责任

因货物销售、施工或服务所产生的消费者损害赔偿请求权，依消费者的选择适用：

（1）消费者住所地国法；

（2）制造商、施工者或提供服务者的住所地或居所地国法；

（3）消费者取得货物地、施工验收地或被提供服务所在地国法。

第 1205 条 不当得利

1. 因不当得利产生的债务，适用不当得利发生地国法。

2. 若因取得财产或获利的法律基础丧失而发生的不当得利，依照支配该法律基础的国家的法律确定准据法。不当得利的概念，依照吉尔吉斯共和国法律确定。

第七节 继承法

第 1206 条 继承关系

继承关系，只要本法典第 1207 条与第 1208 条未作其他规定，适用被继承人的最后住所地国法，除非被继承人已在其遗嘱中选择了其国籍国法。

第 1207 条 设立与撤销遗嘱的能力，设立与撤销遗嘱的形式

设立与撤销遗嘱的能力、设立与撤销遗嘱的形式，依照被继承人设立或撤销遗嘱时的固定住所地国法，除非被继承人已在其遗嘱中选择了其国籍国法。但是，只要遗嘱及其撤销满足了遗嘱设立地或撤销地的法律要求或吉尔吉斯共和国法律的要求，则不得因不符合形式而被视为无效。

第 1208 条 不动产以及须经国家登记机关注册的财产的继承

不动产的继承，依照该财产所在地国法，已在吉尔吉斯共和国国家登记机关注册的财产的继承，依照吉尔吉斯共和国法律。

《亚美尼亚共和国民法典》*（节录）

第十二编　国际私法

第八十章　总则

第1253条　有外国人参加的民事法律关系的准据法的确定

1. 法院适用于有外国公民，包括个体企业主、外国法人和依照外国法为非法人的组织，和无国籍人（以下统称外国人）参加的民事法律关系以及民事权利标的在国外的案件的法律，根据本法典、亚美尼亚共和国的其他法律、亚美尼亚共和国的国际条约和被亚美尼亚共和国认可的国际惯例确定。

2. 如果根据本条第1款不能确定应适用的法律，则适用与有外国人参加的民事法律关系有最密切联系的法律。

3. 本编有关确定法院所适用的法律的规则，对其他有权对法律适用问题做出裁决的机关也相应适用。

第1254条　法律概念的识别

1. 在确定准据法时，法院应根据亚美尼亚共和国法律对法律概念进行解释，但法律另有规定的除外。

2. 如果需要进行法律识别的法律概念为亚美尼亚共和国法律所不知晓，或者以别种表述或以其他内容为其所知晓，并且无法通过按亚美尼亚共和国法律进行解释来加以确定，则在对这些概念进行法律识别时可适用外国法律。

第1255条　外国法规范内容的查明

1. 在适用外国法时，法院应根据相应外国对这些法律规范的官方解释和适用实践来查明该外国法规范的内容。

2. 为查明外国法规范的内容，法院可按照规定的程序请求亚美尼亚共和国境内外的主管机关予以协助和解释，或者吸收专家参与。

---

* 《亚美尼亚共和国民法典》由亚美尼亚共和国国民议会于1998年5月5日通过，1999年1月1日起施行。本法根据Christel Mindach先生的德文译本（资料来源：IPRax 2009，Heft 1，S. 96－100）翻译。——译者注

3. 案件参与人有权提供作为其提出请求或者抗辩依据的确认外国法规范内容的文件，亦可通过其他方式协助法院查明该规范之内容。

4. 尽管根据本条规定采取了措施，但在合理期限内仍无法查明外国法规范内容的，适用亚美尼亚共和国法律。

第1256条　多法律体系国家法律的适用

如果应适用其法律的国家存在数个法律体系，而且不能确定应适用其哪一法律体系，则适用与相应关系有最密切联系的法律体系。

第1257条　互惠原则

1. 法院适用外国法律，并不取决于该外国对类似关系是否适用亚美尼亚共和国法律，但亚美尼亚共和国法律规定适用外国法以互惠原则为基础的情形除外。

2. 外国法的适用取决于互惠时，如无相反证明，则推定互惠存在。

第1258条　公共秩序条款

1. 根据第1253条第1款应适用的外国法规范，如果其适用的结果明显违背亚美尼亚共和国法制的基础（公共秩序），则不予适用。

2. 不得仅基于外国的法律、政治或经济制度不同于亚美尼亚共和国的法律、政治或经济制度而拒绝适用该外国法规范。

第1259条　强行规范的适用

在亚美尼亚共和国法律中，凡是由于其有明文规定或者由于其对保障民事交往参与者的权利和利益具有特殊意义而不论准据法为何均应调整相应关系的强制性规范，其效力不受本编规则的影响。

第1260条　对外国法的指引

根据本编规定对任何外国法的指引，均视为对有关国家实体法而非冲突法的指引。

第1261条　报复

如果某些国家对亚美尼亚共和国公民、法人的财产权利和人身非财产权利施加特别限制，则亚美尼亚共和国可对这类国家公民和法人的财产权利和人身非财产权利采取对等措施（报复）。

第八十一章　冲突规范

第一节　人的准据法

第 1262 条　人的属人法

1. 人的属人法，系指该人的国籍国法。如果一人具有两个或多个国籍，则以与该人有最密切联系的国家的法律为其属人法。

2. 无国籍人，以其定居国法为属人法。

3. 难民，以避难地国法为属人法。

第 1263 条　外国公民和无国籍人的权利能力

外国公民和无国籍人在亚美尼亚共和国享有与亚美尼亚共和国公民同等的民事权利能力，但亚美尼亚共和国宪法、亚美尼亚共和国法律和亚美尼亚共和国的国际条约另有规定的情形除外。

第 1264 条　外国公民和无国籍人的姓名

外国公民和无国籍人对自己姓名及其使用和保护的权利，由其属人法确定，但本法典第 22 条第 2 款第 2 项和第 4 款以及第 1280 条、第 1291 条另有规定的除外。

第 1265 条　外国公民和无国籍人的行为能力

1. 外国公民或无国籍人的民事行为能力，依其属人法认定。

2. 依属人法无行为能力的当事人，如果依交易成立地法为有行为能力的，则不得援引其无行为能力，但另一方当事人知道或者理应知道其为无行为能力人的除外。

3. 外国公民或无国籍人的民事行为能力，如果涉及在亚美尼亚共和国境内达成的交易以及因在亚美尼亚共和国造成损害而产生的义务，依亚美尼亚共和国法认定。

第 1266 条　外国公民或无国籍人的企业经营活动

不设立法人但以个体企业主身份从事经营活动的外国公民或无国籍人的能力，依该外国公民或无国籍人注册为个体企业主的注册地国法认定。

第 1267 条　宣告外国公民或无国籍人为无行为能力人或限制行为能力人

宣告外国公民或无国籍人为无行为能力人或限制行为能力人，依亚美尼亚共和国法律。

第 1268 条　监护和保佐的准据法

1. 未成年人、无行为能力人或限制行为能力的成年人设定和撤销监护或保佐，依被设定或被撤销监护或保佐者的属人法。

2. 监护人（保佐人）同意进行监护（保佐）的义务，依被指定为监护人（保佐人）的该人的属人法确定。

3. 监护人（保佐人）与被监护人（被保佐人）之间的法律关系，依指定监护人的组织所属国法确定。但是，被监护人（被保佐人）住所在亚美尼亚共和国境内的，如果亚美尼亚共和国法律对其更为有利，则适用亚美尼亚共和国法。

4. 对侨居亚美尼亚共和国境外的亚美尼亚共和国公民所指定的监护（保佐），如果亚美尼亚相关领事机构不对该监护（保佐）的设定或承认提出任何合法异议，则在亚美尼亚共和国承认为有效。

第 1269 条　宣告外国公民或无国籍人失踪或死亡

宣告外国公民或无国籍人失踪或死亡，依亚美尼亚共和国法律。

第 1270 条　亚美尼亚共和国公民在境外办理民事身份登记

侨居亚美尼亚共和国境外的亚美尼亚共和国公民，在亚美尼亚共和国驻外领事机构处办理民事身份登记，并适用亚美尼亚共和国的法律或其他法规。

第 1271 条　对外国机关出具的证实民事身份文件的证书的承认

由外国主管机关出具的、用以证实已在亚美尼亚共和国境外按照该国有关亚美尼亚共和国公民、外国公民或无国籍人的法律进行民事身份登记的证书，如果能提供领事认证，则在亚美尼亚共和国承认为有效，但亚美尼亚共和国的国际条约另有规定的除外。

第二节　法人的准据法

第 1272 条　外国法人的属人法

1. 外国法人的属人法，系指该法人的设立地国法。

2. 根据法人的属人法确定的事项特别是：

（1）该组织是否为法人；

（2）法人的组织形式或法律形式；

（3）对法人名称的要求；

（4）法人的设立与终止问题；

（5）法人的重组问题，包括权利的继承问题；

（6）法人权利能力的内容；

（7）法人取得民事权利和承担民事义务的程序；

（8）法人的内部关系，包括法人与其股东之间的关系；

（9）法人的责任。

3. 外国法人不得援引其机构或代表的交易达成地国法所不知晓的、对其机构或代表达成交易的授权限制，但有证据证明另一方当事人知晓或者显然应当知晓上述限制的情形除外。

第 1273 条　对在亚美尼亚共和国境内的外国法人活动的国家管制

外国法人在亚美尼亚共和国境内从事经营活动或受民法调整的其他活动，须遵守本法有关该活动的规定，但亚美尼亚共和国法律对外国法人另有规定的除外。

第 1274 条　依外国法不是法人的组织的属人法

依外国法不是法人的外国组织，其设立地国法视为其属人法。

上述组织的活动，适用本法典有关调整法人活动的规则，但根据法律、法规或法律关系的本质另有结论的除外。

第 1275 条　国家参与具有外国人因素的民事法律关系

国家参与的具有外国人因素的民事法律关系，根据一般原则，适用本编的规定，但法律另有规定的除外。

第三节　财产权的准据法

第 1276 条　有关财产权准据法的一般规定

1. 不动产和动产所有权和其他物权的内容、此类权利的行使和保护，依照该财产所在地国法确定。

2. 该财产属于不动产还是动产，以及对该财产进行的其他法律识别，依照该财产所在地国法确定。

第 1277 条　财产权的产生和终止

1. 财产所有权和其他物权的产生和终止，依照所有权和其他物权据以产生或终止的法律行为或其他事件发生时该财产的所在地国法确定，但亚美尼亚共和国法律另有规定的除外。

2. 作为交易标的的财产的所有权和其他物权的产生和终止，依照适用于该交易的法律确定，但当事人协议另有约定的除外。

3. 财产所有权因时效取得的产生，依取得时效届满之时该财产的所在地国法确定。

第 1278 条　运输工具和其他经国家注册的财产的财产权

运输工具和其他经国家注册的财产的所有权和其他物权，依运输工具或该财产上的权利注册地国法确定。

第 1279 条　处于运输途中的动产的财产权

对于因交易而处于运输途中的动产而言，其所有权和其他物权的产生和终止，依该财产的发运地国法确定，但当事人协议另有约定的除外。

第四节　人身非财产权利的准据法

第1280条　对人身非产权权利的保护

人身非财产权利，适用据以请求保护该权利的行为或其他情势发生地国法。

第五节　法律行为、代理和诉讼时效的准据法

第1281条　法律行为的形式

1. 法律行为的形式，依该行为实施地国法确定。但是，在外国实施的法律行为，只要遵守了亚美尼亚共和国法的要求，则不得因其形式不符而被认定为无效。

2. 涉外经济贸易行为，只要有一方当事人为亚美尼亚共和国公民或法人，则不论交易地位于何处，均须采用书面形式。

3. 有关不动产的法律行为的形式，依该财产所在地国法确定。

第1282条　委托书

委托书的形式和有效期限，依委托书签发地国法确定。只要委托书遵守了亚美尼亚共和国法的要求，则不得因其形式不符而被认定为无效。

第1283条　诉讼时效

诉讼时效，依适用于调整相应关系的国家的法律确定。

第六节　合同之债的准据法

第1284条　合同当事人协议选择法律

1. 合同，由当事人协议选择的国家的法律支配。

2. 合同当事人可以选择将准据法适用于合同的全部或各部分。

3. 合同当事人对准据法的选择可随时做出，既可在订立合同之时，也可在此之后。当事人也可随时协议变更合同的准据法。

4. 订立合同后所进行的准据法选择具有溯及力，应视为自合同订立之时起即属有效。

5. 当事人有关选择准据法的协议必须表述明确或者直接在合同条款中阐明。

6. 如果合同采用了为国际商业贸易所认可的贸易术语，在合同无其他说明时，应认定当事人已同意就他们之间的关系适用与该贸易术语相应的现行国际商事惯例。

第 1285 条　当事人未协议选择法律时合同的准据法

1. 合同当事人未协议选择合同准据法时，适用下列当事人的成立地国法、住所地国法或者主要营业地国法，即：

（1）抵押合同中的抵押人；

（2）担保合同中的担保人；

（3）买卖合同中的出卖方；

（4）赠与合同中的赠与人；

（5）租赁合同中的出租人；

（6）无偿使用合同中的出借人；

（7）承包合同中的承包人；

（8）委托合同中的受托人；

（9）行纪合同中的行纪人；

（10）代理合同中的代理人；

（11）保管合同中的保管人；

（12）运输合同中的承运人；

（13）货运发货合同中的发货人；

（14）借贷合同或其他贷款合同中的出贷人（债权人）；

（15）转让货币债权的融资合同中的融资代理人；

（16）银行存款（储蓄）合同和银行结算合同中的银行；

（17）复合许可证合同的权利持有人；

（18）保险合同中的保险人；

（19）专有权使用许可合同的许可人。

2. 当事人未协议选择准据法的，则不论本条第 1 款规定为何：

（1）不动产合同以及有关信托管理财产的合同，适用该财产所在地国法；

（2）建筑承包合同和设计勘探承包合同，适用合同所规定的成果完成地国法；

（3）普通合伙合同，适用该合伙业务实施地国法；

（4）通过拍卖或招标订立的合同，适用拍卖或招标地国法。

3. 对于不在本条第 1 款和第 2 款所指之列的合同，当事人未协议选择准据法时，适用实施对该合同内容具有决定意义的履行的一方当事人的成立地国法、住所地国法或者主要营业地国法。如果对合同内容具有决定意义的履行不能确定，则适用与合同有最密切联系的国家的法律。

第 1286 条　创设涉外参股法人合同的准据法

有关创设涉外参股法人的合同，适用依合同该法人的成立地国法。

第 1287 条 准据法的适用范围

根据本节规定，合同准据法特别决定：

（1）合同的解释；

（2）各方当事人的权利和义务；

（3）合同的履行；

（4）不履行合同或者不适当履行合同的后果；

（5）合同的终止；

（6）合同无效或解除合同的后果；

（7）与合同有关的债权转让和债务承担。

第七节 因单方行为所生之债的准据法

第 1288 条 因单方法律行为所生之债

因单方法律行为所生之债，适用该法律行为实施地国法。

第八节 因造成损害或不当得利所生之债的准据法

第 1289 条 因造成损害所生之债

因造成损害所生之债的权利与义务，依照据以提出损害赔偿请求的行为或其他情势发生地国法确定，但当事人协议另有约定的除外。

第 1290 条 因不当得利所生之债

因不当得利所生之债，适用不当得利发生地国法，但当事人协议另有约定的除外。

第九节 知识产权的准据法

第 1291 条 知识产权

1. 知识产权，适用请求保护此类权利地国法。

2. 有关转让或使用知识产权的合同，适用依照本编有关合同之债的规定所确定的法律。

第十节 继承关系的准据法

第 1292 条 继承关系

1. 继承关系，依遗产人的最后住所地国法确定，但立嘱人已在遗嘱中选择其国籍国法的除外。

2. 当事人设立或撤销遗嘱的能力，以及遗嘱的形式或其撤销文书的形式，依立嘱人做成该遗嘱或遗嘱撤销文书时的住所地国法确定。但是，遗嘱或撤销遗嘱的文书，如果其形式已具备遗嘱或撤销文书做成地法或者亚美尼亚共和国法的要求，则不得因其形式不符而被认定无效。

第 1293 条　不动产的继承

不动产继承，依该财产所在地国法确定。

哈萨克斯坦共和国冲突法与国际民事诉讼法*

（2000年4月8日文本）

一、《哈萨克斯坦共和国民法典》（节录）

第七编　国际私法

第六十一章　总则

第1084条　涉外民事法律关系准据法的确定

1. 适用于有外国公民或外国法人参加的或含有其他涉外因素的民事法律关系的法律，依照本法典、其他法律文件、哈萨克斯坦共和国批准的国际条约或认可的其他国际惯例确定。

2. 如果依照本条第1款规定不能确定准据法，则适用与涉外民事法律关系有最密切联系的法律。

3. 其他有权决定法律适用的机关，亦可相应适用本编有关法院适用法律的规定。

第1085条　法律概念的识别

1. 法律概念，由法院依照法院地国法律进行识别，但国际协议另有规定的除外。

2. 如果法律概念让法院地国法感到陌生或与其他含义或其他内容更相近，且不能按照法院地国法的解释方法确定，则在识别该法律概念时亦可适用外

---

* “哈萨克斯坦共和国冲突法”主要规定在《哈萨克斯坦共和国民法典》（1999年7月1日生效）第七编和《哈萨克斯坦共和国家庭法典》（1998年12月17日通过，1998年12月24日生效）第七编中，而“哈萨克斯坦共和国国际民事诉讼法”则规定在《哈萨克斯坦共和国民事诉讼法典》（1999年7月1日生效）第五编中。本资料系根据A. Weishaupt博士提供的德文译本（资料来源：IPRax 2002, Heft 1, S. 55－62）译出。——译者注

国法律。

第 1086 条　外国法律规范内容的查明

1. 在适用某外国法时，法院依照该外国的官方解释、适用实践与学说查明其相关规范的内容。

2. 为查明外国法律规范的内容，法院可依照法定程序请求哈萨克斯坦共和国司法部以及哈萨克斯坦共和国和外国的其他主管机关、机构或专家予以协助或解释。

3. 当事人有权提交能证实其据以提出请求或抗辩的外国法律规范内容的文件，或以其他方式协助法院确定该规范的内容。

4. 尽管依照本条规定采取了措施，如果在合理时间内仍不能查明外国法的内容，则适用哈萨克斯坦共和国法律。

第 1087 条　反致以及对第三国法律的转致

1. 本编规定的对外国法的指引，均指引相关国家的实体法，而非冲突法，但本条另有规定的除外。

2. 在本法典第 1094 条、第 1095 条第 2 款、第 3 款、第 5 款和第 1097 条情况下，反致哈萨克斯坦共和国法律和指引第三国法律（转致）的，适用外国法的规定。

第 1088 条　规避法律的后果

受本法典调整的法律关系的当事人，其旨在规避本编有关法律适用的规定而使相应的法律关系受其他法律支配的协议和其他行为无效。此时，适用依照本编规定所援引的法律。

第 1089 条　互惠

1. 法院适用外国法律，并不取决于哈萨克斯坦共和国法律在同类案件中依该外国法是否得以适用。但哈萨克斯坦共和国法律中对适用外国法保留互惠的情况除外。

2. 如果适用外国法取决于互惠关系，则推定存在互惠，除非有其他相反证明。

第 1090 条　违反公共秩序

1. 外国法，若其适用将违背哈萨克斯坦共和国法制的基本原则，则不得适用。此时，适用哈萨克斯坦共和国法律。

2. 不得仅根据某外国的政治和经济制度不同于哈萨克斯坦共和国而拒绝适用该外国法。

第 1091 条　强制规范的适用

1. 本编规定不影响依照规范本身的规定或鉴于其对保障国家生活参与者

的权利和合法利益有特定意义从而不必考虑准据法而直接调整相应法律关系的哈萨克斯坦共和国的强制规范的效力。

2. 依照本编规定适用任何国家的法律时，如果情况表明，另一国法律与受调整的法律关系有密切联系，而且依该另一国家的法律，该另一国的强制规范应调整相应法律关系而不必考虑准据法的规定，法院可适用该另一国家的法律的强制规范。此时，法院必须考虑这类规范的意义和性质及其适用后果。

第 1092 条　多法律体系国家法律的适用

如果应适用某国的法律，而该国存在不同的法制区域或其他法律体系时，则依据该国家的法律规定予以适用。

第 1093 条　报复

如果某国对哈萨克斯坦共和国公民和法人的权利进行特别限制，哈萨克斯坦共和国可对该国的公民和法人的权利实施相应限制。

第六十二章　冲突规范

第一节　自然人和法人

第 1094 条　自然人的属人法

1. 自然人的国籍国法为其属人法。出现双重或多重国籍时，与该自然人有最密切联系的国家法律为其属人法。

2. 无国籍人以其定居地国法为属人法。

3. 难民以给予其避难地国法为属人法。

第 1095 条　自然人的权利能力和行为能力

1. 外国公民和无国籍人在哈萨克斯坦共和国境内享有与哈萨克斯坦公民同等的民事权利能力，但哈萨克斯坦共和国法律和国际条约另有规定的除外。

2. 自然人的行为能力依其属人法。

3. 与合同和因造成损害产生义务有关的自然人的民事行为能力，依行为完成地国法或因造成损害产生义务地国法。

4. 自然人成为个体业主并因此享有权利和承担义务的能力，依该自然人在性质上注册为私人业主地国法。若无相应注册，则适用私人业主活动举行地国法。

5. 宣告自然人为无行为能力或限制行为能力，依相应法院所在地国法。

第 1096 条　宣告自然人失踪或死亡

宣告自然人失踪或死亡，依法院地国法。

第 1097 条　自然人的姓名权

自然人的姓名权及其行使和姓名的保护，依其属人法，但本法典第 15 条第 5 款和第 7 款以及第 1103 条和第 1120 条另有规定的除外。

第 1098 条　哈萨克斯坦公民民事地位文书的国外注册

侨居哈萨克斯坦共和国境外的哈萨克斯坦公民，依哈萨克斯坦法律在哈萨克斯坦共和国的驻外领事处进行民事地位文书注册。

第 1099 条　对外国婚姻状况证书的承认

外国主管机关依本国法在哈萨克斯坦共和国境外出具的，用以证明哈萨克斯坦公民、外国公民和无国籍人婚姻状况的证书，在哈萨克斯坦共和国依其法律予以承认。

第 1100 条　公司属人法

法人设立地国法为法人的属人法。

第 1101 条　法人的权利能力

1. 法人的民事权利能力，依公司属人法。

2. 在实施法律行为时，只要外国法人的机构或代表的行为完成地国法对限制代理权不熟悉，则该外国法人不得主张对其机构或代表的代理权进行限制。

3. 依照外国法不能视为法人的外国组织的民事权利能力，依该组织设立地国法。如果该组织的活动适用哈萨克斯坦共和国法律，则适用本法典有关调整作为商业组织的法人的活动的规定，但哈萨克斯坦法律或有关义务类型另有规定的除外。

第 1102 条　国家参与涉外民事法律关系

有国家参与的涉外民事法律关系，一般适用本编规定，但哈萨克斯坦法律另有规定的除外。

第二节　个人的精神权利

第 1103 条　个人精神权利的保护

个人精神权利，适用据以提起保护这类权利请求的行为实施地国法或者其他事件发生地国法。

第三节　法律行为、代理、诉讼时效

第 1104 条　法律行为的形式

1. 法律行为的形式，依行为实施地法。在国外实施的法律行为，只要满足哈萨克斯坦共和国法律的要求，则不得视为形式无效。

2. 哈萨克斯坦共和国法人或公民参与的对外经济行为，无论行为地为何，均须采用书面协议形式。

3. 有关不动产的法律行为的形式，受该财产所在地国法支配。若不动产已在哈萨克斯坦共和国官方注册机构登记，则适用哈萨克斯坦法律。

第1105条　代理权

代理权的形式和有效期，依代理权授予地国法。若某代理权满足哈萨克斯坦共和国法律的要求，则不得因形式缺陷而视为无效。

第1106条　诉讼时效

1. 诉讼时效依适用于相应法律关系的国家的法律。

2. 不受诉讼时效支配的请求权，若哈萨克斯坦共和国公民或法人参与该法律关系，依哈萨克斯坦共和国法律。

第四节　物权

第1107条　物权关系准据法的一般规定

1. 不动产和动产的财产权和其他物权，依该财产所在地国法，但哈萨克斯坦共和国法律另有规定的除外。

2. 不动产和动产的归属以及其他有关财产的法律识别，依该财产所在地国法。

第1108条　物权的产生和消灭

1. 财产物权的产生和消灭，由构成物权产生和消灭基础的行为或其他事件发生时该财产所在地国的法律确定，但哈萨克斯坦共和国法律另有规定的除外。

2. 作为某法律行为根据的财产的物权的产生和消灭，依该法律行为完成地国法，但法律行为当事人另有约定的除外。

3. 因时效而取得的财产权的产生，依时效届满时该财产所在地国法。

第1109条　运输工具和其他经国家注册的财产的物权

运输工具和其他经国家注册的财产的物权，适用该运输工具或该其他财产注册地国的法律。

第1110条　运输途中的动产物权

因法律行为而处于运输途中的动产的财产权和其他物权，法律行为当事人未协议选择时，依发运地国法。

第1111条　物权的保护

1. 财产权和其他物权的保护，依财产所有人的选择适用财产所在地国法或者解决争议的法院所在地国法。

2. 不动产的财产权和其他物权的保护，适用该财产所在地国法。若涉及已在哈萨克斯坦共和国经国家注册的财产，适用哈萨克斯坦法律。

第五节　合同之债

第 1112 条　合同当事人一致的法律选择

1. 合同，适用合同当事人一致选择的法律，但哈萨克斯坦法律另有规定的除外。

2. 合同当事人对准据法的协议选择，必须明示作出或者可通过合同条款的总体情况或从所依据的事件中明确推断出来。

3. 合同当事人可选择将准据法适用于整体或部分合同。

4. 合同当事人可在任何时候选择准据法，既可在合同缔结时，亦可以后选择。合同当事人可随时就变更合同准据法达成一致协议。

第 1113 条　未进行法律选择时合同的准据法

1. 未一致选择合同准据法时，适用设立地、住所地或下列当事人主要行为发生地国法：

（1）买卖合同中的卖方；

（2）赠与合同中的赠与人；

（3）财产租赁合同中的出租人；

（4）财产无偿使用合同中的出借人；

（5）承揽合同中的承揽人；

（6）运送合同中的承运人；

（7）运输代办合同中的代办人；

（8）借款或其他借贷合同中的债权人；

（9）委托合同中的受托人；

（10）经纪合同中的经纪人；

（11）保管合同中的保管方；

（12）保险合同中的保险人；

（13）担保合同中的担保人；

（14）抵押合同中的抵押人；

（15）有关使用特权的许可证合同中的许可证发放人。

2. 具有地产内容的合同以及涉及代理管理财产的合同中的权利和义务，适用该财产所在地国法。如果涉及已在哈萨克斯坦共和国经国家注册的财产，适用哈萨克斯坦法律。

3. 合同当事人未一致选择准据法时，无论本条第 1 款规定如何，适用下列规定：

（1）与合作和建筑活动有关的合同，适用相应活动举行地或通过合同确定的结果发生地国法。

（2）作为竞争（招标或拍卖）结果或在交易所缔结的合同，适用竞争行为发生地或交易所所在地国法。

4. 本条第1款至第3款未提及的合同，合同当事人未选择法律时，适用合同内容主要履行方的设立地、住所地或其主要活动场所所在地国法。若不能确定对合同内容起主要作用的履行行为，适用与合同联系最密切的国家的法律。

5. 就依照合同给付的受领而言，考虑适用给付受领地法，但合同当事人另有约定的除外。

6. 如果国际货物买卖合同中使用了商业术语，在合同无其他说明时，则推定合同当事人一致同意将现行的与相应商业术语有关的商业惯例适用于他们的合同关系。

第1114条　设立法人的涉外合同的准据法

1. 设立法人的涉外合同，适用该法人即将设立地国法或以前的设立地国法。

2. 本条所调整的法律关系包括法人的设立和解散、业务份额的转让以及法人股东之间的其他关系，但以这些法律关系与他们之间的权利义务有关为条件。

3. 本条的规定，在通过其他设立文件确定涉外法人的股东之间的相互权利、义务时予以适用。

第1115条　准据法的适用范围

1. 依照本节规定适用于合同的准据法，特别适用于：

（1）合同的解释；

（2）合同当事人的权利与义务；

（3）合同的履行；

（4）不履行或不完全履行合同的后果；

（5）合同的终止；

（6）无效合同的实现与后果；

（7）合同中请求权的放弃与债务承担。

2. 有关合同履行的种类和方式，以及不完全履行合同时采取的措施，除了合同准据法外还须注意合同履行地国法。

第六节　非合同之债

第 1116 条　单方法律行为引起的责任

因单方法律行为（悬赏、无因管理等）引起的责任，适用该法律行为实施地国法。单方法律行为的实施地依照哈萨克斯坦共和国法律确定。

第 1117 条　损害赔偿责任

1. 因损害赔偿责任产生的权利和义务，依构成损害赔偿请求权根据的行为或其他事件发生地国法。

2. 如果因国外损害赔偿责任而产生权利和义务的当事人为同一国家的公民或法人，则适用该相应国家的法律。

3. 如果作为损害赔偿请求权根据的行为或其他事件依照哈萨克斯坦法律规定不构成违法，则不适用外国法。

第 1118 条　消费者损害责任

因消费者购买货物或服务产生的损害赔偿请求权，依消费者的选择适用：

（1）消费者住所地国法；

（2）生产者或服务提供者的住所地或居所地国法；

（3）消费者取得货物或享受服务地国法。

第 1119 条　不当得利

1. 因不当得利引起的债务，适用不当得利发生地国法。

2. 如果不当得利系因取得财产的法律根据被废除，则所应适用的法制为该法律根据所隶属的国家的法律。

3. 不当得利的认定，依哈萨克斯坦共和国法律。

第七节　知识产权

第 1120 条　知识产权

1. 知识产权，依申请保护该权利的国家的法律。

2. 以知识产权为标的之合同，由依照本章规定适用于合同债务的法律调整。

第八节　继承权

第 1121 条　继承关系

继承的顺位，如果立遗嘱人在最后遗嘱中未选择其国籍国法，则依照立遗嘱人最后住所地国法，但本法典第 1122 条和第 1123 条另有规定的除外。

第 1122 条　个人设立和变更遗嘱的能力，遗嘱和撤销遗嘱的形式

个人设立和变更遗嘱的能力以及遗嘱和撤销遗嘱的形式，如果立遗嘱人在最后遗嘱中未选择其国籍国法，则依照立遗嘱人最后固定住所地国法。然而，如果遗嘱或撤销遗嘱的形式满足设立地法或哈萨克斯坦法律的要求，则不得因形式缺陷而视为无效。

第 1123 条　不动产和经国家注册财产的继承顺位

不动产的继承顺位，依该财产所在地国法，在哈萨克斯坦共和国经国家注册的财产的继承顺位，依哈萨克斯坦法。如果最后遗嘱可支配该类财产，个人设立或变更遗嘱及其形式亦适用同样法律。

第九节　监护和保佐

第 1124 条　监护与保佐

1. 未成年人以及无行为能力或限制行为能力的成年人的监护和保佐的设立或取消，依被监护人或被保佐人的属人法。

2. 接受监护（保佐）的监护人（保佐人）的职责，依监护人（保佐人）的属人法。

3. 监护人（保佐人）和被监护人（被保佐人）之间的法律关系，依指定监护人（保佐人）的机关所在地国法。如果被监护人（保佐人）生活在哈萨克斯坦共和国，且哈萨克斯坦法律对其更为有利，则适用哈萨克斯坦法律。

4. 为侨居哈萨克斯坦共和国境外的哈萨克斯坦公民设立的监护，如果哈萨克斯坦驻外领事处对设立该监护（保佐）或其承认不提出法律异议，则在哈萨克斯坦共和国承认有效。

二、《哈萨克斯坦共和国家庭法典》（节录）

第七编　婚姻与家庭规范对外国人和无国籍人的适用

第 200 条　在哈萨克斯坦共和国境内缔结婚姻

1. 在哈萨克斯坦共和国缔结婚姻的形式与程序，依哈萨克斯坦法律。

2. 在哈萨克斯坦共和国缔结婚姻的先决条件，对订立婚约的每一方，依其结婚时所属国家的法律，但国际条约另有规定的除外。同时，须遵守本法典第 9 条至第 11 条有关禁止结婚的条件。

3. 无国籍人在哈萨克斯坦共和国缔结婚姻的先决条件，依其固定住所地国法。

第 201 条　在哈萨克斯坦共和国驻外使领馆缔结婚姻

1. 侨居国外的哈萨克斯坦共和国公民之间的婚姻，在哈萨克斯坦共和国驻外使领馆处缔结。

2. 外国人之间在其本国驻哈萨克斯坦共和国使领馆处缔结的婚姻，如果有关当事人在结婚时为在哈萨克斯坦共和国驻有大使或领事的该外国公民，则按照互惠原则在哈萨克斯坦共和国予以承认。

第 202 条　对哈萨克斯坦共和国境外缔结婚姻的承认

1. 哈萨克斯坦共和国公民之间或哈萨克斯坦共和国公民与外国人或无国籍人之间在哈萨克斯坦共和国境外依照婚姻举行地国法缔结的婚姻，在哈萨克斯坦共和国承认为合法，但有本法典第 11 条规定情形之一者除外。

2. 外国人之间在哈萨克斯坦共和国境外依照婚姻举行地国法缔结的婚姻，在哈萨克斯坦亦为有效。

第 203 条　哈萨克斯坦共和国境内或境外缔结婚姻的无效性

在哈萨克斯坦共和国境内或境外缔结婚姻的无效性，依本法典第 200 条和第 202 条规定适用于缔结婚姻的法律。

第 204 条　解除婚姻

1. 哈萨克斯坦共和国公民与外国人或无国籍人之间以及外国人之间所缔结的婚姻，在哈萨克斯坦共和国境内依哈萨克斯坦法律解除。

2. 定居哈萨克斯坦共和国境外的哈萨克斯坦公民，可与其居住于哈萨克斯坦境外的配偶，无论其国籍如何，在哈萨克斯坦法院解除婚姻。此时，依照哈萨克斯坦法律，如果允许在户籍登记处解除婚姻，则亦可于哈萨克斯坦共和国驻外使领馆处解除婚姻。

3. 哈萨克斯坦共和国公民与外国人或无国籍人之间在哈萨克斯坦共和国境外依照相应的外国法解除婚姻的，在哈萨克斯坦共和国承认有效。

4. 外国人之间在哈萨克斯坦共和国境外依照外国法解除婚约的，在哈萨克斯坦共和国承认有效。

第 205 条　婚姻当事人的人身非财产性和财产性权利与义务

婚姻当事人的人身非财产性和财产性权利与义务，依其设立共同固定住所地国法；无共同固定住所时，依其最后的共同固定住所地国法。以前亦无共同固定住所的，婚姻当事人的人身非财产性和财产性权利与义务，在哈萨克斯坦共和国境内，依哈萨克斯坦法律。

第206条 父亲（母亲）身份的确认和撤销

1. 父亲（母亲）身份的确认和撤销，依子女出生时的国籍国法。

2. 承认和撤销父亲（母亲）身份的程序，在哈萨克斯坦共和国依哈萨克斯坦法律。如果依照哈萨克斯坦法律允许在户籍登记处确认父亲（母亲）身份，则子女的居住国外的父母亲，只要至少有一方为哈萨克斯坦公民，有权在哈萨克斯坦共和国驻外使领馆处申请确认父亲（母亲）身份。

第207条 父母亲与子女的权利和义务

父母亲和子女的权利和义务，下属的父母亲对子女的抚养义务，依其共同固定住所地国法。父母亲和子女若无共同固定住所，则父母亲和子女的权利和义务依子女国籍国法。对于通过起诉主张的抚养请求和父母子女之间的其他法律关系，亦可适用子女固定生活所在地国的法律。

第208条 成年子女与其他家庭成员的赡养义务

成年子女对其父母亲的赡养义务以及其他人的赡养义务，依其固定共同住所地国法。若无固定共同住所，则该类赡养义务依照被赡养人国籍国法。

第209条 收养

1. 外国人在哈萨克斯坦共和国境内收养具有哈萨克斯坦国籍的儿童，在遵守本法典第76条至第78条、第82条至第84条和第96条规定的前提下，依哈萨克斯坦法律。

2. 哈萨克斯坦公民在哈萨克斯坦共和国境内收养外国儿童，须取得该儿童的法定监护人及其国籍国主管国家机关的同意。如果依照相应国家的立法须取得被收养儿童的同意时，同样须取得法定监护人及其国籍国主管机关的同意。

3. 接受人所属的外国主管机关收养侨居哈萨克斯坦共和国境外的具有哈萨克斯坦国籍的儿童，只要事先取得儿童或其父母亲双方或一方直至离开哈萨克斯坦共和国前所生活的当地主管机关的同意，则在哈萨克斯坦共和国承认有效。

4. 如果收养损害了哈萨克斯坦共和国法律或哈萨克斯坦共和国缔结或参加的国际条约所规定的儿童权利，可通过法院诉讼程序判决解除收养。

5. 将哈萨克斯坦共和国儿童移交给外国人收养的程序，由哈萨克斯坦共和国政府决定。

6. 被外国人解除收养的儿童，由哈萨克斯坦共和国驻外使领馆照管。

第210条 侨居国外的哈萨克斯坦共和国公民民事地位文书的注册

1. 侨居国外的哈萨克斯坦共和国公民民事地位文书，在哈萨克斯坦共和国驻外使领馆处注册。

2. 在哈萨克斯坦共和国驻外使领馆处注册民事地位文书时，如果申请人为哈萨克斯坦公民，适用哈萨克斯坦法律。

第 211 条　对外国婚姻状况材料的承认

外国主管机关在哈萨克斯坦共和国境外出具的含有民事地位档案的证明，只要其依照该国有关哈萨克斯坦共和国公民、外国人、无国籍人的法律出具，则在哈萨克斯坦共和国按照领事条例予以承认。

第 212 条　外国婚姻与家庭法在哈萨克斯坦共和国的适用

若外国婚姻与家庭法与哈萨克斯坦共和国法律相抵触，则不得适用。此时，适用哈萨克斯坦法律。

第 213 条　国际条约

如果依照哈萨克斯坦共和国批准的条约，应适用不同于哈萨克斯坦共和国婚姻与家庭法规定的，适用国际条约的规定。

三、《哈萨克斯坦共和国民事诉讼法典》（节录）

第五编　国际民事诉讼法

第四十五章　有外国人参加的诉讼

第 413 条　外国人的诉讼权利与义务

1. 外国人与无国籍人、外国组织与国际组织（以下均称外国人），为维护受害者利益或解决权利争议，有权根据法律自由地、受保护地向哈萨克斯坦共和国法院提起诉讼。

2. 外国人享有与哈萨克斯坦共和国公民与组织同等的诉讼权利并履行同等的诉讼义务。

3. 外国人根据本法与其它法律规定参加法院诉讼程序。

4. 如果某国对哈萨克斯坦共和国公民与组织的诉讼权利做出特别限制的，哈萨克斯坦共和国可以对该国公民进行相应的限制。

第 414 条　外国人与无国籍人的民事诉讼权利能力

1. 外国人与无国籍人的民事诉讼权利能力，依其本国法。

2. 外国人以其国籍国法为本国法。既有外国国籍又有哈萨克斯坦共和国国籍的，适用哈萨克斯坦共和国法律。其隶属于某外国国家联盟的身份，哈萨克斯坦共和国法院不予承认。

3. 具有多重外国国籍的，以与其有最紧密联系的国家之法律为本国法。

4. 无国籍人，以其固定住所地国法为本国法。无常住地的，适用其惯常居所地国法律。

5. 依据其本国法为无诉讼能力者，如果依哈萨克斯坦共和国法律有诉讼能力的，则在哈萨克斯坦境内可视为有诉讼能力。

第 415 条　外国国际组织的诉讼能力

1. 外国国际组织的诉讼能力，依其成立地国法。依成立地国法无诉讼能力的外国组织，如果依哈萨克斯坦共和国法律有诉讼能力的，则在哈萨克斯坦共和国境内可视为有诉讼能力。

2. 根据国际协议成立的国际组织的诉讼能力，依该国际协议的规定、与其有关的文件或与哈萨克斯坦共和国主管机关所签协议之规定。

第 416 条　哈萨克斯坦法院的国际管辖权

1. 被诉组织或外国被告的住所在哈萨克斯坦共和国境内的，哈萨克斯坦共和国法院对其参加的诉讼有管辖权。

2. 符合下列情形者，哈萨克斯坦共和国法院对外国人参加的诉讼亦有管辖权：

（1）外国法人在哈萨克斯坦共和国境内设有管理机构、分支机构或领导机构的；

（2）被告在哈萨克斯坦共和国境内有财产的；

（3）在扶养诉讼或确认父子关系之诉中，原告住所在哈萨克斯坦共和国境内的；

（4）在因扶养义务人人身伤害、其他健康损害或者死亡提起的损害赔偿诉讼中，损害事由发生于哈萨克斯坦共和国境内或原告住所在哈萨克斯坦共和国境内的；

（5）在因财产损害提起的损害赔偿诉讼中，行为或者其他据以提起损害赔偿请求之事由发生于哈萨克斯坦共和国境内的；

（6）在合同诉讼中，合同履行的全部或部分正发生或者已发生于哈萨克斯坦共和国境内的；

（7）在不当得利诉讼中，不当得利发生于哈萨克斯坦共和国境内的；

（8）在离婚诉讼中，原告的固定住所在哈萨克斯坦共和国境内或者配偶一方为哈萨克斯坦共和国公民的；

（9）在维护名誉、尊严或商誉的诉讼中，原告住所在哈萨克斯坦共和国境内的。

3. 对于其他诉讼，只要哈萨克斯坦共和国立法授权管辖的，哈萨克斯坦共和国法院亦可管辖。

第417条　专属管辖

1. 下列诉讼，由哈萨克斯坦共和国法院专属管辖：

（1）有关哈萨克斯坦共和国境内的不动产权利的诉讼；

（2）基于运输合同对承运人提起的诉讼；

（3）哈萨克斯坦共和国公民与外国人、无国籍人的离婚诉讼，夫妻双方住所均在哈萨克斯坦共和国境内的；

（4）本法第25～29节所规定的诉讼。哈萨克斯坦共和国法院对此类特别诉讼程序有管辖权，如果：

（a）在确认之诉中，申请人的固定住所在哈萨克斯坦共和国境内，或者待查明的事实已发生或正发生于哈萨克斯坦共和国境内的；

（b）与限制民事行为能力、无民事行为能力或移送精神病院问题有关的当事人，具有哈萨克斯坦共和国国籍或者固定住所在哈萨克斯坦共和国境内的；

（c）涉及宣告死亡或宣告失踪的当事人，具有哈萨克斯坦共和国国籍或者在哈萨克斯坦共和国境内有确切的最后住所，同时，在哈萨克斯坦共和国境内有固定住所或居所的个人或组织的权利与义务的确定，有待于宣告死亡或失踪问题的解决；

（d）在宣告无主物的诉讼中，该物位于哈萨克斯坦境内的；

（e）在涉及票据的公示催告或者除权判决的诉讼中，出票人住所或居所在哈萨克斯坦共和国境内的；

（f）涉及哈萨克斯坦共和国登记机关做出的民事身份登记错误的诉讼；

（g）撤销哈萨克斯坦共和国公证机关或其他官方机构做出的公证行为（或否认公证行为）的诉讼。

第418条　指定管辖

对于哈萨克斯坦共和国立法指定主管法院的诉讼，各法院依照本法第三编的规定进行管辖。

第419条　协议管辖

当事人可以通过一致书面协议选择外国法院管辖，但本法第33条规定之事项[①]除外。存在管辖协议的，并且被告在法院开始对案件进行事实审理之前

① 指涉及土地的事项。——译者注

提出管辖异议申请的，法院基于被告请求驳回起诉。

第 420 条　管辖权的不可变更性

哈萨克斯坦共和国法院依据哈萨克斯坦共和国相关立法规定开始审理的诉讼，如果在诉讼中因当事人国籍或住所变更或由于其他影响管辖权的事实发生，即使外国法院具有管辖权，哈萨克斯坦共和国法院仍保留审理案件的管辖权。

第 421 条　对外国法院诉讼的尊重

1. 如果与哈萨克斯坦共和国缔结了相互承认与执行法院判决的国际协议的某外国院已就相同当事人之间的同一争议事项并且基于同一事实提起的诉讼做出判决的，哈萨克斯坦共和国法院不予受理该诉讼并终结诉讼程序。

2. 如果外国法院就相同当事人之间的同一争议事项并且基于同一事实已事先受理的诉讼，只要该法院判决依照哈萨克斯坦共和国法律规定将在哈萨克斯坦共和国得以承认，哈萨克斯坦共和国法院将不予受理并终结诉讼程序。

3. 哈萨克斯坦共和国法院专属管辖的案件，不适用本条第 1 款与第 2 款的规定。

第 422 条　对外国国家的起诉、诉讼管辖豁免

1. 外国国家提起诉讼，其参与诉讼程序，对其财产进行扣押，为保证诉讼请求之目的对查封该财产（执行扣押）及对该财产的执行，应征得该国主管机关的同意，但哈萨克斯坦共和国法律或者参加或缔结的国际条约另有规定的除外。

2. 国际组织的司法豁免，依哈萨克斯坦共和国法律、哈萨克斯坦共和国缔结或参加的国际协议以及该组织与哈萨克斯坦共和国主管机关签订的协议规定。

3. 派驻哈萨克斯坦共和国境内的外国外交代表、哈萨克斯坦共和国法律及哈萨克斯坦共和国缔结或参加的国际条约规定的其他人员，在哈萨克斯坦共和国法律、国际法准则以及哈萨克斯坦共和国缔结或参加的国际条约规定的范围内参加民事诉讼并受哈萨克斯坦共和国法院的裁判约束。

第 423 条　司法协助请求

1. 根据哈萨克斯坦共和国法律或者哈萨克斯坦共和国缔结或参加的国际条约规定，哈萨克斯坦共和国法院应外国法院的司法协助请求代为实施单个诉讼行为（送达传票及其他文书、递交当事人声明和证人证言、制作鉴定文书、进行现场勘察等），但下列情形除外：

（1）实施司法协助损害哈萨克斯坦共和国国家主权或危及哈萨克斯坦共和国国家安全的；

（2）司法协助请求事项不在法院管辖范围之内。

2. 外国法院请求的具体诉讼行为的司法协助事项，依照法定程序进行，但哈萨克斯坦共和国缔结或者参加的国际条约另有规定的除外。

3. 为完成具体诉讼行为之目的，哈萨克斯坦共和国法院得以请求外国法院予以协助。

4. 哈萨克斯坦共和国法院向外国法院请求司法协助的程序，依照哈萨克斯坦共和国法律以及哈萨克斯坦共和国缔结或者参加的国际条约规定。

第 424 条　外国文书的承认

外国主管机关出具、制作或认证的文书以及在哈萨克斯坦共和国境外依照外国法为哈萨克斯坦共和国公民和组织或外国人制作的文书，由哈萨克斯坦共和国法院依照相关领事法律予以承认，但哈萨克斯坦共和国法律以及哈萨克斯坦共和国缔结或参加的国际条约另有规定的除外。

第 425 条　外国法院判决与仲裁裁决的承认及执行

1. 外国的法院判决与仲裁裁决，只要哈萨克斯坦共和国法律或者哈萨克斯坦共和国缔结或参加的国际条约基于互惠原则做出规定的，在哈萨克斯坦共和国境内予以承认与执行。

2. 承认与执行外国的法院判决与仲裁裁决的条件与程序，依据相应的法律规定，但是哈萨克斯坦共和国缔结或参加的国际条约另有规定的除外。

3. 外国的法院判决或仲裁裁决，可以自判决或裁决发生法律效力时起 3 年内予以执行。延误期限但理由充分的，哈萨克斯坦共和国法院可根据本法 128 条规定的程序裁定执行回转。

第 426 条　对无需执行的外国判决的承认

外国法院做出的下列无需执行的判决，在哈萨克斯坦共和国境内予以承认：

（1）判决仅涉及法院所属国公民的法律地位；

（2）有关哈萨克斯坦共和国公民与外国公民之间的离婚或宣告婚姻无效的判决，且解除婚姻关系时配偶一方的惯常居所在哈萨克斯坦共和国境外的；

（3）有关哈萨克斯坦共和国公民之间离婚或宣告婚姻无效的判决，且配偶双方在解除婚姻关系时惯常居所均在哈萨克斯坦共和国境外的。

卡塔尔国《民法典》* （节录）

第一编 总则

第一章 本法的适用及其在时间和空间上的适用范围

……

第三节 本法在空间上的适用范围

第10条

如果在诉讼中对法律关系的种类有争议，并且所涉及的多种法制彼此冲突，则为了确定准据法而确有必要对该法律关系进行识别时，以卡塔尔法律为准。

第11条

民事身份和行为能力，依当事人的国籍国法。但是对于与财产法上的行为，如果该行为在卡塔尔境内实施并在卡塔尔发生效力，合同当事人一方为不具有完全民事行为能力的外国人，且对其所缺乏的民事行为能力加以隐瞒而使得另一方当事人无法知晓，则其国籍国法对其民事行为能力无效。

第12条

适用于诸如公司、社团、基金会等外国法人的规定，依其事实上的主要管理机构所在地国法确定。但是，如果法人的主要活动在卡塔尔实施，即使

---

* 卡塔尔国于2004年6月30日通过第22/2004号法律颁布了《民法典》，公布于2004年8月8日第11号《卡塔尔国法律公报》第3～389页，并于2004年8月18日生效。该法在卡塔尔国法制史上第一次规定了冲突法规范，并和其他中东和北非国家一样，以《埃及民法典》为范本。卡塔尔国《民法典》包括三编：第一编“总则”（第1～63条），其中第10～38条为冲突规范；第二编“债法”（第64～836条）；第三编“物权法”（837～1186条）。本法根据德文译本（资料来源：IPRax 2007, Heft 2, S. 151～155）翻译，官方文本为阿拉伯语。本译文原载于《中国国际私法与比较法年刊》第11卷（2008年），北京大学出版社2008年版，第616～620页。——译者注

其事实上的主要管理机构所在地不在卡塔尔境内，亦适用卡塔尔法律。

第 13 条

结婚的实质要件，如结婚能力、意思表示的效力以及是否存在禁止结婚的法定情形，适用拟结婚各方在结婚时的国籍国法。

如果拟结婚的一方在结婚时为卡塔尔人，只要不涉及婚姻能力要件，仅适用卡塔尔法律。

第 14 条

结婚的形式要件，如进行登记或者举行宗教仪式，适用婚姻缔结地国法、拟结婚者各自的国籍国法或者其共同的国籍国法。

第 15 条

婚姻存续的证明，依支配结婚形式要件的国家的法律。

第 16 条

1. 婚姻的人身和财产效力，如对同居的允许、顺从、解除婚姻时妻子的等待期限、扶养和“新娘礼”,[①] 适用丈夫在结婚时的国籍国法。

2. 如果夫妻双方在结婚后取得了共同国籍，则婚姻的效力适用其共同国籍国法。

第 17 条

“休妻”（Verstossung）、司法离婚以及别居，适用“休妻”或者提起离婚或别居之诉时夫妻双方的共同国籍国法。夫妻双方无共同国籍国时，适用丈夫在结婚时的国籍国法。

第 18 条

上述有关婚姻的规定亦适用于婚约。

第 19 条

亲子关系、对亲子关系的承认与异议，适用子女出生时其父亲的国籍国法。如果该子女出生时其父亲已经死亡，则适用该父亲死亡时的国籍国法。

第 20 条

对子女的人身照顾以及其他的父母子女关系的实质问题，适用父亲的国籍国法。

第 21 条

血亲和姻亲人员之间的扶养义务，适用抚养义务人的本国法。

---

① “新娘礼”也叫“晨礼”，它也不同于“聘礼”和嫁妆。根据伊斯兰国家的法律，新娘在婚礼后第二天清晨有权向新郎索取“新娘礼”，该礼金数额由新娘决定并由她支配，离婚时丈夫无权要求返还。——译者注

第 22 条

与保护未成年人、[①] 无民事行为能力人以及不在场者有关的实质事项，如父母亲对未成年子女财产的监管、监护、照料以及类似行为，适用需要保护者的本国法。

第 23 条

1. 继承顺位，依遗产人死亡时的国籍国法。

2. 卡塔尔境内的无人继承的财产，适用卡塔尔法律。

第 24 条

1. 遗嘱和其他死因处分行为，依处分行为人死亡时的国籍国法。

2. 遗嘱和其他死因处分行为的形式，依处分行为人做出处分行为时的国籍国法或者依处分行为地国法。

第 25 条

1. 不动产的占有或者财产权以及因此产生的各种物权，这些权利的种类、取得方式及其转让和消灭，依该不动产所在地国法。

2. 某物为不动产还是动产，由该物所在地国法决定。

第 26 条

动产的占有或者财产权以及因此产生的各种物权，这些权利的种类、取得方式及其转让和消灭，适用据以取得动产的占有或者财产权或者其他物权的法律基础以及这些权利取得或消灭的法律根据产生时该动产的所在地国法。

第 27 条

就合同的实质有效要件及法律后果而言，适用缔约双方的共同住所地国法。如果共同住所地国不存在，则适用合同缔结地国法。但当事人另有协议或者各种情况表明应适用另一国法律的除外。

以不动产为标的物的合同，适用该不动产所在地国法。

第 28 条

雇主与其劳工或者职员订立的劳务合同，适用企业的管理机构所在地国法。企业的总部所在地位于外国的，如果此种合同系与卡塔尔境内的分支机构订立，则仅适用卡塔尔法律。

第 29 条

合同的形式，适用合同缔结地国法，亦可适用支配合同实质内容的法律、缔约各方的共同住所地国法或者本国法。

---

① 根据卡塔尔国《民法典》第 49 条第 2 款，年满 18 周岁者为成年人。——译者注

第 30 条

因侵权行为产生的债务关系，依该债务关系据以产生的事件发生地国法。

对于在外国发生的事件，即使在事件发生地国被视为违法行为，但在卡塔尔属于合法行为的，不适用前款规定。

第 31 条

因不当得利及无因管理产生的债务关系，依该债务关系据以产生的事件发生地国法。

第 32 条

当法律关系具有涉外因素时，卡塔尔法院适用依照卡塔尔法律确定的管辖权规范和各种程序规范。

第 33 条

上述条款如果在内容上违反了某特别法或者对卡塔尔生效的国际条约的规定，则不适用。

第 34 条

上述条款中无任何特别规定的，则在其他法律发生冲突时，须遵循国际私法的基本原则。

第 35 条

1. 当事人国籍不明或者经查明同时具有多国国籍的，由法官确定应适用的法律。

2. 当事人在具有卡塔尔国籍的同时，具有另外一个或多个外国国籍的，适用卡塔尔法律。

第 36 条

依照上述条款的规定，应适用具有多种法律制度的国家的法律时，则由该国的区际私法决定应适用哪一区域的法律。

第 37 条

应适用的外国法，仅指该国的实体法规范而非冲突法。

第 38 条

依照上述条款应适用的外国法，如果其规定违反了卡塔尔的公序良俗，则排除该外国法的适用。此时，适用卡塔尔法律。

《阿尔及利亚民法典》（节录）*

（2005 年文本）

第一编　一般规定

第一题　法律的效力与适用

第一章　时间上的法律冲突

第 6 条①

1. 有关行为能力的现行法律规定，适用于任何满足既定条件之人。

2. 依照先前法律具有行为能力的人，如果依照新法律却为无行为能力，则此种无行为能力不影响先前所实施的法律行为。

第 7 条②

1. 涉及诉讼程序的新法律规定得以立即适用。如果涉及时效的，其起算、中止和中断适用原有法律的规定，直至新法律规定生效时为止。

2. 如果新法律所规定的时效期限短于原有法律规定的时效期限，即使原期限已经开始起算，但自新法律规定生效之日起，时效期限重新计算。

3. 如果原有法律规定的时效期限的剩余期间短于新法律规定的时效期限，

---

* 经 1975 年 9 月 26 日第 75 ~ 58 号法律通过的《阿尔及利亚民法典》一共规定了 16 条（第 9 ~ 24 条）冲突法规范，2005 年第 05 ~ 10 号法律对《阿尔及利亚民法典》修订时，也对其冲突法规范做了相应的修订，增加了一些新条款，其主要目的在于强化国际法律关系中的缔约自由、对正义和社会弱者的保护，并引入现代法律制度，以促进国际商事交往的正常发展。本法根据 Dietrich Nelle 博士的德文译本翻译（资料来源：IPRax 2007，Heft 6，S. 557 ~ 559），其官方文本为阿拉伯文和法文。在翻译过程中，参考了刊登于李双元等编的《国际私法教学参考资料选编》（上册，北京大学出版社 2002 年版）第 185 ~ 186 页的译文以及尹田翻译的 1975 年 9 月 26 日文本《阿尔及利亚民法典》（中国法制出版社 2002 年版）的有关译文。本译文原载于《中国国际私法与比较法年刊》第 12 卷（2009 年），北京大学出版社 2009 年版，第 531 ~ 537 页。——译者注

① 经 2005 年立法修订后的文本。

② 经 2005 年立法修订后的文本。

则剩余期间届满后该时效终止。

4. 涉及诉讼期间的，适用前款之规定。

第 8 条①

已提交的证据，仍以举证时或应该举证时的现行有效法律为准。

第二章　空间上的法律冲突

第 9 条

发生法律冲突时，法律关系或争议标的属于哪一范畴，适用阿尔及利亚法律进行识别，以确定应适用的法律。

第 10 条②

1. 人的民事地位与行为能力，依其国籍国法。

2. 对于在阿尔及利亚进行的、并且在当地发生效力的商业交易，如果当事人一方依其本国法为无行为能力的外国人，而且这种无行为能力在客观上令对方当事人难以辨别，则该理由对行为能力的认定和交易的效力无任何影响。

3. 法人、公司、社团协会、基金会和其他组织的章程，依其公司所在地、总部所在地或者实际所在地国法。

4. 外国法人在阿尔及利亚实施的行为，依阿尔及利亚法律。

第 11 条③

结婚的实质有效条件，依夫妻双方各自的本国法。

第 12 条④

1. 婚姻的人身与财产效力，以结婚时丈夫的本国法为准。

2. 离婚以及分居，依提起诉讼时丈夫的本国法。

第 13 条

对于第 11 条和第 12 条规定的情形，如果结婚时夫妻一方为阿尔及利亚人，则只能适用阿尔及利亚法律，但涉及结婚能力的除外。

第 13a 条⑤

1. 出身、对父亲身份的承认和异议，以子女出生时父亲的本国法为准。

---

① 经 2005 年立法修订后的文本。

② 经 2005 年立法修订后的文本。

③ 经 2005 年立法修订后的文本。

④ 经 2005 年立法修订后的文本。

⑤ 经 2005 年立法修订后的文本。

2. 如果在子女出生前父亲已死亡，则适用该父亲死亡时的本国法。

第13b条[①]

1. 法定托管（卡法拉）的有效性，同时适用托管关系设立时的托管人和被托管人的本国法。法定托管的效力，则依托管人的本国法。

2. 收养，同样以前款规定为准。

第14条

亲属间的扶养义务，依承担扶养义务之人的本国法。

第15条[②]

1. 监护、遗嘱监护、照料和其他保护未成年人、无行为能力人以及不在人的制度的实质要件，依被保护人的本国法。

2. 为保护未成年人、无行为能力人或者本人不在阿尔及利亚境内者的财产而采取的紧急措施，如果在采取此类措施时这些人位于阿尔及利亚境内，或者此类措施所涉及的财产在阿尔及利亚境内，则适用阿尔及利亚法律。

第16条[③]

1. 遗产、遗嘱及其他死因处分行为，依遗产人、遗嘱人或处分行为人死亡时的本国法。

2. 赠与或福利基金会，依赠与人或捐赠人实施赠与或捐赠行为时的本国法。

第17条[④]

1. 财产标的物的识别，无论是动产还是不动产，均依物之所在地国法。

2. 不动产的占有、所有权及其他物权，依不动产所在地法。有形动产，依致使取得或丧失占有、所有权或其他物权的事件发生时该动产的所在地法。

第17a条[⑤]

1. 无形财产，依致使取得或丧失占有、所有权或其他物权的事件发生时该财产的所在地法。

2. 文学或艺术作品的第一次发表地或表演地，视为其所有权的所在地。

3. 专利以证书出具地国为所在地。

4. 商标或工业样品以注册地或交存地国为所在地。

---

① 经2005年立法修订后的文本。

② 经2005年立法修订后的文本。

③ 经2005年立法修订后的文本。

④ 经2005年立法修订后的文本。

⑤ 经2005年第05－10号法律增补。

5. 商号以公司的总部所在地国为所在地。

第18条[①]

1. 合同之债，依当事人自由协议选择的法律，但该法律应与订立合同的当事人或合同本身有实际联系。

2. 必要时，可适用当事人的共同国籍国法或者共同住所地法。

3. 必要时，适用合同缔结地法。

4. 但有关不动产的合同依不动产所在地法。

第19条[②]

1. 法律行为，就其形式而言，以行为实施地法为准。

2. 法律行为，也可以当事人的共同住所地法、共同国籍国法或适用于争讼问题的法律为准。

第20条

1. 非合同之债，以产生债务的事实发生地国法为准。

2. 但因发生于外国的损害行为所生之债，如果该损害行为依外国法为违法行为，而依阿尔及利亚法为合法行为，则不适用前款规定。

第21条

前述规定，仅在特别法或者在阿尔及利亚生效的国际协定无不同规定时，方得以适用。

第21a条[③]

管辖权规则和诉讼程序规则，以起诉地国法或者诉讼程序开始地国法为准。

第22条

1. 对于多国籍者，法官以其实际国籍为准。

2. 当事人同时拥有阿尔及利亚国籍及一个或数个外国国籍时，以阿尔及利亚国籍为准。

3. 无国籍人，由法官确定应适用的法律。

第23条[④]

1. 前述规定所指引的外国法施行多种法制的，则由该国的国内法确定应适用的法律。

---

① 经2005年立法修订后的文本。

② 经2005年立法修订后的文本。

③ 经2005年第05-10号法律增补。

④ 经2005年立法修订后的文本。

2. 该国国内法无相关规定的，对于有不同联合体的情形，则适用占统治地位的法律；对于区际法制不统一的情形，适用首都所在地法律。

第23a条[①]

如果外国法无法查明，则适用阿尔及利亚法律。

第23b条[②]

1. 所适用的外国法，仅指其内国法而非地域上的冲突法。

2. 该外国的冲突规则指定应依阿尔及利亚法律时，则适用阿尔及利亚法律。

第23c条[③]

法律规范缺失时，依国际私法的一般原则。

第24条[④]

1. 前述条款所指引的外国法，如违背阿尔及利亚的公共秩序或善良风俗，或者情况表明该外国法的适用系因欺诈性的法律规避所致，则不予适用。

2. 外国法违背公共秩序或善良风俗时，适用阿尔及利亚法律。

---

① 经2005年第05-10号法律增补。

② 经2005年第05-10号法律增补。

③ 经2005年第05-10号法律增补。

④ 经2005年立法修订后的文本。

第 二 篇

单行立法式国际私法立法

奥地利共和国1978年6月15日《关于国际私法的联邦法》*

（2009年12月30日文本）

第一章　总则

最强联系原则（Grundsatz der stärksten Beziehung）

第1条

1. 与外国有连结的事实，在私法上，依照与该事实有最强联系的法律体系判定。

2. 本联邦法中关于适用法律的特别规定（“指引规范”①），应被视为该原则的体现。

据以确定联系因素的各种要件的查明

第2条

除非在允许选择法律的领域（本法第19条、第35条第1款），根据程序法的规定当事人的实际意愿被认定为属实，否则据以确定与特定法律体系的联系的事实上与法律上要件，应依职权查明。

第3条

如果作准的是外国法，则应依职权并如同在该法的原适用范围内一样予

---

* 奥地利共和国《关于国际私法的联邦法》（Bundesgesetz vom 15. Juni 1978 über das internationale Privatrecht）于1978年6月15日通过，自1979年1月1日起生效。此后，根据1998年、1999年、2000年、2003年、2004年、2009年有关立法，《关于国际私法的联邦法》第22条及第36～47条被废除，第21、26、35、48、50条及第53条被修订，并增订了第27a～27d、33a、35a条。本法根据其官方（http：//www. ris. bka. gv. at/GeltendeFassung. wxe? Abfrage = Bundesnormen&Gesetzesnummer = 10002426）德语文本翻译。部分条款的翻译参考了李双元等编的《国际私法教学参考资料选编》（上册，北京大学出版社2002年版）第365～370页以及杜涛博士所著的《国际私法的现代化进程：中外国际私法改革比较研究》（上海人民出版社2007年版）第317～326页所附的译文。本译文原载于《民商法论丛》第46卷（法律出版社2010年版）第613～628页。——译者注

① “指引规范”（Verweisungsnormen）是德国、奥地利等德语国家的国际私法学者经常使用的一个法律术语，是指当一个案件具有涉外因素，从而需要确定应适用哪一国家的法制来判案时，据以确定准据法的一种法律规范，即通常所称的“冲突规范”。——译者注

以适用。

外国法的查明

第 4 条

1. 外国法应依职权查明。允许采用的辅助手段包括有关人员协助、联邦司法部的咨询答复以及专家的鉴定意见。

2. 如经充分努力，在适当期限内仍无法查明外国法时，适用奥地利法律。

反致与转致

第 5 条

1. 所指引的外国法律体系，也包括该国的指引规范。

2. 如果外国法律体系反致奥地利法律，应适用奥地利的实体规范（除指引规范以外的法律规范）；在发生转致时，对该转致应予以尊重，并适用不再继续向其他国家指引或者被其他国家法律首次反致的那一国家法律体系中的实体规范。

3. 如果外国法律体系由多个区域性法律体系组成，则适用该外国法律体系中的现行规则所指引的那一区域的法律体系。如无此种规则，则适用与案件有最强联系的那一区域的法律体系。

保留条款（公共秩序）

第 6 条

外国法的规定，在其适用会导致与奥地利法律体系的基本价值相抵触的结果时，不予适用。如有必要，应代之以适用奥地利法律中的相应规定。

准据法的变更

第 7 条

据以确定与特定法律体系的联系的各种要件事后发生变化的，对已完成的事实不发生影响。

形式

第 8 条

法律行为的形式，依照支配该法律行为本身的同一法律判定；但符合该法律行为实施地国所规定的形式要件者亦可。

自然人的属人法

第 9 条

1. 自然人的属人法，即该人的国籍所属国法律。如一人除具有外国国籍外，又具有奥地利国籍，则以奥地利国籍为准。其他具有多重国籍者，以与之有最强联系的国家的国籍为准。

2. 无国籍人或者无法查明其国籍的人，其属人法即其惯常居所地国法律。

3. 对奥地利有效的国际公约所指的难民，或因类似重大原因而断绝与其本国关系的人，其属人法即其住所地国法律；无住所时，则为其惯常居所地国法律；如该法律指引其本国法律（第 5 条），则不予遵守。

法人的属人法

第 10 条

法人或其他能够享受权利并承担义务的社团或者财团，其属人法为该权利义务承担者的主要管理中心实际所在地国法律。

法律选择

第 11 条

1. 在有疑义时，当事人的法律选择（第 19 条、第 35 条第 1 款），不包括所选择的法律体系中的指引规范。

2. 在未决诉讼中所做的纯默示的法律选择无效。

3. 第三人的法律地位，不得因事后的法律选择而遭受损害。

第二章　人法

权利能力与行为能力

第 12 条

人的权利能力与行为能力，依照其属人法判定。

姓名

第 13 条

1. 人的姓名的使用，无论其获得姓名的依据为何，均依照其当时的属人法判定。

2. 对姓名的保护，依照侵害行为发生地国法律判定。

死亡宣告与死亡证明

第 14 条

死亡宣告或者死亡证明的要件、效力及撤销，依照失踪者最后为人所知的属人法判定。

禁治产宣告

第 15 条

宣告禁治产的要件、效力及撤销，依照被宣告人的属人法判定。

第三章 家庭法

第一节 婚姻法

结婚的形式

第 16 条

1. 在国内结婚的形式，依照国内的形式规定。

2. 在国外结婚的形式，依照许婚各方的属人法判定；但符合结婚地的形式规定者亦属有效。

结婚的要件

第 17 条

1. 结婚的要件以及婚姻无效与解除婚姻的要件，均依照许婚各方的属人法判定。

2. 如果某一婚姻经一项在奥地利法律管辖范围内为有效的判决宣告为无效或者被认定为已经解除、离婚或者不存在，则不得仅因为该项判决依照婚姻许婚或者夫妻一方或者双方的属人法不被承认而禁止重新结婚或者宣告新婚姻为无效。本规定类推适用于死亡宣告或者死亡证明之情形。

婚姻的人身法律效力

第 18 条

1. 婚姻的人身法律效力：

（1）依照夫妻双方共同的属人法判定，如无共同属人法，则依照其最后的共同属人法判定，前提是夫妻一方仍保留该属人法；

（2）否则，依照夫妻双方的惯常居所地国法律判定，如无惯常居所，则依照夫妻双方最后的惯常居所地国法律判定，前提是夫妻一方仍保留该居所。

2. 如果婚姻依照第 1 款所指的法律不成立，而在奥地利法律管辖范围内为有效，则其人身法律效力依照奥地利法律判定。但是，如果夫妻双方与第三国有更强的联系，而依照该第三国法律婚姻同样有效，则以该第三国法律为准并取代奥地利法律。

婚姻财产制

第 19 条

婚姻财产制，依照当事人明示选择的法律判定，如无此种法律选择，则依照结婚时支配婚姻的人身法律效力的法律判定。

离婚

第 20 条

1. 离婚的要件及效力，依照离婚时支配婚姻的人身法律效力的法律判定。

2. 如依照该法律，婚姻不能根据所主张的事实而解除，或者第 18 条所规定的连结点均不存在，则离婚依照离婚时提出离婚请求的夫妻一方的属人法判定。

第二节 亲子关系法

婚生

第 21 条

子女婚生的要件及因此而发生的争议，依照该子女出生时夫妻双方的属人法判定，或者当婚姻在此之前已解体时依照婚姻解体时夫妻双方的属人法判定。夫妻双方的属人法不同的，则以该子女在其出生时的属人法为准。[①]

非婚生子女的准正

第 22 条（已废除）[②]

非婚生子女因事后婚姻而准正的要件，依照其父母的属人法判定。父母的属人法不同的，依照其中更有利于准正的法律。

第 23 条

非婚生子女通过宣告婚生而准正的要件，依照其父亲的属人法判定；如果在父亲死后才提出宣告婚生的申请，则依照该父亲死亡时的父亲属人法判定。如果依照子女的属人法必需征得子女本人或者与子女具有家庭亲属关系的第三人的同意，则就此而言，亦应以该法律为准。

婚生与准正的效力

第 24 条

子女婚生与准正的效力，依照子女的属人法判定。

非婚生及其效力

第 25 条

1. 确定及承认非婚生子女的父亲身份的要件，依照子女出生时该子女的属人法判定。但是，依照子女出生时的属人法不能确定及承认该父亲身份，而依照子女出生后的属人法得以确定及承认，则亦可依照子女出生后的属人

---

① 本条第 2 句规定系根据 2000 年 12 月 29 日公布的《亲子关系法修订法》（KindRÄG 2001，BGBl. I Nr. 135/2000，S. 1329）第 10 条第 1 项修订后的文本，自 2001 年 6 月 30 日起施行。此前，第 21 条第 2 句规定为："夫妻双方的属人法不同的，依照其中更有利于子女为婚生的法律。"——译者注

② 该条被 2000 年《亲子关系法修订法》第 10 条第 2 项废除，自 2001 年 6 月 30 日起施行。为便于我国学者研究，特保留该条款的译文。——译者注

法判定。据以确定或者承认父亲身份的法律，亦同样适用于有关争议的解决。

2. 子女为非婚生的效力，依照该子女的属人法判定。

3. 母亲对非婚生子女的生父提出的与其怀孕、分娩相关的诉讼请求，依照该母亲的属人法判定。

收养子女

第 26 条

1. 收养及终止收养关系的要件，依照收养人各自的属人法及被收养子女的属人法判定。如果子女无行为能力，则仅就收养是否应征得子女本人或者与子女具有家庭亲属关系的第三人的同意而言，应以该子女的属人法为准。[①]

2. 收养的效力，依照收养人的属人法判定；如果是夫妻双方一起收养，则依照支配其婚姻的人身法律效力的法律判定，但在夫妻一方死亡后，应依照另一方的属人法判定。

第三节　监护与保佐

第 27 条

1. 设立、终止监护或者保佐的要件及其效力，依照被监护人的属人法判定。

2. 与监护或者保佐相关的其他问题，只要涉及对监护或保佐的监管，则依照有权对监护或保佐进行监管的机关所属国的法律判定。

第四节　同性伴侣关系法[②]

注册同性伴侣关系[③]的要件及效力

第 27a 条

---

① 本款规定系根据 2004 年 6 月 21 日公布的《修订家庭法及继承法的联邦法》（FamErbRÄG 2004, BGBl. I Nr. 58/2004, S. 710）第 2 条修订后的文本，自 2004 年 7 月 1 日起施行。——译者注

② 本节及第 27a～27d 条系根据 2009 年 12 月 30 日公布的《颁布〈关于经注册的同性伴侣关系的联邦法〉并修订〈普通民法典〉、〈婚姻法〉、〈关于国际私法的联邦法〉等法律的联邦法》（Bundesgesetz: Eingetragene Partnerschaft-Gesetz und Änderung des Allgemeinen Bürgerlichen Gesetzbuches, des Fortpflanzungsmedizingesetzes, des IPR-Gesetzes, ……, BGBl. I Nr. 135/2009, S. 1～74）第 5 条第 1 项增订，自 2010 年 1 月 1 日起施行。——译者注

③ 德语中的"eingetragene Partnerschaft"从字面上意为"注册的伴侣关系"，但根据 2009 年 12 月 30 日《奥地利联邦法律公报》公布的第 135 号联邦法律，即《颁布〈关于经注册的同性伴侣关系的联邦法〉并修订〈普通民法典〉、〈婚姻法〉、〈关于国际私法的联邦法〉等法律的联邦法》第一条所颁布的《关于经注册的同性伴侣关系的联邦法》（Bundesgesetz über eingetragene Partnerschaft）第 1 条和第 2 条规定，"eingetragene Partnerschaft"是"eingetragene Partnerschaft der gleichgeschlechtlicher Paare"（"经注册的同性伴侣关系"）的简称，因此，在译文中采用该概念的原意。奥地利共和国《关于经注册的同性伴侣关系的联邦法》自 2010 年 1 月 1 日起施行。——译者注

注册同性伴侣关系的要件、无效以及这种关系因其成立时存在瑕疵而引起的解除，依照其成立地国法律判定。

经注册的同性伴侣关系的人身法律效力

第 27b 条

经注册的同性伴侣关系的人身法律效力：

（1）依照经注册的同性伴侣的共同惯常居所地国法律判定，如无共同的惯常居所，则依照双方最后的（共同）惯常居所地国法律判定，前提是其中一方仍保留该居所；

（2）如果不具备适用第 1 项所指法律的条件，或者该法律不调整经注册的同性伴侣关系的人身法律效力，则依照经注册的同性伴侣的共同属人法判定，如无共同的属人法，则依照双方最后的共同属人法判定，前提是其中一方仍保留该属人法；

（3）否则依照奥地利法律判定；假如依照第 2 项规定应适用的法律不调整经注册的同性伴侣关系的人身法律效力，则也适用奥地利法律。

经注册的同性伴侣关系的财产制

第 27c 条

经注册的同性伴侣关系的财产制，依照当事人双方明示选择的法律判定，如未进行法律选择，则依照经注册的同性伴侣关系成立地国法律判定。

解除已注册的同性伴侣关系

第 27d 条

由于第 27a 条所指原因以外的其他原因而解除已注册的同性伴侣关系的要件及效力：

（1）依照已注册的同性伴侣在解除其关系时的共同惯常居所地国法律判定，如无共同的惯常居所，依照双方在解除此种关系前最后的（共同）惯常居所地国法律判定，前提是其中一方仍保留该居所；

（2）如果不具备适用第 1 项所指法律的条件，或者依照该法律不能根据所主张的事实而解除已注册的同性伴侣关系，则依照已注册的同性伴侣在解除其关系时的共同属人法判定，如无共同的属人法，则依照双方在解除此种关系前最后的共同属人法判定，前提是其中一方仍保留该属人法；

（3）否则依照奥地利法律判定；假如依照第 2 项规定应适用的法律不能根据所主张的事实而解除已注册的同性伴侣关系，则也适用奥地利法律。

第四章 继承法

基于死亡的权利继承

第 28 条

1. 基于死亡的权利继承，依照被继承人死亡时的属人法判定。

2. 如果遗嘱查验程序系在奥地利进行，则遗产继承权的取得及遗产债务责任，依照奥地利法律判定。

第 29 条

如果依照第 28 条第 1 款所指的法律，遗产无人继承或者将归于作为法定继承人的领土当局，则在各该情况下，应以被继承人死亡时其财产所在地国法律为准并取代上述法律。

遗嘱的效力

第 30 条

1. 设立遗嘱的能力以及遗嘱、继承合同或者放弃继承的合同的其他有效要件，依照被继承人实施该法律行为时的属人法判定。如果依照该法为无效，而依照被继承人死亡时的属人法为有效时，以后者为准。

2. 对上述法律行为的撤销或者取消，类推适用第 1 款规定。

第五章 物权法

一般规则

第 31 条

1. 有形物的物权的取得与丧失（包括占有），依照据以取得或者丧失该物权的事实完成时该物之所在地国法律判定。

2. 物的法律分类及第 1 款所指权利的内容，依照该物之所在地国法律判定。

与其他指引规范的关系

第 32 条

不动产物权，即使其在国内其他指引规范的适用范围之列，亦应以第 31 条的规定为准。

交通工具

第 33 条

1. 已登记注册的水上或者空中运输工具的物权，除第 2 款另有规定外，依照注册国的法律判定；铁路运输工具，依照在营业中使用该运输工具的铁路企业的主要管理中心实际所在地国法律判定。

2. 为担保因运输工具所造成的损害或者费用引起的赔偿请求权而依法设立或者强制设立的抵押权或者法定留置权，均适用第31条的规定。

可经证券结算系统转让的有价证券①

第33a条

1. 可经证券结算系统转让的有价证券（《金融安全法》第3条第1款第7项）的物权的法律性质、内容及其取得和占有，依照作准的账户（《金融安全法》第3条第1款第8项）的被监管地国的实体规范判定。

2. 第1款所指的法律特别决定：

（1）可在证券结算系统转让的有价证券的所有权或者其他物权是否会受到第三人的所有权或者其他物权的排斥，或者是否后手优于前述权利，或者是否存在善意取得；

（2）假如出现变现或者终止的情况（《金融安全法》第3条第1款第12项），为了变现可在证券结算系统转让的有价证券，是否需要以及应当采取哪些步骤。

第六章 无形财产权

第34条

1. 无形财产权的产生、内容及消灭，依照使用行为或者侵害行为发生地国法律判定。

2. 对于与受雇者在其劳务关系范围内的作业有关的无形财产权，以适用于雇主与受雇者之间的劳务关系的指引规范为准。

---

① 该标题及第33a条系根据2003年12月16日公布的《金融安全法及修订〈关于国际私法的联邦法〉的联邦法》（FinSG und Änderung des Bundesgesetzes über das internationale Privatrecht，BGBl. I Nr. 117/2003，S. 1645）第2条增订，自2003年12月1日起施行。——译者注

第七章　债法

合同之债

第 35 条①

1. 不在《关于合同之债法律适用的第 593/2008 号条例》（“罗马Ⅰ”）②适用范围内的合同之债，依照当事人明示或者默示选择的法律判定（第 11 条）。

2. 如果当事人对于此种债务关系未进行有效的法律选择，则依照应进行特征性履行的一方合同当事人的惯常居所地国法律判定。如果该方当事人系以企业主身份订立合同，则以与订立该合同有关的营业所为准，并取代惯常居所。

3. 如果案件总体情况表明，合同之债与第 2 款所指国家以外的另一国家具有明显的更密切联系，则适用该另一国法律。

扩大特定保险合同的法律选择③

第 35a 条

1. 《第 593/2008 号条例》第 7 条第 3 款为之规定了各种法律选择机会的保险合同，其各方当事人可在该条例第 7 条第 3 款 a、b 和 e 项所指情况下明示或者默示地选择另一国的法律。

2. 如果保险人在投保人的惯常居所地国从事营业，或者以某种方式在该国或者在包括该国在内的多个国家从事营业活动，则根据第 1 款所进行的法律选择的后果，不得致使在未进行法律选择时根据本应适用的法律中那些不

---

① 本条款经 1998 年《修订〈关于国际私法的联邦法〉及〈消费者保护法〉的联邦法》（Bundesgesetz：Änderung des Bundesgesetzes über das internationale Privatrecht und des Konsumentenschutzgesetzes，BGBl. I Nr. 119/1998，S. 135）第 1 条第 1 项修订后，又于 2009 年经《修订〈关于国际私法的联邦法〉、〈保险监管法〉以及〈交通事故遇难者赔偿法〉及废除〈关于欧洲经济区的国际保险合同法的联邦法〉的联邦法》（Bundesgesetz：Änderung des IPR-Gesetzes，des Versicherungsaufsichtsgesetzes sowie des Verkehrsopferentschädigungsgesetzes und Aufhebung des Bundesgesetzes über internationales Versicherungsvertragsrecht für den Europäischen Wirtschaftsraum，BGBl. I Nr. 109/2009）第 1 条第 2 项修订。——译者注

② Verordnung（EG）Nr. 593/2008 über das auf vertragliche Schuldverhältnisse anzuwendende Recht（“Rom I”），ABl. Nr. 177 vom 4. Juli 2008，S. 6. 下文简称《第 593/2008 号条例》。

③ 本标题及第 35a 条规定系根据 2009 年《修订〈关于国际私法的联邦法〉、〈保险监管法〉以及〈交通事故遇难者赔偿法〉及废除〈关于欧洲经济区的国际保险合同法的联邦法〉的联邦法》第 1 条第 3 项增订。——译者注

得通过协议加以减损的规定给投保人所提供的保护被剥夺。

第36条（已废除）①

主要由一方当事人向另一方承担金钱给付的双务合同，依照该另一方当事人的惯常居所地国法律判定。如果该另一方当事人系以企业主身份订立合同，则以与订立该合同有关的营业所为准，并取代惯常居所。

第37条（已废除）

单务合同以及据以产生债务的单方法律行为，依照债务人的惯常居所（或第36条第2句所指的营业所）所在地国法律判定。

银行业务与保险合同

第38条（已废除）

1. 银行业务，依照该金融机构的（第36条第2句所指的）营业所所在地国法律判定；金融机构之间的银行业务，则以受委托的金融机构的营业所为准。

2. 保险合同，依照保险人（第36条第2句所指的）的营业所所在地国法律判定。

证券交易及类似合同

第39条（已废除）

证券交易以及在市场或者交易会上订立的合同，依照交易所或者市场（交易会）所在地国法律判定。

拍卖

第40条（已废除）

拍卖，依照拍卖举行地国法律判定。

消费者合同

第41条（已废除）

1. 对于消费者合同，如果合同一方当事人的惯常居所地国法律将其作为消费者而给予私法上的保护，而该合同系由该当事人与在该国从业、并有意订立此种合同的企业主或者该企业主所派的人订立，则依照该国的法律判定。

2. 在涉及该国法律中的强制性规定的范围内，不利于消费者的法律选择无效。

---

① 根据1998年《修订〈关于国际私法的联邦法〉及〈消费者保护法〉的联邦法》第1条第2项，奥地利共和国《关于国际私法的联邦法》第36~45条自1998年12月1日起被废止。为便于我国学者研究，特保留这些条款的译文。——译者注

有关使用不动产的合同

第42条（已废除）

1. 有关使用不动产或者其附属结构的合同，依照该财产所在地国法律判定。

2. 在涉及该国法律中有关租赁的强制规定的范围内，不利于承租人的法律选择无效。

有关无形财产权的合同

第43条（已废除）

1. 有关无形财产权的合同，依照此种权利被移转或者被让与地国法律判定。如果该合同涉及多个国家，则以受让人（许可证受让人）的惯常居所（或第36条第2句所指的营业所）所在地国法律为准。

2. 与受雇者在其劳务关系范围内的作业有关的无形财产权合同，以适用于该劳务关系的指引规范（第44条）为准。

劳务合同

第44条（已废除）

1. 劳务合同，依照受雇者惯常作业所在地国法律判定。受雇者如果被派往他国作业，仍以该法为准。

2. 如果受雇者通常在一个以上的国家作业或者无惯常作业地点，则以雇主的惯常居所（或者第36条第2句所指的营业所）所在地国法律为准。

3. 只有明示的法律选择才有效。但在涉及第1款及第2款所指法律中的强制规定的范围内，不利于受雇者的明示法律选择亦属无效。

从属的法律行为

第45条（已废除）

凡其效力在概念上从属于某既存义务的法律行为，依照适用于该义务的准据法所属国的实体规范判定。这一规定特别适用于旨在给义务提供担保或者变更该义务的法律行为。第38条第1款规定不受影响。

不当得利[①]

第46条（已废除）

不当得利的请求权，依照不当得利发生地国法律判定。但在履行法律义

---

① 根据2009年《修订〈关于国际私法的联邦法〉、〈保险监管法〉以及〈交通事故遇难者赔偿法〉及废除〈关于欧洲经济区的国际保险合同法的联邦法〉的联邦法》第1条第4项规定，奥地利共和国《关于国际私法的联邦法》第46～47条被废止，并不再适用于2009年1月11日之后发生的合同之债案件。为便于我国学者研究，特保留这些条款的译文。——译者注

务或关系的过程中产生的不当得利，以该法律关系准据法所属国的实体规范为准；本规定类推适用于替他人进行支付而产生的补偿请求权。

无因管理

第47条（已废除）

无因管理，依照此种管理行为实施地国法律判定；但是，如果无因管理与另一法律关系具有内在联系，则类推适用第45条的规定。

非合同性损害赔偿请求权

第48条[①]

1. 不在《关于非合同之债法律适用的第864/2007号条例》（“罗马Ⅱ”）[②] 适用范围内的非合同性损害赔偿请求权，依照当事人明示或者默示选择的法律判定（第11条）。

2. 如果当事人对于此种债务关系未进行有效的法律选择，则依照造成损害的行为发生地国法律判定。但是，如果所涉各方均与另一国家的法律存在更强联系，则以该另一国法律为准。

委托代理

第49条

1. 委托代理的要件与效力，就委托人和代理人与第三人之间的关系而言，依照该委托人以第三人明显可见的方式所指定的法律判定。

2. 如果未指定应适用的法律，则以代理人按委托人为第三人明显可见的意思而行事的所在地国法律为准；如果代理人受委托实施多个行为，则以代理人在通常情况下按委托人为第三人明显可见的意思而行事的所在地国法律为准。

3. 如果依照第2款所规定的连结点不能确定应适用的法律，则以代理人行为地国法律为准。

第八章　最后条款

第50条

1. 本法自1979年1月1日起生效。

---

① 本条规定为经2009年《修订〈关于国际私法的联邦法〉、〈保险监管法〉以及〈交通事故遇难者赔偿法〉及废除〈关于欧洲经济区的国际保险合同法的联邦法〉的联邦法》第1条第5项修订后的文本。——译者注

② Verordnung (EG) Nr. 864/2007 über das auf außervertragliche Schuldverhältnisse anzuwendende Recht ("Rom II"), ABl. Nr. L199 vom 31. Juli 2007, S. 40.

2. 1998年《奥地利共和国联邦法律公报》第一部分所公布的第11号联邦法的第35条、第53条第2款以及通过该联邦法对第36~45条的废除自1998年12月1日起生效，并适用于1998年11月30日之后产生的债务关系。①

3. 经2003年《奥地利共和国联邦法律公报》第一部分所公布的第117号联邦法增订的第33a条自2003年12月1日起生效。②

4. 因2009年1月11日之后发生的事件所引起的非合同性损害赔偿请求权，适用2009年《奥地利共和国联邦法律公报》第一部分所公布的第109号联邦法的第48条规定；1978年《奥地利共和国联邦法律公报》第一部分公布的第109号联邦法的第48条第2款不再适用于此种损害赔偿请求权。据以产生非合同之债的事件，如果发生于2009年1月11日之后，则不适用原第46条和第47条的规定。2009年12月17日之后订立的合同，适用2009年《奥地利共和国联邦法律公报》第一部分所公布的第109号联邦法的第35条规定；此类合同不再适用第53条第2款规定。③

5. 2009年《奥地利共和国联邦法律公报》第一部分所公布的第135号联邦法的第27a~27d条自2010年1月1日起生效。④

第51条

自本法生效后，除第52条和第53条之外，凡是与本法调整对象有关的规定均失去效力，包括：

（1）1785年9月16日《专利法》a条；

（2）《普通民法典》第4条、第34~37条及第300条；

（3）《非讼事项法院程序法》第22条第2句；

（4）《民事诉讼法》第271条第2款，涉及外国法查明的规定；

（5）《禁治产法》第14条；

---

① 本款规定系根据1998年《修订〈关于国际私法的联邦法〉及〈消费者保护法〉的联邦法》第1条第3项而增订，后来经1999年《修订〈关于国际私法的联邦法〉的联邦法》第2项和2009年《修订〈关于国际私法的联邦法〉、〈保险监管法〉以及〈交通事故遇难者赔偿法〉及废除〈关于欧洲经济区的国际保险合同法的联邦法〉的联邦法》第1条第6项修订。——译者注

② 本款规定系根据2003年《金融安全法及修订〈关于国际私法的联邦法〉的联邦法》第2条第2项增订。——译者注

③ 本款规定系根据2009年《修订〈关于国际私法的联邦法〉、〈保险监管法〉以及〈交通事故遇难者赔偿法〉及废除〈关于欧洲经济区的国际保险合同法的联邦法〉的联邦法》第1条第7项增订。——译者注

④ 本款规定系根据2009年12月30日公布的《颁布〈关于经注册的同性伴侣关系的联邦法〉并修订〈普通民法典〉、〈婚姻法〉、〈关于国际私法的联邦法〉等法律的联邦法》第5条第2项增订。——译者注

（6）《演员法》（Schauspielergesetz）第 49 条；

（7）1940 年 11 月 15 日《关于已登记船舶及在建船舶权利的法律》第 1 条第 2 款；

（8）《婚姻法第四实施条例》第 6～13 条和第 15～18 条；

（9）1950 年《死亡宣告法》第 12 条。

2. 同时废止：

（1）《非讼事项法院程序法》第 23 条第 3 款第 1 句“依照国内法律”字句；

（2）《非讼事项法院程序法》第 24 条第 1 款的“依照奥地利法律”字句；

（3）《非讼事项法院程序法》第 25 条的“并依照奥地利法律”字句；

（4）《非讼事项法院程序法》第 40 条第 1 款第 2 句的“依照国内法律”字句。

第 52 条

下列法律规定不受本联邦法的影响：

（1）《著作权法》第 94～100 条；

（2）1955 年《汇票法》第 91～98 条；

（3）1955 年《支票法》第 60～66 条；

（4）1958 年 10 月 30 日《关于依照 1956 年 10 月 24 日〈关于子女抚养义务法律适用公约〉第 2 条适用奥地利法律的联邦法》；

（5）《卡特尔法》第 4 条、第 5 条第 1 款第 2 项和第 2 款；

（6）《航运设施法》第 34 条。

第 53 条

国际条约的规定不受本法的影响。①

第 54 条

本法由联邦司法部负责实施。

---

① 本条经 2009 年《修订〈关于国际私法的联邦法〉、〈保险监管法〉以及〈交通事故遇难者赔偿法〉及废除〈关于欧洲经济区的国际保险合同法的联邦法〉的联邦法》第 1 条第 8 项修订后，废除了原来经 1999 年 1 月 12 日公布的《修订〈关于国际私法的联邦法〉的联邦法》第 1 项增订的有关“1980 年 6 月 19 日在罗马签署的《关于合同之债的法律适用公约》、12 月 19 日签署的《关于由欧洲诸共同体法院对该公约进行解释的第一议定书》以及 1988 年 12 月 19 日签署的《关于将解释公约的特定管辖权让渡给欧洲诸共同体法院的第二议定书》可直接适用”的第 2 款规定。——译者注

《阿塞拜疆共和国关于国际私法的立法》*

（2000 年 6 月 6 日文本）

第一章 总则

第 1 条 法律的适用范围与准据法的确定

1. 涉外民事法律关系，适用本法之规定。

2. 适用于涉外民事法律关系的准据法，除依照本法规定外，可依照相应的其他法律、阿塞拜疆共和国缔结的国际条约、国际习惯法或者当事人的协议确定。

3. 当事人确定准据法的协议必须明示做出，或者能直接从合同条款或法律行为的总体情况中推断出来。

4. 外国法的适用，仅受一般限制。

5. 本法关于法院适用法律的规定亦适用于有相应管辖权的其他国家机关。

第 2 条 外国法规范的查明

1. 在适用外国法时，法院应采取一切措施，并根据该外国法的官方解释及在该国的适用实践查明法律规范的内容。

2. 如依照本条第 1 款所指的措施无法达到目的或者需要异常高额费用，并且诉讼当事人各方均不能提供证实其所依据的法律规范内容的证明的，适用阿塞拜疆共和国法律。

第 3 条 反致以及对第三国法律的转致

1. 本条无另外规定的，本法对外国法的指引，均为指引相应国家的实体法。

2. 适用外国法处理本法第 9 条和第 10 条所列的法律关系以及继承法律关系时，可接受反致或转致，适用阿塞拜疆共和国法律或第三国法律。

第 4 条 适用外国法的限制

与阿塞拜疆共和国宪法或者其他由全民公决通过的法律文件相抵触的外

---

* 《阿塞拜疆共和国关于国际私法的立法》（2000 年 6 月 6 日文本）根据德文译本（资料来源：IPRax 2003，Heft 4，S. 386－389）译出，本译文曾刊登于《中国国际私法与比较法年刊》第 7 卷（2004 年），法律出版社，第 633～640 页，此处略有修改。——译者注

国法律规范，不得在阿塞拜疆共和国适用。

第 5 条　强制性法律规范的适用

1. 不论依照本法规定应适用何法律，阿塞拜疆共和国法律中的强制性规范适用于相应的法律关系。

2. 若对一国法律的适用导致与案情有密切联系的第三国之强制性法律规范得以适用，在不涉及协议选择的法律的范围内，可优先适用第三国规范。在决定准予优先适用该规范时，须考虑该规范的本质、目的以及适用结果。

第 6 条　多法域国家法律的适用

如果要适用多法域国家的法律，则依照该国法律确定应适用何法域的法律。若无此种规定，则适用与案件有最密切联系的法域的法律。

第 7 条　报复、特别限制

他国对阿塞拜疆共和国公民或法人施加限制的，阿塞拜疆共和国主管机关可采取对等措施，对该国公民或法人施加相应的限制。

第 8 条　禁止法律规避

当事人不得通过协议或者其他旨在适用另一法律的行为规避本法有关确定准据法的规定。此时，依照本法规定确定应适用的法律。

第二章　人

第 9 条　自然人的属人法

1. 属人法指自然人的国籍国法。具有多个国籍者，以与其有最密切联系的国家的法律为属人法。

2. 无国籍人，以其固定住所地国法为属人法。

3. 难民，以接受其避难的国家的法律为属人法。

第 10 条　自然人的权利能力与行为能力

1. 自然人的权利能力与行为能力，依其属人法。

2. 自然人的行为能力，涉及法律行为和侵权行为的，依法律行为实施地国法或者侵权行为发生地国法。

3. 宣告自然人为无行为能力，依受理案件的法院所在地国法。

第 11 条　失踪和死亡宣告

宣告某人失踪或死亡，依受理案件的法院国法。

第 12 条　法人的属人法

法人的属人法，指法人设立地国法。

第 13 条　法人的权利能力

1. 法人的权利能力，依其属人法。该规定亦适用于法人的代表或分支机构。

2. 如果外国法人、外国法人的代表或分支机构所实施的法律行为被行为地国法所禁止，因而对其权利施加限制的，外国法人不得对这种限制采取对抗措施。

第 14 条　姓、名称

1. 自然人的姓氏、姓氏的使用和捍卫，依其属人法。

2. 法人、法人的分支机构及代表的名称以及名称的保护，依法人的属人法。

第 15 条　国内法优先

外国法人、外国公民以及无国籍人，同阿塞拜疆共和国法人和公民一样具有权利能力和行为能力。但采取报复措施的情况除外。

第 16 条　国家参与的涉外民事法律关系

1. 国家参与的涉外民事法律关系，适用本法规定，但法律另有规定的除外。

2. 国家实施的法律行为，只要该法律行为不属于行使主权，适用本法规定。

3. 由国家实施的法律行为的性质，依该法律行为的法律属性与根据予以认定。

第三章　法律行为

第 17 条　法律行为的形式

1. 法律行为的形式，依行为实施地法。依照阿塞拜疆共和国法律在国外实施的法律行为，如果违反了行为地国法的形式规定，可归于无效。

2. 居住于不同国家的当事人之间实施的法律行为，只要满足其中一个国家的规定，则为有效。

3. 涉及土地的所有权或使用权的法律行为的形式，如果不论法律行为在何处实施及由哪一法律支配，均须适用土地所在地国的强制性规定，则依该强制性规定。

第 18 条　代理

代理的形式及其有效期限，依照权利授予地国法。代理，只要其符合阿塞拜疆共和国所规定的形式要件，不得宣告为无效。

第19条　时效期限

1. 时效期限，依照适用于相应法律关系的法律所属国法。

2. 参与法律关系的当事人一方为阿塞拜疆共和国公民或法人时，依照阿塞拜疆共和国法律确定哪些请求权不受时效约束。

第四章　物权

第20条　适用于物权法律关系的外国法的一般规定

1. 动产和不动产的所有权及其他绝对权，由该财产所在地国法支配，但法律另有规定的除外。

2. 动产或不动产的认定以及对物的其他识别，依物之所在地国法。

第21条　绝对权的产生和消灭

绝对权的产生和消灭，依物之所在地国法，但阿塞拜疆共和国法律另有规定的除外。

第22条　运输工具以及处于运输途中的动产的绝对权

1. 运输工具的绝对权，依运输工具注册地国法。

2. 处于运输途中的动产所有权及其他绝对权，依照该物之运输目的地国法，但当事人另有约定的除外。

第23条　人身非物质权利

人身非物质权利及其保护，适用该权利行使地国法。

第五章　合同法

第24条　合同当事人的法律选择

1. 当事人因合同产生的权利和义务之确定，合同的解释、履行、不履行、终止以及不当履行的后果、无效性，依合同当事人所选择的国家的法律。

2. 当事人可选择将准据法适用于整个合同或合同的某些部分。

3. 当事人可随时，尤其是缔结合同时和缔结合同后协议选择法律。当事人亦可随时协议变更准据法。

4. 选择法律不得违背强制性规定，否则无效。

第25条　当事人未协议选择法律时准据法的确定

1. 当事人未协议选择法律的，合同适用下列当事人设立地、居住地或主要工作所在地国的法律：

（a）买卖合同中的买方；

（b）赠与合同中的赠与人；

（c）租赁合同中的承租人或出租人；

（d）用益合同中的用益提供方；

（e）信贷合同中的出贷方；

（f）加工承揽合同中的加工承揽方；

（g）委托合同中的委托人；

（h）代销合同中的代理商；

（i）保管合同中的保管方；

（j）运输合同中的承运人；

（k）保险合同中的保险人；

（l）质押合同中的出质人；

（m）担保合同中的担保人；

（n）保证合同中的保证人。

2. 合同当事人未协议选择法律时，不论本条第 1 款规定如何：

（a）有关不动产的合同，适用物之所在地国法；

（b）有关共同活动和建筑承包的合同，适用活动进行地或合同结果产生地国法；

（c）在拍卖、破产程序中或在交易所缔结的合同，适用拍卖、破产程序或交易行为发生地国法。

3. 对于本条第 1 款和第 2 款未提及的合同，当事人未协议选择法律的，适用与合同有最密切联系的国家的法律。

4. 在履行合同以及因不当履行合同而采取措施时，应考虑合同履行地国家的法律。

第六章　法定之债[①]

第 26 条　损害赔偿请求权的准据法

消费者因购买货物或要求服务而享有的损害赔偿请求权，依消费者的选择适用下列地点所在国家的法律：

（a）消费者住所地或主要居住地；

（b）货物或服务提供者所在地或住所地；

---

① 因翻译本法所依据的德文资料没有第 27 条内容，故此处也无第 27 条的译文。——译者注

（c）消费者购买货物或要求服务地。

第28条　不当得利

1. 因不当得利产生的请求权，适用不当得利发生地国法。

2. 因侵害别人财产而产生的不当得利之诉，适用侵害行为实施地国法。不当得利的概念，依阿塞拜疆共和国法律进行解释。

第七章　继承权

第29条　继承权

1. 继承权，只要遗产人未在其遗嘱中明确要求适用其国籍国法，依遗产人的最后固定居住地国法。

2. 若被继承人为无国籍人，依其最后固定居住地国法确定继承权。如果其最后的固定居住地无法查明，适用阿塞拜疆共和国法律。

第30条　遗嘱

1. 除了本法第17条规定的要求外，遗嘱仅在其满足下列国家之一的法律规定时方为有效：

（a）遗嘱设立地国；

（b）遗产人在设立遗嘱时或死亡时的居住地国；

（c）遗嘱对不动产做出处理时的不动产所在地国。

2. 在设立遗嘱的形式有效性方面，必须考虑遗产人的立遗嘱能力、国籍以及其他个人特性或者证明个人特性的必需证据。

荷兰王国《2001 年 4 月 11 日关于因侵权行为引起的债务关系的冲突法法令》*

第 1 条

为适用本法之目的，下列设施应被视为一国领土的组成部分：

（1）为开发和采掘位于国家领土范围之外的海底及其上覆水域中的自然资源而设立的设施和其他装置，但该国根据国际法在该区域有权不受限制地开发和采掘自然资源；

（2）已由国家注册或持有船舶通行证或类似文书的，或者，若尚未注册或无船舶通行证或类似文书，属于该国公民的航行于公海上的船舶；

（3）已由国家注册或在相应的国家登记机关注册的，或者，若尚未注册或未在相应国家登记机关注册，属于该国公民所有的飞行中的航空器。

第 2 条

1. 本法不损抑 1971 年 5 月 4 日之《公路交通事故法律适用海牙公约》以及 1973 年 10 月 2 日之《产品责任法律适用海牙公约》之适用。

2. 本法亦不损抑 1993 年 3 月 18 日立法①第 7 条有关海事及内河航运之国际私法诸规则之适用。

第 3 条

1. 因侵权行为引起之债务关系，由侵权行为发生地国法支配。

2. 如果侵权行为造成居民、财产或自然资源损害的结果发生在侵权行为发生地国之外，则不依本条第 1 款之规定而适用该侵权行为损害结果发生地国法，除非加害人不能合理地预见该结果的发生。

3. 如果加害人与受害人在同一国家拥有惯常居所或居所，则不依本条第 1 款及第 2 款之规定而适用该惯常居所或居所地国法。

---

* 荷兰王国《2001 年 4 月 11 日关于因侵权行为引起的债务关系的冲突法的法令》Gesetz vom 11. April 2001 über das Kollisionsrecht in Bezug auf Schuldverhältnisse aus unerlaubter Handlung（Gesetz zum Kollisionsrecht der unerlaubten Handlung = Wet conflictenrecht onrechtmatige daad），公布于 2001 年第 190 号《荷兰王国国家公报》（Staatsblad van het Koninkrijk der Nederlanden, Jaargang 2001. no. 190）。本法根据德文（资料来源：IPRax 2004, Heft 2, S. 157 – 158）及英文译本翻译，官方文本为荷兰文。本译文原载于吴汉东主编：《私法研究》第 5 卷（中国政法大学出版社 2005 年版）第 434 ~ 436 页。——译者注

① 荷兰《1993 年 3 月 18 日关于海事、内河航运和航空的国际私法法令》。——译者注

第 4 条

1. 因不正当竞争引起的债务关系，不依第 3 条之规定，而适用影响竞争关系的竞争行为所在地国法。

2. 如果竞争行为仅仅直接针对某一特定的竞争者，则不适用第 1 款规定。

第 5 条

如果侵权行为与加害人和受害人之间既存的法律关系有密切联系，则因侵权行为引起之义务不依本法第 3 条及第 4 条之规定，而根据支配该另一法律关系的法律确定。

第 6 条

1. 如果当事人已一致选择了适用于侵权债务关系的准据法，则适用当事人选择的法律，而无须考虑前述第 3 条、第 4 条和第 5 条之规定。

2. 当事人的法律选择必须是明示的，或者以其他方式明确地表示此种选择。

第 7 条

根据前述第 3 条至第 6 条确定的法律，特别适用于下列事项：

（1）责任的根据及范围；

（2）责任的免除、限制及划分；

（3）可能会导致赔偿的损害是否存在及其性质；

（4）损害的范围及其赔偿方式；

（5）损害赔偿请求权转让或转移的可能性；

（6）以自身名义请求损害赔偿者；

（7）本人对其代理人的行为所负的责任；

（8）赔偿请求的消灭时效或除斥期间，以及该时效或期间的开始、中断或中止。

第 8 条

不论本法第 3 至第 7 条规定如何，应考虑侵权行为地的交通和安全规则以及其他保护人身或财产的类似规则。

第 9 条

援引本法时可以《侵权行为冲突法》为名。

第 10 条

本法于国家公报上公布后的第二个月的第一日起生效。[1]

---

① 该法已于2001年6月1日正式生效。——译者注

荷兰王国《2008 年 2 月 25 日关于调整有体物、债权、股票以及簿记证券物权关系的法律冲突的法令》（《物权冲突法》）*

第一章　总则

第 1 条

1. 本法不影响 1985 年 7 月 1 日《关于信托法律适用及其承认的海牙公约》（《荷兰王国条约集》1985 年第 141 号）以及《信托冲突法》的实施。在不损抑该公约及该法令规定的条件下，对于受荷兰法支配的、向前述法令第 1 条所指信托的受托人进行的转让行为，若该信托适用外国法，则转让行为不得仅因转让物旨在作为担保或归入受让人的财产而被视为无效。

2. 欧洲经济共同体理事会 1993 年 3 月 15 日《关于返还从成员国领土内非法转移的文物的第 93/7 号指令》以及《防止文物非法出口的施行法》不受本法的影响。

3. 本法意义上的对某国法律的适用，系指适用该国的除国际私法以外的现行法律规则。

第二章　有体物的物权关系

第 2 条

1. 除本条第 2 款和第 3 款另有规定外，有体物的物权关系，适用该物之所在地国法。

---

* 荷兰王国于 2008 年 2 月 25 日通过了《关于调整有体物、债权、股票以及簿记证券物权关系的法律冲突的法令》（简称《物权冲突法》），并于 2008 年 3 月 6 日公布于 2008 年第 70 号《荷兰王国国家公报》（Staatsblad van het Koninkrijk der Nederlanden, Jaargang 2008, no. 70）。该法自 2008 年 5 月 1 日起生效。本译文系由邹国勇和龙威狄（武汉大学国际法研究所国际私法博士研究生，荷兰格罗宁根大学胡伯国际私法研究所博士研究生）根据荷兰语官方文本并参考德文译本（资料来源：IPRax 2008, Heft 6, S. 560 – 562.）翻译。——译者注

2. 已注册国籍的船舶的物权关系，适用该船舶的国籍注册地国法，但《1993 年 3 月 18 日关于海事、内河航运和航空的国际私法法令》（第 168 号《国家公报》）第 3 条另有规定的除外。

3. 已注册国籍的航空器以及在 1944 年 12 月 7 日《芝加哥国际民用航空公约》第 17 条所指的国家注册机关进行了注册的航空器的物权关系，适用该航空器的注册地国法或者航空器所注册的国籍国法。

4. 前述各款所指的法律特别决定下列事项：

（1）某物是动产还是不动产；

（2）什么是物的附属物；

（3）某物是否适于转让所有权或者设立其他物权；

（4）所有权转让或者他物权的设立应满足哪些要件；

（5）在物上可以设立哪些权利，以及这些权利的类型与内容；

（6）这些权利产生、变更、转移或者消灭的方式及其相互间的关系。

5. 对于物权的取得、转移、变更或者消灭，前款的适用以必要的法律事实的具体发生时间为准。

6. 他物权上所设权利的转让与成立，相应地适用前述各款规定。

第 3 条

1. 保留财产所有权的物权法后果，由该物在交付时的所在地国法调整。但这不影响保留所有权条款的准据法所规定的债权债务关系。

2. 尽管有第 1 款第 1 句的规定，若某出口物的目的地国法规定所有权保留的效力至货款清偿时终止，则当事各方可协议选择该法支配该物所有权保留的物权法后果。仅当该物已实际运抵指定的目的地国时，方可考虑该协议。

3. 如果某物系出于在外国租赁使用，则租赁该物的物权法后果，适用前述各款的规定。

第 4 条

除《1993 年 3 月 18 日关于海事、内河航运和航空的国际私法法令》（第 168 号《国家公报》）第 6 条前半句及第 1 项另有规定的外，留置权的产生与内容，适用主物权关系的准据法。留置权的行使须以物之所在地国法的许可为前提。

第 5 条

依本法所适用的法律而取得的各项物权，即使该物被运至另一国境内，仍保持其效力。但这些权利的行使方式，不得与行使权利时该物之所在地国法相抵触。

第6条

非权利人取得物的法律后果，由取得该物时的物之所在地国法调整。

第7条

1. 如果非自愿地丧失了对物的占有，而且在丧失占有后不能确定该物位于何国境内，则所有权人或其权利继承人所实施的物权法律行为的法律后果，由丧失占有之前的该物之所在地国法支配。

2. 在前款所指情况下，如果占有的丧失已由保险公司承保，则由支配保险合同的法律来决定所有权是否以及以何种方式转移给保险人。

第8条

1. 处于运输途中的国际运输合同标的物的物权关系，依目的地国法。

2. 如果第1款所指的运输系出于履行买卖合同、其他要求转让所运输物品的合同或者设立物上权利的合同，则尽管有第1款之规定，在合同中对合同准据法的选择也对所运输物品的物权关系有效。

第三章　债权的物权法关系

第9条

债权表现为单据的，则该债权属于记名债权（vordering op naam）还是不记名债权（vordering aan toonder），由单据所在地国法决定。

第10条

1. 某记名债权是否适于转让或在其上设立权利，依该债权的准据法确定。

2. 名债权物权关系的其它方面问题，由据以转让或者设立权利的合同的准据法确定。该法特别决定下列事项：

（1）进行转让或者设立权利的要件；

（2）谁有权主张在债权上设立各项权利；

（3）债权上可设立哪些权利，以及这些权利的类型与内容；

（4）这些权利变更、转移或消灭的方式，以及相互间的关系。

3. 受让人及债权人各自与债务人之间的关系、在何种条件下记名债权的转让或随后所设权利可对抗债务人，以及债务人是否已清偿债务，依债权准据法确定。

第11条

1. 不记名债权的物权关系，依所持单据的所在地国法确定。该法的调整对象相应地适用第10条第1款和第2款规定。

2. 受让人和债务人的关系、在何种条件下不记名债权的转让或随后所设权利可对抗债务人，以及债务人是否已清偿债务，依债权准据法确定。

3. 不记名债权相应适用第 5 条和第 6 条的规定。

第四章　股票的物权关系

第 12 条

依股权证书所载公司的准据法发行的股票，其属记名股票还是不记名股票，由股权证书所在地国法确定。

第 13 条

1. 记名股票的物权关系，由正在发行或已发行股票的公司的准据法确定。该法的调整对象相应地适用第 10 条第 1 款和第 2 款规定。

2. 尽管有第 1 款的规定，为促进其股票在受监管的外国证券交易所的交易而采用当地惯常企业形式运营的荷兰股份公司的记名股票，其物权关系可由发行股票的公司选择适用该证券交易所的成立地国法，或经该证券交易所同意而与股票有关的转让或其他物权法律行为可以或者必须实施地国的法律。

3. 第 2 款所指的法律选择必须以明示的、当事人能辨明的方式做出。此外，该法律选择必须在两种全国性的荷兰日报上声明。

4. 股东及债权人各自与公司之间的关系，以及在何种条件下权利的转让或设立可对抗公司，依已发行股票的公司的准据法确定。

第 14 条

1. 不记名股票的物权关系，依不记名单据的所在地国法确定。该法的调整对象相应地适用第 10 条第 1 款和第 2 款规定。

2. 股东及债权人各自与公司之间的关系，以及在何种条件下权利的转让或设立可对抗公司，依照公司的准据法确定。

3. 不记名股票相应地适用第 5 条和第 6 条的规定。

第五章　簿记证券（giraal overdraagbare effecten）的物权关系

第 15 条

如果股票属于可簿记转让的证券，则对于这种股票的物权关系，如果第四章的规定与第 16 条有歧异，则不适用第四章的规定。

第 16 条

1. 可簿记转让的证券的物权关系，依保管该证券的账户所在地国法确定。

2. 前款所指的法律特别决定下列事项：

（1）在证券上可设立哪些权利，以及这些权利的类型与内容；

（2）转让或设立第 1 项所指权利的条件；

（3）谁有权主张与证券有关的各项权利；

（4）第 1 项所指权利的变更、转移以及消灭的方式以及这些权利相互间的关系；

（5）证券交易的进行。

第六章　最后规定

第 17 条

废止《1829 年 5 月 15 日荷兰王国立法法律通则》（第 28 号《国家公报》）第 7 条。

第 18 条

废止《民法典》第三卷第 92a 条。

第 19 条

废止《民法典》第七卷第 56 条。

第 20 条

废止《破产法》第 212f 条。

第 21 条

废止《1993 年 3 月 18 日关于海事、内河航运和航空的国际私法法令》（第 168 号《国家公报》）第 2 条。

第 22 条

本法将于皇室令确定的日期生效。①

第 23 条

本法可被引作《物权冲突法》。

---

① 即 2008 年 5 月 1 日起生效。——译者注

第 三 篇

法典式国际私法立法

瑞士1987年12月18日《关于国际私法的联邦法》*

（2010年1月1日文本）

瑞士联邦议会，

基于联邦在对外关系方面的权限以及联邦宪法第64条之规定；

根据联邦委员会1982年11月10日的决议，

兹议决如下：

第1章　共同规定

第1节　适用范围

第1条

1. 在国际事项上，本法调整：

（a）瑞士法院或者行政机关的管辖权；

（b）法律适用；

（c）承认及执行外国判决的条件；

（d）破产及和解（le concordat）；

（e）仲裁。

2. 国际条约的规定予以保留。

第2节　管辖权

第2条　［Ⅰ. 一般情形］

本法对管辖权未做特别规定的，由被告住所地的瑞士法院或行政机关

* 瑞士《关于国际私法的联邦法》于1987年12月18日通过，1988年1月12日公布，自1989年1月1日起施行。自20世纪90年代以来，瑞士《关于国际私法的联邦法》先后经历了15次修订，现行文本为2010年1月1日文本。本译文系根据瑞士联邦当局网站（http：//www.admin.ch/ch/d/sr/291/index.html#id-1）公布的官方德文、法文文本译出。部分条款的翻译，参考了陈卫佐博士所著的《瑞士国际私法法典研究》（法律出版社1998年版）第263~322页所附的译文。——译者注

管辖。

第3条 ［Ⅱ. 必要的管辖权］

本法未规定在瑞士的任何地方的法院或行政机关有管辖权，而诉讼不可能在外国进行或者在外国提起诉讼不合理时，由与案件有充分联系的地方的瑞士法院或行政机关管辖。

第4条 ［Ⅲ. 财产扣押的有效性］

本法未规定瑞士的其他地方的法院或行政机关有管辖权时，可在财产扣押地的瑞士法院提起有关财产扣押的有效性之诉。

第5条 ［Ⅳ. 管辖法院的协议］

1. 在有关因特定法律关系引起的财产请求权方面，当事人得为解决已经发生或将要发生的争议约定管辖法院。该项约定可采用书面形式，通过电报、电传、传真或者任何其他能以文字证明该约定的通讯方式做出。该项约定无其他规定时，所约定的法院享有专属管辖权。

2. 如果因滥用约定管辖法院而剥夺了瑞士法律所规定的某管辖法院对一方当事人的保护，则对管辖法院的该项约定无效。

3. 在下述情形下，被协议选择的法院不得拒绝管辖：

(a) 一方当事人在被选择的法院所在州内有住所、惯常居所或营业所；

(b) 依照本法，该诉讼应适用瑞士法律。

第6条 ［Ⅴ. 默示接受法院管辖］

对于财产争议，被告对受理案件的瑞士法院不提出管辖权异议而直接就案件的实质问题应诉答辩的，法院即据此享有管辖权，除非该法院在第5条第3款允许的范围内拒绝管辖。

第7条 ［Ⅵ. 仲裁协议］

当事人已就可仲裁的争议订立了仲裁协议的，受理案件的瑞士法院应拒绝管辖，除非：

(a) 被告对法院不提出管辖权异议而直接就案件的实质问题应诉答辩；

(b) 该法院认定仲裁协议失效、无效或无法履行；

(c) 仲裁庭显然由于被诉人的原因而无法组成。

第8条 ［Ⅶ. 反诉］

如果本诉与反诉之间互有关联，则受理本诉的法院也有权受理反诉。

第9条 ［Ⅷ. 未决诉讼］

1. 如果相同当事人之间就同一诉讼标的已在国外提起的诉讼尚未判决，且可预见外国法院在合理的期限内将做出一项能在瑞士得到承认的判决，则瑞士法院应中止诉讼。

2. 就确定一项未决的诉讼在瑞士提起的时间而言，以为了提起诉讼所必需的第一个诉讼行为的日期为准。调解程序的受理即可视为该诉讼行为。

3. 能在瑞士得到承认的外国判决一旦呈递于瑞士法院，瑞士法院即应驳回该诉讼。

第 10 条 ［Ⅸ. 临时措施］

即使瑞士法院或行政机关对案件实质问题的裁判无管辖权，亦可采取临时措施。

第 11 条 ［Ⅹ. 司法协助行为］

1. 在瑞士履行的司法协助行为，依照该行为实施地所在州的法律予以执行。

2. 应申请机关的请求，如为执行一项在外国提出的请求所必需，且不存在与利害关系人有关的重大反对理由，亦可采用或考虑该外国法律规定的程序。

3. 如果符合瑞士法律规定但不为外国所承认的方式可能使一项值得保护的请求在外国得不到执行，则瑞士法院或行政机关可以依照外国法律规定的方式制作文书或接受在申请人的宣誓下做出的声明。

第 12 条 ［Ⅺ. 期限］

在外国的人如果必须遵守瑞士法院或行政机关所规定的期限，其诉状只要在该期限的最后一日呈至瑞士外交或领事代表机关，即视为遵守了该期限。

第 3 节 法律适用

第 13 条 ［Ⅰ. 指引的范围］

本法对外国法的指引，包括依照该外国法应适用于案件的所有规定。外国法律的规定，不得仅因其具有公法性质而被排除适用。

第 14 条 ［Ⅱ. 反致与转致］

1. 当应适用的法律反致于瑞士法律或转致于另一外国的法律时，只有当本法有规定时，方遵守该反致或转致。

2. 在民事身份或家庭状况问题上，接受对瑞士法律的反致。

第 15 条 ［Ⅲ. 例外条款］

1. 如果根据所有情况，案件显然与本法所指引的法律仅有较松散的联系，而与另一法律却有更为密切得多的联系，则本法所指引的法律例外地不予以适用。

2. 如果当事人进行了法律选择，则不适用前款规定。

第 16 条　［Ⅳ. 外国法的查明］

1. 应适用的外国法的内容，应依职权查明。为此，可要求当事人予以协助。涉及财产请求权的，得要求当事人负举证责任。

2. 如果应适用的外国法内容无法查明，则适用瑞士法律。

第 17 条　［Ⅴ. 保留条款］

如果适用外国法律规定导致与瑞士的公共秩序不相容，则排除其适用。

第 18 条　［Ⅵ. 瑞士法律的强制适用］

不论本法所指定的法律为何，因其特殊目的而应予以适用的瑞士法律中的强制性规定，应予以保留。

第 19 条　［Ⅶ. 考虑外国法的强制性规定］

1. 依照瑞士法律观念值得保护且明显占优势的一方当事人利益要求考虑本法所指定的法律以外的另一法律的强制性规定时，如果案件与该另一法律有密切的联系，则可考虑该另一法律的强制性规定。

2. 为决定前款所指的另一法律的强制性规定是否应予以考虑，应根据其所要达到的目的及其适用对于做出依照瑞士法律观念为适当的判决所可能产生的后果来判断。

第 4 节　住所、主事务所所在地和国籍

第 20 条　［Ⅰ. 自然人的住所、惯常居所和营业所］

1. 在本法意义上，自然人：

(a) 在其以定居的意思居留的国家内有住所；

(b) 在其生活了较长时间的国家内有惯常居所，即使该时间在开始时是有限的；

(c) 在其业务活动中心所在的国家内有其营业所。

2. 任何人不得同时拥有多个住所。如果一人没有住所，则代之以惯常居所。瑞士《民法典》有关住所和居所的规定不予适用。

第 21 条①　**［Ⅱ. 公司和信托的主事务所所在地、营业所］**

1. 公司及第 149a 条所指的信托以其主事务所所在地为住所。

2. 公司章程或者组建公司的合同所指定的地点为公司的主事务所所在地。若无此种指定，则以公司的实际管理地为其主事务所所在地。

---

① 根据 2006 年 12 月 20 日联邦公报公布的《关于批准并转化〈关于信托的法律适用及其承认的海牙公约〉的联邦法》第 2 条修订后的文本，自 2007 年 7 月 1 日起生效（AS **2007** 2849 2853；BBl **2006** 551）。

3. 信托条款中以书面形式或者其他能通过文字证明的方式所指定的信托财产管理地为信托的主事务所所在地。若无此种指定，则以信托的实际管理地为其主事务所所在地。

4. 公司或信托的营业所位于其主事务所所在地国家或者其一个分支机构所在的国家内。

第22条　［Ⅲ. 国籍］

自然人的国籍产生疑问的，依照疑问所涉及的国家的法律决定。

第23条　［Ⅳ. 多重国籍］

1. 一人除瑞士国籍外还具有其他国籍时，就确定原籍地法院的管辖权而言，仅以瑞士国籍为准。

2. 一人具有多个国籍时，除本法另有规定外，在确定应适用的法律方面，应以与该人有最密切联系的国家的国籍为准。

3. 如果在瑞士承认外国判决取决于一人的国籍，则只需要考虑其国籍之一即可。

第24条　［Ⅴ. 无国籍人和难民］

1. 一人依照1954年9月28日《关于无国籍人地位的纽约公约》被确认为无国籍人，或者与其本国关系中断到使其相当于无国籍人时，即视为无国籍人。

2. 一人依照1979年10月5日《庇护法》被确认为难民的，即视为难民。

3. 本法适用于无国籍人或难民时，应以住所取代国籍。

第5节　外国判决的承认与执行

第25条　［Ⅰ. 承认：1. 原则］

符合下述条件的外国判决，在瑞士予以承认：

（a）做出判决的国家的法院或行政机关具有管辖权；

（b）不能再对该判决提起普通的上诉或者该判决为终审判决；

（c）不存在本法第27条规定的拒绝承认的理由。

第26条　［2. 外国机关的管辖权］

在下述任一情形下，外国机关具有管辖权：

（a）本法某一条款对此有规定，或者在无此种规定时，被告在做出判决的国家有住所；

（b）在财产争议方面，当事人各方通过达成一项依本法为有效的协议自愿服从做出判决的机关管辖；

（c）被告在财产争议中对做出判决的机关不提出管辖权异议而直接就争

议事项应诉答辩；

（d）在针对反诉做出判决的情形下，做出判决的机关对本诉有管辖权，且本诉与反诉之间互有实质性关联。

第27条 ［3. 拒绝的理由］

1. 一项在外国做出的判决，如果承认该判决将显然与瑞士公共秩序不相容，应在瑞士拒绝予以承认。

2. 一方当事人证明外国判决有下述情形之一的，亦应拒绝予以承认：

（a）依照该当事人住所地法律或者惯常居所地法律，该当事人未被合法传唤，但该当事人对法院不提出管辖权异议而直接就案件的实质问题应诉答辩的除外；

（b）判决的做出违反了瑞士程序法的基本原则，尤其是未给前述当事人出庭辩护的机会；

（c）相同当事人之间已就同一标的在瑞士提起诉讼或该诉讼已在瑞士做出判决，或者该诉讼已由第三国先行判决且该判决能在瑞士得以承认。

3. 此外，不得对外国判决进行实质性审查。

第28条 ［Ⅱ. 执行］

一项依照本法第25～27条规定获得承认的判决，经利害关系人请求，即宣告予以执行。

第29条 ［Ⅲ. 程序］

1. 请求承认或执行外国判决的申请，应向被请求的州的主管机关提出。申请时应附加下述材料：

（a）一份完整且经认证无误的判决书副本；

（b）一份证明不能再对该判决提起普通的上诉或者该判决是终局判决的证明书；

（c）在缺席判决的情形下，一份证明败诉的当事人已被合法传唤并曾有出庭辩护机会的文书。

2. 在承认与执行程序中，应当听取对申请承认与执行外国判决有异议的当事人的意见；该当事人有权提出其证据及理由。

3. 如果一项外国判决被作为先决问题而被援引，则受理案件的机关得对承认问题自行做出裁定。

第30条 ［Ⅳ. 法院和解］

只要在和解达成地国将法院和解视同司法判决，则本法第25～29条的规定亦适用于法院和解。

第 31 条　［Ⅴ. 非讼管辖］

非讼事件的管辖机关所做出的决定或文书的承认与执行，类推适用本法第 25～29 条的规定。

第 32 条　［Ⅵ. 在民事身份登记簿上登记］

1. 有关民事身份的外国判决或文书，应按照州民事身份监督机关的决定在民事身份登记簿上登记。

2. 凡符合本法第 25～27 条所规定的条件者，准予登记。

3. 如果不能确证当事人的诉讼权利在做出判决的外国受到充分尊重，则在登记前应先听取利害关系人的陈述。

第 2 章　自然人

第 33 条　［Ⅰ. 原则］

1. 除本法另有规定外，在人法关系方面，由住所地的瑞士法院或行政机关管辖；管辖机关应适用住所地法律。

2. 对于因侵害个人权利而提出的请求，适用本法有关侵权行为的规定（第 129 条及以下）。

第 34 条　［Ⅱ. 民事权利能力］

1. 民事权利能力适用瑞士法律。

2. 人格的开始及终止，由适用于以民事权利能力为先决条件的法律关系的法律支配。

第 35 条　［Ⅲ. 民事行为能力：1. 原则］

民事行为能力，适用住所地法律。已取得的民事行为能力，并不受住所变更的影响。

第 36 条　［2. 交易的保护］

1. 依照住所地法律为无行为能力的某一法律行为的当事人，如果依照法律行为实施地国家的法律为有行为能力，则不得主张自己无行为能力，除非他方当事人已知晓或理应知晓其无行为能力。

2. 前款规定不适用于家庭法、继承法方面的法律关系以及有关地产物权的法律行为。

第 37 条　［Ⅳ. 姓名：1. 原则］

1. 住所在瑞士者，其姓名依照瑞士法律；住所在外国者，其姓名依照其住所地国家的冲突法所指引的法律。

2. 但当事人可要求对其姓名适用其本国法律。

第 38 条　[2. 更改姓名]

1. 对于更改姓名的请求，由申请人住所地的瑞士行政机关管辖。

2. 在瑞士境内无住所的瑞士国民，可向其原籍州的行政机关请求更改姓名。

3. 更改姓名的条件及效力，适用瑞士法律。

第 39 条　[3. 在外国更改姓名]

在外国进行的姓名更改，如果在申请人的住所地国家或本国为有效，则在瑞士予以承认。

第 40 条　[4. 在民事身份登记簿上登记]

在民事身份登记簿上进行姓名登记时，依照瑞士关于登记簿管理的原则办理。

第 41 条　[Ⅴ. 宣告失踪：1. 管辖权和应适用的法律]

1. 对于宣告失踪，由失踪人最后为人所知的住所地的瑞士法院或行政机关管辖。

2. 此外，如果对于宣告失踪存在值得保护的利益，则瑞士法院或行政机关也对宣告失踪具有管辖权。

3. 宣告失踪的条件及效力，依照瑞士法律。

第 42 条　[2. 在外国做出的失踪和死亡宣告]

在外国做出的失踪或死亡宣告，如果是在失踪人最后为人所知的住所地国家或其本国做出，则在瑞士予以承认。

第 3 章　婚姻法

第 1 节　结婚

第 43 条　[Ⅰ. 管辖权]

1. 如果已订婚的男女中的一方在瑞士有住所或具有瑞士国籍，则瑞士机关对结婚具有管辖权。

2. 在瑞士无住所的外国已订婚者，如果其婚姻在男女双方的住所地国家或者本国将得到承认，亦可由主管机关准许在瑞士结婚。

3. 不得仅以一起在瑞士宣告或承认的离婚在外国不被承认为由而拒绝批准结婚。

第 44 条　[Ⅱ. 应适用的法律]

1. 在瑞士结婚的实质要件，依照瑞士法律。

2. 外国人之间的婚姻，虽不满足瑞士法律规定的要件，但符合已订婚的男女中的一方的本国法所规定的要件的，仍可举行。

3. 在瑞士缔结的婚姻，其方式依照瑞士法律。

第 45 条　［Ⅲ. 在外国结婚］

1. 在外国有效缔结的婚姻，在瑞士一概予以承认。

2. 如果已订婚的女方或者男方是瑞士国民或双方在瑞士均有住所，则其在外国缔结的婚姻应予以承认，除非其在外国结婚的意图显然在于规避瑞士法律关于婚姻无效的规定。[1]

3. 在外国有效缔结的同性者之间的婚姻，作为已注册的同性伴侣关系在瑞士予以承认。[2]

第 45a 条[3]　［Ⅳ. 成年］

住所在瑞士的未成年人，因其在瑞士结婚或者因其在外国缔结的婚姻得到承认而视为已成年。

第 2 节　婚姻的一般效力

第 46 条　［Ⅰ. 管辖权：1. 原则］

对于有关婚姻效力的诉讼或命令采取的措施，由夫妻一方住所地的瑞士法院或行政机关，如夫妻双方在瑞士均无住所，由其中任何一方的惯常居所地的瑞士法院或行政机关管辖。

第 47 条　［2. 原籍地管辖权］

夫妻双方在瑞士既无住所又无惯常居所并且其中一方是瑞士国民时，如果不能在夫妻一方的住所地或惯常居所地国家机关提起或提出有关婚姻效力的诉讼或申请，或者提起或提出该项诉讼或申请不合理，则对于有关婚姻效力的诉讼或命令采取的措施，由原籍地法院或行政机关管辖。

第 48 条　［Ⅱ. 应适用的法律：1. 原则］

1. 婚姻的效力，适用夫妻双方住所地国法律。

2. 夫妻双方的住所不在同一国家的，婚姻的效力适用与案件有更密切联系的住所地国法律。

---

① 根据 1998 年 6 月 26 日的联邦法律附件 3 修订后的文本，自 2000 年 1 月 1 日起生效（AS **1999** 1118 1144；BBl **1996** I 1）。

② 根据 2004 年 6 月 18 日的《同性伴侣关系法》附件 17 增订，自 2007 年 1 月 1 日起生效（SR 211.231）。

③ 本条规定系根据 1994 年 10 月 7 日的联邦法的附件 II 2 而增订，自 1996 年 1 月 1 日起生效（AS **1995** 1126 1131；BBl **1993** I 1169）。

3. 原籍地的瑞士法院或者行政机关依照本法第 47 条规定有管辖权时，则其应适用瑞士法律。

第 49 条　[2. 扶养义务]

夫妻之间的扶养义务，适用 1973 年 10 月 2 日《关于扶养义务法律适用的海牙公约》。

第 50 条　[Ⅲ. 外国判决或措施]

有关婚姻效力的外国判决和措施，如果系在夫妻一方的住所地国或惯常居所地国做出或采取，则在瑞士予以承认。

第 3 节　夫妻财产制

第 51 条　[Ⅰ. 管辖权]

对于有关夫妻财产制的诉讼或措施，其管辖权属于：

（a）因夫妻一方死亡而引起夫妻财产制解体时，有权清理遗产的瑞士法院或行政机关（第 86 ~ 89 条）；

（b）因法院判决解除夫妻关系或因分居而引起夫妻财产制的解体时，有权判决解除夫妻关系或受理分居诉讼的瑞士法院（第 59 条、第 60 条、第 63 条、第 64 条）；

（c）在其他情形下，有权就婚姻效力的诉讼或措施做出决定的瑞士法院或行政机关（第 46 条、第 47 条）。

第 52 条　[Ⅱ. 应适用的法律：1. 法律选择：a. 原则]

1. 夫妻财产关系，依照夫妻双方所选择的法律。

2. 夫妻双方可以选择双方住所所在的国家或者婚后将在其境内有住所的国家的法律，或者其中一方的本国法律。本法第 23 条第 2 款的规定不予适用。

第 53 条　[b. 方式]

1. 法律选择必须以书面协议做出或者在婚约的具体条款中明确地体现出来。在其他情形下，法律选择由所选择的法律支配。

2. 法律选择可随时做出或变更。如果法律选择系在结婚后做出，其效力追溯至结婚之时，但当事人另有约定的除外。

3. 所选择的法律应予以适用，直至夫妻双方选择了另一法律或者撤销该项法律选择。

第 54 条　[2. 未选择法律时：a. 原则]

1. 夫妻双方未进行法律选择时，夫妻财产关系适用：

（a）夫妻双方同时有住所的国家的法律，或者，如果情形不是这样，

（b）夫妻双方最后同时有住所的国家的法律。

2. 如果夫妻双方从未同时在同一国家有过住所，则适用其共同的本国法律。

3. 如果夫妻双方从未同时在同一国家有过住所，亦无共同国籍的，则适用瑞士法律中的夫妻财产分有制。

第 55 条　［b. 住所变更时的可变性和追溯力］

1. 夫妻双方将其住所从一国移至另一国时，应适用新住所地国家的法律且其效力追溯至结婚之时。夫妻双方可通过书面形式约定排除该追溯力。

2. 如果夫妻双方以书面形式约定仍适用先前的法律或者在他们之间存在婚约时，则住所的变更对应适用的法律不具有任何效果。

第 56 条　［3. 婚约的形式］

婚约的形式，只要符合支配婚约的法律或婚约订立地法律所规定的条件，即为有效。

第 57 条　［4. 与第三人的法律关系］

1. 夫妻财产制对夫妻一方与第三人之间的法律关系的效力，适用该法律关系产生时该夫妻一方的住所地国法律。

2. 如果第三人在该法律关系产生时已知晓或理应知晓夫妻财产关系的准据法的，则该法律应予以适用。

第 58 条　［Ⅲ. 外国判决］

1. 有关夫妻财产关系的外国判决，符合下述条件之一者，在瑞士予以承认：

（a）判决系由作为被告的夫妻一方的住所地国家做出或在该国得到承认；

（b）判决系由作为原告的夫妻一方的住所地国家做出或在该国得到承认，且作为被告发夫妻一方在瑞士无住所；

（c）判决系由依照本法规定应予适用的法律所属国做出或在该国得到承认；

（d）涉及不动产的判决系由该不动产所在地做出或者在该地得到承认。

2. 有关夫妻财产关系的判决，如其做出属于保护夫妻关系的措施有关，或因死亡、婚姻无效之宣告、离婚或分居而引起，则其承认依照本法关于婚姻的一般效力、离婚或继承的规定（第 50 条、第 65 条及第 96 条）。

第 4 节　离婚与分居

第 59 条　［Ⅰ. 管辖权：1. 原则］

离婚和分居之诉的管辖权属于：

（a）被告住所地的瑞士法院；

（b）原告住所地的瑞士法院，前提是该原告在瑞士居住满一年或者为瑞士国民。

第 60 条　［2. 原籍地管辖权］

夫妻双方在瑞士均无住所且其中一方为瑞士国民的，如果离婚和分居之诉不能在夫妻一方的住所地提起或在夫妻一方的住所地提起该诉讼不合理，则离婚和分居之诉由原籍地法院管辖。

第 61 条　［Ⅱ. 应适用的法律］

1. 离婚和分居，适用瑞士法律。

2. 夫妻双方有共同的外国国籍且只有一方在瑞士有住所的，适用其共同的本国法律。

3. 依照夫妻双方共同的本国法律不能离婚或者只允许在非常严格的条件下离婚时，如果夫妻一方亦为瑞士国民或者在瑞士居住满两年时，则应适用瑞士法律。

4. 原籍地的瑞士法院依照第 60 条规定有管辖权时，则该法院应适用瑞士法律。

第 62 条　［Ⅲ. 临时措施］

1. 受理离婚或分居之诉的瑞士法院，只要其对裁判案件并非显然无管辖权或者不被具有既判力的判决确认为无管辖权，则可采取临时措施。

2. 临时措施，适用瑞士法律。

3. 本法关于夫妻间扶养义务的规定（第 49 条）、亲子关系的效力的规定（第 82 条）以及未成年人保护的规定（第 85 条）予以保留。

第 63 条　［Ⅳ. 附带后果］

1. 有权受理离婚或分居之诉的瑞士法院，亦有权对与离婚或分居有关的附带后果（Nebenfolgen）做出决定。

2. 与离婚或分居有关的附带后果，依照适用于离婚的法律。本法关于姓名（第 37 ~ 40 条）、夫妻间的扶养义务（第 49 条）、婚姻财产制（第 52 ~ 57 条）、亲子关系的效力（第 82 条、第 83 条）以及未成年人保护（第 85 条）的规定予以保留。

第 64 条　［Ⅴ. 判决的补充或更改］

1. 如果瑞士法院做出了离婚或分居判决或者依照第 59 条或第 60 条规定具有管辖权，则对于补充或更改离婚或分居判决之诉亦有管辖权。本法关于未成年人保护的规定（第 85 条）予以保留。

2. 离婚或分居判决的补充或更改，依照适用于离婚的法律。本法关于姓名（第37~40条）、夫妻间的扶养义务（第49条）、婚姻财产制（第52~57条）、亲子关系的效力（第82条、第83条）以及未成年人保护（第85条）的规定予以保留。

第65条　［Ⅵ. 外国判决］

1. 有关离婚或分居的外国判决，如果是在夫妻一方的住所地国家、惯常居所地国家或其本国做出，或被其中任何一国所承认的，则在瑞士予以承认。

2. 但在夫妻双方都不具有其国籍或只有作为原告的夫妻一方具有其国籍的国家做出的判决，只有在符合下述条件之一时，方能在瑞士予以承认：

（a）在提起诉讼时，夫妻中至少有一方曾在该国有住所或惯常居所，并且作为被告的夫妻一方未曾在瑞士有住所；

（b）作为被告的夫妻一方对外国法院不提出管辖权异议而服从该外国法院管辖；

（c）作为被告的夫妻一方明确同意在瑞士对该外国判决予以承认。

第3a章[①]　注册的同性伴侣关系

第65a条　［Ⅰ. 第3章规定的适用］

第3章的规定类推适用于注册的同性伴侣关系，但第43条第2款、第44条第2款除外。

第65b条　［Ⅱ. 解除同性伴侣关系时注册地的管辖权］

同性伴侣双方在瑞士均无住所且任何一方均不是瑞士国民时，如果有关解除已注册的同性伴侣关系的诉讼或请求在其中一方的住所地不能提出或者在该地提出该项诉讼或请求不合理，则该项诉讼或请求由注册地的瑞士法院管辖。

第65c条　［Ⅲ. 应适用的法律］

1. 依照第3章规定应予以适用的法律对注册的同性伴侣关系未作规定的，适用瑞士法律，但第49条的规定予以保留。

2. 除了第52条第2款所指的法律之外，同性伴侣双方还可以选择该同性伴侣关系注册地国法律。

第65d条　［Ⅳ. 注册地国的判决或措施］

在下述条件下，外国的判决或措施在瑞士予以承认：

---

① 本章规定系根据2004年6月18日《同性伴侣关系法》附件17而增订，自2007年1月1日起生效（SR 211.231）。——译者注

（a）该判决或措施在该同性伴侣关系注册地国做出或者采取；并且

（b）不能在其管辖权根据第 3 章规定在瑞士得以承认的国家提出诉讼或请求，或者在其管辖权根据第 3 章规定在瑞士得以承认的国家提出诉讼或请求不合理。

第 4 章　亲子关系

第 1 节　因出生而成立的亲子关系

第 66 条　［Ⅰ. 管辖权：1. 原则］

有关确认或否认亲子关系的诉讼，由子女的惯常居所地的瑞士法院或父母一方住所地的瑞士法院管辖。

第 67 条　［2. 原籍地管辖权］

父母双方在瑞士均无住所且子女在瑞士无惯常居所时，如果有关确认或否认亲子关系的诉讼不能在父母一方的住所地或子女的惯常居所地提起或者在该地提起该诉讼不合理，则此类诉讼由父母一方的原籍地的瑞士法院管辖。

第 68 条　［Ⅱ. 应适用的法律：1. 原则］

1. 亲子关系的成立、确认或否认，适用子女的惯常居所地法律。

2. 如果父母双方在子女的惯常居所地国家均无住所，但父母与子女具有相同国籍，则适用其共同本国法律。

第 69 条　［2. 决定性的时间］

1. 就确定亲子关系的成立、确认或否认所应适用的法律而言，以（子女的）出生日期为准。

2. 但是，在亲子关系的确认或否认由法院判决时，如果子女占优势的利益要求以提起诉讼的日期为准，则以提起诉讼的日期为准。

第 70 条　［Ⅲ. 外国判决］

有关亲子关系的确认或否认的外国判决，如果该判决是在子女的惯常居所地国家或本国，或者在父母一方的住所地国家或本国做出，则瑞士予以承认。

第 2 节　认领

第 71 条　［Ⅰ. 管辖权］

1. 对认领子女事件的受理，由子女出生地或惯常居所地的瑞士行政机关以及父母一方的住所地或原籍地的瑞士行政机关管辖。

2. 如果认领事件发生于审判程序期间，且子女的出身问题在该审判程序中具有法律意义时，则受理诉讼的法院亦有权受理该认领事件。

3. 有权受理有关亲子关系的确认或否认之诉（第66条、第67条）的法院，亦有权审理对认领提出的异议。

第72条 ［Ⅱ. 应适用的法律］

1. 在瑞士境内认领子女，依照子女的惯常居所地法律、本国法律或者其父母一方的住所地法律或本国法律进行，并以认领的日期为准。

2. 在瑞士认领子女的形式，适用瑞士法律。

3. 对认领提出的异议，适用瑞士法律。

第73条 ［Ⅲ. 在外国发生的认领和对认领的异议］

1. 在外国进行的子女认领，如果该认领行为依照子女的惯常居所地法律、本国法律或者其父母一方的住所地法律或者本国法律为有效，则在瑞士予以承认。

2. 有关对认领之异议的外国判决，如果是在本条第1款所述的任何一国做出，则在瑞士予以承认。

第74条 ［Ⅳ. 准正］

对在外国发生的准正的承认，类推适用本法第73条的规定。

第3节 收养

第75条 ［Ⅰ. 管辖权：1. 原则］

1. 收养人或收养人夫妻双方的住所地的瑞士法院或行政机关，对于收养宣告具有管辖权。

2. 有权受理有关亲子关系的确认或否认之诉（第66条、第67条）的法院，对于收养之异议也具有管辖权。

第76条 ［2. 原籍地管辖权］

收养人或者收养人夫妻双方在瑞士均无住所，且其中任何一方为瑞士国民时，如果不能在收养人的外国住所地进行收养或者在该地进行收养不合理，则原籍地的法院或行政机关对于收养事件具有管辖权。

第77条 ［Ⅱ. 应适用的法律］

1. 在瑞士进行收养的要件，适用瑞士法律。

2. 如果情况表明，收养在收养人或者收养人夫妻双方的住所地国家或者本国得不到承认，并因此对被收养人严重不利时，则（对于收养事件有管辖权的）行政机关还应考虑有关国家的法律所规定的要件。尽管如此，仍不能确保收养得以承认时，则不得对该收养予以宣告。

3. 对在瑞士宣告的收养所提出的异议，适用瑞士法律。在外国宣告的收养，只在依照瑞士法律存在提出异议的理由时，才能在瑞士被认定为无效。

第78条 [Ⅲ. 外国的收养及类似制度]

1. 在外国进行的收养，如果是在收养人或者收养人夫妻双方的住所地国家或本国宣告的，则在瑞士予以承认。

2. 外国的收养或类似制度，如果其在本质上具有不同于瑞士法律所指的亲子关系的效力，则只在瑞士承认其在收养成立地国家所具有的效力。

第4节 亲子关系的效力

第79条 [Ⅰ. 管辖权：1. 原则]

1. 有关父母与子女之间关系的诉讼，尤其有关子女抚养的诉讼，由子女的惯常居所地的瑞士法院或者作为被告的父母一方住所地的瑞士法院管辖，或者在作为被告的父母一方在瑞士无住所时，由其惯常居所地的瑞士法院管辖。

2. 本法关于姓名（第33条、第37~40条）、未成年人保护（第85条）以及继承（第86~89条）的规定予以保留。

第80条 [2. 原籍地管辖权]

子女与作为被告的父母一方均在瑞士既无住所又无惯常居所，且其中任何一人为瑞士国民时，则原籍地法院具有管辖权。

第81条 [3. 第三人的请求]

根据第79条、第80条规定具有管辖权的瑞士法院，亦有权受理：

(a) 已预先支付了子女抚养费的行政机关所提出的返还抚养费的请求；

(b) 由母亲提出的赡养请求以及偿还生育子女所需费用的请求。

第82条 [Ⅱ. 应适用的法律：1. 原则]

1. 父母与子女之间的关系，适用子女的惯常居所地法律。

2. 如果父母任何一方在子女的惯常居所地国家均无住所，但父母与子女具有相同国籍的，则适用他们的共同本国法律。

3. 本法关于姓名（第33条、第37~40条）、未成年人保护（第85条）以及继承（第86~89条）的规定予以保留。

第83条 [2. 扶养义务]

1. 父母子女之间的扶养义务，适用1973年10月2日《关于扶养义务法律适用的海牙公约》。

2. 如果前述公约对母亲提出的赡养请求以及偿还生育子女所需费用的请求未做规定，则类推适用该公约的规定。

第 84 条　［Ⅲ. 外国判决］

1. 有关父母与子女间关系的外国判决，如果该判决是在子女的惯常居所地国家或作为被告的父母一方的住所地或惯常居所地国家做出，则在瑞士予以承认。

2. 本法关于姓名（第 39 条）、未成年人保护（第 85 条）以及继承（第 86～89 条）的规定予以保留。

第 5 章　监护与其他保护措施

第 85 条①

1. 在保护子女方面，有关瑞士法院或行政机关的管辖权、法律适用、外国判决或措施的承认与执行等问题，均适用 1996 年 10 月 19 日《关于父母亲责任与子女保护措施的管辖权、法律适用、承认、执行与合作的海牙公约》。

2. 在成年人保护方面，有关瑞士法院或行政机关的管辖权、法律适用、外国判决或措施的承认与执行等问题，均适用 2000 年 1 月 13 日《关于成年人的国际保护的海牙公约》。

3. 此外，出于保护一人或其财产的需要，瑞士法院或行政机关可行使管辖权。

4. 在不属于本条第 1 款及第 2 款所指公约的缔约国的国家境内命令采取的措施，如果该措施是由子女或成年人的惯常居所地国家采取或在该国家得到承认，则予以承认。

第 6 章　继承法

第 86 条　［Ⅰ. 管辖权：1. 原则］

1. 遗产处理程序及遗产继承争议，由被继承人最后住所地的瑞士法院或行政机关管辖。

2. 不动产所在地国家的法律规定了专属管辖权的，不适用前款规定。

第 87 条　［2. 原籍地管辖权］

1. 如果曾经是瑞士国民的被继承人住所在外国，当该外国机关对被继承人的遗产不予处理时，由被继承人原籍地的瑞士法院或行政机关管辖。

---

① 根据 2007 年 12 月 21 日《关于儿童的国际诱拐以及保护儿童与成年人的海牙公约的联邦法》第 15 条修订后的文本，自 2009 年 7 月 1 日起生效（SR 211. 222. 32）。

2. 最后住所地在外国的瑞士国民通过遗嘱或继承合同使其位于瑞士的那部分遗产或全部遗产服从瑞士法院或行政机关管辖或者服从瑞士法律支配时，被继承人原籍地的瑞士法院或行政机关即有权管辖。第 86 条第 2 款的规定予以保留。

第 88 条　[3. 遗产所在地的管辖权]

1. 如果被继承人为外国人且其最后住所在外国，当外国机关对位于瑞士的遗产不予处理时，由遗产所在地的瑞士法院或行政机关管辖。

2. 如果遗产位于多处，则由最先受理的瑞士法院或行政机关管辖。

第 89 条　[4. 保全措施]

如果被继承人最后住所在外国且在瑞士遗有财产，则该遗产所在地的瑞士行政机关为保护该遗产应采取必要措施。

第 90 条　[Ⅱ. 应适用的法律：1. 最后住所在瑞士]

1. 最后住所在瑞士的人，其遗产继承适用瑞士法律。

2. 但外国人可通过遗嘱或继承合同使其遗产继承受其任何一个本国法支配。如果该人在死亡时已不再具有该国国籍或已成为瑞士国民，则不适用前述规定。

第 91 条　[2. 最后住所在外国]

1. 最后住所在外国的人，其遗产继承适用其最后住所地国家的冲突法所指引的法律。

2. 在原籍地的瑞士法院或行政机关根据本法第 87 条规定有管辖权的范围内，最后住所在外国的瑞士被继承人的遗产继承适用瑞士法律，但被继承人在遗嘱或继承合同中明确表示保留适用其最后住所地法律的除外。

第 92 条　[3. 遗产继承的准据法和遗产清理的准据法的适用范围]

1. 遗产继承的准据法决定哪些财产属于遗产、谁有权继承及继承的份额、谁承担遗产债务、可援引的继承法上的制度、可采取的措施以及采取措施的条件等事项。

2. 具体措施的执行，适用有管辖权的机关所在地的法律。该法律尤其适用于保全措施、遗产清理以及遗嘱的执行。

第 93 条　[4. 方式]

1. 遗嘱的方式，适用 1961 年 10 月 5 日《关于遗嘱处分方式法律适用的海牙公约》。

2. 其他的死因处分方式，类推适用该公约的规定。

第 94 条　[5. 处分能力]

如果一人在实施处分行为时根据其住所地法律、惯常居所地法律或其任何一个本国法律有处分能力，即可进行死因处分。

第95条　[6. 继承合同以及其他相互的死因处分]

1. 继承合同，适用被继承人在订立合同时的住所地法律。

2. 如果被继承人在合同中指定其全部遗产受其本国法律支配，则该法律应取代其住所地法律而予以适用。

3. 相互的死因处分，只要符合每一处分人的住所地法律或者处分人双方所选择的共同本国法律，即为有效。

4. 本法关于方式和处分能力的规定（第93条和第94条）予以保留。

第96条　[Ⅲ. 外国的判决、措施、文书及权利]

1. 有关遗产继承的外国判决、措施及文书以及产生于在外国开始的遗产继承的权利，符合下述条件之一者，在瑞士予以承认：

（a）该判决、措施、文书或权利在被继承人最后住所地国家或被继承人所选择的法律所属国家做出、采取、制作或确认，或者在上述任何一个国家得到承认；

（b）该判决、措施、文书或权利涉及不动产，并且在不动产所在地国家做出、采取、制作或确认，或者在该国得到承认。

2. 如果一国对其境内的属于被继承人的不动产主张专属管辖权，则只有在该国做出、采取或制作的判决、措施或文书才予以承认。

3. 被继承人遗产所在地国家采取的保护措施，在瑞士予以承认。

第7章　物权

第97条　[Ⅰ. 管辖权：1. 不动产]

涉及瑞士境内的不动产物权之诉，由不动产所在地法院专属管辖。

第98条　[2. 动产]

1. 涉及动产物权之诉，由被告住所地的瑞士法院管辖，或者被告在瑞士无住所时，由其惯常居所地的瑞士法院管辖。

2. 如果被告在瑞士既无住所又无惯常居所，则由动产所在地的瑞士法院管辖。

第98a条[①]　[3. 文化财产]

对于2003年6月20日《文化财产转让法》所指文化财产的返还之诉，

---

① 本条规定系根据2003年6月20日《文化财产转让法》第32条第3项增订，自2005年6月1日起生效（SR 444.1）。

由作为被告的当事人一方的住所地、主事务所所在地法院或者文化财产所在地法院管辖。

第 99 条 [Ⅱ. 应适用的法律：1. 不动产]

1. 不动产物权，适用不动产所在地法律。

2. 因不动产排泄致害而引起的请求，适用本法关于侵权行为的规定（第 138 条）。

第 100 条 [2. 动产：a. 原则]

1. 动产物权的取得与丧失，适用据以取得或丧失物权的事实发生时该动产的所在地国法律。

2. 动产物权的内容与行使，适用动产所在地法律。

第 101 条 [b. 运输中的物]

通过法律行为完成的运输途中的货物，其物权的取得与丧失适用目的地国法律。

第 102 条 [c. 运至瑞士的物]

1. 当一项动产自外国运至瑞士，且物权的取得与丧失尚未在外国发生，则已在外国发生的事实视为已在瑞士发生。

2. 当一项动产自外国运至瑞士，如果该财产的所有权保留已在外国有效地设立，即使其不符合瑞士法律的要求，但该项所有权保留应在瑞士保持三个月的效力。

3. 此种所有权保留的存在，不得用以对抗善意第三人。

第 103 条 [d. 出口货物的所有权保留]

就出口动产而设立的所有权保留，适用目的地国法律。

第 104 条 [e. 法律选择]

1. 对于不动产物权的取得与丧失，当事人可以选择适用发送地国法律、目的地国法律或者支配致使物权取得与丧失的法律行为的法律。

2. 此项法律选择不得用以对抗第三人。

第 105 条 [3. 特别规则：a. 债权、有价证券或者其他权利的质押]

1. 债权、有价证券或其他权利的质押，适用当事人所选择的法律。此项法律选择不得用以对抗第三人。

2. 当事人未进行法律选择时，债权和有价证券的质押，适用质押权人的惯常居所地法律；其他权利的质押，适用支配该权利的法律。

3. 除了支配受质押的权利的法律外，其他任何法律不得用以对抗债务人。

第 106 条 [b. 代表货物的证券]

1. 货物证券是否代表货物，由该证券所指定的法律决定。证券未指定任何法律时，则适用签发人营业所所在地国家的法律。

2. 证券代表货物时，与该证券及货物有关的物权由该证券作为动产所应适用的法律支配。

3. 如果有多个当事人直接地或基于货物证券主张对货物享有物权，则由货物本身应适用的法律决定何种权利优先。

第107条　[c. 运输工具]

其他法律中关于船舶、航空器或其他运输工具的物权的规定予以保留。

第108条　[Ⅲ. 外国判决]

1. 有关不动产物权的外国判决，如果该判决是在不动产所在地国家做出或在该国得到承认，则在瑞士予以承认。

2. 有关动产物权的外国判决，符合下述条件之一者，在瑞士予以承认：①

(a) 判决在被告住所地国家做出；或者

(b) 判决在动产所在地国家做出，并且被告曾在该国有惯常居所。

第7a章　由中间人持有的证券②

第108a条　[Ⅰ. 定义]

由中间人持有的证券，系指2006年7月5日《关于由中间人持有证券的特定权利的法律适用的海牙公约》所指的中间人持有的证券。

第108b条　[Ⅱ. 管辖权]

1. 对于涉及由中间人持有证券的诉讼，由被告住所地的瑞士法院管辖，或者当被告无住所时，由被告惯常居所地的瑞士法院管辖。

2. 此外，基于瑞士境内的营业所的活动而提起的涉及由中间人持有证券的诉讼，由营业所所在地的法院管辖。

第108c条　[Ⅲ. 应适用的法律]

由中间人持有的证券，适用2006年7月5日《关于由中间人持有证券的特定权利的法律适用的海牙公约》。

---

① 本款原第3项规定被2008年10月3日《关于批准并转化〈由中间人持有的证券的特定权利的法律适用公约〉的联邦法》第2条废除，自2010年1月1日起生效（AS **2009** 6579 6581；BBl **2006** 9315）。

② 本章规定系根据2008年10月3日《关于批准并转化〈由中间人持有的证券的特定权利的法律适用公约〉的联邦法》第2条增订，自2010年1月1日起生效（AS **2009** 6579 6581；BBl **2006** 9315）。

第 108d 条 [Ⅳ. 外国判决]

有关由中间人持有的证券的外国判决，符合下述条件之一者，在瑞士予以承认：

(a) 判决在被告的住所地或者惯常居所地国家做出；或者

(b) 判决在被告的营业所所在地国家做出，并且判决涉及因经营该营业所而引起的请求。

第 8 章 知识产权

第 109 条[①] [Ⅰ. 管辖权]

1. 对于涉及知识产权的有效性或注册的诉讼，由被告住所地的瑞士法院管辖。被告在瑞士无住所时，由注册簿上注册的代表人的营业地所在的瑞士法院管辖，或者当无此种代表人时，由瑞士注册簿管理机关所在地的法院管辖。

2. 对于因侵犯知识产权提起的诉讼，由被告住所地的瑞士法院管辖，或在被告无住所时，由其惯常居所地的瑞士法院管辖。此外，侵权行为地和结果发生地的瑞士法院也有权管辖；因被告在瑞士的营业所的经营活动提起的诉讼，由该营业所所在地法院管辖。

3. 如果有多个被告在瑞士被诉，且诉讼请求基本上基于同样的事实和法律理由，则可在任一有管辖权的法院对所有被告提起诉讼；最先受诉的法院有专属管辖权。

第 110 条 [Ⅱ. 应适用的法律]

1. 知识产权，适用被请求保护知识产权的国家的法律。

2. 对于因侵害知识产权而提出的请求，当事人可在损害事件发生后随时约定适用法院地法律。

3. 与知识产权有关的合同，适用本法关于债务合同的规定（第 122 条）。

第 111 条 [Ⅲ. 外国判决]

1. 与侵犯知识产权有关的外国判决，符合下述条件之一者，在瑞士予以承认：

(a) 判决在被告住所地国家做出；或者

---

① 根据 2007 年 6 月 22 日联邦法律的附件 5 修订后的文本，自 2008 年 7 月 1 日起生效（AS **2008** 2551 2567；BBl **2006** 1）。

（b）判决在侵权行为地或者结果发生地做出，且被告未曾在瑞士有住所。①

2. 有关知识产权的有效性或注册的外国判决，只有当该判决是在被请求保护的国家做出或者在该国得到承认时，才在瑞士予以承认。

第9章　债权

第1节　合同

第112条　[Ⅰ. 管辖权：1. 原则]

1. 因合同而提起的诉讼，由被告住所地的瑞士法院管辖，或者被告在瑞士无住所时，由其惯常居所地的瑞士法院管辖。

2. 基于被告在瑞士的营业所的经营活动而提起的诉讼，由该营业所所在地法院管辖。

第113条　[2. 履行地]

如果被告在瑞士既无住所或惯常居所又无营业所，但争议中的给付应在瑞士履行时，则可在履行地的瑞士法院提起诉讼。

第114条　[3. 消费者合同]

1. 消费者以符合第120条第1款所规定条件的合同为依据而提起的诉讼，根据消费者的选择，由下列任一瑞士法院管辖：

（a）消费者住所地或惯常居所地的瑞士法院；

（b）供应商住所地的瑞士法院，或供应商在瑞士无住所时，其惯常居所地的瑞士法院。

2. 消费者不得预先放弃其在住所地或惯常居所地法院起诉的权利。

第115条　[4. 劳动合同]

1. 因劳动合同而提起的诉讼，由被告住所地或劳动者惯常完成其工作所在地的瑞士法院管辖。

2. 此外，劳动者提起的诉讼，由其住所地或惯常居所地的瑞士法院管辖。

3. 因与从事劳动有关的劳动条件及报酬而提起的诉讼，如果劳动者是在有限的时间内为完成其部分工作而被自外国派遣至瑞士，则由派遣目的地的

---

① 根据2007年6月22日联邦法律的附件5修订后的文本，自2008年7月1日起生效（AS **2008** 2551 2567；BBl **2006** 1）。

瑞士法院管辖。①

第116条 [Ⅱ. 应适用的法律：1. 一般情形：a. 法律选择]

1. 合同适用当事人所选择的法律。

2. 法律选择必须是明示的，或在合同条款或具体情况中有明确体现。此外，法律选择受所选择的法律支配。

3. 法律选择可以随时做出或更改。在订立合同之后做出或更改法律选择的，其效力追溯至合同订立之日。第三人的权利予以保留。

第117条 [b. 未进行法律选择]

1. 合同当事人未进行法律选择时，合同适用与之有最密切联系的国家的法律。

2. 最密切联系视为存在于应当履行特征性给付的一方当事人的惯常居所地国家，或者，如果合同是在该当事人从事职业或商业活动的过程中订立，则视为存在于其营业所所在地国家。

3. 特征性给付是指：

（a）转让合同中出让人的给付；

（b）使用权转让合同（Gebrauchsüberlassungsverträgen）中转让某物或某项权利的使用权的一方当事人的给付；

（c）委托合同、承揽合同及其他提供服务合同中的服务提供；

（d）保管合同中保管人的给付；

（e）保证合同或担保合同中保证人或担保人的给付。

第118条 [2. 特别情形：a. 有体动产的买卖]

1. 有体动产的买卖，适用1955年6月15日《关于有体动产国际买卖法律适用的海公约》。

2. 本法第120条的规定予以保留。

第119条 [b. 不动产]

1. 与不动产或其使用权有关的合同，适用不动产所在地国家的法律。

2. 当事人的法律选择应予允许。

3. 但是，合同的形式适用不动产所在地国家的法律，除非该法律允许适用另一法律。就瑞士境内的不动产而言，合同的形式适用瑞士法律。

---

① 本款规定系根据1999年10月8日《关于派遣至瑞士的劳工的联邦法》（Bundesgesetz vom 8. Okt. 1999 über die in die Schweiz entsandten Arbeitnehmerinnen und Arbeitnehmer）附件1而增订，自2004年6月1日起生效（SR 823.20）。

第 120 条 ［c. 消费者合同］

1. 由专供消费者个人或家庭使用而与其职业或商务活动无关的日常消费给付所形成的合同，符合下述条件之一者，适用消费者惯常居所地国家的法律：

（a）供应商在该国收到订单；

（b）在该国发出要约或广告以订立合同为目的，且消费者完成了为订立合同所必需的法律行为；或者

（c）消费者在供应商的安排下来到外国并在那里提交订单。

2. 当事人的法律选择应予排除。

第 121 条 ［d. 劳动合同］

1. 劳动合同，适用劳动者惯常完成其工作所在地国家的法律。

2. 如果劳动者惯常在多个国家完成其工作，则劳动合同适用雇主的营业所所在地国家的法律，或者，在雇主无营业所时，适用其住所地或惯常居所地国家的法律。

3. 当事人可以使劳动合同适用劳动者的惯常居所地国家的法律或者雇主的营业所所在地、住所地或惯常居所地国家的法律。

第 122 条 ［e. 知识产权合同］

1. 知识产权合同，适用知识产权转让人或特许人的惯常居所地国家的法律。

2. 当事人的法律选择应予允许。

3. 雇主与劳动者之间订立的、与劳动者在履行劳动合同的范围内所创作的知识产权有关的合同，适用支配该劳动合同的法律。

第 123 条 ［3. 共同规定：a. 收到要约后的沉默］

对订立合同的要约表示沉默的一方当事人，可就其沉默的效果援引其惯常居所地国家的法律。

第 124 条 ［b. 形式］

1. 合同的形式，如果符合合同的准据法或合同订立地法律的规定，即为有效。

2. 位于不同国家的当事人之间订立的合同的形式，只要符合其中任何一个国家法律的规定，即为有效。

3. 如果合同本身的准据法为保护一方当事人而规定合同必须遵从某种形式时，则合同的形式有效性应排他地适用合同本身的准据法，除非该法律允许适用另一法律。

第 125 条 ［c. 履行或检验的方式］

履行或检验的方式，适用其实际发生地国家的法律。

第 126 条 [d. 代理合同]

1. 因法律行为而发生代理时，被代理人与代理人之间的关系适用其合同的准据法。

2. 代理人行为使被代理人对第三人产生义务的条件，适用代理人的营业所所在地国家的法律，或者，如果此种营业所不存在或无法为第三人所辨认，适用代理人在个案中的主要活动地国家的法律。

3. 如果代理人与被代理人存在劳动关系且无自己的商业营业所时，则其营业所视为位于被代理人的主事务所所在地。

4. 本条第 2 款所指定的法律同样适用于无权代理人与第三人之间的关系。

第 2 节 不当得利

第 127 条[①] **[Ⅰ. 管辖权]**

因不当得利而提起的诉讼，由被告住所地的瑞士法院管辖，或者，当被告在瑞士无住所时，由其惯常居所地的瑞士法院管辖。此外，基于被告在瑞士的营业所的经营活动而提起的诉讼，由该营业所所在地法院管辖。

第 128 条 [Ⅱ. 应适用的法律]

1. 因不当得利而提出的请求，适用支配不当得利据以发生的现有的或假定的法律关系的法律。

2. 无此种法律关系时，因不当得利而提出的请求适用不当得利发生地国家的法律；当事人可以约定适用法院地法律。

第 3 节 侵权行为

第 129 条[②] **[Ⅰ. 管辖权：1. 原则]**

1. 因侵权行为而提起的诉讼，由被告住所地的瑞士法院管辖，或者，当被告在瑞士无住所时，由其惯常居所地的瑞士法院管辖。此外，侵权行为地或结果发生地的瑞士法院也有权管辖；因被告在瑞士的营业所的经营活动提起的诉讼，由该营业所所在地法院管辖。

2. 如果有多个被告可在瑞士被诉，且诉讼请求基本上基于同样的事实和法律理由，则可在任一有管辖权的法院对所有被告提起诉讼；最先受诉的法

---

① 根据 2007 年 6 月 22 日联邦法律的附件 5 修订后的文本，自 2008 年 7 月 1 日起生效（AS **2008** 2551 2567；BBl **2006** 1）。

② 根据 2007 年 6 月 22 日联邦法律的附件 5 修订后的文本，自 2008 年 7 月 1 日起生效（AS **2008** 2551 2567；BBl **2006** 1）。

院有专属管辖权。

第130条　［2. 特别情形］

1. 因核设施或核物质运输造成损害而提起的诉讼，由损害事件发生地的瑞士法院管辖。

2. 损害事件发生地无法确定时：

（a）如果核设施的经营者应对所造成的损害承担责任，则由核设施所在地的瑞士法院管辖；

（b）如果核物质运输许可证的持有人应对所造成的损害承担责任，则由运输许可证持有人的住所地或选择住所地的瑞士法院管辖。

3. 为行使知情权而对数据库的经营者提起的诉讼，可以由本法第129条所指的法院或者数据库的监管地或使用地的瑞士法院受理。[①]

第131条　［3. 直接对保险人提起的诉讼］

直接对负有民事责任的保险人提起的请求损害赔偿诉讼，由保险人营业所所在地、侵权行为地或结果发生地的瑞士法院管辖。

第132条　［Ⅱ. 应适用的法律：1. 一般情形：a. 法律选择］

当事人可在损害事件发生后随时约定适用法院地法律。

第133条　［b. 未进行法律选择］

1. 加害人与受害人在同一国家有惯常居所时，基于侵权行为而提出的请求适用该国的法律。

2. 加害人与受害人的惯常居所不在同一国家时，适用侵权行为实施地国家的法律。如果侵权结果发生于另一国家，并且加害人应当预见结果将发生在该另一国家，则适用损害结果发生地国家的法律。

3. 因侵权行为致使加害人与被害人之间业已存在的法律关系受到损害的，则不论本条第1款、第2款有何规定，基于该侵权行为而提出的请求适用该法律关系的准据法。

第134条　［2. 特别情形：a. 公路交通事故］

因交通运输事故而提出的请求，适用1971年5月4日《关于公路交通事故法律适用的海牙公约》。

第135条　［b. 产品责任］

1. 因产品瑕疵或有瑕疵的产品说明而提出的请求，根据受害人的选择而适用：

---

① 本款规定系根据1992年6月19日《关于数据保护的联邦法》附件3增订，自1993年7月1日起生效（SR 235.1）。

（a）加害人营业所所在地国家的法律，或者，当加害人无营业所时，其惯常居所地国家的法律；

（b）产品取得地国家的法律，除非加害人证明该产品未经其同意而在该国上市；

2. 因产品瑕疵或有瑕疵的产品说明而提出的请求应适用外国法律时，则在瑞士判付给受害人的赔偿金，不得超出依照瑞士法律应对此种损害所判付的赔偿额度。

第 136 条 ［c. 不正当竞争］

1. 因不正当竞争而提出的请求，适用不正当行为结果发生地的市场所属国家的法律。

2. 不正当竞争行为仅仅对受害人的企业利益造成损害的，适用受害人的营业所所在地国家的法律。

3. 本法第 133 条第 3 款的规定予以保留。

第 137 条 ［d. 妨碍竞争］

1. 因妨碍竞争而提出的请求，适用该妨碍行为直接给受害人产生影响所涉及的市场所属国家的法律。

2. 因妨碍竞争而提出的请求应适用外国法律时，则在瑞士判付给受害人的赔偿金，不得超出依照瑞士法律应对此种非法的妨碍竞争行为所判付的赔偿额度。

第 138 条 ［e. 排放物］

因不动产排泄致害而引起的请求，根据受害人的选择适用不动产所在地国家的法律或者损害结果发生地国家的法律。

第 139 条 ［f. 侵犯人格权］

1. 因利用传播媒介，尤其是通过报刊、广播、电视或其他公共信息媒介侵犯人格权而提出的请求，根据受害人的选择而适用：

（a）受害人的惯常居所地国家的法律，前提是加害人应当预见结果将发生在该国；

（b）侵权行为人的营业所或惯常居所所在地国家的法律；

（c）侵权行为结果发生地国家的法律，前提是加害人应当预见结果将发生在该国。

2. 对定期传播媒介提出抗辩的权利，排他地适用印刷品发行地、广播或电视播发地国家的法律。

3. 本条第 1 款也适用于因处理个人资料侵犯人格权而提出的请求以及因

损害个人资料的查询权而提出的请求。[①]

第140条　［3. **特别规定：**a. **多个责任人**］

如果多人参与实施了侵权行为，不论其以何种方式参与，应对其中每一个人分别确定应适用的法律。

第141条　［b. **直接对保险人提出的请求权**］

如果侵权行为或保险合同的准据法有规定，受害人可直接向赔偿责任人的保险人提出损害赔偿请求权。

第142条　［4. **准据法的适用范围**］

1. 侵权行为的准据法特别决定侵权行为能力、承担责任的条件和范围以及责任人等事项。

2. 在侵权行为地施行的安全规范与行为规范应加以考虑。

第4节　共同条款

第143条　［Ⅰ. **多个债务人：**1. **对多个债务人的债权**］

债权人可对多个债务人同时主张债权时，其法律后果应适用支配债权人与被诉究的债务人之间的法律关系的法律。

第144条　［2. **共同债务人之间的追偿**］

1. 一个债务人可直接或通过代位债权人的方式向另一债务人追偿，但不得超越相应债务的准据法所允许的范围。

2. 追偿权的行使，适用被追偿人对债权人所负债务的准据法。仅涉及债权人与追偿人之间的关系的问题，适用追偿人所负债务的准据法。

3. 执行公共职能的机构是否享有追偿权，依照该机构所适用的法律决定。是否允许追偿及追偿权的行使，适用本条第1款、第2款的规定。

第145条　［Ⅱ. **债权的转移：**1. **合同性转让**］

1. 债权的合同性转让，适用当事人所选择的法律，或者，在当事人未选择法律时，适用被转让的债权的准据法。非经债务人同意，让与人与受让人所作的法律选择不得用以对抗债务人。

2. 与劳动者的债权转让有关的法律选择，仅在本法第121条第3款所指的与劳动合同有关的法律允许范围内有效。

3. 转让的方式，排他地适用转让合同的准据法。

4. 仅涉及转让合同当事人之间的关系的问题，适用该项转让所依据的法

---

① 本款规定系根据1992年6月19日《关于数据保护的联邦法》附件3增订，自1993年7月1日起生效（SR 235.1）。

律关系的准据法。

第146条 [2. 法定转移]

1. 债权的法定转移，适用新、旧债权人之间最初的法律关系的准据法，或者，无此种法律关系时，适用债权的准据法。

2. 债权准据法中旨在保护债务人的规定予以保留。

第147条 [Ⅲ. 货币]

1. 货币的定义，依照货币发行国的法律确定。

2. 货币对债务金额所产生的效果，适用债务的准据法。

3. 应以何种货币进行支付，适用支付地国家的法律。

第148条 [Ⅳ. 债权的时效及消灭]

1. 债权的时效及消灭，适用债权的准据法。

2. 通过补偿方式消灭债权的，适用支配该项补偿所对应的债权的法律。

3. 债务的更新、免除债务合同及补偿合同，适用本法关于合同法律适用的规定（第116条及以下）。

第5节 外国判决

第149条

1. 与债法上的请求有关的外国判决，符合下述条件之一者，在瑞士予以承认：

（a）判决在被告住所地国家做出；

（b）判决在被告的惯常居所地国家做出，且请求权与在该国从事的活动有关。

2. 符合下述条件之一的外国判决亦予以承认：

（a）判决涉及合同之债并且是在债务履行地国家做出，且被告未曾在瑞士有住所；

（b）判决涉及与消费者合同有关的请求并且是在消费者的住所地或惯常居所地做出，且符合本法第120条第1款所规定的条件；

（c）判决涉及与劳动合同有关的请求并且是在工作地或营业地做出，且劳动者未曾在瑞士有住所；

（d）判决涉及因经营某一营业所而产生的请求，且在该营业所所在地做出；

（e）判决涉及不当得利之债并且是在行为实施地或结果发生地做出，且被告未曾在瑞士有住所；

（f）判决涉及侵权行为之债并且是在侵权行为实施地或损害结果发生地

做出，且被告未曾在瑞士有住所。

第9a章[①] 信托

第149a条 ［Ⅰ．定义］

信托，即1985年7月1日《关于信托的法律适用及其承认的海牙公约》所指的通过法律行为设立的信托，而不论其是否有该公约第3条规定的书面证据。

第149b条 ［Ⅱ．管辖权］

1. 对于信托事项，由当事人根据有关信托的规定所选择的法院管辖。所规定的对管辖法院的选择或相关授权，仅在其以书面形式或者以其他能通过文字加以证明的形式做出时，方予以遵从。若无其他规定，所选定的法院具有专属管辖权。本法第5条第2款的规定予以类推适用。

2. 在下述情形下，被选定的法院不得拒绝管辖：

（a）当事人一方、委托人、受托人在该法院所在州有住所、惯常居所或营业所；或者

（b）大部分信托财产在瑞士境内。

3. 未进行有效的法院选择或者被选定的法院无专属管辖权时，则由下列地点所在的瑞士法院管辖：

（a）作为被告的当事人的住所地，或者，无住所时，其惯常居所地；

（b）信托事务的所在地；或者

（c）对基于瑞士境内的营业所的活动而提起的诉讼，该营业所的所在地。

4. 此外，可在股票和债券发行地的瑞士法院提起与发行该股票和债券所负责任有关的诉讼。此种管辖权不得通过选择管辖法院而加以排除。

第149c条 ［Ⅲ．应适用的法律］

1. 信托应适用的法律，依照1985年7月1日《关于信托的法律适用及其承认的海牙公约》确定。

2. 前述公约所指定的准据法，亦适用于依照该公约第5条规定不适用该公约的情形或者该公约第13条所规定的承认信托的义务不存在之情形。

第149d条 ［Ⅳ．有关公示的特别条款］

1. 对于以受托人的名义在土地登记簿、船舶注册机关或者航空器登记簿

① 本章规定系根据2006年12月20日《关于批准并转化〈关于信托的法律适用及其承认的海牙公约〉的联邦决定》第2条增订，自2007年7月1日起生效（AS **2007** 2849 2853；BBl **2006** 551）。

上注册的信托财产，应在备注中注明信托关系。

2. 涉及在瑞士注册的知识产权的信托关系，可基于申请而在该知识产权注册机关予以登记。

3. 未注明的或未登记的信托关系不得用以对抗善意第三人。

第149e条 ［Ⅴ. 外国判决］

1. 与信托法事项有关的外国判决，符合下述条件之一者，在瑞士予以承认：

（a）判决由根据本法第149b条第1款规定有效选定的法院做出；

（b）判决在被诉当事人的住所地、惯常居所地或其营业所所在地国家做出；

（c）判决在委托人的主事务所所在地国家做出；

（d）判决在信托的准据法所属国做出；

（e）判决在委托人的主事务所所在地国家得到承认，并且被诉当事人未曾在瑞士有住所。

2. 与通过发起书、通函或类似宣传方式公开发行股票和债券而产生的请求有关的外国判决，类推适用本法第165条第2款。

第10章 公司法

第150条 ［Ⅰ. 定义］

1. 本法所称之公司，是指一切有组织的人的联合和一切有组织的财产组合。

2. 不具有任何组织形式的简单公司，适用本法关于合同法律适用的规定（第166条及以下）。

第151条 ［Ⅱ. 管辖权：1. 原则］

1. 发生公司法上的争议时，对公司、股东或依公司法应负责任的人提起的诉讼，由公司主事务所所在地的瑞士法院管辖。

2. 对股东或依公司法应负责任的人提起的诉讼，亦可由被告的住所地的瑞士法院管辖，或者，当被告在瑞士无住所时，由其惯常居所地的瑞士法院管辖。

3. 此外，因公开发行股票和债券承担责任而提起的诉讼，由发行地的瑞士法院管辖。此种管辖权不得通过选择管辖法院而加以排除。

第152条 ［2. 对外国公司的责任］

对根据本法第159条应负责任的人或其所代理的外国公司提起的诉讼，

由下列法院管辖：

（a）被告住所地的瑞士法院，或者，当被告在瑞士无住所时，其惯常居所地的瑞士法院；

（b）公司事实上的管理地的瑞士法院。

第 153 条　［3. 保护措施］

主事务所在外国的公司在瑞士境内有财产时，为保护该财产而采取的措施，由应予以保护的财产所在地的瑞士法院或行政机关管辖。

第 154 条　［Ⅲ. 应适用的法律：1. 原则］

1. 如果公司符合其据以组成的国家的法律所规定的公示或注册的条件，或在无此种规定时，公司是依照该国法律组建的，则适用该国的法律。

2. 不符合前款规定条件的公司，适用其事实上的管理地国家的法律。

第 155 条　［2. 准据法的适用范围］

除本法第 156 ~ 161 条另有规定外，公司的准据法特别决定下述事项：

（a）公司的法律性质；

（b）公司的设立与解散；

（c）公司的权利能力与行为能力；

（d）公司的名称或商号；

（e）公司的组织机构；

（f）公司的内部关系，尤其是公司与其成员的关系；

（g）违反公司法规定所应承担的责任；

（h）对公司债务所承担的责任；

（i）根据公司的安排以公司的名义进行活动的人的代理权。

第 156 条　［Ⅳ. 特别联系因素：1. 因公开发行股票和债券而产生的请求］

通过发起书、通函或类似宣传方式公开发行股票和债券而产生的请求，应根据公司的准据法或发行地国家的法律加以主张。

第 157 条　［2. 对名称或商号的保护］

1. 对于在瑞士商业登记簿上注册的公司的名称或商号受到侵害时，其名称或商号的保护适用瑞士法律。

2. 未在瑞士商业登记簿上注册的公司，其名称或商号的保护，适用不正当竞争的准据法（第 136 条）或者侵犯人格权行为的准据法（第 132 条、第 133 条和第 139 条）。

第 158 条　［3. 对代理权的限制］

公司不得援引在他方当事人惯常居所或营业所所在地国家的法律未予规

定的对某一机构或某一代理人的代理权所做的限制，除非该他方当事人已知晓或理应知晓此种限制。

第159条 ［4. 对外国公司的责任］

如果依照外国法律设立的公司在瑞士境内经营业务或从瑞士开始经营业务，则以该公司名义进行商事活动的人的责任，适用瑞士法律。

第160条 ［V. 外国公司在瑞士的分支机构］

1. 主事务所在外国的公司，可在瑞士设立分支机构。该分支机构适用瑞士法律。

2. 此种分支机构的代理权，适用瑞士法律。被授权代表此种分支机构的人中至少有一人须在瑞士有住所并在商业登记簿上注册。

3. 关于在商业登记簿上进行强制性注册的细则，由瑞士联邦委员会制定。

第161条 ［VI. 迁移、合并、分立与财产转移：1. 公司从外国迁移至瑞士：a. 原则①］

1. 如果支配外国公司的外国法律允许，该外国公司也符合外国法律所规定的条件，并且能使自己适合于瑞士法律所要求的组织形式之一，则外国公司可不经过清算和重建而受瑞士法律支配。

2. 联邦委员会亦可不考虑外国法的规定而准许外国公司受瑞士法律支配，在涉及瑞士的重大利益时尤为如此。

第162条 ［b. 决定性的时间］

1. 根据瑞士法律有义务在商业登记簿上注册的公司，一旦其证明已将业务中心迁移至瑞士且已使自己适合于瑞士法律所要求的组织形式之一，即受瑞士法律支配。

2. 根据瑞士法律没有义务在商业登记簿注册的公司，一旦其愿受瑞士法律约束的意图得以明确体现，与瑞士存在充分的联系且已使自己适合于瑞士法律所要求的组织形式之一，即受瑞士法律支配。

3. 股份公司在注册之前，必须提交一份依照2005年12月16日《审计监察法》规定由经认许的审计专家出具的审计报告，以证明其基本资金根据瑞士法律是有保障的。②

---

① 第161～164条规定均系根据2003年10月3日《合并法》（Fusionsgesetz）附件4修订后的文本，自2004年7月1日起生效（SR 221.301）。

② 根据2005年12月16日的联邦法律（《〈有限责任公司法〉以及对〈股票法〉、〈合作社法〉、〈商业注册法〉与〈商行法〉进行调整的联邦法》）附件4修订后的文本，自2008年1月1日起生效（AS **2007** 4791 4839；BBl **2002** 3148，**2004** 3969）。

第 163 条　[2. 公司从瑞士迁移至外国]

1. 符合瑞士法律所规定的条件并且依照外国法律继承存在的瑞士公司，可以不经清算和重建而受外国法律支配。

2. 债权人应被公开告知将要发生的公司法律地位变更情况，并应被催告登记其债权。2003 年 10 月 3 日《合并法》第 46 条的规定予以类推适用。

3. 1982 年 10 月 8 日《关于国家经济供给的联邦法》关于在发生该法第 61 条所指的国际冲突时采取预防性的保护措施的规定，予以保留。

第 163a 条[①]　**[3. 合并：a. 从外国合并到瑞士]**

1. 在支配外国公司的法律允许并且在符合该法律所规定的条件的情形下，瑞士公司可以接管外国公司（“移入吸收”）或者与之联合组成一家新的瑞士公司（移入联合）。

2. 此外，公司的合并，适用瑞士法律。

第 163b 条　[b. 从瑞士合并到外国]

1. 如果瑞士公司能证明具备下述条件，则外国公司可接管瑞士公司［“移出吸收”或与瑞士公司联合组成一家新的外国公司（“移出联合”）］：

（a）通过合并，瑞士公司的资产和负债一并转移给外国公司；并且

（b）股份权或者成员资格权利的行使在外国公司中得到适当地保留。

2. 瑞士公司必须符合瑞士法律中有关公司转让的所有规定。

3. 债权人应被公开告知将要在瑞士发生的公司合并情形，并应被催告登记其要求。2003 年 10 月 3 日《合并法》第 46 条的规定予以类推适用。

4. 此外，公司的合并，适用进行接管的外国公司的准据法。

第 163c 条　[c. 合并协议]

1. 合并协议，必须符合参与合并的各公司的准据法中包括形式规定在内的所有强制性公司法规定。

2. 此外，合并协议，适用当事人所选择的法律。当事人未进行法律选择时，合并协议适用与之有最密切联系的国家的法律。应视为与接管公司的准据法所属国存在最密切联系。

第 163d 条　[4. 分立与财产转移]

1. 有瑞士公司和外国公司参与的公司分立与财产转移，类推使用本法关于合并的规定。财产转移，不适用第 163b 条第 3 款的规定。

2. 此外，公司分立与财产转移，适用支配被分立公司的法律或者支配其

---

① 第 163a～163d 条规定系根据 2003 年 10 月 3 日《合并法》附件 4 增订，自 2004 年 7 月 1 日起生效（SR 221.301）。

财产被转移给另一权利人的公司的法律。

3. 分立协议，在满足第163c条第2款所规定的条件时，类推适用支配被分立公司的法律。本规定亦类推适用于财产转移协议。

第164条 ［5. 共同规定：a. 在商业登记簿上注销］

1. 在瑞士商业登记簿上注册的公司，仅在经认许的审计专家出具的审计报告证实2003年10月3日《合并法》第46条所指债权人的债权已获担保或已得到清偿，或债权人同意注销时，方予以注销。①

2. 外国公司接管瑞士公司，外国公司与瑞士公司联合组成一家新的外国公司或者瑞士公司分立成为外国公司时，必须：

（a）证明该项合并或分立是根据外国公司的准据法合法进行的；并且

（b）由经认许的审计专家证实外国公司已给予瑞士公司中享有请求权的股东以股份权或者成员资格权利，或者对可能发生的补偿金或补偿费进行了支付或担保。②

第164a条③ ［b. 追索地和管辖法院］

1. 外国公司接管瑞士公司，外国公司与瑞士公司联合组成一家新的外国公司或者瑞士公司分立成为外国公司时，对根据2003年10月3日《合并法》第105条对股份权或成员资格权利进行审查而提起的诉讼，也可由所转移的权利人主事务所所在地的瑞士法院受理。

2. 只要债权人或股份持有人的债权尚未得到担保或清偿，瑞士境内的原追索地和管辖法院即予以保持。

第164b条 ［c. 在外国发生的迁移、合并、分立与财产转移］

外国公司由另一外国法律支配以及外国公司之间的合并、分立与财产转移，只要其根据有关国家的法律规定为有效，即在瑞士承认为有效。

第165条 ［Ⅶ. 外国判决④］

1. 与公司法上的请求有关的外国判决，符合下述条件之一者，在瑞士予以承认：

---

① 本款规定系根据2005年12月16日的联邦法律附件4修订后的文本，自2008年1月1日起生效（AS **2007** 4791 4839；BBl **2002** 3148，**2004** 3969）。

② 该项规定系根据2005年12月16日的联邦法律附件4修订后的文本，自2008年1月1日起生效（AS **2007** 4791 4839；BBl **2002** 3148，**2004** 3969）。

③ 第146a条、第146b条系根据2003年10月3日《合并法》附件4增订，自2004年7月1日起生效（SR 221.301）。

④ 根据2003年10月3日《合并法》附件4修订后的文本，自2004年7月1日起生效（SR 221.301）。

（a）判决在公司主事务所所在地国家做出，或者判决在该国得到承认且被告未曾在瑞士有住所；

（b）判决在被告住所地国家或其惯常居所地国家做出。

2. 与通过发起书、通函或类似宣传方式公开发行股票和债券而产生的请求有关的外国判决，如果是在股票或债券发行地国家做出并且被告未曾在瑞士有住所，则在瑞士予以承认。

第11章 破产与和解

第166条 ［Ⅰ. 承认］

1. 在债务人住所地国家发出的外国破产宣告，符合下述条件者，经外国破产管理人或债权人申请，在瑞士予以承认：

（a）该破产宣告在做出地国家是可予执行的；

（b）不存在本法第27条所规定的拒绝理由；

（c）宣告做出地国家给予互惠。

2. 债务人在瑞士有分支机构时，允许适用1889年4月11日《关于债务追索及破产的联邦法》第50条第1款所规定的程序，直至本法第172条所指的债权人受偿顺序表（Kollokationsplan）得以确定。

第167条 ［Ⅱ. 程序：1. 管辖权］

1. 请求承认外国破产宣告的申请，应向财产所在地有管辖权的瑞士法院递交。本法第29条的规定予以类推适用。

2. 如果财产位于多个不同的地方，则由最先受理的法院管辖。

3. 破产债务人的债权视为位于破产债务人的住所地。

第168条 ［2. 保全措施］

承认外国破产宣告的申请一旦递交，法院即可应申请人的请求，命令采取1889年4月11日《关于债务追索及破产的联邦法》第162～165条以及第170条所规定的保全措施。

第169条 ［3. 公告］

1. 承认在外国所做破产宣告的裁定，应予以公告。

2. 该项裁定应通知财产所在地的债务追索局、破产管理机关、土地管理局以及商业注册处；必要时，亦应通知联邦知识产权研究院。[①] 本规定亦适用

---

① “联邦知识产权研究院”（Eidgenössisches Institut für geistiges Eigentum）系根据联邦委员会1997年12月19日的决议而得名，但该决议未公布。——译者注

于破产程序的终止、中止以及破产的撤销。

第170条 [Ⅲ. 法律后果：1. 一般情形]

1. 承认在外国所做的破产宣告，对债务人在瑞士的财产具有瑞士法律所规定的破产法后果，但本法另有规定的除外。

2. 瑞士法律所规定的期限，自承认外国破产宣告的裁定公布之日起算。

3. 不设立债权人大会，亦不设立债权人委员会。

第171条 [2. 撤销之诉]

撤销之诉，适用1889年4月11日《关于债务追索及破产的联邦法》第285~292条的规定。外国破产管理人或被授权提起此类诉讼的债权人之一亦可提起此种诉讼。

第172条 [3. 债权人受偿顺序表]

1. 列入债权人受偿顺序表的只有：

(a) 1889年4月11日《关于债务追索及破产的联邦法》第219条所指的被抵押担保的债权；以及

(b) 住所在瑞士的债权人的那些未被抵押担保、但享有特权的债权。①

2. 只有第1款所指的债权人，才有权对1889年4月11日《关于债务追索及破产的联邦法》第150条所规定的债权人受偿顺序表提起异议之诉。

3. 如果债权人已在与破产有关的外国程序中得到部分清偿，其已得总额在扣除所花费用后，应计入在瑞士程序中属于该债权人的金额之内。

第173条 [4. 分配：a. 承认外国的债权人受偿顺序表]

1. 在依照本法第172条第1款对债权人进行清偿之后，所剩的余额应交付给外国破产管理人或对余额享有权利的债权人处理。

2. 该项余额只有在该外国的债权人受偿顺序表得到承认之后，才予以交付。

3. 对外国的债权人受偿顺序表的承认，由对承认外国破产宣告有管辖权的瑞士法院管辖。该管辖法院尤其应审查住所在瑞士的债权人的债权是否已被公平地列入该外国的债权人受偿顺序表中。应听取前述债权人的陈述。

第174条 [b. 不承认外国的债权人受偿顺序表]

1. 外国债权人受偿顺序表不能予以承认时，如果第三顺序债权人的在瑞士，则应根据1889年4月11日《关于债务追索及破产的联邦法》第219条

---

① 本项规定系根据1994年12月16日的联邦法附件22修订，自1997年1月1日起生效（AS **1995** 1227 1307；BBl **1991** III 1）。

第 4 款的规定，将余额在第三顺序债权人中间进行分配。[①]

2. 外国债权人受偿顺序表在法院规定的期限内未被提请承认时，亦适用前款规定。

第 175 条　［Ⅳ. 对外国和解及类似程序的承认］

被外国主管机关认可的和解及类似程序，在瑞士予以承认。类推适用本法第 166～170 条的规定。应听取在瑞士有住所的债权人的陈述。

第 12 章　国际仲裁

第 176 条　［Ⅰ. 适用范围；仲裁庭所在地］

1. 所有仲裁庭所在地位于瑞士且至少有一方当事人在订立仲裁协议时在瑞士既无住所亦无惯常居所的仲裁，适用本章的规定。

2. 当事人以书面形式排除适用本章的规定，并约定排他地适用各州关于仲裁的程序时，不适用本章的规定。

3. 仲裁庭所在地由当事人或其指定的仲裁机构予以确定，否则由仲裁员予以确定。

第 177 条　［Ⅱ. 可仲裁性］

1. 所有具有财产法性质的争议均可提交仲裁。

2. 如果仲裁协议的一方当事人是国家、国家所支配的企业或国家所控制的组织，则该方当事人不得援引其本国法律对其作为仲裁当事人的资格或者争议的可仲裁性提出异议。

第 178 条　［Ⅲ. 仲裁协议］

1. 仲裁协议必须采用书面形式，通过电报、电传、传真或者任何其他能以文字证明该项协议的通讯方式订立。

2. 此外，如果仲裁协议符合当事人所选择的法律、适用于争议事项的法律尤其是主合同的准据法或者瑞士法律的规定，即在内容上为有效。

3. 不得以主合同无效或者仲裁协议系针对尚未发生的争议为理由而对仲裁协议的有效性提出异议。

第 179 条　［Ⅳ. 仲裁庭：1. 指定仲裁员］

1. 仲裁员，依照当事人的协议予以指定、撤销或者更换。

2. 无前述协议时，可将此问题提交仲裁庭所在地的法院处理。该法院应

---

① 本款规定系根据 1994 年 12 月 16 日联邦法附件 22 修订后的文本，自 1997 年 1 月 1 日起生效（AS **1995** 1227 1307；BBl **1991** III 1）。

类推适用各州法律中关于指定、撤销、更换仲裁员的规定。

3. 法院被要求指定仲裁员时，即应做出此项指定，除非即决审查表明当事人之间不存在任何仲裁协议。

第180条 ［2. 仲裁员的回避］

1. 有下述情形之一者，仲裁员应予以回避：

（a）该仲裁员不符合当事人所约定的要求；

（b）存在当事人选定的仲裁规则所规定的回避理由；

（c）存在对该仲裁员的独立性发生正当怀疑的情势。

2. 一方当事人只能依据仲裁员被指定之后所知的理由申请其所指定或参与指定的仲裁员回避。申请回避的理由，应毫不迟延地告知仲裁庭以及他方当事人。

3. 如果双方当事人未就申请回避的程序做出规定，则由仲裁庭所在地有管辖的法院对所争议的情形做出终局决定。

第181条 ［Ⅴ. 未决案件］

自一方当事人将争议提交给仲裁协议所指定的一名或数名仲裁员时起，或在仲裁协议无此种指定时，自一方当事人着手进行建立仲裁庭的程序时起，仲裁程序即在未决之中。

第182条 ［Ⅵ. 程序：1. 原则］

1. 双方当事人可自行或参照仲裁规定确定仲裁程序，亦可使仲裁程序受其所选择的程序法支配。

2. 如果双方当事人未自行确定仲裁程序，在必要时，仲裁程序可由仲裁庭直接或参照法律或仲裁规则予以确定。

3. 不论所选择的程序为何，仲裁庭均必须保证双方当事人之间的平等及其在辩论程序中进行陈述的权利。

第183条 ［2. 临时措施和保全措施］

1. 仲裁庭可应一方当事人的请求，责令采取临时措施或保全措施，但当事人另有约定的除外。

2. 如果有关当事人不自愿服从所责令采取的措施，仲裁庭可提请有管辖权的法院予以协助。该法院适用其本国的法律予以执行。

3. 仲裁庭或者法院在采取临时措施或保全措施时，可责令申请人为之提供适当的担保。

第184条 ［3. 取证］

1. 仲裁庭应自行取证。

2. 如果国家司法机关的协助为取证所必需，则仲裁庭或经仲裁庭同意的当事人可请求仲裁庭所在地的法院予以协助；该法院适用其本国法律予以执行。

第 185 条　［4. 其他需要法院协助的情形］

其他需要法院协助的情形，由仲裁庭所在地的法院管辖。

第 186 条　［Ⅶ. 管辖权］

1. 仲裁庭应对其管辖权自行做出决定。

1a. 不论相同当事人之间就同一事项所提起的诉讼或申请已在法院或另一仲裁庭受理，仲裁庭应对其管辖权做出决定，但有重大理由要求中止仲裁程序的除外。[1]

2. 关于仲裁庭无管辖权的抗辩，应在就案件的实质问题进行答辩之前提出。

3. 仲裁庭通常以先行裁决的方式对其管辖权做出决定。

第 187 条　［Ⅷ. 对案件实质问题进行裁决：1. 应适用的法律］

1. 仲裁庭应依照当事人所选择的法律对争议事项做出裁决，或者，在当事人未选择法律时，依照与争议事项有最密切联系的法律做出裁决。

2. 当事人可授权仲裁庭依照公平原则做出裁决。

第 188 条　［2. 部分裁决］

仲裁庭可做出部分裁决，但当事人另有约定的除外。

第 189 条　［3. 仲裁裁决］

1. 仲裁裁决应依照当事人约定的程序及方式做出。

2. 如无此种约定，应由仲裁员之多数做出裁决，或者，无法确定多数时，由首席仲裁员做出裁决。仲裁裁决应以书面作成，附具理由，注明日期并加以签署。经首席仲裁员签署即为有效。

第 190 条　［Ⅸ. 终局性；撤销］

1. 仲裁裁决自送达当事人之日起即具有终局效力。

2. 有下述情形之一者，方能撤销仲裁裁决：

（a）独任仲裁员的指定不当或者仲裁庭的组成不当；

（b）仲裁庭错误地宣称自己有管辖权或无管辖权；

（c）仲裁庭做出的裁决超出请求受理的范围或者未对请求的要点之一做出决定；

（d）违反了当事人平等原则或者有权进行合法陈述的原则；

---

① 本款规定系根据 2006 年 10 月 6 日联邦法的附件 I 增订，自 2007 年 3 月 1 日起生效（AS **2007** 387 388；BBl **2006** 4677 4691）。

（e）仲裁裁决与公共秩序不相容。

3. 所做的先行裁决，只能根据第 2 款 a 项和 b 项所规定的理由予以撤销；其期限自先行裁决被送达当事人之日起算。

第 191 条[1]　［2. 上诉法院］

瑞士联邦法院为唯一受理上诉的法院。其程序适用 2005 年 6 月 17 日《联邦法院组织法》的规定。

第 192 条　［X. 对撤销仲裁裁决的程序之放弃］

1. 如果任何一方当事人均在瑞士既无住所、惯常居所，又无营业所，则其可通过仲裁协议中的明示声明或者事后达成的书面协议，完全排除撤销仲裁裁决的程序；双方当事人亦可仅依照本法第 190 条第 2 款所列的各项撤销理由而排除撤销仲裁裁决的程序。

2. 如果双方当事人已完全排除撤销仲裁裁决的程序，且此种裁决应在瑞士执行时，应类推适用 1958 年 6 月 10 日《关于承认及执行外国仲裁裁决的纽约公约》。

第 193 条　［XI. 可执行力的证明］

1. 各方当事人可自行承担费用向仲裁庭所在地的瑞士法院交存一份裁决书副本。

2. 应一方当事人的请求，该法院应出具一份该裁决具有可执行力的证明。

3. 应一方当事人的请求，仲裁庭应证明仲裁裁决是依照本法规定做出的；此种证明具有向法院交存裁决书一样的效力。

第 194 条　［XII. 外国仲裁裁决］

外国仲裁裁决的承认与执行，适用 1958 年 6 月 10 日《关于承认及执行外国仲裁裁决的纽约公约》。

第 13 章　最后条款

第 1 节　现行法律的废止和修改

第 195 条

现行法律的废止和修改，见附件；该附件是本法的组成部分。

---

① 根据 2005 年 6 月 17 日《联邦法院组织法》附件 8 修订后的文本，自 2007 年 1 月 1 日起生效（SR 173.110）。

第 2 节　过渡条款

第 196 条　[Ⅰ. 不溯及既往]

1. 在本法生效之前已经存在或完成的事实或法律行为，其法律效力适用以前的法律。

2. 在本法生效之前已经存在、但继续产生法律效力的事实或法律行为，就其法律效力而言，在本法生效之日以前产生的适用旧法，在本法生效之后产生的适用新法。

第 197 条　[Ⅱ. 过渡性法律：1. 管辖权]

1. 在本法生效之时仍未决的诉讼或申请，继续由以前受理该诉讼或申请的瑞士法院或行政机关管辖，即使其管辖权已不在为本法所确立亦为如此。

2. 在本法生效之前被瑞士法院或行政主管机关以因没有管辖权为由而不予受理的诉讼或申请案件，如果瑞士法院或行政机关的管辖权在本法生效后依照本法得以确立并仍可援引争讼的请求时，可于本法生效之后重新提起。依据该法瑞士法院享有管辖权的，则可以向瑞士法院重新提起诉讼。

第 198 条　[2. 应适用的法律]

在本法生效时一审未决的诉讼或申请，依照本法确定应适用的法律。

第 199 条　[3. 外国判决的承认与执行]

在本法生效时尚在未决中的外国判决，其申请予以承认与执行的条件，适用本法的规定。

第 3 节　全民公决与生效

第 200 条

1. 本法由非强制性的全民投票予以公决。

2. 联邦委员会决定本法的生效日期。[①]

---

① 根据瑞士联邦委员会 1988 年 10 月 27 日的决议，瑞士《关于国际私法的联邦法》自 1989 年 1 月 1 日起生效（AS **1988** 1831）。

委内瑞拉《关于国际私法的法令》*

第一章 总则

第1条

与外国法律体系有关的案件，由与争讼有关的国际公法规范，尤其是对委内瑞拉生效的国际条约中所制定的规范调整；否则适用委内瑞拉国际私法的规定；若无此种规定，采用类推法；若无类推法，则依普遍承认的国际私法原则。

第2条

所指引的外国法，应根据各该外国的主导原则予以适用，以保证委内瑞拉冲突规范所追求的目标得以实现。

第3条

若所指引的外国法同时存在数个法律体系，则数个法律体系间产生的法律冲突，依该外国法中的现行原则予以解决。

第4条

若所指引的外国法声称应适用某第三国法律，且该第三国法律声称自己可适用，则该第三国的实体法须得以适用。

若所指引的外国法声称适用委内瑞拉法，则须适用本法。

上述两款未作规定之情形，则适用委内瑞拉冲突规范所指引的某国实体法。

第5条

依照根据国际许可标准视为准据法的某外国法律所创设的法律状态，可

---

* 委内瑞拉《关于国际私法的法令》公布于1998年8月6日第36.511号《委内瑞拉共和国官方公报》，自1999年4月6日起生效。本法官方文本为西班牙文，因不谙熟西班牙语，因此本法主要根据法文译本［资料来源：Rev. crit. dr. internat. privé, 88（2），avril-juin 1999，pp. 392～401］、英文译本［资料来源：Yearbook of Private International Law（1999），pp. 341～352］以及Jürgen Samtleben的德文译本［资料来源：Jan Kropholler，Hilmer Krüger，Wolfgang Riering，Jürgen Samtleben，Kurt Siehr（Hrsg.），Außereuropäische IPR-Gesetze，1999，S. 958～995］译出，并由韩德培先生（1911～2009）校对。本译文原载于《中国国际私法与比较法年刊》第4卷（2001年），法律出版社2001年版，第718～728页，此处略有修改。——译者注

在共和国境内生效，除非其违背委内瑞拉冲突规范的目的，或委内瑞拉法律直接适用于该争讼，或其明显与委内瑞拉公共秩序的基本原则相抵触。

第6条

可能随主要问题出现的预先问题、先决问题或附带问题，不必依调整主要问题的法律解决。

第7条

所指引的用以调整同一法律关系的不同方面的多种法律应协调适用，以力求实现各法律之目标。

因同时适用多种法律可能出现的困难，应考虑个案具体情况予以合理解决。

第8条

依照本法本应适用的外国法规定，仅在其适用将产生与委内瑞拉的公共秩序的基本原则明显相抵触的结果时方予以排除适用。

第9条

如果应适用于案件的外国法，为使自己得以充分适用而规定了为委内瑞拉法律体系所未有的必要制度或程序，只要委内瑞拉法中无类似制度或程序，则可拒绝适用该外国法。

第10条

不论本法有何规定，委内瑞拉法律中所制定的用于调整与多个法律体系有关的案件的强制性规定应得以适用。

第二章　住所

第11条

自然人的住所，位于其惯常居所地国境内。

第12条

若已婚妇女已依前条规定取得住所，则其拥有独立于其夫的个人住所。

第13条

处于亲权、监护或保佐下的未成年人和无行为能力人的住所，位于其惯常居所地国境内。

第14条

若一国境内的惯常居所系因国内、外国或国际公共机构所赋职能而引起的排他性结果，则其不产生前述各条款所规定的效力。

第15条

只要本法涉及自然人住所，并且一般而言，如果该住所构成确定应适用的法律或法院裁判权的依据，则适用本章之规定。

第三章　人

第16条

人的存活、民事地位及行为能力，依其住所地法。

第17条

已取得的行为能力，不受住所变更的限制。

第18条

依照前述规定为无行为能力的人，只要支配行为实体的法律认为其有行为能力，则其行为有效。

第19条

住所地法中基于种族、国籍、宗教或阶级的差异而对行为能力所作的限制，在委内瑞拉无效。

第20条

私法性法人的成立、行为能力、运作及解散，依其设立地法。

法人设立地系指满足设立上述法人的形式和实质要件的所在地。

第四章　家庭

第21条

结婚能力及婚姻的实质要件，对拟结婚的各方而言，依其各自的住所地法。

第22条

婚姻的人身与财产效力，依配偶双方的共同住所地法。若其住所地不一致，则适用最后的共同住所地法。

依指定的外国法为有效而旨在对共和国境内的不动产产生对抗善意第三人效力的婚约，得以随时在委内瑞拉注册主管机关登记。

第23条

离婚或别居，依提起诉讼的配偶一方的住所地法。

提起诉讼的配偶一方的住所变更，仅于其旨在设立惯常居所而进入一国境内满一年后，方为有效。

第 24 条

亲子关系的确立以及父母与子女之间的关系，依子女的住所地法。

第 25 条

收养有效性的实质要件，适用收养人与被收养人各自住所地法。

第 26 条

监护及其它保护无行为能力人的制度，依无行为能力人的住所地法。

第五章　财产

第 27 条

财产物权的设立、内容及范围，依财产所在地法。

第 28 条

动产的转移不影响已依照前法规定有效取得的权利。但此种权利仅在其满足新所在地法规定的要件时方有对抗第三人的效力。

第六章　债务

第 29 条

合同之债，依当事人所选择的法律。

第 30 条

未作有效法律选择时，合同之债依与其有最直接联系的法律。为确定该法律，法院须考虑合同中的所有主、客观因素。此外，法院须考虑被国际组织认可的国际商法普遍原则。

第 31 条

除前述各条规定外，为在个案审理中实现公正、合理之目的，必要时可适用国际商法的规定、习惯、原则及普遍接受的商业惯例与实践。

第 32 条

侵权行为依侵权结果发生地法。但受害人得要求适用侵权原因发生地国法。

第 33 条

无因管理、错债清偿（*solutio indebiti*）及不当得利，依引起债务的事件发生地法。

第七章　继承

第 34 条

继承依被继承人的住所地法。

第 35 条

被继承人的晚辈、前辈及未进行法定财产分割的幸存配偶，可对位于共和国境内的遗产行使委内瑞拉法律所赋予的法定继承权。

第 36 条

依照准据法遗产归属国家或无继承人或继承人不明时，共和国境内的财产转归委内瑞拉国家所有。

第八章　行为形式与证明

第 37 条

满足下列任一法律体系所规定要件的法律行为，在形式上有效：

（1）行为实施地法；

（2）支配行为内容的法律；或

（3）行为发起人住所地法或多个发起人的共同住所地法。

第 38 条

证据、证据效力及举证责任的分担，依支配相应法律关系的法律，但不得妨碍诉讼程序中遵守受诉法院或官员所在地的法律。

第九章　裁判权与管辖权

第 39 条

除法律授予委内瑞拉法院对定居国内者提起的诉讼享有裁判管辖权外，共和国法院在本法第 40 条、第 41 条情况下对定居外国者提起的诉讼亦享有裁判管辖权。

第 40 条

对于因财产权益而提起的诉讼，委内瑞拉法院享有裁判管辖权：

（1）若该诉讼涉及共和国境内的动产与不动产的处置或占有；

（2）若该诉讼涉及应在共和国境内履行的债务，或因在前述领域签订的合同或发生的事件而引起的债务；

（3）若被告本人在共和国境内已被传讯；

（4）若各方当事人均明示或默示地服从委内瑞拉法院的裁判管辖。

第 41 条

对于因涉及财产整体而提起的诉讼，委内瑞拉法院享有裁判管辖权：

（1）若依照本法规定，该争讼的实体问题应适用委内瑞拉法律；

（2）若构成某财产整体不可分割的部分的财产位于共和国境内。

第 42 条

对于有关民事地位或家庭关系的诉讼，委内瑞拉法院享有裁判管辖权：

（1）如果依照本法规定，该争讼的实体问题应适用委内瑞拉法律；

（2）各方当事人均明示或默示服从委内瑞拉法院的裁判管辖，并且该争讼与共和国领域有实际联系。

第 43 条

委内瑞拉法院即使对审理争讼的实体问题无裁判管辖权，但仍有权采取临时措施以保护位于共和国境内的个人。

第 44 条

明示服从管辖应以书面形式作出。

第 45 条

默示服从管辖，对原告可因提起诉讼的事实而产生，对被告则可因他在诉讼中不提起无管辖权的抗辩或反对某预防措施，而亲自或通过全权代表实施任何其他行为的事实产生。

第 46 条

对于有关不动产物权的设立、变更或消灭的诉讼，服从管辖无效，除非此种服从得到不动产所在地法的许可。

第 47 条

委内瑞拉法院依照上述规定享有的裁判管辖权，就那些涉及共和国境内的不动产物权的争讼，或涉及不得和解的事项或委内瑞拉公共秩序的基本原则问题而言，不得因有利于外国法院或在国外主持程序的仲裁员的协议而受损抑。

第 48 条

若委内瑞拉法院依照本章规定享有裁判管辖权，国内各法院的属地管辖权，依本法第 49 条、第 50 条和第 51 条规定。

第 49 条

对于有关财产权益的诉讼，有权作出裁判的法院为：

（1）若诉讼涉及共和国境内的动产或不动产的处置或占有，则为该财产所在地法院；

（2）若诉讼涉及应在共和国境内履行的债务，或该债务因在前述领域签订的合同或发生的事件而引起，则为债务履行地、合同缔结地或事件发生地法院；

（3）若被告本人在共和国境内已被传讯，则为作出传讯地法院；

（4）若各方当事人以通常方式明确表示服从共和国法院裁判，则为依照前三项规定享有管辖权的法院，否则为共和国首都法院。

第 50 条

对于因涉及财产整体而提起的诉讼，有权作出裁判的法院为：

（1）若依照本法规定，该争讼的实体问题应适用委内瑞拉法律时，则为据以适用委内瑞拉法律的当事人住所地法院；

（2）若构成某财产整体不可分割部分的财产位于共和国境内，则为该财产整体中位于共和国境内的绝大部分财产所在地法院。

第 51 条

对于有关个人民事地位或家庭关系的诉讼，有权作出裁判的法院为：

（1）若依照本法规定，该争讼的实体问题应适用委内瑞拉法律，则为据以适用委内瑞拉法律的当事人住所地法院；

（2）若各方当事人明示或默示地服从委内瑞拉法院的裁判管辖，则为该争讼据以与共和国领域产生联系的所在地法院。

第 52 条

第 49 条、第 50 条和第 51 条的规定不得排除其他法院依共和国其他法律所享有的管辖权。

第十章　外国判决的效力

第 53 条

满足下列要件的外国判决，在委内瑞拉有效：

（1）判决系对民商事或具有私法关系的一般事项所作的裁判；

（2）依判决作出地国法，该判决具有法律效力；

（3）该判决未涉及共和国境内的不动产物权，或委内瑞拉法院审理案件的专属管辖权未被排除；

（4）依本法第九章所规定的一般裁判管辖权原则，判决国法院须对争讼享有裁判管辖权；

（5）被告已被依法传唤，并有充足时间出庭，且在程序上被保证享有合理辩护的机会；

（6）该判决不与已有法律效力的前判决相抵触；且在该外国判决做出之前，无相同当事人就同一事项向委内瑞拉法院提起诉讼。

第 54 条

如果外国判决不能全部生效，则允许其部分有效。

第 55 条

为执行某外国判决，得根据法定程序进行事先审查，经审查满足本法第 53 条规定的要件后，方可宣布予以执行。

第十一章　诉讼程序

第 56 条

诉讼的管辖权及形式，依受理诉讼官员（所属国）的法律。

第 57 条

委内瑞拉法官对抗外国法官的裁判管辖权的缺乏，在任何诉讼阶段或审级，均应依职权或者应当事人的请求予以宣告。

请求审查裁判管辖权时应推迟诉讼程序，直至作出相应决定。

委内瑞拉法院的裁判管辖权得到肯定后，争讼从要求作出决定的阶段继续进行；认定委内瑞拉法院无裁判管辖权的决定，须呈报最高法院政治与行政院审查并为此目的立即将卷宗移送该院，如果这项决定得到确认，则整理归档，终止争讼。

第 58 条

不得因外国法官受理相同争讼或与之有关联的争讼致使诉讼未决而排除委内瑞拉法院的专属裁判管辖权。

第 59 条

共和国法院可以通过司法协助申请与司法协助委托请求外国主管机关代为送达传票、提取证据或实施其他为保证诉讼程序顺利进行所必需的司法行为。同样，共和国法院须尽快依有关该事项的国际法原则执行外国法院的司法协助申请或司法协助委托。

第 60 条

外国法律应依职权予以适用。各方当事人可提供与应适用的外国法有关的信息，法院与主管机关可发布旨在更好知晓该法律的命令。

第 61 条

允许行使法律规定的上诉权，该权利的行使不受作出不许上诉裁决时已适用的法律限制。

第 62 条

除本法第 47 条规定外，有关国际商事仲裁的所有事项，依支配该事项的特别规定。

第十二章　最后条款

第 63 条

废止所有调整受本法支配事项的法律规定。

第 64 条

本法于《委内瑞拉共和国官方公报》公布六个月后开始生效。

斯洛文尼亚共和国《关于国际私法与诉讼的法律》*

（1999 年 7 月 8 日文本）

第一章　总则

第 1 条

1. 本法包括确定含有国际因素的人身关系、家庭关系、劳动关系、社会关系、财产关系及其他民事法律关系准据法的规则。

2. 本法亦包括关于斯洛文尼亚共和国法院与其他机关审理本条第 1 款所指关系的管辖权规则、程序规则以及承认及执行外国法院判决与仲裁裁决及其他机关决定的规则。

第 2 条

1. 如果案件所有情况均表明，关系与本法所指引的法律无任何重要联系而与另一国法律有实质性更密切联系，则作为例外不适用本法所指引的法律。

2. 如果当事人选择了法律，不适用前款规定。

第 3 条

本法对法律适用未做规定的，参照适用本法的规定与原则、斯洛文尼亚共和国法制原则及国际私法原则。

第 4 条

本法不适用于受其他法律或国际条约调整的关系。

第 5 条

本法所指引的法律，如果其适用的结果与斯洛文尼亚共和国的公共秩序相抵触，不予适用。

---

* 斯洛文尼亚共和国《关于国际私法与诉讼的法律》于 1999 年 7 月 8 日通过，公布于第 56/1999 号《斯洛文尼亚共和国官方公报》，自 1999 年 7 月 28 日起施行。本法根据 Claudia Rudolf. 博士的德文译本（资料来源：IPRax 2003, Heft 2, S. 163 ~ 174）译出，官方文本为斯洛文尼亚文。本译文曾刊载于《中国国际私法与比较法年刊》第 6 卷（2003 年）第 585 ~ 612 页和赵海峰主编的《国际法与比较法论坛》第 2 ~ 3 辑（黑龙江人民出版社 2008 年版）第 513 ~ 538 页。—— 译者注

第 6 条

1. 如依照本法应适用外国法，则须考虑该外国关于确定准据法的规则。

2. 外国确定准据法的规则反致斯洛文尼亚共和国法律的，则适用斯洛文尼亚共和国法律，无需考虑斯洛文尼亚共和国确定准据法的指引规则。

3. 如果当事人有权选择法律，不适用本条第 1 款与第 2 款规定。

第 7 条

法律行为，就其形式而言，只要其满足行为完成地法、行为实施地法或者支配法律行为内容的准据法的规定，则为有效，但法律另有规定的除外。

第 8 条

时效，依照支配法律行为内容的法律。

第 9 条

1. 如果应适用法制不统一国家的法律，而本法规定又未指引该国特定法域的，则依照该国法制的规定确定适用哪一法域的法律。

2. 如果应适用的法制不统一国家的准据法不能依本条第 1 款规定的方式确定，则适用该国与关系有最密切联系的法域的法律。

第 10 条

1. 斯洛文尼亚共和国公民亦有另一国国籍的，在适用本法上，则仅认为其具有斯洛文尼亚共和国国籍。

2. 非斯洛文尼亚共和国公民者，如果具有两个或多个外国国籍，在适用本法上，则视其具有他作为公民并有住所的那个国家的国籍。

3. 本条第 2 款规定的人在所有国籍国均无住所的，在适用本法上，则视其具有其作为公民并与之有最密切联系的国家的国籍。

第 11 条

1. 对无国籍人或国籍不能确定者，适用其住所地法。

2. 本条第一款规定的人无住所或住所不能确定的，适用其居所地法。

3. 如果第一款规定的人的居所亦不能确定，适用斯洛文尼亚共和国法律。

第 12 条

1. 法院或其他主管机关依职权查明拟适用的外国法内容。

2. 第一款所指的法院或主管机关可请求司法主管部门就准据法做出答复或以其他方式证实其内容。

3. 当事人可在诉讼中提交外国机关或机构制作的有关外国法内容的公证书或其他证书。

4. 如果根本不能查明支配具体关系的外国法内容，则适用斯洛文尼亚共和国法律。

第二章　法律适用

第 13 条

1. 自然人的权利能力与行为能力，适用其国籍国法。

2. 依照国籍国法为无行为能力的自然人，依义务产生地国法具有行为能力的，则为有行为能力。

3. 自然人行为能力的剥夺或限制，适用本条第 1 款规定的国家的法律。

4. 家庭与继承关系不适用本条第 2 款规定。

第 14 条

个人姓名问题，依照确定或更改其人名时该人的国籍国法。

第 15 条

1. 指定监护、终止监护以及监护人与被监护人的关系，依照被监护人国籍国法。

2. 对于斯洛文尼亚共和国境内的外国公民或无国籍人采取的保护措施，依照斯洛文尼亚共和国法律，直至有关国家做出决定并采取必要措施。

3. 外国人或无国籍人不在斯洛文尼亚共和国境内，而其财产处于斯洛文尼亚共和国境内的，就保护该财产而言，本条第二款规定亦得以适用。

第 16 条

对失踪人的死亡宣告，依照该人失踪时的国籍国法。

第 17 条

1. 法人的法律地位，适用法人国籍国法。

2. 法人的国籍，依照其设立地国法确定。

3. 法人在设立地以外的另一国有实际所在地，并依照该国法律具有其国籍，则法人以该国为其国籍。

第 18 条

1. 所有权关系与其他物权，依物之所在地法。

2. 本条第 1 款所指的关系，就处于运输途中之物而言，适用目的地国法。

3. 本条第 1 款所指的关系，就运输工具而言，适用该运输工具国籍国法，但斯洛文尼亚共和国法律另有规定的除外。

第 19 条

1. 合同受当事人选择的法律支配，本法或国际条约另有规定的除外。

2. 法律选择可明示做出或必须可从合同条款或其他情况中推断出来。

3. 协议选择法律的效力，依照所选择的法律确定。

第20条

当事人未选择准据法的，适用与关系有最密切联系的法律。只要案件的特定情况未指引其他法律，则认为与具体合同关系中实施特征性履行的当事人的住所地或所在地国法律有最密切联系。

第21条

1. 雇佣合同，依照雇员按合同规定进行惯常工作地国法。

2. 雇员的临时活动不得认为其在该国进行惯常工作。

3. 若雇员依照合同规定不仅在一国进行惯常工作，则依照雇主所在地或住所地国法。

4. 当事人不得通过法律选择协议排除国家法律中强制性的、不需当事人选择的保护雇员权利的规定。

第22条

1. 本法所指的消费者合同，指有关将动产或权利转移给消费者以及给消费者提供服务的合同。

2. 本法所指的消费者，指为个人或自己家庭使用的目的而获取物、权利和服务的人。

3. 本法所指的消费者合同，不包括运输合同以及给消费者提供的按合同规定不得在消费者住所地国提供的服务的合同。

4. 不论本法其他规定如何，在下列情况下，消费者合同依照消费者住所地国法：

（1）合同的缔结系因在该国的报价或广告所致，并且消费者在该国为缔结合同实施了必要的行为；或者

（2）消费者的缔约相对方或其代理人已在该国接受消费者的订购；或者

（3）买卖合同已在另一国缔结或消费者已在另一国订购，但以卖方此行之目的在于促成缔结此类合同为限。

5. 在第4款所指情形下，当事人不得通过法律选择协议排除消费者住所地国法中的保护消费者权利的强制性规定。

第23条

有关不动产的合同，依不动产所在地国法。

第24条

对于合同当事人之间的关系，只要当事人未另外约定，本法第19条与第20条规定的法律亦适用于：

（1）确定某动产的取得者或受领者取得产品或果实权利的时刻；

（2）确定取得者或运输者承担与物有关的风险的时刻。

第 25 条

若当事人无其他约定，则交付物的方式、方法以及拒绝受领该物时应采取的必要措施，依物之交付地法。

第 26 条

债权转让或债务承担的效果，对未参与债权转让或债务承担的债务人或债权人而言，适用支配债权或债务的法律。

第 27 条

从法律行为，若无另行规定，适用支配主法律行为的法律。

第 28 条

单方法律行为，适用债务人住所地或所在地国法。

第 29 条

1. 不当得利，适用已产生的、期待的或假设会产生该项得利的法律关系的准据法。

2. 无因管理，依管理人行为实施地法。

3. 因无委托使用物品而产生的债务以及其他非归因于损害责任的非合同债务，适用引起债务的事实发生地法。

第 30 条

1. 非合同损害责任，依行为实施地法。若对受害人更为有利，则不适用行为地法而适用结果发生地法，但须以行为人事先本能预见结果的发生为条件。

2. 如果本条第 1 款指引的法律与关系无任何更密切联系，而与另一法律显然有联系，则适用该另一法律。

第 31 条

如果引起损害赔偿责任的事件发生于公海上的船舶或飞行器内，则以船舶国籍国或飞行器注册地国法作为损害赔偿责任据以产生的事实发生地法。

第 32 条

1. 继承，依照被继承人死亡时的国籍国法。

2. 立遗嘱能力，由遗嘱人设立遗嘱时的国籍国法支配。

第 33 条

就遗嘱形式而言，如果依照下列法制之一有效，则为有效：

（1）遗嘱设立地法；

（2）遗嘱人处分遗嘱时或死亡时的国籍国法；

（3）遗嘱人处分遗嘱时或死亡时的住所地法；

（4）遗嘱人处分遗嘱时或死亡时的居所地法；

（5）斯洛文尼亚共和国法律；

（6）对于不动产，亦依不动产所在地法。

第 34 条

缔结婚姻的前提条件，依缔结婚姻时当事人各方的国籍国法。

第 35 条

婚姻的形式，依婚姻缔结地法。

第 36 条

婚姻的无效，依本法第 34 条与第 35 条规定的据以缔结婚姻的任一实体法确定。

第 37 条

1. 离婚，依起诉时配偶双方的共同国籍国法。

2. 若起诉时配偶双方为不同国家公民，则离婚并行适用各自的国籍国法。

3. 若依本条第 2 款规定的法律不能离婚，而起诉时配偶一方住所在斯洛文尼亚共和国的，则离婚适用斯洛文尼亚共和国法律。

4. 配偶一方为斯洛文尼亚共和国公民，但住所不在斯洛文尼亚共和国境内的，而且依本条第 2 款指引的法律不能离婚，则离婚适用斯洛文尼亚共和国法律。

第 38 条

1. 配偶双方的人身关系与法定财产关系，依其共同国籍国法。

2. 若配偶双方为不同国家公民，则依其住所地国法。

3. 配偶双方既无相同国籍住所又不在同一国的，则依其最后共同居所地国法。

4. 若依本条第 1 款、第 2 款或第 3 款规定均不能确定准据法，则适用与关系有最密切联系的法律。

第 39 条

1. 配偶双方的契约财产关系，依缔约时支配人身关系与法定财产关系的法律。

2. 如果本条第 1 款指引的法律规定，配偶双方可以选择支配婚姻财产契约的法律，则适用其选择的法律。

第 40 条

1. 若婚姻无效或终止，则人身关系与法定财产关系依本法第 38 条指引的法律。

2. 在本条第 1 款所指情形下，配偶双方的契约财产关系依本法第 39 条规定的法律。

第 41 条

1. 未婚同居者的财产关系，依其共同国籍国法。

2. 本条第 1 款所指的同居者国籍不同的，适用其共同居所地国法。

3. 未婚同居者的契约财产关系，适用缔约时支配其财产关系的法律。

第 42 条

1. 父母与子女之间的关系，依其共同国籍国法。

2. 如果父母与子女国籍不同，则依其共同住所地国法。

3. 如果父母与子女国籍不同，住所又不在同一国的，则依子女的国籍国法。

第 43 条

父亲或母亲身份的承认、确定或撤销，由子女的国籍国法支配。

第 44 条

非父母子女的血亲之间的扶养义务或姻亲扶养义务，由请求扶养的亲属的国籍国法支配。

第 45 条

1. 准正，由父母的共同国籍国法支配；如果父母国籍不同，则依认为准正有效的父母一方国籍国法。

2. 子女、他人或国家机关是否同意准正，依子女的国籍国法。

第 46 条

1. 收养与终止收养的前提条件，依收养人与被收养人的共同国籍国法。

2. 收养人与被收养人国籍不同的，收养与终止收养的前提条件，并行适用收养人与被收养人各自的国籍国法。

3. 配偶双方共同收养的，收养和终止收养的前提条件，除依照被收养人国籍国法外，亦可适用配偶各自的国籍国法。

4. 收养的形式，由收养设立地法支配。

第 47 条

1. 收养的效力，依设立收养时收养人与被收养人的共同国籍国法。

2. 收养人与被收养人国籍不同时，依其共同住所地国法。

3. 收养人与被收养人既国籍不同，住所又不在同一国的，依照被收养人的国籍国法。

第三章　管辖权与诉讼程序

第一节　斯洛文尼亚共和国法院与其他机关对涉外案件的管辖权

第48条

1. 如果被告住所或所在地在斯洛文尼亚共和国，斯洛文尼亚共和国法院有管辖权。

2. 即使被告在斯洛文尼亚共和国及其他国家均无住所，但居所在斯洛文尼亚共和国的，斯洛文尼亚共和国法院有管辖权。

3. 以非讼程序解决的争议，如果被请求人住所或所在地在斯洛文尼亚共和国境内，则斯洛文尼亚共和国法院有权做出决定；即使只有一方当事人参加程序，只要该人住所或所在地在斯洛文尼亚共和国，斯洛文尼亚共和国法院有管辖权，但本法另有规定的除外。

第49条

1. 如果处于某法律共同体下的或者基于同一法律及事实而负有义务的众人在同一诉讼中被诉，只要任一被告的住所或所在地在斯洛文尼亚共和国境内，斯洛文尼亚共和国法院有管辖权。

2. 如果主债务人与担保人在同一诉讼中被诉，只要斯洛文尼亚共和国法院对主债务人提起的诉讼有权管辖，则斯洛文尼亚共和国法院亦有管辖权。

3. 如果反诉请求与本诉有关，则斯洛文尼亚共和国法院对反诉亦有管辖权。

第50条

1. 本法或其他法律明确规定斯洛文尼亚共和国法院有专属管辖权的，由斯洛文尼亚共和国法院专属管辖。

2. 如果案件与另一国有联系，假设案件与斯洛文尼亚共和国之间的此种联系成为斯洛文尼亚共和国法院行使专属管辖权的依据时，则斯洛文尼亚共和国法院被排除管辖权，但法律另有规定的除外。

第51条

如果外国法院在以斯洛文尼亚共和国公民为被告的诉讼中，依照斯洛文尼亚共和国法院管辖权规则中不存在的管辖标准行使管辖权，则在以该外国公民为被告的诉讼中，斯洛文尼亚共和国法院亦可据此行使管辖权。

第 52 条

1. 如果当事人至少一方为外国公民或所在地在外国的法人，且依照本法或其他法律规定，该争议的事项不属于斯洛文尼亚共和国法院专属管辖时，当事人可以协议由外国法院管辖。

2. 无论本条第 1 款规定如何，在因消费关系及因保险关系产生的诉讼中，如果消费者或被保险人为住所在斯洛文尼亚共和国的自然人，当事人不得协议由外国法院管辖。

3. 如果当事人至少一方为斯洛文尼亚共和国公民或所在地在斯洛文尼亚共和国的法人，当事人可以协议由斯洛文尼亚共和国法院管辖。

4. 如果涉及本法第 68 条至第 77 条规定所指案件的管辖权，则不适用本条第 1 款与第 3 款的规定。

第 53 条

1. 依照本法第 52 条第 3 款与第 4 款规定允许协议由斯洛文尼亚共和国法院管辖时，斯洛文尼亚共和国法院亦可基于被告的同意行使管辖权。

2. 如果被告应诉或者对催告通知书提出权利要求或参与预审，或者在无预审时参与主要问题的审理而不对管辖权提出异议的，则视为被告同意斯洛文尼亚共和国法院管辖。

第 54 条

1. 若依照本法规定斯洛文尼亚共和国法院对案件的管辖以诉讼当事人一方有斯洛文尼亚共和国国籍为前提，则斯洛文尼亚共和国法院对住所在斯洛文尼亚共和国的无国籍人亦有管辖权。

2. 斯洛文尼亚共和国其他机关的管辖权，参照适用本条第 1 款规定。

第 55 条

1. 因非合同损害责任引起的诉讼，如果已在斯洛文尼亚共和国境内实施损害行为或损害结果已发生于斯洛文尼亚共和国境内，则斯洛文尼亚共和国法院亦有管辖权。

2. 依照保险人的直接责任规则而向为第三者损害赔偿承保的保险人提起的诉讼以及以损害赔偿责任为依据向债务人行使索赔权的诉讼，亦适用本条第 1 款规定。

第 56 条

因合同关系引起的诉讼，如果诉讼标的为必须或本应在斯洛文尼亚共和国履行的义务，则斯洛文尼亚共和国法院亦有管辖权。

第 57 条

对于具体的劳动争议，若劳动将在、已在或必须在斯洛文尼亚共和国境内进行，则斯洛文尼亚共和国法院亦有管辖权。

第58条

1. 因财产权争议引起的诉讼，如果争议标的物位于斯洛文尼亚共和国境内，则斯洛文尼亚共和国法院亦有管辖权。

2. 如果被告财产位于斯洛文尼亚共和国境内，而且原告住所或所在地在斯洛文尼亚共和国并证明有可能要以该财产执行判决，则斯洛文尼亚共和国法院亦有管辖权。

第59条

对自然人或所在地在外国的法人提起的诉讼，如果该人在斯洛文尼亚共和国有分支机构或业务负责人在斯洛文尼亚共和国，斯洛文尼亚共和国法院对因该分支机构或负责人在斯洛文尼亚共和国境内的业务所得引起的诉讼有管辖权。

第60条

与公司、其他法人或者自然人或法人联合体设立、解散与法律地位变更有关的诉讼，以及涉及法人机构所做决定的效力的诉讼，如果公司、其他法人或联合体的所在地在斯洛文尼亚共和国，由斯洛文尼亚共和国法院专属管辖。

第61条

有关在斯洛文尼亚共和国公共登记机关进行注册的效力的诉讼，斯洛文尼亚共和国法院有专属管辖权。

第62条

对于有关发明与商标申报及效力的诉讼，如果该项申报在斯洛文尼亚共和国进行，由斯洛文尼亚共和国法院专属管辖。

第63条

1. 对于执行的批准与实施，如果在斯洛文尼亚共和国境内实施该项执行，由斯洛文尼亚共和国法院专属管辖。

2. 在执行程序与破产程序期间发生的诉讼，如果该程序在斯洛文尼亚共和国法院进行，亦适用本条第一款规定。

第64条

1. 因地产所有权争议以及因地产租赁或租金而引起的涉及地产物权的诉讼，如果该地产位于斯洛文尼亚共和国境内，由斯洛文尼亚共和国法院专属管辖。

2. 对于以非讼程序解决的地产权利的决定，亦由斯洛文尼亚共和国法院专属管辖。

第 65 条

因动产所有权争议引起的诉讼，如果该争议产生于斯洛文尼亚共和国境内，斯洛文尼亚共和国法院亦有管辖权。

第 66 条

1. 有关船舶或飞行器物权的诉讼以及因船舶或飞行器租赁引起的诉讼，如果船舶或飞行器注册机关位于斯洛文尼亚共和国，则斯洛文尼亚共和国法院亦有管辖权。

2. 因本条第 1 款所指的船舶或飞行器所有权争议引起的诉讼，如果船舶或飞行器注册机关在斯洛文尼亚共和国，或者如果该所有权争议发生在斯洛文尼亚共和国，斯洛文尼亚共和国法院亦有管辖权。

第 67 条

1. 涉及斯洛文尼亚共和国境内财产的配偶之间财产关系的诉讼，如果被告住所不在斯洛文尼亚共和国，斯洛文尼亚共和国法院亦有管辖权。

2. 如果财产绝大部分位于斯洛文尼亚共和国，而其余部分在国外的，假如被告同意由斯洛文尼亚共和国法院判决，则斯洛文尼亚共和国法院仅可在对位于斯洛文尼亚共和国的财产做出判决的诉讼中对处于国外的财产做出判决。

3. 涉及本法规定的夫妻财产制的诉讼，无论婚姻是否存续或已终止或已被查明不存在，斯洛文尼亚共和国法院均有管辖权。

第 68 条

1. 对于婚姻事项，即使被告住所不在斯洛文尼亚共和国，斯洛文尼亚共和国法院亦有管辖权：

（1）如果配偶双方均为斯洛文尼亚公民，不论其住所位于何处；

（2）如果原告为斯洛文尼亚公民且住所在斯洛文尼亚共和国；或者

（3）配偶双方最后住所在斯洛文尼亚共和国，而起诉时原告住所或临时居所在斯洛文尼亚共和国。

2. 若被告的配偶一方为斯洛文尼亚公民且其住所在斯洛文尼亚共和国，由斯洛文尼亚共和国法院专属管辖。

第 69 条

对于本法第 68 条所指的诉讼，如果配偶双方均为外国公民，但最后共同住所在斯洛文尼亚共和国的，则须以被告在这些情形下同意由斯洛文尼亚共和国法院判决并且配偶双方国籍国法允许管辖时，斯洛文尼亚共和国法院方可管辖。

第 70 条

对于离婚之诉，如果原告为斯洛文尼亚公民且本有管辖权的法院国法律未规定解除婚姻制度的，斯洛文尼亚共和国法院亦可管辖。

第 71 条

对于确定或撤销父亲或母亲身份之诉，在下列情形下，即使被告住所不在斯洛文尼亚共和国，斯洛文尼亚共和国法院亦有管辖权：

（1）原告与被告均为斯洛文尼亚公民，不论其住所位于何处；或者

（2）原告为斯洛文尼亚公民且其住所在斯洛文尼亚共和国。

第 72 条

对于本法第 71 条所指之诉，当事人虽均为外国公民，如果原告或原告之一住所在斯洛文尼亚共和国，而且被告同意由斯洛文尼亚共和国法院判决且被告国籍国法允许管辖的，斯洛文尼亚共和国法院方有管辖权。

第 73 条

1. 有关父母对子女的照顾、教养的诉讼，被告住所虽不在斯洛文尼亚共和国，只要父母双方均为斯洛文尼亚公民或者子女为斯洛文尼亚公民且其住所在斯洛文尼亚共和国，则斯洛文尼亚共和国法院亦有管辖权。

2. 如果被告与其子女均为斯洛文尼亚公民并且双方住所均在斯洛文尼亚共和国，则由斯洛文尼亚共和国法院专属管辖。

3. 斯洛文尼亚共和国其他机关在决定父母对子女的照顾、教养事项时，参照本条第 1 款与第 2 款以及本法第 48 条的规定确定其管辖权。

第 74 条

1. 对于子女法定抚养之诉，在下列情形下，即使被告住所不在斯洛文尼亚共和国，斯洛文尼亚共和国法院亦有管辖权：

（1）提起诉讼的子女住所在斯洛文尼亚共和国；或者

（2）原告与被告均为斯洛文尼亚公民，不论其住所位于何处；或者

（3）原告为未成年人并且是斯洛文尼亚公民。

2. 对于本条第 1 款未提及的法定抚养之诉，即使被告住所不在斯洛文尼亚共和国，只要原告为斯洛文尼亚公民且其住所在斯洛文尼亚共和国，斯洛文尼亚共和国法院亦有管辖权。

3. 对于配偶之间以及原配偶间的法定扶养之诉，如果配偶双方的最后共同住所在斯洛文尼亚共和国，且原告在诉讼时及诉讼后居住于斯洛文尼亚共和国，斯洛文尼亚共和国法院亦有管辖权。

第 75 条

对于法定扶养之诉，如果被告在斯洛文尼亚共和国有可供支付扶养费的

财产，则斯洛文尼亚共和国法院亦可管辖。

第 76 条

对于子女照管、教养与抚养的决定，如果这些诉讼与婚姻诉讼或者与确定及撤销父亲或母亲身份之诉一并审理，并且依本法规定斯洛文尼亚共和国法院有管辖权，则斯洛文尼亚共和国法院亦可管辖。

第 77 条

1. 对于亲权的丧失或恢复、亲权的延展、指定父母一方为子女财产监护人、子女的准正以及其他有关父母与子女间个人身份与关系事项的决定，不能满足本法第 48 条第 3 款规定的条件的，只要请求人与被请求人均为斯洛文尼亚公民，或仅有一人参与诉讼而且该人为斯洛文尼亚公民，斯洛文尼亚共和国法院亦可管辖。

2. 对于本条第 1 款所指事项，如果子女为斯洛文尼亚公民且其住所在斯洛文尼亚共和国，则斯洛文尼亚共和国法院亦有管辖权。

第 78 条

1. 宣告失踪的斯洛文尼亚公民死亡，不论该人住所位于何处，由斯洛文尼亚共和国法院专属管辖。

2. 对于在斯洛文尼亚共和国境内死亡的外国公民，可以依照斯洛文尼亚共和国法律由斯洛文尼亚共和国法院证明其死亡。

第 79 条

1. 对于斯洛文尼亚公民的不动产遗产的管理，如果该遗产处于斯洛文尼亚共和国，由斯洛文尼亚共和国法院专属管辖。

2. 若斯洛文尼亚公民的不动产遗产位于外国，仅当依照不动产所在国法律规定该国任何机关均无管辖权时，斯洛文尼亚共和国法院方可管辖。

3. 对于斯洛文尼亚公民动产遗产的管理，如果该动产遗产位于斯洛文尼亚共和国境内，或者依照动产所在国法律规定该国任何机关均无管辖权或这类机关拒绝管理该遗产时，斯洛文尼亚共和国法院有管辖权。

4. 对于因继承关系引起的诉讼以及涉及债权人对遗产的请求权的诉讼管辖权，亦适用本条第 1 款、第 2 款与第 3 款的规定。

第 80 条

1. 对于外国公民不动产遗产的管理，如果不动产位于斯洛文尼亚共和国，由斯洛文尼亚共和国法院专属管辖。

2. 对位于斯洛文尼亚共和国境内的外国公民的动产遗产的管理，斯洛文尼亚共和国法院有管辖权，但遗产人国籍国法院对于斯洛文尼亚公民动产遗产的管理无管辖权时除外。

3. 因继承关系引起的诉讼以及涉及债权人对遗产请求权的诉讼管辖权，适用本条第 1 款与第 2 款规定。

4. 如果斯洛文尼亚共和国法院对外国公民遗产的管理无管辖权，则它可决定遗产的保护措施，并对位于斯洛文尼亚共和国的遗产享有的权利进行保护。

第 81 条

1. 对无国籍人、国籍不明者或者难民的不动产遗产的管理，如果不动产位于斯洛文尼亚共和国境内，由斯洛文尼亚共和国法院专属管辖。

2. 对无国籍人、国籍不明者或者难民的动产遗产的管理，如果动产位于斯洛文尼亚共和国或者遗产人死亡时住所在斯洛文尼亚共和国，斯洛文尼亚共和国法院有管辖权。

3. 因继承关系引起的诉讼以及债权人对遗产的请求权的诉讼管辖权，亦适用本条第 1 款与第 2 款规定。

4. 若遗产人住所不在斯洛文尼亚共和国，则参照适用对外国公民遗产管理的规定，此时该外国指遗产人死亡时住所地国。

第 82 条

1. 对于批准结婚，如果申请人双方或一方为斯洛文尼亚公民，不论欲结婚者住所位于何处，斯洛文尼亚共和国机关有管辖权。

2. 只要请求批准结婚的未成年人为斯洛文尼亚公民，或欲在国外结婚的双方均为斯洛文尼亚公民，由斯洛文尼亚共和国机关专属管辖。

第 83 条

1. 对于决定收养或解除收养住所在斯洛文尼亚共和国的斯洛文尼亚公民，由斯洛文尼亚共和国机关专属管辖。

2. 收养与解除收养的决定，如果收养人为斯洛文尼亚公民且其住所在斯洛文尼亚共和国，斯洛文尼亚共和国机关有管辖权。

3. 配偶双方共同收养的，只要配偶一方为斯洛文尼亚公民且其住所在斯洛文尼亚共和国，则斯洛文尼亚共和国机关足以据此行使管辖权。

第 84 条

对斯洛文尼亚公民的监护事项，不论其住所位于何处，由斯洛文尼亚共和国机关专属管辖，但本法另有规定的除外。

第 85 条

对于住所在外国的斯洛文尼亚公民，如果斯洛文尼亚机关已经查明，有管辖权的机关已依照外国法做出决定或者已采取措施保护斯洛文尼亚公民的人身、权利及利益，则斯洛文尼亚共和国机关对其监护事项将不做出决定，亦不得对之进行干涉。

第86条

1. 为保护斯洛文尼亚共和国境内的或其财产在斯洛文尼亚共和国境内的外国公民的人身、权利及利益，斯洛文尼亚共和国机关可采取必要临时措施，并将此通知该外国人国籍国主管机关。

2. 对于住所在斯洛文尼亚共和国的外国公民，如果该外国公民国籍国主管机关未对其人身、权利及利益进行保护，斯洛文尼亚共和国机关可做出决定并采取措施。

第二节　其他规定

第87条

1. 自然人的当事人能力与诉讼能力，依其国籍国法。

2. 如果外国公民依照本条第1款规定无诉讼能力，而依照斯洛文尼亚共和国法律有诉讼能力，则其可自行参与诉讼。

3. 本条第2款所指的外国公民的法定代理人可进行诉讼行为，除非该外国公民宣称自己参与诉讼。

4. 外国法人的当事人能力，依本法第17条所指引的法律。

第88条

如果相同当事人就同一事项正在外国法院进行诉讼，斯洛文尼亚共和国法院可根据一方当事人的请求中断诉讼，具体而言：

（1）在外国进行的民事诉讼向被告送达传票早于在斯洛文尼亚共和国进行的诉讼，或者外国的非讼程序早于在斯洛文尼亚共和国的程序；

（2）外国判决有可能在斯洛文尼亚共和国予以承认；

（3）存在互惠关系。

第89条

判断斯洛文尼亚共和国法院有无管辖权，以诉讼开始时存在的事实为根据。

第90条

1. 住所不在斯洛文尼亚共和国的外国公民或无国籍人在斯洛文尼亚共和国法院提起诉讼的，应被告请求，相关原告必须提供诉讼费用担保。

2. 被告最迟必须于法院在预备庭开庭期间提出本条第一款所指的请求，如此种预审未曾进行，则应在就其抗辩进行第一次庭审时，或其已获悉有理由提出担保请求时提出。

3. 诉讼费用必须用现金支付，但法院亦可准许用其他形式提供担保。

第91条

1. 在下列情况下，被告无权请求诉讼费用担保：

（1）原告国籍国不要求斯洛文尼亚共和国公民提供担保；

（2）原告在斯洛文尼亚共和国享有避难权；

（3）诉讼请求涉及原告基于斯洛文尼亚共和国境内的雇佣关系的请求权；

（4）婚姻诉讼、确定或撤销父亲或母亲身份之诉以及法定扶养之诉；

（5）涉及汇票或支票的诉讼、反诉或因支付令引起的诉讼。

2. 适用本条第1款第1项时，如果对斯洛文尼亚共和国公民在原告国籍国是否有义务提供担保存在疑问，由司法主管部门做出相关答复。

第92条

1. 在允许提供诉讼费用担保的裁决中，法院应决定担保的金额及提供担保的期限，并向原告指明不按时提供担保的法律后果。

2. 若证明原告未能按时提供诉讼费用担保，而被告却已在追索法律补偿的诉讼中请求担保的，则视为原告撤诉或放弃法律补偿。

3. 若被告已及时提出由原告提供诉讼费用担保的申请，只要法院未就此做出有法律效力的裁决，则被告无义务继续参与案件主要问题的诉讼；若请求被批准，则在原告提供担保前被告均无此义务。

4. 如果法院驳回提供诉讼费用担保的请求，只要该驳回请求的裁定尚未生效，法院仍可决定继续进行诉讼。

第93条

1. 在互惠前提下，外国公民有权请求免于支付诉讼费用。

2. 如果对互惠有疑问，由司法主管部门对是否免于支付诉讼费用做出答复。

3. 如果外国公民住所在斯洛文尼亚共和国，则本条第一款规定的互惠并非请求免于支付诉讼费用的前提条件。

4. 住所或居所在斯洛文尼亚共和国的无国籍人，有权请求免于支付诉讼费用。

第四章　外国判决的承认与执行

第一节　外国法院判决的承认与执行

第94条

1. 外国法院的判决，只有经斯洛文尼亚共和国法院承认，方与斯洛文尼亚共和国法院的判决具有同等地位并在斯洛文尼亚共和国具有法律效力。

2. 本条第 1 款所指的外国法院判决亦包括法院调解。

3. 外国法院判决亦包括外国其他机关做出的、与法院判决或法院调解具有同等地位的调整本法第 1 条所指关系的判决。

第 95 条

1. 在申请承认外国法院判决时，申请人须附上外国法院判决原件或经认证的该判决副本以及外国主管法院或其他机关依照该国法律做出有关判决的法律效力的证明。

2. 若外国法院判决或经认证的副本未采用法院国的官方语言，则申请人亦得附上经认证的用法院国官方语言制作的外国法院判决的译文。

第 96 条

1. 如果斯洛文尼亚共和国法院根据外国法院对其做出判决的当事人的抗辩，查明该人系程序不当而未能参与诉讼时，将拒绝承认外国法院判决。

2. 尤其是如果外国法院对其做出判决的当事人由于本人未被送达传票、起诉状或有关诉讼开始的决定，或根本未曾予以送达而未能参与诉讼，除非其以某种方式参与案件主要问题的一审诉讼程序，否则拒绝承认该外国法院判决。

第 97 条

1. 外国法院判决的事项属于斯洛文尼亚共和国法院或其他机关专属管辖的，拒绝承认该外国法院判决。

2. 若被告请求承认由外国法院做出的有关婚姻诉讼的判决，或者原告提出该请求而被告无异议的，则斯洛文尼亚共和国法院的专属管辖权不构成承认该判决的障碍。

第 98 条

1. 根据对其做出判决的当事人的抗辩，如果外国法院仅基于下列情况而行使管辖权的，斯洛文尼亚共和国法院拒绝承认该外国法院判决：

（1）原告国籍；

（2）原告在判决国的财产；

（3）向被告本人送达起诉状或其他引起诉讼开始的法律文书。

2. 根据对其做出判决的当事人的抗辩，如果做出判决的法院未考虑涉及斯洛文尼亚共和国法院管辖权的条约，法院亦可拒绝承认该外国法院判决。

第 99 条

1. 如果斯洛文尼亚共和国法院或其他机关已就同一事项做出有法律效力的判决或另一外国法院就同一事项所做的判决已在斯洛文尼亚共和国得以承

认，则拒绝承认外国法院判决。

2. 如果相同当事人之间以前就同一事项提起的诉讼已在斯洛文尼亚共和国法院中止，法院应推迟承认外国法院判决，直至该诉讼已最终有效地结束。

第 100 条

如果承认外国法院判决的结果违背斯洛文尼亚共和国的公共秩序，则不予承认该外国法院判决。

第 101 条

1. 无互惠关系的，拒绝承认外国法院的判决。

2. 对于外国法院在婚姻诉讼或确定及撤销父（母）亲身份之诉中所做的判决，以及斯洛文尼亚公民请求承认与执行外国法院判决时，不存在互惠关系不构成承认外国法院判决的障碍。

3. 推定存在承认外国法院判决方面的互惠关系，除非有相反证明；对互惠关系有疑问时由司法主管机关做出答复。

第 102 条

1. 对外国法院就该国公民身份地位问题所做的判决，斯洛文尼亚共和国予以承认，无需依照本法第 97 条、第 100 条与第 101 条的规定进行审查。

2. 若斯洛文尼亚共和国主管机关查明，外国判决涉及斯洛文尼亚公民的身份地位，则承认该判决时需依照本法第 95 条至第 101 条规定进行审查。

第 103 条

1. 外国法院判决的执行，适用本法第 95 条至第 101 条的规定。

2. 申请执行外国法院判决者，除提交本法第九十五条规定的证明外，还须提交依照判决做出国法律规定该判决具有可执行性的证明。

第二节 外国仲裁裁决的承认与执行

第 104 条

1. 外国仲裁裁决，指不在斯洛文尼亚共和国领域内做出的仲裁裁决。

2. 外国仲裁裁决具有该裁决做出地国的国籍。

3. 尽管仲裁裁决在斯洛文尼亚共和国做出，但适用了外国程序法的，只要其不违背斯洛文尼亚共和国的强制性规定，亦视为外国仲裁裁决。

4. 本条第 3 款所指的外国仲裁裁决，具有所适用的程序法所属国的国籍。

第 105 条

1. 如果请求承认与执行外国仲裁裁决的当事人在向法院提出申请时附上下列文件的，承认并执行该外国仲裁裁决：

（1）仲裁裁决正本或经认证的副本；

（2）仲裁协议正本或经认证的副本。

2. 若外国仲裁裁决或仲裁协议或者经认证的副本未采用被请求承认与执行该裁决的法院国官方语言，则请求承认与执行该裁决的当事人必须附上经权威人士制作的该语言译本。

第106条

1. 如果法院查明有下列情形的，拒绝承认与执行外国仲裁裁决：

（1）依斯洛文尼亚共和国法律规定，仲裁庭无权做出裁决；

（2）承认与执行裁决的结果违背斯洛文尼亚共和国的公共秩序；

（3）无互惠关系；

（4）仲裁协议未采用书面形式或未通过交换信函、电报或电传等方式缔结；

（5）一方当事人依照支配其行为能力的准据法规定无缔结仲裁协议的能力；

（6）依照当事人选择的某国法律，或者当事人未选择法律时依照仲裁做出地国的法律，仲裁协议无效；

（7）承认与执行仲裁裁决的被申请人未被通知指定仲裁员或未被告知仲裁程序，或因其他事由未能在仲裁程序中主张权利的；

（8）仲裁庭的组成或仲裁程序不符合仲裁协议；

（9）仲裁庭超越仲裁协议规定的权限；

（10）仲裁裁决对当事人不是终局的或尚无执行力，或者仲裁裁决或其执行已被仲裁做出地国或准据法所属国主管机关撤销；

（11）仲裁裁决模糊不清或自相矛盾。

2. 若外国仲裁裁决中有部分涉及已裁决的问题并可与仲裁庭超越权限的那部分区别开来，则仲裁庭未超越权限的那部分裁决得以承认与执行。

第107条

如果本法第106条第1款第10项所指的主管机关已开始进行撤销或中止执行外国仲裁裁决的程序，则法院可推迟对承认与执行该裁决的申请做出裁定；应债权人及债务人的请求，法院在债务人提供相应担保的条件下推迟裁定。

第三节　承认与执行外国法院判决及仲裁裁决的程序

第108条

1. 承认外国法院判决或仲裁裁决的程序始于（当事人的）申请。

2. 在个人身份问题上有合法利益者，均可请求承认外国法院就其个人身份事项所做之判决。

3. 承认外国法院判决或仲裁裁决的事宜，由各县（区法院）的法官决定。

4. 各地实际主管法院负责承认外国法院判决或仲裁裁决事宜。

5. 在其领域执行外国法院判决或仲裁裁决的各地方法院负责执行外国法院判决或仲裁裁决。

6. 若对承认外国法院判决或仲裁裁决未做出特别裁定，则各法院均可将承认该法院判决或仲裁裁决作为先决问题加以决定，但该决定仅对相关诉讼程序有效。

第 109 条

1. 在承认外国法院判决或仲裁裁决的程序中，法院仅限于审查是否满足本法第 94 条至第 107 条规定的前提条件。

2. 法院查明不存在承认障碍的，则做出承认外国判决的决定。

3. 法院将承认外国判决的决定送达对方当事人及其他诉讼参与人，并告知这些人可在该决定送达后十五日内提出异议。

4. 做出承认外国判决决定的法院由三名法官组成合议庭对异议做出裁定。若对异议的裁定取决于有争议的事实，则法院待开庭审理后再做裁定。

5. 对于法院驳回请求承认外国判决的裁定以及对于法院对异议做出的裁定，允许向最高法院提出申诉。

6. 无论本条第 3 款规定如何，承认外国法院有关离婚判决的裁定，如果申请人为斯洛文尼亚共和国公民且被申请人住所或居所不在斯洛文尼亚共和国，法院不向被申请人送达。

第 110 条

假如案件由斯洛文尼亚共和国法院或其他机关判决，诉讼费用由法院依相关规定确定。

第 111 条

本章未特别规定的，承认外国法院判决或仲裁裁决的程序参照适用有关非讼程序的法律规定。

第五章　特别规定

第 112 条

1. 如果斯洛文尼亚共和国领事所在国不反对或者国际条约有规定的，斯洛文尼亚共和国公民可在斯洛文尼亚共和国领事主持下在国外缔结婚姻。

2. 斯洛文尼亚共和国公民可在斯洛文尼亚共和国哪些驻外代办处缔结婚姻，由外事主管部门确定。

第113条

侨居外国的斯洛文尼亚共和国公民的监护事项，如果斯洛文尼亚共和国领事所在国不反对或国际条约有规定的，由斯洛文尼亚共和国领事办理。

第114条

斯洛文尼亚共和国公民可依照法定遗嘱的有关规定在斯洛文尼亚共和国驻外领事处设立遗嘱。

第115条

1. 斯洛文尼亚共和国领事可依照国际条约与接受国的规定核实签名、笔迹与副本。

2. 外事主管部门负责制订本条第1款所指事项的具体规则。

第116条

1. 司法主管部门可出具供外国机关使用的有关法律规则在斯洛文尼亚共和国生效或已生效的证书。

2. 本条第1款所指的证书，必须载明法规的名称、生效或失效日期以及法律条文的标准规定。

第117条

如果当地无领事代表，以及在接受国境内无领事馆的地区，斯洛文尼亚共和国使节亦可履行本法规定的斯洛文尼亚共和国领事的职责。

第六章 附则

第118条

自本法生效之日起，不再适用《关于解决在特定关系上与其他国家的法律冲突的法律》。①

第119条

本法于《斯洛文尼亚共和国官方公报》公布后第十五日生效。

① 《关于解决在特定关系上与其他国家的法律冲突的法律》(Gesetz über die Lösung von Gesetzeskollisionen mit Vorschriften anderer Staaten in bestimmten Verhältnissen)，即1982年《南斯拉夫社会主义联邦共和国法律冲突法》。——译者注

保加利亚共和国
《关于国际私法的法典》*

（2005年5月4日文本）

第一编　总则

第一章　本法典的适用范围

第1条　调整对象

1. 本法典的各条款调整：

（1）保加利亚法院、其他机关的国际管辖权以及国际民事诉讼程序；

（2）适用于具有国际因素的私法关系的准据法；

（3）外国判决及其他文书在保加利亚共和国的承认与执行。

2. 本法典意义上的私法关系，是指与两个或多个国家有联系的私法关系。

第2条　最密切联系原则

1. 具有国际因素的私法关系，由与其有最密切联系的国家的法律支配。本法典有关确定准据法的条款均为该原则的体现。

2. 如果依照本法典第三编的各条款不能确定应适用的法律，则适用依其他标准与该私法关系有最密切联系的国家的法律。

第3条　（本法典）与国际条约、国际法文书以及其他法律的关系

1. 本法典各条款不影响已对保加利亚共和国生效的国际条约、其他国际法文书或者其他法律中有关国际私法关系的规定的适用。

2. 在适用国际条约或其他国际法文书时，应考虑这些规定的国际性质、所进行的识别和必要性，以实现对其解释和适用的一致性。

---

* 保加利亚共和国《关于国际私法的法典》于2005年5月4日召开的第39届国民议会上通过，并公布于2005年5月17日的第42号《保加利亚法律公报》（Dăržaven Vestnik），自2005年5月21日生效。本法典系根据德文译本［资料来源：RabelsZ Bd. 71（2007），S. 457～493］译出，保加利亚语文本为官方文本（http://www. lex. bg/laws/ldoc. php? IDNA = 2135503651）。本译文刊载于《中国国际私法与比较法年刊》第11卷（2008年），北京大学出版社2008年版，第581～615页。——译者注

第二编　保加利亚法院及其他机关的管辖权，国际民事诉讼程序

第二章　保加利亚法院及其他机关的管辖权

第 4 条　一般管辖权

1. 在下列情况下，保加利亚法院和其他机关具有国际管辖权：

（1）被告的惯常居所、章程所规定的所在地或者实际管理机构所在地在保加利亚共和国境内；

（2）原告或者申请人系保加利亚国民或者在保加利亚共和国登记注册的法人。

2. 如果争议产生于与法人分支机构之间的直接关系，而且该分支机构在保加利亚共和国注册登记，则可在保加利亚法院向该法人提起诉讼。

第 5 条　涉及人身权利的事件的管辖权

保加利亚法院和其他机关除了可根据第 4 条行使管辖权外，对下列事项也有管辖权：

（1）姓名的变更与保护，但该人须为保加利亚国民或其惯常居所在保加利亚共和国境内；

（2）保加利亚国民的行为能力的限制或剥夺，以及撤销对保加利亚国民的行为能力的限制或剥夺的诉讼；

（3）监护或者保佐的设立或终止，但被监护人或被保佐人须为保加利亚国民或其惯常居所在保加利亚共和国境内；

（4）保加利亚国民或者惯常居所确实在保加利亚共和国境内者的失踪或死亡宣告。

第 6 条　结婚

1. 如果拟结婚者一方为保加利亚国民或其惯常居所在保加利亚共和国境内，则在保加利亚户籍登记处办理结婚登记。

2. 拟结婚的双方均为外国人的，如果该外国法律允许，则可在其本国驻保加利亚共和国的使馆或领事馆办理结婚登记。

3. 在国外的保加利亚国民，如果该外国法律允许，可在该外国主管机构处办理结婚登记。

4. 双方均在国外的保加利亚国民，如果保加利亚使馆或领事馆所驻国法律允许，则可在保加利亚驻该国的使馆或领事馆处办理结婚登记。

5. 拟结婚的一方为保加利亚国民，另一方为外国人的，如果保加利亚使馆或领事馆所驻国或者该外国人的本国法允许，可在保加利亚驻该国的使馆或领事馆处办理结婚登记。

第 7 条　婚姻之诉的管辖权

婚姻之诉，如果夫妻一方为保加利亚国民或在保加利亚共和国境内有惯常居所，由保加利亚法院管辖。

第 8 条　涉及配偶相互间的人身和财产关系的事件的管辖权

对符合第 7 条规定的、涉及配偶相互间的人身和财产关系的事项，保加利亚法院亦可行使管辖权。

第 9 条　出身事件的管辖权

1. 对于有关出身的确定或撤销的诉讼，保加利亚法院除了可根据第 4 条行使管辖权外，如果作为诉讼当事人的子女或者父母一方为保加利亚国民或者其惯常居所在保加利亚共和国境内，保加利亚法院亦可管辖。

2. 符合第 1 款条件的，该管辖权规定也适用于涉及父母与子女之间的人身和财产关系的事项。

第 10 条　收养事件的管辖权

1. 对涉及收养的许可、解除或终止的事项，除了第 4 条规定的情形外，如果收养人、被收养人或者被收养人的父母一方为保加利亚国民或者惯常居所在保加利亚共和国境内，则保加利亚法院或其他机关亦可管辖。

2. 如果收养人或者被收养人为保加利亚国民或者惯常居所在保加利亚共和国境内，以及在第 4 条规定的情形下，保加利亚法院对涉及收养人和被收养人之间的财产关系的事项具有管辖权。

第 11 条　扶养案件的管辖权

对于扶养之诉，除了第 4 条规定的情形外，如果被扶养人（扶养权利人）的惯常居所在保加利亚共和国境内，保加利亚法院亦可管辖。

第 12 条　物权事件的管辖权

1.《民事诉讼法典》第 83 条所指的涉及位于保加利亚共和国境内的不动产的诉讼，有关不动产的执行和保全的诉讼，以及有关不动产上的物权的转让和公证（Beglaubigung）的诉讼，由保加利亚法院和其他机关专属管辖。

2. 对于因不动产物权提起的诉讼，除了第 4 条规定的情况外，如果不动产位于保加利亚共和国境内，保加利亚法院也可管辖。

第 13 条　知识产权事件的管辖权

1. 对于有关知识产权以及与此有关的权利的诉讼，如果此类权利系在保加利亚共和国境内获得保护，由保加利亚法院管辖。

2. 对于有关知识产权标的物的诉讼，如专利系在保加利亚共和国取得或者在注册，则由保加利亚法院专属管辖。

第 14 条　继承事件的管辖权

对于《民事诉讼法典》第 84 条所指的诉讼以及其他与继承有关的诉讼，如果遗产人死亡时在保加利亚共和国境内有惯常居所或者为保加利亚国民，或者遗产人财产的一部分在保加利亚共和国境内，则由保加利亚法院或其他机关管辖。

第 15 条　因合同关系所生权利事件的管辖权

对于因合同关系提起的诉讼，除了第 4 条规定的情况外，如果债务履行地或者被告的主要营业所所在地在保加利亚共和国境内，保加利亚法院亦可管辖。

第 16 条　消费者事件的管辖权

1. 对于消费者提起的诉讼，除了第 4 条规定的情况外，如果消费者的惯长居所在保加利亚共和国境内并且满足第 95 条规定的条件的，保加利亚法院亦可管辖。

2. 争议发生后，当事人可以缔结法院管辖协议。

第 17 条　劳务争议的管辖权

1. 如果劳工或职员在保加利亚共和国境内从事惯常劳动，以及在第 4 条规定的条件下，保加利亚法院对劳务争议具有管辖权。

2. 争议发生后，当事人可以缔结法院管辖协议。

第 18 条　因侵权行为所生权利事件的管辖权

1. 因侵权行为提起的损害赔偿之诉，除了第 4 条规定的情况外，如果损害行为系在保加利亚共和国境内实施，或者全部或部分的损害结果发生于保加利亚共和国境内，保加利亚法院亦可管辖。

2. 被害人直接对损害行为人的保险人提起的诉讼，第 1 款所规定的管辖权亦成立。

第 19 条　涉及在保加利亚共和国境内注册的法人的法律地位事件的排他性管辖权

1. 对于《民事诉讼法典》第 80 条第 1 款第四项所指的诉讼，如果法人已在保加利亚共和国境内注册，由保加利亚法院专属管辖。

2. 如果公司或其他法人已在保加利亚共和国境内注册，则对因该公司或其他法人的无效或解散、有关其机构章程的废除、成员资格的保护、商事公司的改制以及改制时的金钱补偿等事件而提起的诉讼，适用第 1 款规定。

第 20 条　多方被告之诉的管辖权

对多方被告提起的诉讼，如果保加利亚法院对其中一个被告行使管辖权的理由成立，则由保加利亚法院管辖。

第 21 条　因事件之间的内在关联性而取得的管辖权

1. 如果保加利亚法院对多个原告之一提起的诉讼具有管辖权，只要这些原告提起的诉讼相互间所具有的关联性允许法院对其进行合并审理，则保加利亚法院亦有权审理其他原告提起的诉讼。

2. 如果保加利亚法院对本诉具有国际管辖权，并且满足《民事诉讼法典》第 104 条所规定的条件，则对反诉亦有权管辖。

第 22 条　排他性管辖权

保加利亚法院和其他机关仅在有明确规定的情况下，方可行使排他性国际管辖权。

第 23 条　将案件移交外国法院

1. 如果案件以财产权为诉讼标的，而且争议不在保加利亚法院的专属管辖范围内，当事人可书面协议将争议交给外国法院管辖。在有此种法院管辖协议时，如果向保加利亚法院起诉，被告最迟必须于案件一审结束做出裁决之前提出管辖权异议。第一句之规定不适用于扶养之诉。

2. 在符合第 1 款第一句规定的条件下，可以将本由外国法院管辖的案件移交给保加利亚法院审理。但该规定不适用于扶养之诉。

3. 只要该协议无其他约定，则推定当事人协议将争议的专属管辖权移交给保加利亚法院或者外国法院。

第 24 条　保加利亚法院管辖权的默示成立

如果根据第 23 条第 1 款协议由保加利亚法院管辖，则在无此种协议的情况下，如果被告在第一审结束前通过法律争议中的诉讼行为明示或默示接受管辖，法院亦可据此行使管辖权。

第 25 条　诉讼保全的管辖权

如果保全措施的客体位于保加利亚共和国境内，而且外国法院所做的判决要在保加利亚共和国承认和执行，即使保加利亚共和国法院对诉讼的审理无国际管辖权，但保加利亚共和国法院对于该诉讼的保全措施仍可行使管辖权。

第 26 条　强制执行的管辖权

如果履行义务者在保加利亚共和国境内有惯常居所，或者强制执行措施的客体位于保加利亚共和国境内，则保加利亚共和国的执行机构对于该强制执行措施的实施具有专属管辖权。

第 27 条 情势变更时的管辖权

1. 如果诉讼开始时，行使国际管辖权的理由成立，即使该理由后来在诉讼中不复存在，仍由已行使管辖权的法院管辖。

2. 即使法院在诉讼开始时无国际管辖权，但在诉讼过程中产生了管辖权根据，那么，该法院的这种管辖权即告成立。

第 28 条 法院审查

法院依职权对国际管辖权进行审查。要确定这种管辖权是否成立，由上诉审做出裁定。

第三章 诉讼程序

第 29 条 准据法

保加利亚法院和其他机关依照保加利亚法律对案件进行审理。

第 30 条 证据

1. 举证责任的承担，依照据以对待证明的案情的结果做出判决的实体法。

2. 只要案件的准据法对《保加利亚共和国民事诉讼法典》第 133 条规定的情况允许证人佐证，如果案情发生于该准据法所属国境内，则允许采取这些证据。

3. 即使保加利亚共和国法院对诉讼无管辖权，但如果对该诉讼做出判决所必需的证据处于保加利亚共和国境内，则该证据的保全措施亦由保加利亚法院实施，并在采取保全措施当日告知对方，但这种保全措施必须立即执行者除外。

第 31 条 对外国诉讼行为的认定

外国诉讼行为或官方文件的有效性，由保加利亚共和国法院或其他机关根据该行为实施地或者出具地国家的法律认定。

第 32 条 传讯和文书的送达

1. 在外国传讯或者送达通知或文书，应通过保加利亚外交或领事代表以及外国主管机关进行，并由保加利亚机关通过司法部根据司法部规定的程序向保加利亚外交或领事代表以及外国主管机关提出该传讯或送达请求。

2. 保加利亚外交或领事代表只能对保加利亚公民进行传讯或送达行为。

第 33 条 接收法院传票的地址

1. 当事人在国外有已知地址的，在该地址进行传讯，并在传讯中告知当事人必须在保加利亚共和国境内指定一个接收法院传票的地址。

2. 第1款所指义务也针对在保加利亚境内者的法定代理人、监护人以及被委托人，如果这些人正在国外，则为在保加利亚共和国境内者的被委托人。

3. 不履行第1款及第2款规定的义务时，为当事人确定的随后传讯及其他文书均归入卷宗，并视为已送达。当事人在第一次被传讯时应被告知这些后果。

第34条　通过代理人传讯

如果当事人在国外有已知的地址，而且当事人在保加利亚共和国境内的代理人已经以当事人的名义实施了与已开始的诉讼有关的行为，则可通过该代理人进行传讯。

第35条　公告传讯

1. 如果当事人在国外有已知的地址，但采用一切办法都不能在该地址对其进行传讯，则应至少在开庭审理一个月之前通过《保加利亚法律公报》的非正文部分公告传讯当事人。

2. 当事人在公告传讯后仍未出庭参与诉讼的，法院为其指定代理人。

第36条　司法协助

1. 保加利亚机关有义务应外国机关的要求实施司法协助，除非履行该项要求违背保加利亚的公共秩序。

2. 被请求的行为依照保加利亚法律执行。如果保加利亚法律允许，可根据外国机关的申请依照外国法执行该行为。

3. 如果保加利亚机关请求外国给予司法协助，可要求按照保加利亚法律执行司法协助行为。

第37条　对诉讼未决的抗辩

如果相同当事人之间基于相同事实就同一诉讼请求已在外国法院提起诉讼，并且可预见该诉讼将在合理的期限内做出终局判决，而该判决将在保加利亚共和国境内予以承认和执行，则保加利亚法院应依职权中止已受理的诉讼。

第38条　对优先法律关系的管辖权

1. 保加利亚法院即便对相关案件无管辖权，但可以对解决争议具有重要意义的法律关系发表意见。

2. 如果对于该具有重要意义的法律关系已在外国开始了诉讼但尚未做出判决，只要假设该外国法院判决将在保加利亚共和国境内得到承认的理由成立，则保加利亚法院可中止已受理的相关诉讼。

第三编　准据法

第四章　一般规定

第 39 条　识别

1. 如果准据法的确定取决于对案件事实或法律关系的识别，则依保加利亚法律进行识别。

2. 如果相关的法律制度或者法律概念在保加利亚法律中不存在，而且根据保加利亚法律进行解释后也不能确定，则在识别时应考虑规定这些法律制度或法律概念的外国法。

3. 识别时应顾及所调整的法律关系中的国际因素以及国际私法的各种特性。

第 40 条　指引

1. 在本法典意义上，某特定国家的法律系指该国的包括冲突规范在内的所有法律规范，但本法典或其他法律另有规定的除外。

2. 对保加利亚法律的反致和对第三国法律的指引（转致），不许适用于：

（1）法人以及无权利能力的个人组合的法律地位；

（2）法律行为的形式；

（3）对准据法的选择；

（4）扶养；

（5）合同关系；

（6）非合同关系。

3. 在第 1 款所指情况下，如果接受这种指引，则适用保加利亚或第三国的实体法。

第 41 条　对多元法制国家法律的适用

1. 如果本法典指引适用其法律的国家系由多个具有自身法律制度的领土单位组成，则依该国法律确定应适用其中哪一法律。

2. 如果相关国家由多个领土单位组成，而各领土单位均有自己的调整合同之债和非合同之债的法律规定，则在依照本法典第十和第十一章确定准据法时，各领土单位均视为一个国家。

3. 如果本法典指引适用其法律的国家具有多种适用于不同种类人群的法律制度，则依该国法律确定应适用其中哪一法律。

4. 如果第 1 款至第 3 款所指国家无任何确定准据法（应适用的法律）的标准，则适用与法律关系有密切联系的各该法律。

第 42 条 连结因素的变更

据以确定准据法的情势事后发生变更的，无任何追溯力。

第 43 条 外国法内容的查明

1. 法院或者其他法律适用机关依职权查明外国法的内容，并可借助于国际条约中规定的协助方式，请求司法部或其他机构以及专家、专业机构提供答复。

2. 各当事人可以提供证明其据以提出请求或抗辩的外国法条款内容的文件，或者以其他方式支持法院或其他法律适用机关查明外国法的内容。

3. 在当事人选择准据法的情况下，法院或其他法律适用机关可责令当事人参与查明所选择法律的内容。

第 44 条 外国法的解释和适用

1. 外国法的解释和适用，应按照该法律来源国的解释和适用方式进行。

2. 对外国法的不适用以及错误解释和适用，均可提出上诉。

第 45 条 公共秩序

1. 根据本法典本应适用的某外国法规定，仅在其适用的结果明显与保加利亚的公共秩序不相容时，方不予以适用。

2. 在判断这种不相容性时，应考虑法律关系与保加利亚法律的联系程度以及该外国法适用结果的重要性。

3. 如果确定存在第 1 款所指的不相容性，则适用该外国法中的其他合适的法律规定。无此种规定时，出于调整该法律关系的必要性，适用保加利亚的法律规定。

第 46 条 干预规范

1. 本法典的规定，不影响保加利亚法律中的强制性规范的适用。无论所指引的外国法规定如何，这些强制性规范在对其调整对象和立法目的上均强行适用。

2. 与法律关系有密切联系的其他国家的强制性规范，如果根据其所属国法律的规定，不论本法典的冲突规范所指引的准据法为何国法律，均应予以适用，则法院得考虑适用该强制性规范。在决定应否适用这种干预规范时，法院应考虑该规范的性质、适用对象以及其适用或不适用的结果。

第 47 条 互惠

1. 外国法的适用，不受互惠关系存在与否的限制。

2. 在某法律规定要求有互惠关系存在时，除非有相反证据，否则推定存在这种互惠关系。

第五章　法律关系主体的法律地位

第一节　自然人的法律地位

第 48 条　一般规定

1. 在本法典意义上，自然人的本国法，系指其国籍所属国的法律。

2. 具有两个或多个国籍的自然人，如果保加利亚是其国籍之一，则以保加利亚法律为其本国法。

3. 具有两个或多个国籍的自然人，若其惯常居所设在其中一国，则以该惯常居所地国法为其本国法。若该人在其国籍所属国中均无惯常居所，则适用与其有最密切联系的国家的法律。

4. 在本法典意义上，无国籍人以其惯常居所地国法为本国法。

5. 在本法典意义上，难民或寻求庇护者以其惯常居所地国法为本国法。

6. 如果第 3 款、第 4 款和第 5 款所指之人无任何惯常居所或惯常居所无法查明，则适用与其有最密切联系的国家的法律。

7. 在本法典意义上，自然人的惯常居所系指该自然人主要为了生存需要而设立住所之地，且与为居留或设立住所必需的注册登记或许可证无关。在确定该地点时，尤其应考虑个人或职业特征等情况，这些情况可从该人与该地点的稳固联系或者其创设这种联系的意图等推断出来。

第 49 条　权利能力

1. 人的权利能力，依其本国法。

2. 外国人和无国籍人在保加利亚共和国享有与保加利亚国民同等的权利，但法律另有规定的除外。

第 50 条　行为能力

1. 人的行为能力，依其本国法。如果相关法律关系的准据法在行为能力方面规定有特别条件的，则适用该法律的规定。

2. 如果合同系由处于同一国境内的当事人所订立，一方当事人根据该国法律具有行为能力，则该当事人不得援引另一国法律主张无行为能力，除非缔约对方在订立合同时已知晓其无行为能力或由于疏忽而不知晓。

3. 第 2 款规定不适用于家庭关系或继承关系中的行为以及涉及行为实施地国以外的其他国家境内的不动产物权的行为。

第 51 条　已取得的权利能力和行为能力

已依本国法取得的权利能力和行为能力，不受国籍变更的影响。

第 52 条　商人的行为能力

未设立法人但从事商业活动者的行为能力，依照其注册为商人所在地国法律确定。如果无需注册，则适用该商人的总事务所所在地国法。

第 53 条　姓名

1. 自然人的姓名及其变更，依其本国法。

2. 国籍变更对姓名的影响，依已取得的国籍所属国法律确定。对于无国籍人，其惯常居所地变更对姓名的影响，依该人新设立的惯常居所所在地国法确定。

3. 姓名的保护，由根据本法第十一章规定应适用的法律支配。

4. 姓名及其变更，可以依保加利亚法律规定，但以惯常居所在保加利亚共和国境内者有此请求为限。

第 54 条　对行为能力的限制或剥夺

1. 对自然人的行为能力进行限制或者剥夺的条件及后果，依其本国法。如果该人的惯常居所在保加利亚共和国境内，则法院可以适用保加利亚法律。

2. 撤销对行为能力的限制或剥夺的条件，亦依照第 1 款规定所适用的法律。

第 55 条　失踪和死亡宣告

1. 失踪或死亡宣告的条件和后果，依被宣告失踪或死亡者有最后确切消息时的国籍所属国法。若其为无国籍人，失踪或死亡宣告的条件和后果，依其最后的惯常居所地国法。

2. 为保护某自然人的位于保加利亚共和国境内的财产而采取的临时措施，依保加利亚法律。

3. 根据具有合法利益者的申请，对惯常居所在保加利亚共和国境内者，可依照保加利亚法律宣告其失踪或死亡。

第二节　法人、无权利能力的个人组合以及国家的法律地位

第 56 条　法人

1. 法人以其注册地国法为准。

2. 如果对法人的设立无注册要求或者（该法人）在多个国家注册，适用该法人的组织章程所规定的所在地国家的法律。

3. 如果第 2 款所指的组织章程规定的所在地与该法人的实际管理机构所

在地不一致，则适用该法人实际管理机构所在地国法。

4. 对于法人的分支机构，以该分支机构注册地国法为准。

第 57 条　无权利能力的个人组合

对于非法人的社团或者组织，以该社团或组织注册地或设立地国法为准。

第 58 条　准据法的适用范围

根据第 56 条和第 57 条确定的准据法调整下列事项：

（1）设立、法律性质和法律上的组织形式；

（2）名称或公司名称；

（3）权利主体和领导体系；

（4）机构的组成、权限和职能；

（5）代表机构；

（6）成员资格以及与此相关的权利和义务的取得和丧失；

（7）履行义务的责任；

（8）违反法律或组织章程的后果；

（9）改组或解散。

第 59 条　所在地迁移和改组

将所在地迁往另一国或者在不同国家具有所在地的法人改组，仅在该行为的实施符合这些国家的法律时发生法律效力。

第 60 条　国家参与具有国际因素的私法关系

本法典的规定，亦适用于国家作为当事人参与的具有国际因素的私法关系，但法律另有规定的除外。

第六章　法律行为、代理和时效

第 61 条　法律行为的形式

法律行为的形式依支配法律行为的准据法。满足行为实施地国法的形式要求的法律行为在形式上为有效。

第 62 条　私人代理中的代理人和第三人之间的关系

1. 在代理人和第三人之间的关系上，代理人代理权的成立和范围、代理人实际上或名义上行使代理权的行为的结果，由代理人实施代理行为时其总事务所所在地国法支配。

2. 在下列情况下，不管第 1 款规定如何，仍适用代理人行为地国法：

（1）代理人的总事务所或其惯常居所位于该国，而且代理人在该国以被代理人的名义实施了代理行为；

（2）第三人的总事务所或惯常居所位于该国；

（3）代理人在交易所实施代理行为或参与了拍卖；

（4）代理人未设立任何总事务所。

3. 被代理人或者第三人可以书面形式选择适用于第 1 款所指事项的法律。这种法律选择必须为对方当事人明确地接受，且不得影响代理人的利益。

第 63 条　时效

时效，以调整相应法律关系的法律为准。

第七章　物权和知识产权

第一节　物权

第 64 条　一般规定

1. 动产和不动产的占有、所有权和其他物权，依该物之所在地国法。

2. 某物应视为动产还是不动产以及物权的种类，依第 1 款所指的法律确定。

第 65 条　物权的取得和终止

1. 物权和占有的取得和终止，由实施物权行为时或者决定物权的取得或终止的情势发生时该物之所在地国法支配。

2. 通过占有取得物权或其他物权，依占有时效届满时该物之所在地国法。在另一国的占有时间应予以考虑。

第 66 条　既得权

物之所在地发生变更时，行使依照该物以前所在地国法所取得的权利时不得违背该物之新所在地国家的法律。

第 67 条　运输中的物品

1. 运输中物品的物权的取得和终止，依目的地国法。

2. 游客携带的供个人使用的物品的物权，依该游客的惯常居所地国法。

第 68 条　交通工具

交通工具的物权的取得、转让和终止，依：

（1）船舶所悬挂的国旗国法；

（2）航空器注册地国法；

（3）为铁路或公路交通运输目的而经营交通工具者的事务所所在地国法。

第 69 条　注册

取得、转让或消灭物权的法律行为的注册，依该物在实施法律行为时的所在地国法。

第 70 条　文物

如果被列入一国文化遗产的物品被非法带至该国境外，则该国要求返还该物品的请求权适用该国的法律，除非该国已选择适用在提出返还请求时该物品所在地国家的法律。

第二节　知识产权

第 71 条　一般规定

1. 著作权以及与著作权相关的权利的产生、内容、转让和终止，依授予著作权保护的国家的法律。

2. 知识产权标的物上的权利的产生、内容、转让和终止，依授予专利权或者注册地或者提出授予专利权或注册的申报所在地国家的法律。

第 72 条　基于劳务关系而创设的知识产权标的物上的权利

在雇主与创作者的关系上，对于在劳务关系期间创设的知识产权标的物上的权利所有人的确定，亦适用支配劳务合同的法律。

第 73 条　合同准据法

涉及知识产权标的物上的权利的转让或使用权转让的合同，由根据本法典第十章确定的准据法支配。

第三节　物权或知识产权的准据法的适用范围

第 74 条　准据法的适用范围

根据本章第一节和第二节规定应适用的法律调整下列事项：

（1）权利的产生、种类、内容和范围；

（2）权利所有人；

（3）权利的可转让性；

（4）权利的设立、变更、转让或消灭方式；

（5）注册的必要性，以及权利能否对抗第三人。

第八章　家庭关系

第 75 条　婚姻的形式

1. 婚姻的形式，依缔结婚姻所在机构的所属国法律。

2. 在经授权的外交或领事代表处缔结婚姻的形式，依（该外交或领事代表的）派遣国法律。

3. 在外国缔结的婚姻，只要其符合根据第 1 款和第 2 款指引的法律所规定的形式，则在保加利亚共和国得以承认。

第 76 条　结婚的条件

1. 结婚的条件，依各方当事人结婚时的国籍国法决定。对于在外国结婚的保加利亚国民，可根据《保加利亚共和国家庭法典》第 12 条第 2 款的规定由保加利亚的外交或领事代表颁发许可证。

2. 如果当事人一方为保加利亚国民或其惯常居所在保加利亚共和国境内，且婚姻在保加利亚婚姻登记处缔结，但应适用的外国本国法存在禁止结婚的规定，而该规定与保加利亚法律上的结婚自由原则相抵触，则该禁止结婚的规定不予以适用。

第 77 条　无婚姻障碍的证明

外国人或无国籍人必须向保加利亚婚姻登记处证明：

（1）其本国法承认在外国主管机关处缔结的婚姻；

（2）根据其本国法不存在任何结婚障碍。

第 78 条　婚姻的解除

婚姻的解除，依适用于结婚条件的法律。

第 79 条　夫妻之间的人身和财产关系

1. 夫妻相互间的人身关系，依其共同本国法。

2. 具有不同国籍的夫妻之间的人身关系，依其共同惯常居所地国法，若无共同的惯常居所地，则依与夫妻双方均有最密切联系的国家的法律。

3. 夫妻相互间的财产关系，依适用于其人身关系的法律。

4. 夫妻双方可以选择调整其财产关系的准据法，但以根据第 1 款和第 2 款确定的法律允许此种选择为限。

第 80 条　法律选择协议

1. 根据第 79 条第 4 款选择准据法时，须采取书面形式，并注明日期，附上夫妻双方的签名。

2. 法律选择协议的订立和效力，依所选择的法律。

3. 法律选择可在结婚前或结婚后做出。夫妻双方可以变更或者废除法律选择。如果法律选择系在结婚后做出，则该法律选择自结婚时发生效力，但当事人另有约定的除外。

第 81 条　法律选择能否对抗第三人

如果夫妻间的财产关系应以所选择的外国法为准，则仅在第三人知晓适用该法律或者由于自身的疏忽而未能知晓时，这种法律选择方可对抗第三人。对于不动产物权，仅在该物权符合物之所在地国法所规定的注册要求时，方可对第三人提出抗辩。

第 82 条　离婚

1. 具有同一外国国籍的夫妻之间的离婚，依其提出离婚申请时的国籍国法。

2. 具有不同国籍的夫妻之间的离婚，依其提出离婚申请时的共同惯常居所地国法。如果夫妻双方无共同的惯常居所，则适用保加利亚法律。

3. 如果所适用的法律不许离婚，而在提出离婚申请时夫妻一方为保加利亚国民或其惯常居所在保加利亚共和国境内，则适用保加利亚法律。

第 83 条　出身

1. 出身，依子女在出生时已取得的国籍国法。

2. 尽管有第 1 款规定，但如果对子女更有利，可适用：

（1）子女的国籍国法或者在查明出身时该子女的惯常居所地国法；或者

（2）支配子女出生时其父母相互间人身关系的法律；

3. 如果第三国法律允许查明子女的出身，则接受对该第三国法律的转致。

4. 认领，只要其符合已实施认领行为的认领人的本国法、认领时子女的本国法或者认领时子女的惯常居所地国法，均为有效。

5. 认领的形式，由认领行为实施地国法或者根据第四款规定应适用的法律支配。

第 84 条　收养

1. 收养的条件，依提出收养申请时收养人和被收养人的国籍国法。

2. 如果收养人和被收养人国籍不同，适用其中一方的本国法。

3. 如果被收养人为保加利亚国民，收养应取得司法部的许可。颁发同意由外国人收养保加利亚国民的许可证的条件和程序，依司法部的有关规定。

4. 如果被收养人为保加利亚国民，但其惯常居所在另一国家的（具有保加利亚或外国国籍）收养人也必须满足该另一国法律规定的收养条件。

5. 收养的效力，依收养人和被收养人的共同本国法。如果其国籍不同，适用其共同的惯常居所地国法。

6. 收养的解除，依第 1 款、第 2 款和第 4 款规定的适用于收养条件的法律。

7. 除第 6 款规定的解除收养外，收养终止的原因，依第五款规定的适用于收养的效力的法律。

8. 终止收养时，应考虑未成年的被收养人的利益。

第 85 条　父母与子女间的关系

1. 父母与子女间的关系，依其共同的惯常居所地国法。

2. 如果父母和子女无共同的惯常居所，其相互间关系依子女的惯常居所地国法，如果对子女更有利，也可适用子女的本国法。

第86条　监护与托管

1. 监护与托管的设立及终止，依被监护人或被托管人的惯常居所地国法。

2. 被监护人或被托管人与监护人或托管人之间的关系，适用依第一款确定的准据法。

3. 承担监护或托管的义务，依被指定为监护人或托管人的人的本国法。

4. （如果被监护人或被托管人的）人身及其动产或不动产财产位于保加利亚共和国境内，可根据保加利亚法律采取临时或紧急保护措施。

第87条　扶养

1. 扶养义务，依扶养权利人的惯常居所地国法，除非其本国法对其更为有利。此时，适用扶养权利人的本国法。

2. 如果扶养权利人和扶养义务人具有同一国国籍，而且扶养义务人的惯常居所也在该国境内，则适用其共同的本国法。

3. 如果根据第1款和第2款规定应适用的法律不允许判给扶养费，则适用保加利亚法律。

4. 如果涉及因解除婚姻或离婚的以前的夫妻之间的扶养义务，依第78条或第82条规定的准据法。

第88条　扶养准据法的适用范围

1. 抚养的准据法确定：

（1）能否请求扶养以及请求抚养的范围与对象；

（2）谁可请求扶养以及扶养的期限；

（3）能否变更扶养以及变更扶养的条件；

（4）请求扶养的权利消灭的原因；

（5）扶养义务人向代为支付扶养费的机构进行补偿的义务。

2. 尽管应适用的外国法有另外规定，但在计算扶养费时应考虑扶养义务的实际情况和扶养权利人的实际需要。

第九章　继承关系

第89条　法定的继承顺位

1. 动产的继承顺位，依被继承人死亡时的惯常居所地国法。

2. 不动产的继承顺位，依不动产所在地国法。

3. 被继承人可以选择其所有财产的继承顺位均依其选择法律时的国籍

国法。

4. 准据法的选择及其废除的效力的条件，依所选择的法律。准据法选择及其废除均必须以遗嘱的形式做出。

5. 对准据法的选择，不得有损于根据第 1 款和第 2 款应适用的法律所规定的给继承人的保留份额。

第 90 条　遗嘱继承

1. 人通过遗嘱处分其财产（设立或废除遗嘱）的能力，依第 89 条规定的准据法。

2. 遗嘱，如果其符合下列国家法律的规定，则在形式上有效：

（1）设立地国；或者

（2）遗嘱人在设立遗嘱时或者死亡时的国籍国；或者

（3）遗嘱人在设立遗嘱时或者死亡时的惯常居所地国；或者

（4）作为遗嘱标的物的不动产所在地国。

3. 第 2 款亦适用于废除遗嘱的形式。

第 91 条　准据法的适用范围

继承的准据法调整（下列事项）：

（1）继承开始的时间和地点；

（2）继承人的范围和继承顺位；

（3）继承份额；

（4）继承能力；

（5）对被继承人债务的承担以及该债务在继承人之间的分配；

（6）继承的接受和拒绝；

（7）接受继承的期限；

（8）可支配的部分；

（9）遗嘱的有效要件。

第 92 条　无人继承的遗产

如果根据继承的准据法无任何继承人，在保加利亚共和国境内的遗产归保加利亚国库或乡镇所有。

第十章　合同关系

第 93 条　准据法的选择

1. 合同，依合同当事人所选择的法律。这种选择必须是明示的，或者可从合同条款或者合同关系的各种情况中推断出来。

2. 如果无另外约定，则可认定，当事人选择适用的应是其认识或务必认识的习惯，这种习惯在国际商务中广为人知，且在相关交易中经常受到这类合同当事人的尊重。

3. 当事人可以就整个合同或合同的某部分进行法律选择。

4. 当事人可随时协议合同受此前所选择的法律以外的另一国法律支配。合同订立后变更准据法的，不得影响第 98 条意义上的合同形式有效性以及第三人权利。

5. 在法律选择时，如果合同的所有要素仅与同一个国家有联系，则该国的不得通过行使法律选择自由的权利予以规避的强制性规范的适用不受选择外国法的影响。

6. 对于选择准据法的合意的成立和效力，适用第 97 条和第 98 条的规定。

第 94 条　未选择法律时的准据法

1. 如果当事人未选择准据法，则适用与合同有最密切联系的国家的法律。如果合同的某部分可与合同的其余条款相分离，且该部分与另一个国家有更密切的联系，则可例外地对该部分适用该另一国的法律。

2. 推定实施特征性履行的一方当事人在订立合同时的惯常居所地国或者主要管理机构所在地国与合同有最密切联系。

3. 如果合同系由第 2 款所指的当事人在进行商业或职业活动时订立，则推定合同与该当事人的主要事务所所在地国有最密切联系。如果履行地与该当事人的主要事务所所在地不一致，则推定合同与订立合同时实施履行行为的事务所所在地国有最密切联系。

4. 如果特征性履行不能确定，则不适用第 2 款和第 3 款的规定。

5. 如果合同以不动产物权为标的，则推定合同与该不动产所在地国有最密切联系。

6. 第 2 款和第 3 款的规定不适用于货物运输合同，并推定该货物运输合同与承运人在订立合同时的主要事务所所在地国有最密切联系，但同时下列地点也必须在该国：

（1）装货地；或者

（2）卸货地；或者

（3）货物发运人的主要事务所。

7. 第 6 款的规定亦适用于有关单程运输的租赁合同以及服务于货物运输这个主要事项的其他合同。

8. 如果总体情况表明合同与另一国有更密切的联系，则不适用第 2 款、第 3 款、第 5 款、第 6 款、第 7 款的规定。此时，适用该另一国法律。

第 95 条　消费者合同的准据法

1. 本法典意义上的消费者合同，系指一方当事人购买货物、享受服务或获得信贷是出于本人或其家庭成员的需要，并非为了销售、生产或者职业行为的目的而订立的合同。

2. 与消费者订立的合同，依当事人所选择的法律。但是，准据法的选择不得剥夺消费者惯常居所地国的强制性规范给予消费者的保护，如果：

（1）合同的订立系由于某项给消费者的具体报价或在该国的广告所致，而且消费者在该国实施了所有为订立合同所必需的行为；

（2）合同对方或其代理人在该国接受了消费者的订单；

（3）合同涉及货物的销售，且卖方为了促使消费者购买货物而安排消费者去另一国提交订单。

3. 未选择准据法时，在第 2 款所指情况下订立的合同，适用消费者的惯常居所地国法。

4. 第 2 款和第 3 款规定不适用于运输合同以及专门在消费者惯常居所地国以外的另一国提供服务的合同。这些合同依第 93 条和第 94 条规定。

5. 为提供包括运送和提供住宿在内的复合服务而支付总价款的合同，依被第 2 款和第 3 款指引适用的法律。

第 96 条　个人劳务合同的准据法

1. 劳务合同，依双方当事人选择的法律。但是，准据法的选择不得剥夺未选择法律时应适用的强制性规范给予劳动者或者职员所提供的保护。

2. 未选择法律时，劳务合同依劳动者或者职员惯常从事劳动所在地国法，即使其暂时被派往另一国亦然。

3. 如果劳动者或者职员并非总在同一个国家从事劳动，则适用雇主的惯常居所地国法或者主要事务所所在地国法。

4. 在第 2 款和第 3 款所指情形下，如果总体情况表明，劳务合同与另一国有更密切联系，则适用该另一国法律。

第 97 条　合同的订立和效力

1. 合同或者合同某条款的成立及效力，依假设该合同或合同条款有效时根据本章规定应适用的那个国家的法律确定。

2. 如果合同情况表明，依照第 1 款所指的法律来确定其行为的后果显失公平，则合同各方当事人均可援引其惯常居所地国法以确认其不赞同合同。

第 98 条　合同的形式

1. 合同的效力，应遵守依照本章规定适用于合同的法律或者合同缔结地国法的形式要求。

2. 如果当事人在订立合同时分别位于不同的国家境内，如果合同满足了依照本章规定适用于合同的法律或者任何一方当事人所在地国法的形式要求，则为有效。

3. 如果合同系通过代理人订立，则适用第1款和第2款规定时必须考虑该代理人所在地国法。

4. 在第95条所指情况下与消费者订立的合同的效力，必须遵守消费者的惯常居所地国法的形式要求。

5. 与现有合同或将来合同相关的单方意思表示的效力，必须满足依照本章规定应适用或本应适用的法律或者意思表示做出地国法的形式要求。

6. 如果合同以不动产物权为标的，则不论合同缔结地位于何处或者合同准据法为何，必须满足该不动产所在地国法中必须适用的强制性形式要求。

第99条 法定的债权转让

1. 如果第三人有义务向债权人进行清偿，或者该第三人已向债权人清偿，则该第三人能否或者能在多大范围内行使已被清偿的债权人根据其债务关系的准据法对债务人享有的全部或部分权利，依支配该第三人对债权人的义务的准据法确定。

2. 如果多个（第三）人均应履行同一义务，且债权人已从其中一人处得到清偿，则第1款同样适用。

第100条 债权转让

1. 已转让债权的（原）债权人与新债权人之间的关系，依照本章对合同所规定的适用于债权转让的法律确定。

2. 债权的可转让性、新债权人与债务人的关系、债权转让得以对抗债务人的条件以及债务人履行清偿的效果，依支配被转让的债权的法律确定。

第101条 证据

1. 依照本章规定适用于合同的法律，如果其含有法律推定或涉及举证责任的其他规定，则也适用于与合同有关的证据。

2. 合同或者单方意思表示，得用法院地法或者第98条所指的支配合同形式的法律所许可的各种证据方式加以证明。

第102条 准据法的适用范围

1. 依照本章规定适用于合同的法律调整（下列事项）：

（1）合同的解释；

（2）义务的履行；

（3）完全不履行或部分不履行义务的后果；

（4）损失范围的确定；

（5）义务消灭的原因；

（6）合同无效的后果；

（7）时效；

（8）作为期限届满后果的权利终止。

2. 就履行义务的种类和方式以及债权人在债务人不履行义务时可采取的措施而言，法院应完全或部分地考虑合同履行地国法。

第 103 条　本章规定的解释和适用

在解释和适用本章规定时，应考虑：

（1）本章规定与欧洲共同体成员国之间于 1980 年 6 月 19 日在罗马签署的《关于合同之债的法律适用公约》相一致的情况；以及

（2）该公约条款在已生效的国家被解释或适用的类型或方式实现统一的必要性。

第 104 条　本章规定的不适用性

本章规定不适用于因本票、汇票及支票所产生的义务。

第十一章　非合同关系

第一节　侵权行为

第 105 条　一般规定

1. 因侵权行为引起的义务，由直接损害的发生地或可能发生地国法支配。

2. 如果造成损害者与受害者在损害发生时在同一国有惯常居所或者事务所，则适用该国的法律。

3. 不管第 1 款和第 2 款的规定为何，如果总体情况表明，侵权行为与另一国有实质性更密切联系，则适用该另一国法律。当事人之间的以前关系，例如与侵权行为有密切关系的合同，亦可成为这种实质性更密切联系的依据。

第 106 条　产品损害责任

1. 如果损害系因产品瑕疵所致，或者存在造成损害的危险，则损害赔偿义务依受害者的惯常居所地国法，除非承担责任者证明，在该国市场取得该产品并未征得其同意。此时，适用承担责任者的惯常居所地或者事务所所在地国法。

2. 第 105 条第 2 款和第 3 款规定的适用不受第 1 款的影响。

第 107 条　不正当竞争与限制竞争

1. 因不正当竞争或者限制竞争而产生的义务，依照竞争者相互间的利益或者消费者的集体利益直接地并且明显地受到损害或可能受到损害地国法。

2. 如果不正当竞争仅仅影响到单个竞争者的利益，则适用第105条第2款、第3款的规定。

第108条　对人格权的侵害

1. 由于通过大众媒体，如印刷品、广播、电视或其他信息手段，侵害人格权而产生的义务，依受害者的选择适用：

（1）其惯常居所地国法；或者

（2）损害发生地国法；

（3）承担责任者的惯常居所地或者事务所所在地国法。

2. 在第1款第一种和第二种情况下，要求承担责任者应能理性地估计到将在相关国家发生损害。

3. 在人格权受侵害时针对大众媒体的抗辩权，依（信息）公布地或者信号发射地国法。

4. 第1款规定亦适用于因侵害与保护个人资料相关的权利而产生的义务。

第109条　环境损害

因环境损害而产生的义务，依损害发生地或者可能发生地国法，除非受害者选择适用致害行为实施地国法。

第110条　对知识产权的侵害

因侵害著作权、与著作权相关的权利以及知识产权标的物上的权利而产生的义务，依该权利被保护地国法。

第二节　不当得利；无因管理

第111条　不当得利

1. 因不当得利而产生的义务，依不当得利发生地国法。

2. 如果不当得利的发生与当事人之间的另一法律关系有关，如与不当得利有密切联系的合同，则适用调整该另一法律关系的法律。

3. 如果各方当事人在不当得利发生时在某同一国家有惯常居所或者事务所，则适用该国的法律。

4. 如果总体情况表明，不当得利与另一个国家存在实质性更密切联系，则适用该另一国法律。

第112条　无因管理

1. 由于无因管理而产生的义务，依管理人在实施管理行为时的惯常居所地或者事务所所在地国法。

2. 如果管理行为与当事人之间的另一法律关系有关，例如与无因管理有密切联系的合同，则适用调整该另一法律关系的法律。

3. 如果由于无因管理而产生的义务与保护自然人或者某具体财产有关，适用无因管理行为发生时该人或财产所在地国法。

4. 如果总体情况表明，无因管理与另一个国家存在实质性更密切联系，则适用该另一国法律。

第三节 非合同关系的一般规定

第113条 准据法的选择

1. 因本章第一节和第二节所调整的非合同关系所致的义务产生后，当事人可以将这类义务由其所选择的法律支配。准据法的选择必须是明示的，或者可以清楚地从案件的各类情况中推断出来，而且不得损害第三者的权利。

2. 义务产生时，如果非合同关系的所有因素与所选择的法律所属国以外的另一国家有联系，则法律的选择不影响该另一国家的那些不得通过行使契约自由权予以规避的强制性规范的适用。

3. 第1款与第2款的规定不适用于第110条所调整的义务。

4. 法律选择协议的成立和效力，相应适用第97条和第98条的规定。

第114条 非合同关系的准据法的适用范围

1. 适用于非合同关系所致义务的法律调整（下列事项）：

（1）承担责任的条件和范围以及义务承担者；

（2）消除责任的原因以及责任的限制与分配；

（3）法院为了预防、终止损害的发生或者为了确保损害或损失得到赔偿而可以采取的措施；

（4）可要求予以赔偿的损害或者损失的种类；

（5）受法律规范调整的损害或损失范围的确定；

（6）赔偿请求权的可转让性；

（7）因人身受到伤害或损失而请求赔偿者；

（8）因另一人致害而产生的责任；

（9）义务消灭的方式、时效以及作为期限届满结果的权利的终止；

（10）义务的证明，但以所适用的法律含有法律推定或涉及举证责任的其他规定为条件。

2. 准据法不适用于国家、公法法人及其机构或代理人对实施其职责范围内的行为所承担的责任。

第115条 遵守有关安全以及行为规范的规定

无论准据法为何，在确定责任时，应遵守致害行为发生地和致害行为发生时有关安全以及行为规范的规定。

第 116 条　对保险人之诉

受害者或者被害人向承担责任的保险人直接提起诉讼的权利，由适用于因相应的非合同关系所致义务的法律支配，除非受害者或者被害人自己选择以保险合同的准据法为依据提起诉讼。

第四编　外国法院判决及其他文书的承认与执行

第十二章　承认与执行外国法院判决及其他文书的条件与程序

第 117 条　承认与执行的条件

外国法院以及其他机关所做的判决及文书得以承认并被宣告予以执行，如果：

（1）根据保加利亚法律的规定，外国法院或机关具有管辖权，除非在财产争议中，起诉者的国籍或者其在法院地国的注册行为构成外国法院或机关行使管辖权的唯一根据；

（2）向被告送达了起诉书副本，当事人被合法传唤，未违反保加利亚法律中与保护当事人有关的基本原则；

（3）保加利亚法院未就相同当事人之间因同一事实、同一诉讼请求而提起的诉讼做出已发生法律效力的判决；

（4）相同当事人无任何的因同一事实、同一诉讼请求而由保加利亚法院审理的悬而未决的诉讼，而该诉讼已在外国法院或机关开始，并且做出了有待于请求予以承认与执行的判决；

（5）做出承认与执行宣告不违反保加利亚的公共秩序。

第 118 条　承认的管辖权

1. 外国法院判决由被请求的机构予以承认。

2. 在有关承认外国法院判决的条件发生争议时，可在索菲亚城市法院提起确认之诉。

第 119 条　做出可执行宣告的管辖权

1. 为宣告执行外国法院判决之目的，得向索菲亚城市法院提起诉讼。

2. 提出请求时，应附上法院所做判决的经认证的副本以及该法院出具的证实该判决已具有法律效力的证明。这些文件须经保加利亚共和国外交部认证。

3. 第2款亦适用于第118条所指的情况。

第120条　对承认与执行条件的审查

1. 法院依职权对第117条规定的条件进行审查。

2. 对于承认与执行外国法院的判决，诉讼的被告不得以违反第117条第二项为理由提出本应向外国法院提出的异议。

第121条　审查的范围和对债务人的保护

1. 法院不得对外国法院已经判决的争议的实质问题进行审理。

2. 债务人得援引外国法院判决发生法律效力后产生的情况为根据主张义务消灭。

3. 外国法院判决已基于可执行宣告发生法律效力后，债务人不得援引第2款所指的情况主张义务消灭。

第122条　法院调解的承认与执行

只要法院调解在调解做出地国与法院判决具有同等法律效力，则法院调解亦适用第117条至第121条的规定。

第123条　外国官方文件的可执行性

某项用以证明某债权在文件出具地国具有可执行性的外国官方文件，如果要在保加利亚共和国具有可执行性，亦适用第117条至第121条规定的条件。

第124条　对外国执行及保护措施结果的承认

如果外国采取执行及保护措施的机构依照保加利亚法律规定具有管辖权，而且该措施不违背保加利亚的公共秩序，则该措施的民事法律后果在保加利亚共和国受到尊重。

附　则

§1. 在《关于消费者保护和商事规则的法律》（《保加利亚法律公报》1999年第30号，2003年第17、19号）中，废除第37a条。

§2. 在《关于债权债务关系与合同的法律》（《保加利亚法律公报》1950年第275号，1951年第69号，1952年第92号，1963年第85号，1973年第27号，1977年第16号，1982年第28号，1990年第30号，1993年第12、56号，1996年第83、104号，1999年第83、103号，2000年第34号，2003年第19号对此进行了修订）中，废除第437～449条。

§3. 在《商法》（《保加利亚法律公报》1991年第48号，1992年第25

号，1993年第61号和第103号，1994年第63号，1995年第63号，1996年第42号、第59号、第83号、第86号和第104号，1997年第58号、第100号和第124号，1998年第52号和第70号，1999年第33、42、64、81、90、103、114号，2000年第84号，2002年第28、62和96号，2003年第19、31和58号，2005年第31号）中，废除第281条和第282条。

§4. 在《民事诉讼法典》（《保加利亚法律公报》……）中，废除第7条、第9条第3款和第4款、第132条以及第32章。

§5. 在《家庭法典》（《保加利亚法律公报》1985年第51号，1992年第11和15号，2003年第63和84号）中做如下修订：

1. 废除第129~135条和第137~143条；

2. 在第136条中，

（1）废除第1款；

（2）第2款做如下修改：

“（2）年满一周岁的保加利亚公民可被外国人收养，该外国人应提交根据其本国法准许收养子女的许可证。例外地，考虑到子女的健康状况或者其他重要情况，而且出于其独特利益的需要，未满一周岁的子女也可被收养。”

（3）废除第3、4、5、7、8、9款。

§6. 在《非营利法人法》（《保加利亚法律公报》2000年第81号，2001年第41、98号，2002年第25、120号）中，做如下修订：

1. 第四章标题做如下修改：“外国非营利法人的分支机构”；

2. 废除第51条；

3. 在第52条中：

（1）标题改为“分支机构的建立”；

（2）废除第1款。

§7. 在《海上航运法典》（《保加利亚法律公报》1970年第55、56、58号，1975年第55号，1987年第10号，1990年第30号，1998年第85号，2000年第12号，2001年第41号，2002年第113号，2004年第55号）中，废除第21条、第24条和第26条。

本法典于2005年5月4日召开的第39届国民议会上通过，有国民议会的公章为证。

《马其顿共和国关于国际私法的法律》*

（2007 年 7 月 4 日文本）

第一章　基本规定

适用范围

第 1 条

1. 本法包括用以确定具有国际因素的人之身份关系、家庭关系、劳务关系、财产权关系和其他物权关系的准据法之规则。

2. 本法也包括关于马其顿共和国法院和其他机关在处理本条第一款所指关系时的管辖权、诉讼程序以及承认外国法院判决和外国其他机关裁决的规则。

第 2 条

如果本法第 1 条所指关系已由其他法律或国际协定所调整，则不适用本法的规定。

避让条款

第 3 条

1. 如果所有情况表明，案件与本法所指引的法律无任何重要联系，而与另一法律具有本质上的更密切联系，则作为例外不适用本法所指引的法律。

2. 如果当事人已进行了法律选择，则不适用本条第一款的规定。

法律遗漏的填补

第 4 条

如果本法对第 1 条第 1 款所指关系的准据法未做任何规定，则类推适用本法的规定和原则、马其顿共和国的法律原则以及国际私法原理。

---

* 《马其顿共和国关于国际私法的法律》于 2007 年 7 月 4 日通过，并在 2007 年 7 月 12 日第 87 号《马其顿共和国法律公报》第 23 页和第 36 页分别公布了该法律的马其顿语文本和阿尔巴尼亚语文本。本法根据 Christa Jessel-Holst 博士的德文译本（资料来源：IPRax 2008，Heft 2，S. 158－168）翻译。本译文原载于《中国国际私法与比较法年刊》第 12 卷（2009 年），北京大学出版社 2009 年版，第 538～567 页。——译者注

公共秩序

第 5 条

如果适用外国法的结果与马其顿共和国的公共秩序相抵触，则不适用该外国法。

反致和指引

第 6 条

1. 如果依照本法规定应适用某外国法，则应考虑该外国法有关确定准据法的规则。

2. 如果该外国法关于确定准据法的规则反致马其顿共和国法律，则适用马其顿共和国的法律，而无须考虑有关确定准据法的规则。

3. 在当事人有权选择准据法的情况下，不适用本条第 1 款和第 2 款的规定。

法律行为的形式

第 7 条

法律行为，就其形式而言，如果按照行为完成地法律或者行为实施地法律为有效，或者按照支配法律行为内容的准据法为有效，则在形式上视为有效，但本法或其他法律另有规定的除外。

时效

第 8 条

时效，适用支配法律行为内容的准据法。

外国法的适用

第 9 条

外国法应按照其本意和所包含的概念加以适用。

法律制度不统一

第 10 条

1. 如果应适用法律制度不统一国家的法律，而本法之规定又未指向该国特定的法域，则依照该国法律制度的规定确定应适用的法律。

2. 如果本条第 1 款规定的方式不能确定应适用法律制度不统一国家的哪一法域的法律，则适用该国与案件有最密切联系的法域的法律。

多国籍人

第 11 条

1. 如果马其顿共和国国民同时还具有其他国家的国籍，则在适用本法时应认为其只有马其顿共和国国籍。

2. 如果非马其顿共和国国民之人具有两个或多个外国国籍，在适用本法时应以他既为其国民又在其境内有住所的那国的国籍为准。

3. 如果本条第 2 款所指之人在有其国籍的任何一国均无住所，在适用本法时应以他既为其国民又与之有最密切联系的国家的国籍为准。

无国籍人

第 12 条

1. 如果某人无任何国籍或其国籍无法确定，则依其住所确定准据法。

2. 如果本条第 1 款所指之人无任何住所或其住所无法确定，则依其居所地确定准据法。

3. 如果本条第 1 款所指之人的居所也无法确定，则适用马其顿共和国的法律。

外国法的查明

第 13 条

1. 法院或者本法规定的其他机关依职权查明应适用的外国法的内容。

2. 本条第 1 款所指机关可以就应适用的外国法的内容请示主管司法事务的行政机关。

3. 各方当事人在诉讼中也可提交有关外国法内容的公证文书。

4. 在具体案件中，如果依照本条第 1 款、第 2 款和第 3 款规定的方式均无法查明外国法的内容，则适用马其顿共和国的法律。

可直接适用的规范

第 14 条

用以确定本法第 1 条所指关系的准据法的各条款，并不排除马其顿共和国强制性规范的适用，不论确定准据法的规范有何规定，这些强制性规范基于本法或者其他法律的规定均应予以适用。

第二章 准据法

自然人的权利能力和行为能力

第 15 条

1. 自然人的权利能力和行为能力，依其国籍国法。

2. 依其国籍国法为无行为能力的自然人，如果依债务发生地法具有行为能力，则视为有行为能力。

3. 对于自然人行为能力的剥夺或限制，适用本条第 1 款规定的法律。

4. 本条第 2 款之规定不适用于家庭关系及继承关系。

法人的权利能力和行为能力

第 16 条

1. 法人的权利能力和行为能力，依其国籍国法。

2. 法人具有其据以设立的法律所属国的国籍。

3. 如果法人的实际所在地不在其设立地国而在另一国，而且根据该另一国法律具有其国籍，则该法人应视为该另一国法人。

监护和临时保护措施

第 17 条

1. 监护的设立和终止以及监护人和被监护人之间的关系，依被监护人的国籍国法。

2. 对马其顿共和国境内的外国人和无国籍人采取的临时保护措施，依马其顿共和国法律决定，且其效力一直保持至有关国家做出决定并采取必要措施为止。

3. 不在马其顿共和国境内的外国人和无国籍人，但其财产在马其顿共和国境内的，则对该财产的保护也适用本条第二款的规定。

对失踪者的死亡宣告

第 18 条

对于失踪者的死亡宣告，依该人失踪时的国籍国法。

自然人的姓名

第 19 条

自然人姓名的确定或者变更，依该人的国籍国法。

所有权和其他物权

第 20 条

1. 对于所有权和其他物权关系，依该物之所在地法。

2. 对于本条第 1 款所指的、涉及运输中的货物的关系，依目的地国法。

3. 对于本条第 1 款所指的、涉及运输工具的关系，依该运输工具的国籍国法，但马其顿共和国法律另有规定的除外。

合同的一般规则

第 21 条

1. 合同依合同当事人所选择的法律，但本法或国际协定另有规定的除外。

2. 当事人选择法律的意思表示可明确做出，也通过合同条款或者其他情况体现出来。

3. 当事人可决定将准据法适用于整个合同或该合同的某一部分。

4. 有关选择准据法的合同的效力，依所选择的法律判定。

未选择法律时合同的准据法

第 22 条

1. 如果未选择应适用的法律，合同依与其有最密切联系的国家的法律。

2. 应对合同实施特征性履行的一方当事人在接受报价时的住所地国或所在地国视为与合同有最密切联系的国家，除非案件的特别情况表明该合同与另一国有更密切联系。

3. 不论本条第 2 款规定为何，对于货物运输合同，推定其与承运人在订立合同时的住所地国——如果承运人为自然人——或者所在地国——如果承运人为法人——有最密切联系，但装货地、卸货地或者作为运输受益者的自然人住所地或作为运输受益者的法人所在地也必须均在该国境内。

不动产合同

第 23 条

不动产合同，只能依该不动产所在地国法。

劳务合同

第 24 条

1. 对于劳务合同，当事人未做法律选择的，依劳务方根据合同惯常从事劳务所在地国法，即使其临时在另一国进行劳务亦然。

2. 如果依照合同劳务方不只在一国从事劳务，则依雇佣方的所在地国法或者住所地国法。

3. 在有关法律选择的合同中，当事人不得排除雇佣方的所在地国法——雇佣方为法人——或者雇佣方的住所地国法——雇佣方为自然人——有关保护劳务方权利的强行规范的适用。

消费者合同

第 25 条

1. 为适用本法，消费者合同是指向消费者提供动产或权利的合同以及向消费者提供服务的合同。

2. 为适用本法，消费者是指直接为个人需要而非出于职业或其他商业目的而购买产品或享用服务之自然人。

3. 如果整个运输或提供服务均不在消费者的住所地国进行，则下列合同不得视为本法上的消费者合同：

（1）运输合同，以及

（2）有关向消费者提供服务的合同。

4. 在下列情况下，无论本法有何其他规定，消费者合同适用消费者的住所地国法：

（1）订立合同系因在该国的报价或广告所致，而且消费者在该国实施了为订立合同所必需的行为；

（2）消费者的合同对方或其代理人在该国受理了消费者的订单；

（3）买卖合同已在另一国订立或者消费者已在另一国提交了订单，而整个行程是卖方为让消费者订立该合同而特意安排的。

5. 在本条第 4 款所指情况下，当事人对准据法的选择不得排除消费者住所地国法中有关保护消费者权利的强行规范的适用。

合同准据法的适用范围

第 26 条

如果合同当事人无其他约定，就合同双方当事人之间的关系而言，本法第 21 条、第 22 条和第 23 条所规定的法律也适用于：

（1）确定动产的取得者或受让方获得对该标的物之产品或者成果的权利的时间；

（2）确定取得者或受让方承担有关该标的物的风险的时间。

标的物之交付方式

第 27 条

标的物之交付方式以及在该物被拒收时应采取的措施，依该物之交付地法，但当事人另有约定的除外。

债权转让和债务承担

第 28 条

债权转让或债务承担对于未参与该转让的债务人或者未参与该承担的债权人的效力，适用支配该债权或债务的准据法。

从属法律行为

第 29 条

从属法律行为，适用主要法律行为的准据法，但法律行为本身、法律或国际协定另有规定的除外。

单方法律行为

第 30 条

单方法律行为，债务人为自然人的，依债务人的住所地国法；债务人为法人的，则依债务人的所在地国法。

不当得利

第 31 条

不当得利，依该项得利由之产生、可能产生或由之造成的那种法律关系的准据法。

无因管理和其他非合同之债

第 32 条

1. 无因管理，依管理者的行为实施地法。

2. 因使用无人委托管理之物所生之债以及其他非因损害责任所生之非合同之债，依该债务据以产生的事实发生地法律。

非合同损害责任

第 33 条

1. 对于非合同的损害责任，依行为实施地法律。如果施害人本能或本应预料损害结果的，则作为例外，依受害人请求适用结果发生地法。

2. 如果法律关系与依据本条第 1 款所确定的法律无任何紧密联系，而与另一法律存在明显联系，则适用该另一法律。

3. 不论本条第 1 款与第 2 款规定为何，损害事件发生后，当事人可选择应适用的法律。

因发生在航行于公海上的船舶或发生在航空器内的事件所致损害的赔偿

第 34 条

如果引起损害赔偿义务的事件发生在航行于公海上的船舶或发生在航空器内，则船舶所属国法或者航空器注册地国法应视为造成据以引起损害赔偿义务的事实发生地法。

继承

第 35 条

继承，依被继承人死亡时的国籍国法。

遗嘱能力

第 36 条

设立遗嘱的能力，依遗嘱人设立遗嘱时的国籍国法。

遗嘱形式

第 37 条

1. 遗嘱的形式，如果依照下列法律之一为有效者，则属有效：

（1）遗嘱设立地法；

（2）遗嘱人设立遗嘱时或死亡时的国籍国法；

（3）遗嘱人设立遗嘱时或死亡时的住所地法；

（4）遗嘱人设立遗嘱时或死亡时的居所地法；

（5）马其顿共和国法律；以及

（6）对于不动产，则依不动产所在地法。

2. 撤销遗嘱的形式，如果该形式根据本条第 1 款所规定的据以设立有效遗嘱的法律之一为有效，则属有效。

结婚条件

第 38 条

1. 结婚条件，依结婚时当事人各自的国籍国法。

2. 要求在马其顿共和国主管机关登记结婚者，即使按照其国籍国法具备结婚条件，但如果该人按照马其顿共和国法律却存在（未解除的）以前婚姻、近亲以及智力缺陷等结婚障碍的，则不允许其结婚。

婚姻形式

第 39 条

婚姻形式，依婚姻缔结地法。

婚姻无效

第 40 条

婚姻的无效，适用本法第 38 条所规定的结婚所依据的法律。

离婚

第 41 条

1. 离婚，依起诉时夫妻双方的国籍国法。

2. 如果夫妻双方在起诉时国籍不同，则离婚依其最后的共同住所地国法，如果双方的共同住所根本就不存在，则依受理离婚案件的法院地国法。

3. 如果夫妻一方为马其顿共和国国民，则不论本条第 2 款规定为何，离婚依马其顿共和国法律。

夫妻人身关系和法定财产关系

第 42 条

1. 夫妻的人身关系和法定财产关系，依其国籍国法。

2. 夫妻双方国籍不同的，依其住所地国法。

3. 夫妻双方既无共同国籍，住所又不在同一国家的，依其最后的共同住所地国法。

4. 依本条第 1 款、第 2 款和第 3 款仍不能确定应适用的法律时，依马其顿共和国法律。

夫妻契约财产关系

第 43 条

1. 夫妻契约财产关系，依订立契约时支配其人身关系和法定财产关系的法律。

2. 不论本条第 1 款规定为何，夫妻双方可书面协议选择下列法律作为支配其契约财产关系的法律：

（1）夫妻一方的国籍国法；或者

（2）至少夫妻一方的住所地国法；或者

（3）对于不动产，则为不动产所在地法。

婚姻无效或婚姻终止时的夫妻人身关系、法定财产关系和契约财产关系

第44条

1. 如果婚姻无效或已终止，人身关系和法定财产关系，依本法第42条所规定的法律。

2. 在本条第1款所指情况下，夫妻双方的契约财产关系，依本法第43条所规定的法律。

未婚同居者的财产关系

第45条

1. 未婚同居者的财产关系，依当事人双方的国籍国法。

2. 如果本条第1款所指之人的国籍不同，则依其最后的共同住所地国法。

3. 未婚同居者的契约财产关系，依订立契约时支配其财产关系的法律。

父母和子女之间的关系

第46条

1. 父母和子女之间的关系，依其国籍国法。

2. 父母和子女的国籍不同的，依其共同的住所地国法。

3. 父母和子女既国籍不同，住所又不在同一国境内的，则依子女的国籍国法。

父亲或母亲身份的承认、确定或撤销

第47条

对父亲或母亲身份的承认、确定或撤销，依子女的国籍国法。

扶养义务

第48条

对于除父母和子女之外的血亲之间的扶养义务，或者对于姻亲之间扶养义务，依提出扶养要求的亲属一方的国籍国法。

准正

第49条

1. 对于采取事后结婚方式对非婚生子的准正，依父母双方的国籍国法，父母国籍不同的，依致使准正有效的父母一方的国籍国法。

2. 子女、其他人或国家机关对准正的同意，依子女的国籍国法。

设立和终止收养的条件

第50条

1. 设立收养的条件、终止收养，依收养人和被收养人的国籍国法。

2. 收养人和被收养人国籍不同的，则设立收养的条件、终止收养，重叠适用收养人和被收养人双方的国籍国法。

3. 如果夫妻双方共同收养，则设立收养的条件、终止收养，除了依被收养人的国籍国法之外，还应依夫妻一方或双方的国籍国法。

4. 收养的形式，依收养设立地法。

收养的效力

第 51 条

1. 对于收养的效力，依收养人和被收养人在设立收养时的国籍国法。

2. 收养人和被收养人的国籍不同的，依其住所地国法。

3. 收养人和被收养人既国籍不同，住所又不在同一国境内的，则依被收养人的国籍国法。

第三章　国际管辖权与诉讼程序

第一节　马其顿共和国法院和其他机关对具有国际因素的案件的管辖权

国际管辖权的基本规则

第 52 条

1. 如果被告的住所地或者所在地在马其顿共和国境内，则马其顿共和国法院拥有管辖权。

2. 如果被告在马其顿共和国和其他国家均无住所，但在马其顿共和国境内有居所的，则马其顿共和国法院拥有管辖权。

3. 如果诉讼中被告众多且具有共同诉讼人的性质，只要被告之一在马其顿共和国境内有住所或者所在地，则马其顿共和国法院拥有管辖权。

4. 如果主债务人与担保人在同一诉讼中被诉，而且对主债务人提起的诉讼由马其顿共和国法院管辖，则马其顿共和国拥有管辖权。

5. 如果反诉请求与本诉请求具有联系，则马其顿共和国法院对反诉也拥有管辖权。

非诉讼程序的管辖权

第 53 条

对非诉讼程序的法律关系做出裁决的，如果被申请人的住所或者所在地在马其顿共和国境内，以及只有一人参加诉讼程序，而该人的住所或者所在地在马其顿共和国境内时，则马其顿共和国法院拥有管辖权，但本法另有规定的除外。

专属国际管辖权——一般规则

第54条

在本法或其他法律有明确规定的情况下，马其顿共和国法院拥有专属管辖权。

基于外国法中的标准所确立的管辖权

第55条

如果外国法院基于马其顿共和国关于法院管辖权的规定中不存在的管辖标准，在针对马其顿共和国国民的案件中行使管辖权，则马其顿共和国法院在以该国国民为被告的案件中也据此拥有管辖权。

协议国际管辖权

第56条

1. 当事人只有在至少有一方为外国国民或者所在地在外国的法人，而且根据本法或其他法律的规定，不属于由马其顿共和国法院专属管辖的案件中，方能达成由外国法院管辖的协议。

2. 不论本条第1款有何规定，在涉及消费者关系和保险关系的案件中，如果消费者或者属于自然人的被保险人的住所在马其顿共和国境内，则当事人不得达成由外国法院管辖的协议。

3. 当事人只有在至少一方为马其顿共和国国民或者所在地在马其顿共和国境内的法人时，方能达成由马其顿共和国法院管辖的协议。

4. 如果涉及本法第73条至第83条所指案件的管辖权，则不适用本条第1款、第2款和第3款的规定。

基于被告同意所确立的国际管辖权

第57条

1. 在依据本法第56条第3款、第4款规定允许协议由马其顿共和国法院管辖的案件中，马其顿共和国法院也可基于被告的同意行使管辖权。

2. 如果被告对起诉提出答辩或者对支付令提出异议，或者在预审程序中，如果无预审程序而在主要问题的第一主审程序中出庭应诉并且不对管辖权提出任何异议，则视为被告同意由马其顿共和国法院管辖。

对无国籍人的特别国际管辖权

第58条

1. 当根据本法规定，马其顿共和国法院的管辖权取决于诉讼当事人具有马其顿共和国国籍这个前提条件时，这种管辖权也适用于对住所在马其顿共和国境内的无国籍人提起的诉讼。

2. 本条第 1 款的规定也相应地适用于马其顿共和国其他机关的管辖权。

对在外国执行公务的马其顿共和国国民提起诉讼的国际管辖权

第 59 条

对于由国家机关派往国外执行公务或工作并在外国生活的马其顿共和国国民提起的诉讼，如果所涉当事人在派遣时其住所在马其顿共和国境内，则马其顿共和国法院拥有管辖权。

非合同损害责任案件的国际管辖权

第 60 条

1. 对于非合同损害责任案件，如果施害行为或损害结果发生在马其顿共和国境内，则马其顿共和国法院拥有管辖权。

2. 对于根据有关保险公司直接责任的那些规定应向第三人赔偿损害而对保险公司提起的财产和人身保险诉讼以及根据损害赔偿的给付请求而对应履行给付的债务人提起的诉讼，也适用本条第 1 款规定。

根据债务履行地确立的合同案件的国际管辖权

第 61 条

对于合同案件，如果诉讼标的是应在或本应在马其顿共和国履行的债务，则马其顿共和国法院也有管辖权。

基于诉讼标的所在地而确立的国际管辖权

第 62 条

1. 在有关财产请求权的案件中，如果诉讼标的物在马其顿共和国境内，则马其顿共和国法院拥有管辖权。

2. 如果被告的财产在马其顿共和国境内，而且原告的住所地或者所在地也在马其顿共和国境内，只要原告能证明将从该项财产中执行判决，则马其顿共和国法院也有管辖权。

被告居住在马其顿共和国境内时所产生的债务纠纷的国际管辖权

第 63 条

对于被告居住在马其顿共和国境内时所产生的债务纠纷，马其顿共和国法院也有管辖权。

在马其顿共和国境内产生或应在马其顿共和国履行的债务纠纷的国际管辖权

第 64 条

对于因在马其顿共和国境内产生或应在马其顿共和国境内履行的债务而对自然人或者所在地在外国的法人提起的诉讼，如果该人的分支机构或代理机构在马其顿共和国境内，或者被授权经营业务者的所在地在马其顿共和国境内，则马其顿共和国法院也有管辖权。

有关法人的成立、终止以及地位变更的案件的专属国际管辖权

第 65 条

对于有关商业公司、其他法人或者自然人与法人的联合体的成立、终止以及地位变更的案件，以及涉及其机构所做决定的有效性的案件，如果公司、其他法人或者联合体的所在地在马其顿共和国境内，由马其顿共和国法院专属管辖。

涉及在公共注册机关处注册的案件的专属国际管辖权

第 66 条

对于涉及在马其顿共和国境内的公共注册机关注册的效力的案件，由马其顿共和国法院专属管辖。

涉及工业产权的申报和效力的案件的专属国际管辖权

第 67 条

对于涉及工业产权的申报和效力的案件，如果该申报书系在马其顿共和国境内递交，则由马其顿共和国法院专属管辖。

对于执行的批准和实施的专属国际管辖权

第 68 条

对于执行的批准和实施，如果该项执行在马其顿共和国境内进行，则由法院或者依法行使公共权力者专属管辖。

不动产纠纷的专属国际管辖权

第 69 条

对于有关不动产所有权和其他物权的纠纷、因妨碍不动产的占有而产生的纠纷，以及因不动产的租借关系或租赁关系、有关住宅或店房的使用合同而产生的纠纷，只要不动产在马其顿共和国境内，则由马其顿共和国法院专属管辖。

因妨碍动产占有而产生的纠纷的国际管辖权

第 70 条

对于因妨碍动产占有而产生的纠纷，如果该妨碍行为发生在马其顿共和国境内，则马其顿共和国法院也有管辖权。

对涉及航空器或船舶的特定案件的国际管辖权

第 71 条

1. 对于涉及航空器或船舶的物权纠纷以及因航空器或船舶的抵押而产生的纠纷，如果为航空器或者船舶办理注册手续的注册机关位于马其顿共和国境内，则马其顿共和国法院也有管辖权。

2. 对于因妨碍占有本条第1款所指航空器或船舶而产生的纠纷，如果为航空器或船舶办理注册手续的注册机关位于马其顿共和国境内，或者当妨碍行为发生于马其顿共和国境内时，则马其顿共和国法院也有管辖权。

对涉及马其顿共和国境内财产的夫妻财产关系的特定案件的国际管辖权

第72条

1. 对涉及马其顿共和国境内财产的夫妻财产关系的案件，如果被告在马其顿共和国境内无任何住所，而原告在起诉时却在马其顿共和国境内有住所或居所的，则马其顿共和国法院也有管辖权。

2. 如果大部分财产在马其顿共和国境内，而另一部分在外国，马其顿共和国法院在该案中只能对位于马其顿共和国境内的那部分财产做出裁决；只有在被告同意由马其顿共和国审理该案的情况下，才可对位于外国的那部分财产也做出判决。

3. 对于有关夫妻财产关系的案件，不论该婚姻是否存续、终止或已被确认不存在，马其顿共和国法院均根据本法规定具有管辖权。

婚姻案件的国际管辖权

第73条

1. 对于确认婚姻是否存在、婚姻无效或者离婚的案件（婚姻案件），即使被告在马其顿共和国境内无住所，但在下列情况下，马其顿共和国法院也拥有管辖权：

（1）夫妻双方均为马其顿共和国国民，不论他们住所在何处，或者

（2）原告为马其顿共和国国民且其住所在马其顿共和国境内，或者

（3）夫妻双方的最后住所都曾在马其顿共和国境内，但原告在起诉时在马其顿共和国境内有住所或者居所的。

2. 如果夫妻中被告一方为马其顿共和国国民且其住所均在马其顿共和国境内，则马其顿共和国法院拥有专属管辖权。

基于夫妻双方的最后共同住所而对婚姻案件确立的国际管辖权

第74条

对于本法第73条所指案件，如果夫妻双方为外国国民，但其最后的共同住所在马其顿共和国境内，只有在被告同意由马其顿共和国法院审理此类案件，并且夫妻双方的国籍国法允许行使这种管辖权时，马其顿共和国法院才有管辖权。

离婚案件的国际管辖权

第75条

对于离婚案件，如果原告为马其顿共和国国民，而且本来拥有管辖权的

法院所属国法律未规定离婚制度的，则马其顿共和国法院也有管辖权。

确认或者否认父亲或者母亲身份案件的国际管辖权

第 76 条

1. 对于确认或者否认父亲或者母亲身份的案件，即使被告在马其顿共和国境内无住所，但在下列情况下，马其顿共和国法院也有管辖权：

（1）原告和被告均为马其顿共和国国民，不论他们住所在何处，或者

（2）原告为马其顿共和国国民且其住所在马其顿共和国境内。

2. 针对子女提起的诉讼，如果该子女为马其顿共和国国民，而且其住所或者居所在马其顿共和国境内，则由马其顿共和国法院专属管辖。

外国国民之间的确认或者否认父亲或者母亲身份案件的国际管辖权

第 77 条

对于本法第 76 条所指案件，如果双方当事人均为外国国民，原告或原告之一的住所在马其顿共和国境内，则只有在被告同意由马其顿共和国法院审理此案，而且其国籍国法规定允许行使这种管辖权时，马其顿共和国法院才也有管辖权。

对在父母照料下的子女的保护、培养（Aufziehung）和教育案件的国际管辖权

第 78 条

1. 对于有关在父母照料下的子女的保护、培养和教育的案件，如果被告在马其顿共和国境内无住所，只要父母双方均为马其顿共和国国民，或者该子女为马其顿共和国国民并且住所在马其顿共和国境内，则马其顿共和国法院也有管辖权。

2. 如果被告和子女均为马其顿共和国国民，而且双方在马其顿共和国境内均有住所，则由马其顿共和国法院专属管辖。

3. 马其顿共和国其他机关在解决有关在父母照料下的子女的保护、培养和教育等问题时，其管辖权类推适用本条第 1 款、第 2 款以及本法第 52 条的规定。

子女法定抚养案件的国际管辖权

第 79 条

1. 对于有关子女法定抚养的案件，即使被告在马其顿共和国境内无住所，但在下列情况下，马其顿共和国法院也有管辖权：

（1）子女在马其顿共和国起诉并在马其顿共和国境内有住所，或者

（2）原告和被告均为马其顿共和国国民，不论其住所在何处，或者

（3）原告为未成年子女并且是马其顿共和国国民。

2. 对于夫妻之间以及已解除婚姻关系的前夫妻之间的法定扶养案件，如果夫妻双方的最后共同住所曾在马其顿共和国境内，而且原告在起诉时住所在马其顿共和国境内，则马其顿共和国法院也有管辖权。

基于可供支付抚养的财产而发生法定抚养案件的国际管辖权

第80条

对于法定抚养案件，如果被告在马其顿共和国境内有可供支付抚养的财产，则马其顿共和国法院也有管辖权。

有关子女的保护、教育和抚养案件的国际管辖权

第81条

对于有关保护、教育和抚养子女的案件，如果此类案件可与马其顿共和国法院依据本法拥有管辖权的准正案件或者确认或否认父亲或母亲身份的案件一并裁决，则马其顿共和国法院也有权做出裁决。

涉及亲权的案件的国际管辖权

第82条

1. 在对剥夺与恢复亲权、延续亲权、使父母一方在管理子女财产方面具有监护人地位、宣告子女为婚生以及对有关家庭状况和父母子女关系的其他事项做出裁决时，如果不满足本法第52条第3款规定的条件，只要申请人和被申请人均为马其顿共和国国民，或者当只有一人参加诉讼而该人是马其顿共和国国民时，则马其顿共和国法院也有管辖权。

2. 对于本条第1款所指事项，如果子女为马其顿共和国国民且其住所在马其顿共和国境内，则马其顿共和国法院也有管辖权。

准许未成年人结婚的国际管辖权

第83条

1. 对于未成年人结婚的准许，如果申请人为马其顿共和国国民，或者申请人之一为马其顿共和国国民，不论要求结婚者住所位于何处，马其顿共和国法院均有管辖权。

2. 如果请求准许结婚的未成年人为马其顿共和国国民，或者拟结婚的双方均为马其顿共和国国民，而婚姻在外国缔结，则由马其顿共和国法院专属管辖。

马其顿共和国国民的遗产争议、继承权关系案件以及债权人对马其顿共和国国民的遗产提出债权请求的案件的国际管辖权

第84条

1. 对马其顿共和国国民的不动产遗产争议，如果该遗产位于马其顿共和国境内，则马其顿共和国法院有专属管辖权。

2. 如果马其顿共和国国民的不动产遗产位于外国，只有在依不动产所在地国法律，该国机关无权管辖时，马其顿共和国法院方有管辖权。

3. 对马其顿共和国国民的动产遗产争议，如果该动产在马其顿共和国境内，或者依照动产所在地国法律，该国机关无管辖权或者该机关拒绝审理该遗产争议，则马其顿共和国法院拥有管辖权。

4. 本条第 1 款、第 2 款、第 3 款的规定也适用于继承权关系案件，以及债权人对遗产提出债权请求的案件的管辖权。

外国国民的遗产争议、继承权关系案件以及债权人对外国国民的遗产提出债权请求的案件的国际管辖权

第 85 条

1. 对外国国民的不动产遗产争议，如果该遗产位于马其顿共和国境内，则马其顿共和国法院有专属管辖权。

2. 对马其顿共和国境内的外国国民的动产遗产争议，马其顿共和国法院拥有管辖权，但遗产人所属国的法院对马其顿共和国国民的动产争议不予管辖者除外。

3. 本条第 1 款、第 2 款的规定，也适用于继承权案件以及债权人对遗产提出债权请求的案件的管辖权。

4. 当马其顿共和国法院对外国国民的遗产争议无管辖权时，法院可决定采取措施，以保全遗产和保护对马其顿共和国境内的遗产之权利。

无国籍人的遗产争议、继承权关系案件以及债权人对无国籍人的遗产提出债权请求的案件的国际管辖权

第 86 条

1. 对无国籍人、国籍不明者以及具有难民身份者的不动产遗产争议，如果该遗产位于马其顿共和国境内，则马其顿共和国法院有专属管辖权。

2. 对无国籍人、国籍不明者以及具有难民身份者的动产遗产争议，如果该动产位于马其顿共和国境内，或者遗产人死亡时住所在马其顿共和国境内的，马其顿共和国法院拥有管辖权。

3. 本条第 1 款、第 2 款的规定，也适用于继承权关系案件以及债权人对遗产提出债权请求的案件的管辖权。

4. 如果遗产人在马其顿共和国境内无住所，而查明遗产人死亡时在某个外国有住所，则类推适用处理外国国民遗产争议所适用的有关规定。

收养的国际管辖权

第 87 条

1. 对于收养以及终止收养住所在马其顿共和国境内的马其顿共和国国民

的决定，由马其顿共和国机关专属管辖。

2. 如果收养人为马其顿共和国国民且住所在马其顿共和国境内，则马其顿共和国机关对决定收养以及终止收养拥有管辖权。

3. 夫妻双方共同收养的，如果夫妻一方为马其顿共和国国民，则马其顿共和国机关足以据此行使管辖权。

监护案件的国际管辖权

第 88 条

对马其顿共和国国民的收养案件，不论其住所位于何处，由马其顿共和国机关专属管辖，但本法另有规定的除外。

对在外国有住所的马其顿共和国国民的监护案件不采取措施

第 89 条

对在外国有住所的马其顿共和国国民的监护案件，如果查明，依照外国法律拥具有管辖权的机关已经做出决定或者已采取了保护马其顿共和国国民的人身、权利和利益的保障措施，则马其顿共和国机关不再做出决定和采取措施。

对外国国民采取临时措施的国际管辖权

第 90 条

1. 为了保护处于马其顿共和国境内或在马其顿共和国境内有财产的外国人的人身、权利和利益，马其顿共和国机关得采取必要的临时措施，并将此告知该人所属国的主管机关。

2. 对在马其顿共和国有住所的外国国民的监护案件，如果其所属国机关对该人的人身、权利和利益未采取保障措施时，马其顿共和国机关应做出决定并采取措施。

对失踪者宣告死亡的国际管辖权

第 91 条

1. 对失踪的马其顿共和国国民宣告死亡的案件，不论该人住所位于何处，均由马其顿共和国法院专属管辖。

2. 对于在马其顿共和国境内死亡的外国国民，马其顿共和国法院可以根据马其顿共和国法律证实其死亡。

第二节　对具有国际因素的诉讼程序的其他规定

自然人作为当事人的能力和诉讼能力

第 92 条

1. 自然人作为当事人的能力和诉讼能力，依其国籍国法。

2. 如果外国国民依照本条第 1 款规定无诉讼能力，但依照马其顿共和国法律有诉讼能力的，则可独立参加诉讼活动。

3. 本条第 2 款所指的外国国民的法定代理人，只有在该外国国民未声明亲自参与诉讼时，方可参加诉讼活动。

4. 外国法人作为当事人的能力，依本法第十六条所规定的法律。

外国的诉讼未决

第 93 条

如果外国法院正在审理相同当事人就同一法律问题提起的诉讼，在下列情况下，马其顿共和国法院可应当事人的请求，中止诉讼程序：

（1）就该案件首先在外国法院提起了诉讼；

（2）马其顿共和国法院对该案的审理不拥有专属管辖权。

马其顿共和国法院管辖权的确定

第 94 条

马其顿共和国法院管辖权的确定，由诉讼开始时既存的事实决定。

诉讼费用担保义务

第 95 条

1. 如果外国国民或在马其顿共和国无住所的无国籍人在马其顿共和国法院提起诉讼，应按照作为被告的马其顿共和国国民的请求，提供诉讼费用担保。

2. 被告必须最迟在预审中提出本条第 1 款所指的请求，如果预审未进行，则在开始审理主要问题之前的第一次庭审时或者在其已获知有担保请求的条件时提出。

3. 诉讼费用担保应交纳现金，但法院可准许以其他方式提供担保。

诉讼费用担保义务的免除

第 96 条

1. 在下列情况下，被告无权请求诉讼费用担保：

（1）原告所属国不要求马其顿共和国国民提供诉讼费用担保；

（2）原告在马其顿共和国享有庇护权；

（3）诉讼请求涉及原告基于他在马其顿共和国的劳务关系而提出的要求；

（4）涉及婚姻案件、有关确认或否认父亲或母亲身份的案件以及法定抚养的案件；

（5）涉及汇票或支票之诉、反诉或发布支付令的案件。

2. 如果对于本条第 1 款第 1 项所指的精神，马其顿共和国国民在原告所属国是否负有担保义务存有疑义，负责司法事务的国家行政机关应做出答复。

对诉讼费用担保的命令

第97条

1. 法院在对诉讼费用担保的请求所做的决定中，应确定担保的数额和必须提供担保的期限，并告知原告法律所规定的未证明按时提供担保的后果。

2. 如果原告在规定的期限内未证明已提供诉讼费用担保，则视为撤销诉讼，或者如果担保请求是在上诉程序开始时提出，则视为放弃上诉。

3. 如果被告按时提出要求原告提供诉讼费用担保的请求，则在未就他的请求做出有效决定之前，或如果请求被批准，则在原告未提供担保之前，无义务继续参与案件实质问题的诉讼活动。

4. 如果法院驳回诉讼费用担保请求，可以决定在驳回的裁定生效之前继续诉讼程序。

免交诉讼费用

第98条

1. 在互惠条件下，外国国民有权请求免交诉讼费用。

2. 在对是否存在免交诉讼费用方面的互惠存有疑义时，负责司法事务的国家行政机关应予以说明。

3. 对在马其顿共和国境内有住所或居所的外国国民，本条第1款所指之互惠并不构成行使免交诉讼费用请求权的条件。

4. 无国籍人，如果在马其顿共和国境内有住所或居所，有权请求免交诉讼费用。

第四章　外国法院判决的承认与执行

第一节　概念

外国法院判决

第99条

1. 外国法院判决系指由外国国家的法院所做的判决。

2. 在法院达成的和解协议（法院和解）也视为本条第1款意义上的外国法院判决。

3. 其他机关做出的决定，如果在做成国境内与法院判决或法院和解具有同等地位，并可据以调整本法第1条所规定的各种关系，也视为外国法院判决。

承认

第 100 条

外国法院的判决，只有被马其顿共和国法院所承认，才能同马其顿共和国法院的判决具有同等地位，并在马其顿共和国境内产生法律效力。

第二节　承认的条件

法律效力的证明

第 101 条

1. 申请承认外国法院判决者，有义务在提交承认外国法院判决的申请时，附上外国法院判决的正本或经认证的副本，并提供有管辖权的外国法院或其他机关出具的、依照判决做出地国法该判决已发生法律效力的证明。

2. 如果外国法院判决正本或经认证的副本，不是用承认该判决的法院正式使用的语言做成，则请求承认外国法院判决的当事人必须提交该法院正式使用的语言的经认证的译文。

外国法院判决的可执行性证明

第 102 条

申请承认外国法院判决者，如果在申请承认外国法院判决的同时还要求承认该判决的可执行性效力，则除了必须提交本法第 101 条第 1 款所规定的证明外，还须提交关于依照判决做出地国法律该判决具有可执行性的证明。

不尊重辩护权

第 103 条

如果当事人一方证明有下列情况，马其顿共和国法院拒绝承认外国法院的判决：

（1）其由于非正常原因未能在诉讼中进行辩护；

（2）未按照判决做出地国法律规定的方式向其送达传票、诉状或其他开始诉讼程序的决定，或者根本就未试图送达，除非其以某种其他方式在一审程序中就案件的实质问题参加了诉讼。

马其顿共和国法院的专属管辖权

第 104 条

1. 如果马其顿共和国法院对该案件拥有专属管辖权，则不予承认外国法院的判决。

2. 如果被告要求承认外国法院对婚姻案件所做的判决，或者如果原告提出这种要求，而被告不提出异议，则马其顿共和国法院的专属管辖权不妨碍承认该判决。

由于外国法院仅基于原告的国籍而行使管辖权或者由于不考虑当事人选择由马其顿共和国法院管辖的协议而不予以承认

第105条

1. （马其顿共和国）法院根据判决相对人的抗辩，查明外国法院仅基于原告的国籍而行使管辖权，则拒绝承认该外国法院的判决。

2. （马其顿共和国）法院根据判决相对人的抗辩，查明做出判决的外国法院没有遵守当事人选择由马其顿共和国法院管辖的协议，则拒绝承认该外国法院的判决。

就相同当事人之间的同一案件所做判决具有法律效力

第106条

1. 如果马其顿共和国法院或者其他机关就同一案件已做出了具有法律效力的判决，或者某个其他外国法院就同一案件所做的判决已被马其顿共和国承认，则不予承认外国法院的判决。

2. 如果相同当事人之间就同一法律案件先前已向马其顿共和国法院提起了诉讼，在该诉讼程序依法终止之前，（马其顿共和国）法院将中止承认外国法院的判决。

违反公共秩序

第107条

如果承认外国法院判决的效果违反马其顿共和国的公共秩序，则不予承认该判决。

外国法院对马其顿共和国国民的身份（地位）所做的判决

第108条

在对马其顿共和国国民的身份（地位）问题做出判决时，依照本法本应适用马其顿共和国法，如果适用了外国法律，只要该判决在本质上不违背本适用于该法律关系的马其顿共和国法律，则亦承认外国法院的判决。

外国法院对属于判决做成地国国民的外国人的身份（地位）所做的判决

第109条

1. 外国法院对有关判决做成地国国民的身份（地位）问题所做的判决，在马其顿共和国得以承认，法院无须按照本法第104条和第107条的规定予以审查。

2. 如果马其顿共和国的主管机关查明，外国法院的判决涉及马其顿共和国国民的身份（地位）问题，对该判决的承认，必须按照本法第101条至第107条的规定予以审查。

外国法院对不属于判决做成地国国民的外国人的身份（地位）所做的判决

第 110 条

如果外国法院的判决涉及不属于判决做成地国国民的外国人的身份（地位）问题，仅在该判决满足该当事人所属国有关承认的条件时，该判决方得以承认。

第三节　承认外国法院判决的程序

第 111 条

1. 承认外国法院判决的程序，自提出申请时开始。

2. 任何对外国法院就身份（地位）事项所做的判决具有法定利益者，均可请求承认之。

第 112 条

1. 对承认外国法院判决的裁定，由初级法院[①]的独审法官做出。

2. 对于外国法院判决的承认，由各实质主管法院实行地域管辖。

3. 如果尚未对承认外国法院判决做出特别裁定，各法院均可在诉讼程序中如同对先决问题一样，就是否承认该判决做出决定，但该决定仅对该诉讼程序有效。

第 113 条

1. 在承认外国法院判决的程序中，法院仅限于审查是否满足本法第 101 条至第 110 条所规定的条件。

2. 如果法院经审查认定不存在承认外国法院判决的任何障碍，则做出承认该判决的裁定。

3. 法院将承认外国法院判决的裁定送达对方当事人以及参与做出该外国法院判决的诉讼程序的其他人，并告知他们自送达之日起十五日有权对承认外国法院判决的裁定提出异议。

4. 对依据本条第 3 款提出的异议，曾裁定承认外国法院判决的法院责令由三名法官组成合议庭对之做出裁定。如果对异议的裁定取决于有争议的事实，则法院待该争议事实审结后再做出裁定。

5. 对法院驳回请求承认的裁定，以及本条第四款所指的对异议所做的裁

---

① 根据 2006 年第 58 号《马其顿共和国法律公报》公布的《马其顿共和国法院组织法》第 22 条规定，马其顿法院系统由初级法院、上诉法院、行政法院和最高法院组成。另设有宪法法院，负责违宪审查并做出裁决。——译者注

定，在该裁定送达之日起八日内可以向有管辖权的上诉法院提出上诉。

6. 如果请求承认外国法院判决之人为马其顿共和国国民，而对方当事人在马其顿共和国无任何住所或居所，则不论本条第 3 款的规定为何，法院不必将有关承认外国法院所做的离婚判决的裁定送达对方当事人。

第 114 条

对于在承认外国法院判决的程序中所产生的费用，由法院依照假设马其顿共和国法院或其他机关对该同一案件进行判决时所依据的收费标准做出决定。

第 115 条

如果本章无特别规定，有关非讼案件的规定也相应地适用于承认外国法院判决的程序。

第 116 条

本法第 111 条至第 115 条的规定也相应地适用于承认外国仲裁裁决的程序。

第五章　特别条款

在被授权的马其顿共和国驻外国领事或外交代表机构处结婚

第 117 条

1. 如果马其顿共和国的代表机构驻在国不反对或者国际协定有规定，马其顿共和国国民，可以在被授权的马其顿共和国驻外国领事代表机构或执行领事事务的外交代表机构处登记结婚。

2. 为在外国的马其顿共和国国民之间办理结婚手续的马其顿共和国的代表机构，由外交部长确定。

为在外国的马其顿共和国国民办理监护事务

第 118 条

如果马其顿共和国的代表机构驻在国不反对或者国际协定有规定，马其顿共和国的领事代表机构或者（执行领事事务的）外交代表机构为在外国的马其顿共和国国民办理监护事务。

为在外国的马其顿共和国国民制作遗嘱

第 119 条

马其顿共和国的领事代表机构或执行领事事务的外交代表机构，可以按照适用于设立合法遗嘱的条款，为在国外的马其顿共和国国民制作遗嘱。

马其顿共和国驻外领事或外交代表机构对签名、手稿和副本的认证

第120条

1. 马其顿共和国驻外国的领事代表机构或执行领事事务的外交代表机构，可以根据国际协定或驻在国的规定，对签名、手稿和副本进行认证。

2. 本条第1款所指事务的执行，由外交部长确定。

对马其顿共和国现行的或曾施行的法律规定的证明

第121条

1. 为供外国机关使用的目的，由负责司法事务的国家行政机关提供有关马其顿共和国现行的或曾施行的法律规定的证明。

2. 在本条第1款所指证明中，应载明法规名称、制定日期或者失效日期，以及该法规相关条款的原文。

第六章 过渡条款与最后条款

本法的施行

第122条

1. 本法有关确定准据法的各条款不适用于本法生效前产生的关系。

2. 如果在本法生效前法院已做出了一审判决或终止一审诉讼的裁定，则后续的（weitere）诉讼程序依照以前的关于具有国际因素的案件的管辖权和诉讼程序以及承认外国法院判决的规定进行。

3. 如果本条第2款所指的一审判决在本法生效后被撤销，则后续的诉讼程序依照本法有关具有国际因素的案件的管辖权和诉讼程序以及承认外国法院判决的规定进行。

失效的法律

第123条

自本法生效之日起，《关于解决在特定关系上与其他国家的法律冲突的法律》[①] 终止适用。

本法的生效

第124条

本法自《马其顿共和国法律公报》公布后第八日生效。

---

① 即原南斯拉夫社会主义联邦共和国1982年颁布的《南斯拉夫社会主义联邦共和国关于解决在特定关系上与其他国家的法律冲突的法律》，简称《南斯拉夫法律冲突法》。——译者注

《土耳其共和国关于国际私法与国际民事诉讼程序法的第5718号法令》*

（2007年11月27日文本）

第一章 国际私法

第一节 总则

第1条 适用范围

1. 具有外国因素的私法行为和私法关系的法律适用、土耳其法院的国际管辖权以及外国法院判决的承认与执行，由本法调整。

2. 土耳其共和国缔结或参加的国际条约的规定，不受本法影响。

第2条 外国法的适用

1. 法官依职权适用土耳其的冲突法规则以及根据这些规则所确定的外国法律。为查明所援引的外国法内容，法官可要求当事人给予协助。

2. 如果尽了所有努力仍不能查明适用于案件的外国法的相关规定，则适用土耳其法律。

3. 如果应适用的外国法的冲突规范指引另一法律，则仅在人法、家庭法方面的争议中遵守该指引，并适用该另一法律中的实体规范。

4. 在允许选择法律的情况下，适用所选法律的实体规范，但当事人另有其他明确约定的除外。

5. 如果应适用的法律所属国具有两个或多个在内容上相互歧异的法律区域，则由该国法确定应适用哪一区域的法律。若无此种规定，则适用与争议有最密切联系的区域的法律。

---

* 《土耳其共和国关于国际私法与国际民事诉讼程序法的第5718号法令》于2007年11月27日通过，公布于2007年12月12日土耳其第26728号《法律公报》第1～10页，并于2007年12月12日起施行。本法根据科隆大学教授Hilmar Krüger博士和Füsun Nomer-Ertan博士的德文译本翻译（资料来源：IPRax 2008，Heft 3，S. 283－290）。本译文原载于《中国国际私法与比较法年刊》第12卷（2009年），北京大学出版社2009年版，第513～530页。——译者注

第3条 连结点的变更

在根据国籍、住所或者惯常居所决定准据法的情况下，如果无相反规定，则以起诉时的国籍、住所或者惯常居所为准。

第4条 依照国籍原则确定准据法

在基于本法规定根据国籍原则确定准据法的情况下，若本法无相反规定，则：

（1）对于无国籍人和难民，适用住所地法；若无住所，适用惯常居所地法；若无惯常居所，适用该人在起诉时的所在地国法。

（2）对于同时具有土耳其国籍的多国籍人，适用土耳其法律。

（3）对于不具有土耳其国籍的多国籍人，适用与之有最密切联系的国家的法律。

第5条 违反公共秩序

如果适用于特定案件的外国法规定，明显违背土耳其的公共秩序，则不予适用；此时，如有必要，适用土耳其法律。

第6条 土耳其法律中直接适用的规范

在适用外国法的情况下，如果就土耳其法律中直接适用的规范的立法宗旨和适用范围而言，案情应以这些直接适用的规范为准，则适用土耳其法律中的这些规范。

第7条 法律行为的方式

法律行为，可以采用行为实施地法或者适用于法律行为的准据法中的实体规范所规定的方式完成。

第8条 时效

时效，依适用于相关法律行为或法律关系的法律。

第二节 连结规则

第9条 能力

1. 权利能力和行为能力，依当事人的本国法。

2. 如果某人依其本国法无行为能力，但依法律行为实施地国法有行为能力，则该人就该法律行为而言视为有行为能力。但该规定不适用于依家庭法、继承法所实施的法律行为以及涉及另一国境内的不动产物权的法律行为。

3. 根据当事人本国法为已成年者，并不因为国籍的变更而丧失其成年资格。

4. 法人、团体的权利能力和行为能力，依其章程所规定的管理中心所在地的法律。如果管理中心的实际所在地位于土耳其境内，则可适用土耳其法律。

5. 无章程的法人、无法人人格的团体的能力，依其管理中心的实际所在地法律。

第 10 条　监护、禁治产、照管

1. 设立或撤销监护、禁治产的原因，依为之请求设立或撤销监护、禁治产者的本国法。

2. 根据外国人本国法无法设立监护或不得被禁治产的，如果该外国人的惯常居所在土耳其境内，则依土耳其法律做出有关设立或撤销监护、禁治产的决定。在当事人被迫居留于土耳其的情况下，也适用土耳其法律。

3. 涉及禁治产、监护以及照管的所有事件，除有关设立或撤销监护、禁治产的原因之外，均依土耳其法律。

第 11 条　失踪或死亡宣告

失踪或死亡宣告，依被宣告失踪或死亡者的本国法。如果依照当事人的本国法不能宣告失踪或死亡，但当事人的财产在土耳其境内、其配偶或者其继承人之一为土耳其国民，则可依土耳其法律进行失踪或死亡宣告。

第 12 条　婚约

1. 订立婚约的能力和条件，依订立婚约时当事人各自的本国法。

2. 婚约的效力和后果，适用双方当事人的共同本国法，双方当事人国籍不同的，则适用土耳其法律。

第 13 条　婚姻及其一般效力

1. 结婚的能力和条件，依结婚时当事人各自的本国法。

2. 结婚的形式，适用婚姻举行地国法。

3. 婚姻的一般效力，依夫妻双方的共同本国法。当事人国籍不同的，适用的共同惯常居所地法，如无共同惯常居所地，则适用土耳其法律。

第 14 条　离婚和别居

1. 离婚和别居的原因及后果，依夫妻双方的共同本国法。双方当事人国籍不同的，适用共同惯常居所地法，如无共同惯常居所地，则适用土耳其法律。

2. 因夫妻离婚产生的扶养请求，适用本条第 1 款规定。别居和婚姻的无效，也适用该规定。

3. 离婚所产生的父母亲赡养以及父母亲赡养事项，亦依本条第 1 款规定。

4. 对临时措施的请求，适用土耳其法律。

第 15 条　夫妻财产关系

1. 就夫妻财产关系而言，夫妻双方可在其结婚时的惯常居所地法或者结婚时夫妻一方的本国法中做出明确选择；未做出法律选择的，适用结婚时夫妻双方的共同本国法，没有共同本国法的，适用结婚时夫妻的共同惯常居所地法，如果连共同惯常居所地也没有的，则适用土耳其法律。

2. 不动产财产的分配，适用该财产所在地国法。

3. 夫妻双方在结婚后又取得新的共同国籍的，在不影响第三人权利的条件下，可适用该新的共同国籍国法。

第 16 条　出身的确立

1. 出身的确立，依子女出生时的本国法；如果根据该法律，出身不能确立，则依子女的惯常居所地法。如果依照这些法律，出身均不能确立，则出身的确立依子女出生时母亲或父亲的本国法；如果依照这些法律仍不能确立，则依子女出生时母亲和父亲的惯常居所地法，如果依照该惯常居所地法也不能确立，则以子女的出生地法为准。

2. 出身的撤销，亦依出身据以确立的法律。

第 17 条　出身的效力

出身的效力，依出身据以确立的法律。但是，如果母亲、父亲和子女具有共同本国法的，则出身的效力适用该共同的本国法；无共同本国法的，则适用共同的惯常居所地法。

第 18 条　收养

1. 收养的能力和条件，依收养时当事人各自的本国法。

2. 收养以及夫妻另一方对收养的同意，一并适用夫妻双方的本国法。

3. 收养的效力，依收养人的本国法；夫妻双方共同收养的，依调整婚姻一般效力的法律。

第 19 条　扶养

扶养请求权，依扶养请求权人的惯常居所地法。

第 20 条　继承

1. 遗产继承，依死者的本国法。就土耳其境内的不动产而言，适用土耳其法律。

2. 遗产继承的开始、遗产的取得和分割，依遗产所在地法。

3. 位于土耳其境内的无人继承遗产，归土耳其国库所有。

4. 设立遗嘱的方式，适用本法第七条的规定。立嘱人按照其本国法规定的方式设立遗嘱的，亦为有效。

5. 设立遗嘱的能力，依立嘱人设立遗嘱时的本国法。

第 21 条　物权

1. 动产、不动产的所有权和其他物权，依实施法律行为时该物之所在地国法。

2. 处于运输途中之物的物权，适用送达地国法。

3. 在物的场所发生变化时，尚未取得的物权，依该物的最后所在地国法。

4. 与不动产物权有关的法律行为的方式，依物之所在地国法。

第 22 条　运输工具

1. 涉及航空运输工具、海上运输工具以及有轨运输工具的物权，适用其来源国法。

2. 涉及航空运输工具、海上运输工具以及有轨运输工具的物权，其来源国系指这些运输工具的注册登记地；海上运输工具无注册登记地的，则其来源国系指船籍港；有轨运输工具的来源国系指其发证许可地。

第 23 条　知识产权的准据法

1. 知识产权，依照据以提出保护请求的国家的法律。

2. 在侵权事件发生后，当事人各方可协议选择将法院地法适用于因侵害知识产权而提出的请求权。

第 24 条　合同之债的准据法

1. 合同之债，依当事人明示选择的法律。基于合同条款或者根据当时各种情况所推定的法律选择，具有同等效力。

2. 当事人可协议将所选择的法律适用于整个合同或者仅适用于合同的某部分。

3. 当事人可随时做出或者变更法律选择。在合同订立后进行的法律选择，只要不影响第三人的权利，亦属有效。

4. 当事人各方未选择法律的，合同之债适用与合同有最密切联系的法律。这种最密切联系的法律，系指承担特征性履行的债务人订立合同时的惯常居所地法；如果订立合同属于商业或职业行为，则指承担特征性履行的债务人的营业地法；若无营业地，则适用住所地法；如果承担特征性履行的债务人具有多个营业地，则适用与合同有最密切联系的营业地法。但是，如果根据当时的整体情况，合同与另一法律具有更密切的联系，则合同依该另一法律。

第 25 条　有关不动产的合同

有关不动产或者有关不动产使用的合同，依不动产所在地国法。

第 26 条　消费者合同

1. 非出于职业或者营业目的而订立的有关购置动产、提供服务或信贷的消费者合同，依当事人选择的法律，但不得剥夺消费者惯常居所地法中的强制性规范给予消费者的最低保护。

2. 当事人未选择法律的，适用消费者的惯常居所地法。要适用消费者的惯常居所地法，必须满足下列条件：

（1）在消费者惯常居所地国订立合同系由于给消费者的特别报价或广告所致，而且消费者为订立合同已在该国实施了必要的法律行为；或者

（2）合同另一方当事人或者其代理人已在该国接受了消费者的订单；或者

（3）如果涉及买卖合同，卖方为了促使消费者订立合同而安排了一次旅行，而消费者必须已旅行至其惯常居所地以外的另一国并在该另一国提交了订单。

3. 在本条第 2 款所指情形下成立的消费者合同，其形式适用消费者的惯常居所地法。

4. 除了一揽子旅游外，本条不适用于运输合同和有必要在消费者惯常居所地国以外的其他国家向消费者提供服务的合同。

第 27 条　雇佣合同

1. 雇佣合同，依当事人选择的法律，但不得剥夺雇员惯常作业地法中的强制性规范给予雇员的最低保护。

2. 当事人未选择法律的，雇佣合同适用雇员从事惯常劳动的作业地法。雇员临时在另一国从事劳动的，则该作业地不得视为惯常作业地。

3. 假如雇员持续在多个国家从事劳动，而不是在一个特定国家从事惯常劳动，则雇佣合同适用雇主的主要管理机构所在地国法。

4. 如果根据当时的整体情况，雇佣合同与另一法律具有更密切联系，则雇佣合同适用该另一法律，而不适用本条第 2 款和第 3 款规定。

第 28 条　涉及知识产权的合同

1. 涉及知识产权的合同，依当事人选择的法律。

2. 当事人未选择法律的，合同关系适用转让知识产权或其使用权的一方当事人在订立合同时的营业地法；该当事人无营业地的，适用其惯常居所地法。但是，如果根据当时的整体情况，合同与另一法律具有更密切联系，则合同依该另一法律。

3. 雇员与雇主之间有关无形财产权的合同，如果该无形财产权系由雇员在其工作范围内并在作业期间创设，则适用支配雇佣合同的法律。

第 29 条　货物运输合同

1. 货物运输合同，依当事人选择的法律。

2. 当事人未选择法律的，适用与合同有最密切联系的国家的法律；承运人在订立合同时的主要营业地所在国推定为与合同有最密切联系的国家，但以装载地、卸载地或者发运人的主要营业地也在该国境内为条件。单程租船

合同以及与货物运输的主要标的物有关的其他合同，亦依本条规定。

3. 如果根据当时的整体情况，货物运输合同与另一法律具有更密切联系，则合同依该另一法律。

第 30 条　代理权

1. 被代理人和代理人之间代为实施法律行为的权限，依适用于他们之间的合同关系的法律。

2. 代理人为被代理人向第三人实施代理行为的条件，依代理人的营业地法。代理人无营业地、第三人无法知悉该营业地或者在营业地之外行使代理权的，代理权依其实际行使地国法。本款规定也适用于无权代理时代理人和第三人之间的法律关系。

3. 如果代理人和被代理人之间存在雇佣关系，而且代理人无任何自己的营业地，则代理权依被代理人的营业地国法。

第 31 条　直接适用的规范

在适用支配合同关系的法律时，如果第三国法律与合同具有密切联系，则应考虑该第三国法律中直接适用的规范。① 在考虑这些规范以及判断应否适用这些规范时，应考察这些规范的目的、定性、内容及后果。

第 32 条　合同关系的成立及其实质效力

1. 合同关系或者合同某条款的成立以及实质效力，依假定该合同有效时应适用的法律。

2. 如果当时的情况表明，一方当事人行为的效力由第 1 款所指的应适用的法律支配显失公平，则意思表示的成立，适用主张其同意为无效的该方当事人的惯常居所地国法。

第 33 条　履行的种类、方式和措施

对于行为、法律行为以及在履行合同时对物采取的保护措施，应考虑行为的实施地、法律行为的成立地或者措施的采取地国法。

第 34 条　侵权行为

1. 侵权行为所生之债，依侵权行为实施地国法。

2. 当侵权行为的行为地与结果发生地位于不同国家时，适用结果发生地国法。

3. 侵权行为所生之债与另一国具有更密切联系的，则适用该另一国法律。

---

① 与本法第 6 条规定有所不同，第 31 条指的是，不论合同由内国法还是外国法支配，均要考虑第三国法律中的强制性规范。至于如何解释第 6 条和第 31 条彼此间的关系，或许只能由司法判例来回答。——译者注

4. 受害人可直接根据适用于侵权行为或保险合同的法律规定，向责任人的保险人提出赔偿请求。

5. 在侵权行为发生后，当事人可明示选择应适用的法律。

第 35 条　侵害人格权的责任

1. 因通过诸如出版物、无线电广播、电视等媒体以及通过互联网或者其他大众通讯手段侵害人格权而产生的请求权，依受害人的选择适用：

（1）受害人的惯常居所地国法，但必须以施害人能预料损害发生在该国境内为条件；

（2）施害人的营业地国法或惯常居所地国法；

（3）损害产生地国法，但必须以施害人能预料损害发生在该国境内为条件。

2. 人格权被侵害时，对周期性媒体所提出的抗辩权，只能适用印刷品发行地或广播发射地国法。

3. 因处理个人数据以及由于损害个人数据的知情权致使人格权受到侵害而产生的请求权，亦适用本条第 1 款的规定。

第 36 条　制造者的非合同性责任

因产品造成损害而产生的责任，依受害人的选择适用施害人的惯常居所地、营业地或者产品获得地国法。施害人不得为了适用产品获得地国法，而指证该产品系在未征得其同意的情况下进入该国。

第 37 条　不正当竞争

1. 因不正当竞争而产生的请求权，依直接产生不正当竞争效果的市场所在地国法。

2. 如果不正当竞争的权利损害只针对受害人的商业利益，则适用企业的营业地国法。

第 38 条　妨碍竞争

1. 因妨碍竞争而产生的请求权，依该妨碍行为直接涉及的市场所在地国法。

2. 在土耳其发生的妨碍竞争行为受外国法支配时，所提出的损害赔偿额不得高于假设适用土耳其法律所得的赔偿额。

第 39 条　不当得利

1. 因不当得利而产生的请求权，适用支配该得利行为据以发生的既有的或者推定的法律关系的法律。在其他情况下，不当得利适用不当得利发生地国法。

2. 不当得利发生后，当事人可明示选择应适用的法律。

第二章 国际民事诉讼程序法

第一节 土耳其法院的国际管辖权

第 40 条 国际管辖权

土耳其法院的国际管辖权，依国内法中有关属地管辖权的规则确定。

第 41 条 有关土耳其国民法律地位的诉讼

土耳其国民，如果外国法院对于有关其法律地位的诉讼不予管辖或者不能管辖的，则可在具有属地管辖权的土耳其法院提起该诉讼；如果这种法院不存在，则可向位于土耳其境内的其居所地法院起诉，在土耳其境内无居所地的，则向土耳其境内的其最后住所地法院起诉，无最后住所地的，由安卡拉、伊斯坦布尔或伊兹密尔法院管辖。

第 42 条 有关外国人法律地位的各种诉讼

在土耳其境内无住所的外国人，有关其监护、照管、禁治产、失踪和死亡宣告的诉讼，由当事人在土耳其境内的居所地法院管辖，无居所地的，由其财产所在地法院管辖。

第 43 条 有关遗产继承的诉讼

有关遗产继承的诉讼，由死者在土耳其境内的最后住所地法院管辖；如果死者在土耳其境内无最后住所地，则由遗产所在地法院管辖。

第 44 条 有关雇佣合同和雇佣关系的诉讼

对于因雇佣合同以及因个人之间的雇佣关系引起的争议，由雇员从事惯常劳动所在的土耳其境内的作业地法院管辖。对于雇员向雇主提起的诉讼，雇主住所地法院、雇员住所地法院或者雇员惯常居所地的土耳其法院均可管辖。

第 45 条 有关消费者合同的诉讼

1. 对于因本法第 26 条所指的消费者合同引起的争议，依消费者的选择由消费者的住所地、惯常居所地以及对方当事人的营业地、住所地或惯常居所地的土耳其法院管辖。

2. 对于因第 1 款所指消费者合同而对消费者提起的诉讼，由消费者惯常居所地的土耳其法院管辖。

第 46 条 有关保险合同的诉讼

对于因保险合同引起的争议，由保险人的主要管理机构所在地以及保险人在土耳其的分支机构所在地或者代表保险人签订保险合同的保险人代理机构的营业地的土耳其法院管辖。向投保人、被保险人或者受益人提起的诉讼，由该投保人、被保险人或者受益人的住所地或者惯常居所地的土耳其法院管辖。

第 47 条　协议管辖及其限制

1. 在土耳其法院无专属管辖权的属地管辖案件中，当事人可以就涉外合同争议协议选择由外国法院管辖。合同的效力应加以书面证明。对于外国法院认为无管辖权或者对土耳其法院行使管辖权不提出任何异议的诉讼，由土耳其法院管辖。

2. 第 44 条、第 45 条和第 46 条所规定的属地管辖权，不得由当事人的协议予以排除。

第 48 条　诉讼担保

1. 外国自然人或者法人在土耳其法院提起诉讼、参加诉讼或者请求强制执行的，应按照法院规定的方式向土耳其法院提供诉讼担保，以支付诉讼费、执行费以及可能向对方当事人支付的损失赔偿费。

2. 存在互惠关系时，法院可免除原告、诉讼参加人或者请求强制执行者提供担保的义务。

第 49 条　外国国家的司法豁免权

1. 外国国家在参与私法关系而产生法律争议时，不得享受司法豁免权。

2. 在上述情况下，可向外国国家的外交代表送达司法文书。

第二节　外国法院判决及仲裁裁决的承认与执行

第 50 条　执行令

1. 外国法院做出的、并且根据该国法律已经发生法律效力的民事判决，仅在当土耳其主管法院签发执行令时，方能在土耳其得到执行。

2. 外国法院在刑事判决中做出的附带私法关系的判决，同样可依照有关规定申请发布执行令。

第 51 条　属物管辖和属地管辖

1. 在属物管辖中，由大区法院签发执行令。

2. 请求发布执行令的申请应向被申请执行者在土耳其的住所地法院提出，无住所地的，向被申请执行者的居所地法院提出，如果在土耳其境内既无住所又无居所，则向安卡拉、伊斯坦布尔或者伊兹密尔法院提出。

第 52 条　请求执行的申请书

任何对执行判决有合法利益者均可请求执行判决。请求执行的申请书应以书面做成。申请书的份数应与对方当事人的人数相同。申请书应包括下列内容：

（1）申请人、被申请人的姓名、住址，如果有法定代表人或代理人的，应包括这些人的姓名和地址。

（2）做出判决的法院所属国国名、法院名称、做出判决的日期、判决的编号和判决概要。

（3）如果只希望执行部分判决，应指明该执行的部分。

第53条　附加于申请书的文件

请求执行的申请书应附加下列文件：

（1）经外国主管机关认证的外国法院判决书原件，或者经做出判决的司法机关认证的判决书副本以及经过公证的译本。

（2）确认判决发生法律效力的证明或者经该国主管机关认证的文件，以及经公证的译本。

第54条　请求执行的条件

符合下列条件的，由主管法院签发执行令：

（1）土耳其共和国与做出判决的外国之间存在互惠保证的协定，或者该外国有可能基于法律规定或司法实践承认土耳其法院的判决；

（2）判决涉及的对象不在土耳其法院专属管辖案件之列，或者判决系由与诉讼标的或者当事人无任何实际联系却自认为有管辖权的法院做出，而被告也对此未提出异议；

（3）判决未明显违反公共秩序；

（4）被申请执行人对于执行申请书未向土耳其法院提出任何下列异议：被申请人未被按照有关国家的法律规定进行合法传唤、未被通知出庭应诉、缺席判决，或者判决系在被申请人未出庭的情况下做出并违反了该外国的法律。

第55条　送达与异议

1. 请求执行的申请书应在法院审结的当天与判决书一并送达对方当事人。对非讼案件所做裁定的承认与执行亦适用本规定。对于无对方当事人而做出的非讼案件的裁定，不适用有关送达的规定。申请书将按照简易程序的有关规定进行审查，待裁决做出后该简易程序即终止。

2. 对方当事人可以以申请执行不符合本节规定的条件，或外国判决已部分执行或全部执行，以及执行裁决存在困难等理由而提出抗辩。

第56条　法院裁定

法院可裁定部分或全部执行外国判决，或驳回执行请求。该裁定应载明于外国判决之下，由法官签名并加盖公章。

第 57 条　执行裁决和上诉

1. 裁定予以执行的外国判决，依照执行土耳其法院所做判决一样的程序予以执行。

2. 对法院做出执行判决或驳回执行请求的裁定而提起的上诉，适用一般规定。当事人提起上诉的，执行即中止。

第 58 条　承认

1. 经法院查明符合执行条件的外国法院判决，可作为不可撤销的证据或者作为具有法律效力的裁判予以承认。但此种承认不适用第 54 条第 1 项规定。

2. 对非讼案件所做裁定的承认，也适用本条规定。

3. 如果基于外国法院判决的行政行为应在土耳其执行，适用与上述相同的程序。

第 59 条　作为具有法律效力的判决和不可撤销的证据的效力

外国判决一旦具有法律效力，则视为具有法律效力的判决或不可撤销的证据。

第 60 条　外国仲裁裁决的执行

1. 具有法律效力、具有执行力或者对各方当事人具有约束力的外国仲裁裁决，可宣告予以执行。

2. 请求执行外国仲裁裁决的，应向当事人通过书面协议选择的大区法院提出书面申请。当事人未协议选择的，可向仲裁裁决的被执行方当事人在土耳其的住所地管辖法院提出；被执行方当事人在土耳其无住所的，可向其在土耳其的居所地法院提出，如果连居所地也没有，则向可被执行的财产所在地法院提出。

第 61 条　申请和程序

1. 请求执行外国仲裁裁决的当事人，除了提交与对方当事人的人数相应的书面申请外，还应附上下述文件：

（1）仲裁协议或仲裁条款的原本，或经公证的副本；

（2）具有法律效力和执行力的或者对各方当事人具有约束力的仲裁裁决的原本，或经公证的副本；

（3）本条第 1 项和第 2 项所指文件的经公证的译本。

2. 法院在就仲裁裁决的可执行性问题做出裁定时，类推适用第 55 条、第 56 条和第 57 条的规定。

第 62 条　拒绝（执行外国仲裁裁决的）理由

1. 在下列情况下，法院应驳回执行外国仲裁裁决的申请：

（1）无仲裁协议或者在主合同中未订明仲裁条款的；

（2）仲裁裁决违反公序良俗；

（3）根据土耳其法律，作为仲裁裁决对象的争议不得采用仲裁程序裁决；

（4）仲裁员未通知当事人一方出庭，并且该当事人也未事后明示同意的；

（5）被申请执行一方的当事人未被通知指定仲裁员或未被给予提出辩护的机会；

（6）根据当事人协议选择的法律，或者未协议选择法律时根据仲裁裁决地法，仲裁协议或仲裁条款无效；

（7）指定仲裁员或者仲裁员适用的程序违反当事人的协议，或者当事人无此协议时，违反仲裁裁决地法律；

（8）仲裁裁决所涉及的事项，在仲裁协议或仲裁条款中未做规定，或者超越了仲裁协议或者仲裁条款规定的范围；

（9）根据仲裁地国的法律规定或者根据仲裁程序，仲裁裁决尚未法律效力、尚不能执行或者尚不具有约束力，或者仲裁裁决已被裁决地的主管机关撤销。

2. 对于第1款第4项至第9项规定的情况，由被申请执行一方的当事人负责举证。

第63条　对外国仲裁裁决的承认

对外国仲裁裁决的承认，同样依有关执行仲裁裁决的规定。

第三章　最后条款

第64条　被废除的法律条款

失去法律效力的有：

（1）1982年5月20日关于国际私法与国际诉讼程序法的第2675号法律；

（2）1956年6月29日第6762号法律即《土耳其商法典》第866条第2项；

（3）1951年12月5日第5846号法律即《土耳其有关精神作品和艺术品的法律》第88条。

第65条　生效

本法自公布之日起生效。

第66条　实施

本法的规定由部长理事会负责实施。

第四篇

欧盟国际私法立法

欧盟理事会2000年5月29日《关于破产程序的第1346/2000号条例》*

欧盟理事会，

根据《建立欧洲共同体的条约》，特别是其第61条第3款和第67条第1款之规定，

根据德意志联邦共和国和芬兰共和国的提议，

根据欧洲议会的意见，

根据经济与社会委员会的意见，

鉴于：

1. 欧盟已确立旨在建立一个自由、安全、司法区域的目标。

2. 内部市场的正常运作，需要高效率的有效的跨境破产程序；为实现条约第65条意义上的民事司法合作领域的目标，需要通过本条例。

3. 企业的跨国活动与日俱增，越来越多地受共同体法调整。由于此类企业的破产对内部市场的有序运作带来不利影响，因而需要制定共同体法律文件，以就处理破产债务人财产的措施方面的协调做出规定。

4. 为了内部市场的有序运作，必须防止当事人通过将财产或者法律争议从一成员国转移至另一成员国的方式谋求对自己更为有利的法律地位（“挑选法院”）。

5. 这些目标在各国层面上难以充分实现，故采取共同体层面上的措施属于正当行为。

6. 根据相称性原则，本条例仅限于调整开始破产程序的管辖权以及直接基于破产程序做出的并与此类程序密切相关的判决。此外，本条例亦包括符

---

* 欧盟理事会2000年5月29日《关于破产程序的第1346/2000号条例》（Council Regulation (EC) No. 1346/2000 of 29 May 2000 on Insolvency Proceedings）公布于《欧洲各大共同体官方公报》2000年第L160号第1～18页，并于2002年5月31日在除丹麦以外的成员国生效。2003年《关于捷克共和国、爱沙尼亚共和国、塞浦路斯共和国、拉托维亚共和国、立陶宛共和国、匈牙利共和国、马耳他共和国、波兰共和国、斯洛文尼亚共和国和斯洛伐克共和国的加入条件并调整建立欧洲联盟的各条约的文件》（公布于2003年9月23日《欧洲联盟官方公报》第L236号）的附件II第18项（A），对本条例第44条和附件A有所修订。本条例系根据其官方德文和英文文本翻译。——译者注

合该原则的有关该判决的承认以及准据法的规定。

7. 涉及破产公司或其他法人的清算的破产程序、调解、和解及类似程序的破产程序，不适用1968年《民商事管辖权和判决的执行公约》的经该公约的《加入公约》修订的文本。

8. 为实现提高跨境破产程序效率与效力的目标，将该领域的有关管辖权、承认以及准据法的条款合并规定于对成员国有约束力并直接适用的共同体法律文件，不仅必要，且无不妥。

9. 不论债务人为自然人或法人、商人或个体户，所有破产程序均适用本条例。适用本条例的破产程序列于各附件。有关保险企业、信用机构以及涉及为第三方持有基金或证券的投资企业或者共同投资企业的破产程序，不适用本条例。因该类企业适用特别规定，且各国监督机构在一定程度上有相当广泛的干预权，故不由本条例调整。

10. 破产程序并不一定需要法院的介入。本条例中的“法院”应做广义解释，系指根据各国法律有权开始破产程序的任何个人和机构。为适用本条例，所涉及的程序（包含相应的法律行为和形式）不仅要符合本条例的规定，还须在开始破产程序的成员国得到正式承认并具有法律效力，并包括全部或部分剥夺债务人财产并指定破产管理人的综合程序。

11. 本条例的事实出发点是，因各国实体法差异巨大，破产程序在整个共同体范围内具有普遍效力是不现实的。这时不顾该背景而毫无例外地适用程序开始国法必将时常陷入困境。比如，共同体内完全各异的担保权就属这种情形。此外，某些情况下，破产程序中个别债权人的优先权也完全不同。本条例从两种途径对该问题进行考虑：一是对于特别重要的权利和法律关系（例如物权和雇佣合同）的法律适用规则做出特别规定；二是除了允许具有普遍效力的主要破产程序外，还允许进行仅涉及程序开始国境内财产的国内破产程序。

12. 本条例允许在债务人利益中心所在的成员国境内开始主要破产程序。该程序具有普遍效力，目的在于涵盖债务人的全部财产。为了保护各方利益，本条例允许从属破产程序与主要破产程序同时开始。债务人的营业所所在的成员国可开始从属破产程序，该程序的效力仅限于债务人在该国境内的财产。与主破产程序进行合作的强制性规定主要是出于在整个共同体内程序统一性的考虑。

13. “主要利益中心地”是指与债务人惯常对其利益进行管理并可被第三人查证之地。

14. 本条例仅适用于债务人主要利益中心地在共同体内的程序。

15. 本条例的管辖权条款仅规定国际管辖权，即指明哪个成员国的法院可开始破产程序。该成员国的国内管辖权依照该国的国内法确定。

16. 对开始主要破产程序具有管辖权的法院，自请求开始程序时起应有权命令采取保全措施。不论在破产程序开始之前或之后采取保全措施，对保证破产程序的效力具有重要作用。为此，本条例提供了各种可能性。一方面，有权开始主破产程序的法院也有权对在另一成员国境内的财产采取保全措施；另一方面，在主破产程序开始前任命的临时破产管理人有权在债务人的营业所所在的成员国根据该国法律申请采取保全措施。

17. 在主破产程序开始之前，在债务人的营业所所在的成员国境内请求开始破产程序的权利仅限于由本国债权人和本国营业所的债权人行使，或仅在债务人主要利益中心地所在国法规定不允许开始主破产程序的情况下行使。进行该限制的原因在于，仅在绝对必要的情况下才允许在主破产程序之前请求开始属地破产程序。主破产程序开始后，则属地程序成为从属程序。

18. 在主破产程序开始之后在债务人营业所所在的成员国境内请求开始破产程序的权利，不受本条例的限制。主程序的破产管理人或依照该成员国法律有此权利的任何其他人，均可请求开始从属程序。

19. 从属破产程序不仅有利于保护本国利益，还可实现其他目的。如果债务人的财产太复杂不便于统一整体管理，或者因为相关国家的法律体系差异巨大使得程序开始国法律难以在破产财产所在的其他国家产生效力，就会出现这种情况。因此，为了有效管理破产财产，主破产程序管理人可请求开始从属破产程序。

20. 只有在同时未决的两种程序彼此合作，主破产程序和从属破产程序才有助于清算和变卖整个破产财产。而其主要前提条件是不同破产管理人之间的密切合作，尤其是必须充分交换信息。为确保主破产程序的优势地位，应给予该程序的管理人参与同时待决的从属破产程序的多种可能性。其应有权利建议整顿计划、和解或者请求暂停清算从属破产程序财产。

21. 住所、惯常居所或注册事务所在共同体内的任何债权人，应有权在共同体境内未决的涉及债务人财产的破产程序中申报债权。该规定适用于税务机关和社会保障机构。为确保平等地对待各债权人，破产财产的分配必须协调。虽然各债权人可保持其在破产程序中的所得，但只有在相同顺位的债权人获得同等份额的清偿时，方能参与其他程序的分配。

22. 对于有关在条例适用范围内的破产程序的开始、实施和终结的判决以及与该破产程序直接相关的判决，本条例规定了即时承认原则。自动承认意味着，程序开始国法律赋予该程序的效力扩及于所有其他成员国。对成员国法院判决的承认应基于相互信任。不予承认的原因有必要进行限制。当两个成员国法院坚持认为自己有权开始主破产程序时，该冲突的解决也适用该原则。首先开始破产程序的法院的判决应在另一国得以承认，并不受任何审查。

23. 本条例制定破产领域的统一冲突法规范，并取代各国的国际私法规定。若无其他规定，适用程序开始国法（破产准据法）。该冲突规范对主破产程序和属地破产程序均为有效。破产准据法决定破产程序的程序法效力和对相关个人和法律关系的实体效力；开始、实施和终结破产程序的所有条件，均依破产准据法确定。

24. 由于破产程序一般适用程序开始国法，所以破产程序的自动承认可能与支配法律行为的实施的其他成员国法律规定冲突。为确保程序开始国以外的其他成员国的合法期望和法律确定性，规定了一系列不适用一般条款的例外情况。

25. 在对物权方面，特别需要规定不同于程序开始国法的特别指引规范，因为物权对信贷的保障具有特殊的重要性。因此，此种物权的设立、有效性和范围通常依物之所在地法确定，而不受破产程序开始的影响。物权的权利人可继续对抵押品主张别除权或优先清偿权。如果对一成员国内的财产依照财产所在地法存在对物权，但主破产程序发生于另一成员国，主破产程序的管理人可在物权所在的管辖区域内请求开始从属破产程序，只要债务人在此处设有营业所。如果未开始从属破产程序，且破产财产存在对物权，则转让该财产所得的余额，应移交给主破产程序的管理人。

26. 如果程序开始国法不允许抵消，只要支配破产债务人债权的法律允许抵消，则债权人同样有权请求抵消。通过这种方式，抵消取得了基于使相关债权人在债权产生时可以信赖的法律规定的一种保证功能。

27. 支付制度和金融市场同样需要给予特殊保护。该规定适用于支付制度中出现的清账合同（Glattstellungsverträge）和净价协议（netting agreements）以及证券的转让和为此类交易设立的担保，1998 年 5 月 19 日通过的《欧盟议会及理事会关于支付制度以及证券供应和证券结算制度中的结算效力的第 98/26 号指令》①（以下简称《第 98/26 号指令》）对此做了特别规定。因而，对于此类交易，仅适用支配该制度或市场的法律。该条款旨在防止交易对方破产时修改为支付或结算制度或者被调整的成员国金融市场所规定的交易的支付和清算机制。《第 98/26 号指令》的特别条款应优先于本条例中的一般

① 公布于《欧洲各大共同体官方公报》1998 年第 L166 号第 45 页及以下。

规定。

28. 为了保护雇员和劳务关系，破产程序对劳务关系的存续和终止以及对该劳务关系各方当事人的权利、义务的效力，依照支配该合同的一般冲突规范确定。其它的破产法问题，例如雇员的债权是否受优先权保护或者享有何等顺位的优先权，依程序开始国法确定。

29. 出于商业考虑，根据债券人的请求，关于开始破产程序的判决的主要内容应在其他成员国予以公告。如果在该成员国有营业所，则可要求强制公告。在上述两种情况下，公告并非承认外国程序的前提条件。

30. 也可能出现这种情况，即某些相关当事人并不知晓程序开始，并违背新情势善意地行事。为保护此类不知晓外国程序开始而向债务人实施支付的个人，虽然其本应向外国管理人进行支付，规定了履行或支付的债务免除效力。

31. 本条例包括涉及破产程序组织机构的附件。因这些附件专门涉及成员国的立法，考虑到成员国修改国内法的可能性，理事会有特殊理由来保留对附件修改的权利。

32. 根据附加于《欧洲联盟条约》和《建立欧洲共同体的条约》的《关于联合王国和爱尔兰立场的议定书》第 3 条，联合王国和爱尔兰已通告了他们接受和适用本条例的意愿。

33. 根据附加于《欧洲联盟条约》和《建立欧洲共同体的条约》的《关于丹麦立场的议定书》第 2 条，丹麦不参与接受本条例，因此本条例对丹麦无约束力也不适用于丹麦。

通过如下条例：

第一章　一般条款

第 1 条　适用范围

1. 本条例适用于导致全部或部分剥夺债务人财产并任命破产管理人的综合破产程序。

2. 本条例不适用于有关保险企业、信贷机构以及涉及为第三方持有基金或证券的投资企业或者共同投资企业的破产程序。

第 2 条　定义

为本条例的目的：

(1) “破产程序”指第 1 条第 1 款所指的综合程序。这些程序列于附件 A；

（2）“管理人”指任何其职责在于管理或清算债务人被剥夺的财产或者监督其事务的人或团体。这些人和团体列于附件 C；

（3）“清算程序”指在第（1）项意义上涉及清算债务人财产的破产程序，包括因和解或其他终止债务人破产的方法或者因财产不足已终结的程序。这些程序列于附件 B；

（4）“法院”指有权开始破产程序或者在该程序中做出决定的各成员国司法机构或其他主管机关；

（5）“判决”，如果涉及开始破产程序或任命破产管理人，指任何有权开始该种程序或者任命破产管理人的法院的裁决；

（6）“程序开始之时”指开始程序的判决生效的时间，而不论其是否终局判决；

（7）“财产所在的成员国”，

——在有形财产的情况下，指财产位于其境内的成员国；

——对于所有权或者权利所有人必须进行公共登记的财产或权利，指保存该登记的机构所在的成员国；

——对于债权，指有履行义务的第三人在其境内具有第 3 条第 1 款意义上的主要利益中心的成员国。

（8）“营业所”指债务人以人为的手段和商品进行非临时性的经济活动的任何营业场所。

第 3 条　国际管辖权

1. 债务人主要利益中心所在的成员国的法院有权开始破产程序。对于公司或法人，在没有相反证据的情况下，注册事务所所在地被推定为其主要利益中心。

2. 当债务人主要利益中心位于一成员国境内，另一成员国法院只有在债务人在该成员国设有营业所时，才有权对该债务人开始破产程序。该程序的效果限于债务人位于后一成员国境内的财产。

3. 如已根据第 1 款规定开始破产程序，则根据第 2 款随后开始的任何程序都是从属破产程序。这些程序必须为清算程序。

4. 只有在下列情况下，方可在按照第 1 款开始主破产程序之前根据第 2 款开始属地破产程序：

（1）按照债务人主要利益中心所在的成员国的法律所规定的条件，第 1 款规定的破产程序不能开始，或者

（2）属地破产程序是由住所、惯常居所或注册事务所位于营业所所在的成员国境内的债权人请求开始，或者其请求产生于该营业所的经营活动。

第4条　准据法

1. 只要本条例无相反规定，适用于破产程序及其效果的法律为该程序在其境内开始的成员国（以下称为“程序开始国”）法律。

2. 程序开始国法应决定破产程序开始的条件、实施及终结。它特别调整如下事项：

（1）可以对什么债务人由于其能力而提起破产程序；

（2）构成破产财团一部分的财产，以及对在破产程序开始后债务人获得或接受移交的财产的处置；

（3）债务人和破产管理人各自的权力；

（4）可以援引抵消的条件；

（5）破产程序对债务人为其一方当事人的现行合同的影响；

（6）开始破产程序对个别债权人提起的程序的影响，但未决诉讼除外；

（7）哪些债权作为破产债权予以申报以及对破产程序开始后产生的债权的处理；

（8）债权的申报、审查和确定；

（9）变卖财产所得的分配、债权的优先顺序以及在破产程序开始后因物权或通过抵销已获部分清偿的债权人的权利；

（10）破产程序终结，特别是通过和解终结的条件和效力；

（11）破产程序终结后债权人的权利；

（12）破产程序费用的承担者；

（13）有关损害所有债权人的法律行为的无效、可撤销或相对无效。

第5条　第三人的对物权

1. 破产程序的开始不影响债权人或第三人对于在程序开始时位于另一成员国、属于债务人的有形或无形财产以及动产或不动产的对物权。

2. 第1款提到的权利特别指：

（1）处置财产的权利，以及从该财产的所得或者用益，特别是从财产的留置或抵押中获得清偿的权利；

（2）满足债权的排他性权利，特别是基于该债权上的留置权或者该债权上的担保转让的权利；

（3）向违背权利人的意愿占有或使用某财产的任何人要求返还该财产的权利；

（4）从财产上受益的对物权。

3. 在公共登记上注册的可对任何人均有效的、可获得第1款意义上的对物权的权利，应视为对物权。

4. 第1款不妨碍第4条第2款第13项所指法律行为的无效、可撤销性或相对无效性。

第6条 抵销

1. 如果适用于破产债务人的债权的法律允许抵消，则破产程序的开始不影响债权人要求将其债权与债务人的债权相抵销的权利。

2. 第1款不妨碍第4条第2款第13项所指法律行为的无效、可撤销性或相对无效性。

第7条 所有权的保留

1. 如果程序开始时财产位于开始国之外的其他成员国，则针对该项财产的买方开始的破产程序，不影响卖方基于所有权的保留所享有的权利。

2. 如果程序开始时出售的财产位于开始国之外的另一成员国，则在财产交付后针对该项财产的卖方开始的破产程序，不构成撤销或终止该买卖合同的理由，也不妨碍买方取得所有权。

3. 第1款和第2款不妨碍第4条第2款第13项所指法律行为的无效、可撤销性或相对无效性。

第8条 有关不动产的合同

破产程序对于授权取得或使用不动产的合同的效力，仅受不动产所在的成员国法支配。

第9条 支付制度和金融市场

1. 在不损抑第5条的条件下，破产程序对于支付或清偿制度或者金融市场当事人的权利义务的效力，仅受适用于该制度或市场的成员国法支配。

2. 第1款规定不妨碍根据适用于相关支付制度或金融市场的法律规定进行的支付或交易的无效性、可撤销性和相对无效性。

第10条 雇佣合同

破产程序对雇佣合同和雇佣关系的效力，仅受适用于该雇佣合同的成员国法支配。

第11条 对应注册的权利的效力

破产程序对债务人在应进行公共注册的不动产、船舶或航空器权利的效力，应由保存该登记的机关所在的成员国法支配。

第12条 共同体专利和商标

为本条例之目的，共同体专利、共同体商标或任何其他由共同体法设立的类似权利，仅得以包含于第3条第1款所指之程序。

第13条 损害行为

如果因损害所有债权人的法律行为而受益的人证明有下列情况，则不适用第 4 条第 2 款第 13 项：

——该行为受程序开始地之外的其他成员国的法律支配，而且

——在该情况下，该法不允许对该行为进行任何抗辩。

第 14 条　对第三买受人的保护

当债务人以破产程序开始后实施的法律行为有偿的地处置：

——一项不动产，或者

——应在公共注册处注册的船舶或航空器，或者

——其存在是以法定的注册为条件的证券时，

该法律行为的效力，应受不动产所在地或保存该登记的机关所在地国法支配。

第 15 条　破产程序对未决法律诉讼的效力

破产程序对于有关债务人被剥夺的财产或权利的未决法律诉讼的效力，应仅受未决法律诉讼地的成员国法支配。

第二章　破产程序的承认

第 16 条　原则

1. 任何由根据第 3 条具有管辖权的成员国法院做出的开始破产程序的判决，都应自其在程序开始国生效之时起，在所有其他成员国得到承认。

当由于债务人特性而不能在其他成员国对债务人开始破产程序时，本规定同样适用。

2. 对第 3 条第 1 款所指的程序的承认，应不妨碍另一成员国法院开始第 3 条第 2 款所指的程序。此时，后一程序应为第三章意义上的从属破产程序。

第 17 条　承认的效果

1. 如果本条例无其他规定并且只要其他成员国未开始第 3 条第 2 款所指的程序，则开始第 3 条第 1 款所指程序的判决应无需进一步的手续，并在其他成员国产生与程序开始国法赋予的相同效果。

2. 第 3 条第 2 款所指程序的效力不能在其他成员国受到抗辩。任何对债权人权利的限制，特别是因程序引起的延期支付或债务免除，只有在债权人同意的情况下才能对位于另一成员国的财产产生效力。

第 18 条　破产管理人的权力

1. 由根据第 3 条第 1 款具有管辖权的法院所任命的破产管理人，可以在另一成员国行使程序开始国法授予的全部权力，前提是那里未开始其他的破产程序并且在该国未采取相反的保全措施以进一步要求开始破产程序。除第 5

条和第 7 条规定的情况外，破产管理人尤其可以将债务人的财产从所在地成员国境内转移。

2. 由根据第 3 条第 2 款具有管辖权的法院所任命的破产管理人，在破产程序开始后，可以在任何另一成员国通过司法或非司法途径声明动产系从程序开始国转移至该另一成员国境内。他亦可为债权人利益提起撤销之诉。

3. 在行使其权力时，破产管理人应遵守他意欲采取行为所在的成员国法，特别是关于变卖财产方式的规定。这些权力不包括强制措施或者对法律程序或纠纷加以裁决的权利。

第 19 条　破产管理人任命的证明

破产管理人的任命应由任命他的原始决定的经过认证的副本或者有管辖权的法院签发的任何其他证件证明。

破产管理人意欲行为所在的成员国可以要求其官方语言或一种官方语言的译本。但不应要求认证或类似的其他手续。

第 20 条　返还义务和归责

1. 在第 3 条第 1 款所指的破产程序开始后，通过任何方法，特别是强制执行，从位于另一成员国境内的属于债务人的财产获得全部或部分清偿的债权人，除第 5 条和第 7 条规定的情况外，应将所得归还破产管理人。

2. 为保证公平对待各债权人，在破产程序过程中获得其债权的某份额的债权人，在其他程序中只有当相同顺序或者同组的债权人获得同等份额的清偿时，才可以在那些程序中参加分配。

第 21 条　公告

1. 根据破产管理人的申请，将开始破产程序的判决的主要内容，并在适当的情况下，将任命他的决定，在任何其他成员国按照该国规定的公告程序予以公告。在该公告中还应载明所任命的破产管理人以及是根据第 3 条第 1 款或该条第 2 款的规定取得管辖权。

2. 但是，债务人在其境内具有营业所的任何成员国都可以要求强制公告。此时，破产管理人或者第 3 条第 1 款所指程序开始地的成员国具有该权力的任何其他机关，应采取该公告所需的措施。

第 22 条　在公共注册机关的注册

1. 破产管理人可以请求将开始第 3 条第 1 款所指程序的判决在其他成员国保存的土地登记簿、工商登记处以及任何其他注册机关予以注册。

2. 但是，任何成员国可以要求强制注册。此时，破产管理人或者第 3 条第 1 款所指程序开始地成员国具有该权力的任何其他机关，应采取该注册所需的措施。

第23条　费用

第21条的公告和第22条的注册费用应视为破产程序的费用开支。

第24条　债务人义务的履行

1. 已在一成员国向已在另一成员国就其财产开始了破产程序的债务人履行了某项义务者，虽然其本应向该程序中破产管理人履行，但是，若履行义务者未知晓程序开始，则免除该义务。

2. 如果履行义务系在第21条规定的公告之前，若无相反证据，则推定履行义务者未知晓破产程序开始；如果履行义务是在第21条规定的公告之后，若无相反证据，则推定履行义务者知晓程序开始。

第25条　其他判决的承认和执行

1. 其有关开始程序的判决已依照第16条规定予以承认的法院为实施和终结破产程序所做的判决，以及经该法院同意的和解也应予以承认，而不需要进一步的手续。这些判决应依《民商事管辖权和判决的执行公约》[①] 经《加入公约》修订后的文本第31～51条（第34条第2款除外）的规定予以执行。

直接来自破产程序并与其密切相关的判决，即使它们由另一法院做出，也适用前项规定。

第1项规定还适用于有关请求开始破产程序之后采取的保全措施的判决。

2. 第1款所指判决之外的其他判决的承认和执行，如果可适用第1款所指公约，则应受该公约支配。

3. 成员国无义务承认或执行第1款所指的可能导致限制人身自由或邮政秘密的判决。

第26条　公共秩序[②]

任何成员国，当承认在另一成员国开始的破产程序或执行在该程序中所做判决的结果将明显违背其公共秩序，特别是基本原则或者受宪法保障的权利和个人自由时，则可以拒绝该承认与执行。

---

① 根据欧盟理事会2000年12月20日《关于民商事管辖权和判决的承认与执行的第44/2001号条例》第68条第2款，自该条例生效后，对《民商事管辖权和判决的执行公约》的指引视为对该条例相应条款的指引。——译者注

② 根据"葡萄牙对适用《关于破产程序的第1346/2000号条例》第26条和第37条的声明"（公布于《欧洲各大共同体官方公报》2000年第C183号第1页），葡萄牙共和国声明：欧盟理事会2000年5月29日《关于破产程序的第1346/2000号条例》第37条有关"在主破产程序之前开始的从属破产程序可转化为清算程序"的规定，应解释为"此种转化并不排除法院对涉及属地程序的情况的判断和对第26条所指公共秩序利益的考虑"。

第三章　从属破产程序

第 27 条　程序的开始

如果一成员国法院依照第 3 条第 1 款开始并在另一成员国得以承认的程序（主破产程序），应不妨碍根据第 3 条第 2 款有管辖权的其他成员国法院开始从属破产程序，而无须对债务人在该其他成员国的破产进行审查。后一程序必须属于附件 B 所列程序。其效力限于债务人位于该其他成员国境内的财产。

第 28 条　准据法

除非本条例另有规定，从属破产程序适用在其境内开始从属程序的成员国的法律规定。

第 29 条　请求开始程序的权利

可请求开始从属破产程序者为：

（1）主破产程序的管理人；

（2）根据在其境内开始从属破产程序的成员国法，有权请求开始破产程序的任何其他人或机关。

第 30 条　破产费用的提前支付

当请求开始从属程序所在的成员国法要求债务人的财产应足以支付该程序的全部和部分费用开支时，法院可以基于请求要求申请人提前支付费用或提供适当的担保。

第 31 条　合作及交流信息的义务

1. 除非有限制信息的规定，主破产程序和从属破产程序的管理人有义务互相交流信息。他们应毫不迟延地交换任何可能涉及其他程序的重要信息，特别是申报和审查债权的状况以及所有旨在终止破产程序的措施。

2. 除非各种程序另有规定，主破产程序和从属破产程序的管理人有义务互相合作。

3. 从属破产程序的管理人应及早给予主破产程序的管理人提出清算建议或使用从属程序财产的机会。

第 32 条　债权人权利的行使

1. 任何债权人均可在主破产程序及任何从属破产程序中申报债权。

2. 主破产程序及任何从属破产程序的管理人，应在其他程序中申报已在任命他们的程序中申报过的债权，只要其符合后面所指程序的债权人利益，但在所适用的法律允许时，债权人有权反对这样做或撤回其申报。

3. 主破产程序或从属破产程序的管理人有权以债权人身份参加其他破产程序，特别是参加债权人会议。

第 33 条　清算的暂停

1. 如果开始从属破产程序的法院根据主破产程序管理人的请求全部或部分暂停清算，此时，有管辖权的法院则有权要求主破产程序的管理人采取所有的适当措施，以保护从属破产程序债权人或个别债权人团体的利益。仅在对主破产程序的债权人明显无益时方可拒绝主破产程序管理人的请求。清算程序的暂停不得超过 3 个月，也可以延续或重新开始同样的期间。

2. 在下列情况下，第 1 款所指法院应撤销对该清算程序的暂停：

——基于主破产程序管理人的请求；

——如果该措施，特别是对主破产程序或从属破产程序中债权人的利益不再适当，基于某债权人或从属破产程序管理人的请求而主动撤销。

第 34 条　结束从属破产程序的措施

1. 如果适用于从属程序的法律允许该程序在通过整顿方案、和解或者类似措施不经清算而终结，主破产程序的管理人则有权建议此类措施。

依前项措施终结从属程序，仅在征得主破产程序管理人同意的情况下，方可予以批准；或者，在其不同意时，如果主破产程序的债权人的财政利益未受到所建议的措施的影响，也可予以批准。

2. 第 1 款所指的在从属程序中建议的措施对债权人权利的任何限制，如延迟支付或免除债务，如果未征得所有相关债权人的同意，则对该程序未涉及的债务人的财产无效。

3. 在第 33 条所命令的暂停清算程序期间，只有主破产程序的管理人或债务人在征得前者同意的情况下，方可在从属破产程序中建议本条第 1 款所指措施；对这类措施的其他建议不得提交表决或批准。

第 35 条　从属破产程序中的剩余财产

如果在清算从属破产程序的财产时可满足该程序中认可的债权，则在该程序中任命的破产管理人应立即将剩余的财产移交主破产程序的管理人。

第 36 条　主程序的随后开始

如果第 3 条第 1 款所指的程序在第 2 款所指的另一成员国的程序之后开始，在先开始程序的进程所要求的限度内。第 31 ~ 35 条应适用于先开始的程序。

第 37 条 较早程序的转化[①]

主破产程序管理人可以请求将附件 A 所列的在另一成员国先前开始的程序转化为清算程序，只要证明该转化有利于主破产程序债权人的利益。

根据第 3 条第 2 款有管辖权的法院可以命令转化为附件 B 所列的程序之一。

第 38 条 保全措施

当根据第 3 条第 1 款具有管辖权的成员国法院为保全债务人的财产任命临时破产管理人时，该管理人，为了保全或维护债务人位于另一成员国境内的财产，有权根据该国法律在请求开始清算程序和该程序开始期间请求采取任何措施。

第四章 为债权人提供信息及其债权的申报

第 39 条 申报债权的权利

任何在程序开始国以外的成员国具有惯常居所、住所或注册事务所的债权人，包括税务机关以及社会保障机构，均可在破产程序中书面申报债权。

第 40 条 通知债权人的义务

1. 一旦在一成员国开始了破产程序，该国有管辖权的法院或该法院所任命的破产管理人应立即通知所知的惯常居所、住所或注册事务所在其他成员国的债权人。

2. 个别通知所提供的信息，应特别说明应遵守的时限、误时的后果、有权接受申报的机关和规定的其他措施。该通知还应指出具有优先权或担保物权的债权人是否必须申报其债权。

第 41 条 债权申报的内容

债权人有时应送交支持证件的副本，告知债权的性质、产生时间和数额，并指明他是否对债权主张优先权、担保物权或保留所有权，以及他所担保的财产价值。

第 42 条 语言

1. 第 40 条所指的通知应以程序开始国的官方语言或官方语言之一进行。为此，应使用以欧洲联盟机构的所有官方语言做成并且冠有“申报债权的催告，必须遵守时限”标题的格式。

---

① 参见第 26 条有关“葡萄牙对适用《关于破产程序的第 1346/2000 号条例》第 26 条和第 37 条的声明”。

2. 任何在程序开始国以外的成员国具有惯常居所、住所或注册事务所的债权人，可以该国的官方语言或官方语言之一申报债权。但此时债权的申报至少应以程序开始国官方语言或者官方语言之一为“申报债权”的标题。此外，可要求债权人将债权申报书译成该官方语言。

第五章　过渡和最后条款

第 43 条　时间上的适用范围

本条例的规定只适用于其生效后开始的破产程序。债务人在本条例生效前实施的法律行为继续受实施行为时适用于该法律行为的法律支配。

第 44 条　与其他公约的关系[①]

1. 当本条例生效后，就其所涉及的事项而言，在其成员国之间将取代以下由两个或多个成员国缔结的公约，尤其是：

（1）比利时和法国 1899 年 7 月 8 日在巴黎签署的《关于管辖权以及判决、仲裁裁决和正式文约的效力及执行公约》；

（2）比利时和奥地利 1969 年 7 月 16 日在布鲁塞尔签署的《关于破产、清算、调解、和解以及停止支付的公约》（含 1973 年 6 月 13 日的《附加议定书》）；

（3）比利时和荷兰 1925 年 3 月 28 日在布鲁塞尔签署的《关于属地管辖权、破产以及判决、仲裁裁决和正式文书的效力及执行公约》；

（4）德国和奥地利 1979 年 5 月 25 日在维也纳签署的《关于破产、清算、调解与和解的条约》；

（5）法国和奥地利 1979 年 2 月 27 日在维也纳签署的《关于破产管辖权以及判决的承认及执行的公约》；

（6）法国和意大利 1930 年 6 月 3 日在罗马签署的《关于民商事项判决的执行公约》；

（7）意大利和奥地利 1977 年 7 月 12 日在罗马签署的《关于破产、清算、调解与和解的公约》；

（8）荷兰王国和德意志联邦共和国 1962 年 8 月 30 日在海牙签署的《关

---

① 本条例第 44 条第 1 款所列第 12～23 项公约系根据《关于捷克共和国、爱沙尼亚共和国、塞浦路斯共和国、拉托维亚共和国、立陶宛共和国、匈牙利共和国、马耳他共和国、波兰共和国、斯洛文尼亚共和国和斯洛伐克共和国的加入条件并调整建立欧洲联盟的各条约的文件》附件 II 第 18 项（A）而增加。——译者注

于互相承认和执行民商事判决及其他可执行文书的公约》；

(9) 联合王国和比利时王国1934年5月2日在布鲁塞尔签署的《关于民商事判决执行方面的互惠公约》及其议定书；

(10) 丹麦、芬兰、挪威、瑞典、冰岛1933年11月7日在哥本哈根签署的《破产公约》；

(11) 1990年6月5日在布鲁塞尔签署的《关于破产的某些国际事项的欧洲公约》；

(12) 南斯拉夫联邦人民共和国和希腊王国1959年6月18日在雅典签署的《关于相互承认和执行法院判决的协定》；

(13) 南斯拉夫联邦人民共和国和奥地利共和国1960年3月18日在贝尔格莱德签署的《关于相互承认和执行商事仲裁裁决及仲裁和解的协定》；

(14) 南斯拉夫联邦人民共和国和意大利共和国1960年12月3日在罗马签署的《关于在民商事司法方面相互合作的协定》；

(15) 南斯拉夫社会主义联邦共和国和比利时王国1971年9月24日在贝尔格莱德签署的《民商事司法合作协定》；

(16) 南斯拉夫和法国1971年5月18日在巴黎签署的《关于承认与执行民商事判决的协定》；

(17) 捷克斯洛伐克社会主义共和国和希腊共和国1980年10月22日在雅典签署的《关于民事和刑事司法协助的协定》；①

(18) 捷克斯洛伐克社会主义共和国和塞浦路斯共和国1982年4月23日在尼科西亚签署的《关于民事和刑事司法协助的协定》；②

(19) 捷克斯洛伐克社会主义共和国和法兰西共和国1984年5月10日在巴黎签署的《关于民事、家庭和商事领域的司法协助以及承认和执行法院判决的协定》；③

(20) 捷克斯洛伐克社会主义共和国和意大利共和国1985年12月6日在布拉格签署的《关于民事和刑事司法协助的协定》；④

(21) 拉托维亚共和国、爱沙尼亚共和国和立陶宛共和国1992年11月11日在塔林签署的《关于司法协助和法律关系的协定》；

(22) 爱沙尼亚和波兰1998年11月27日在塔林签署的《关于在民事、

---

① 该协定在捷克共和国和希腊之间依然有效。

② 该协定在捷克共和国和塞浦路斯之间依然有效。

③ 该协定在捷克共和国和法国之间依然有效。

④ 该协定在捷克共和国和意大利之间依然有效。

劳务和刑事领域进行司法协助以及法律关系的协定》；

（23）立陶宛共和国和波兰共和国 1993 年 1 月 26 日在华沙签署的《关于在民事、家庭、劳务和刑事领域进行司法协助以及法律关系的协定》。

2. 对于在本条例生效前已经开始的程序，第 1 款所指的公约继续有效。

3. 本条例不适用于：

（1）任何成员国，只要与该国在本条例生效前同一个或多个第三国缔结的另一公约中有关破产的义务不符；

（2）大不列颠及北爱尔兰联合王国，只要破产或清算事项与本条例生效时业已存在的关于英联邦的任何安排所产生义务不符。

第 45 条　附件的修正

理事会根据任何一个成员国的提议或委员会的建议，可以合格多数对附件进行修正。

第 46 条　报告

在 2012 年 6 月 1 日之前，其后每五年，欧盟委员会应向欧洲议会、欧盟理事会和经济与社会委员会提交一份有关本条例适用情况的报告。如有需要，报告可附加一份修改本条例的意见书。

第 47 条　生效

本条例于 2002 年 5 月 31 日生效。

根据《建立欧洲共同体的条约》，本条例从整体上具有约束力，并直接适用于全体成员国。

2000 年 5 月 29 日制定于布鲁塞尔。

欧盟理事会2003年11月27日《关于婚姻事项及父母亲责任事项的管辖权及判决的承认与执行并废除第1347/2000号条例的第2201/2003号条例》*

欧洲联盟理事会

根据《建立欧洲共同体的条约》，尤其是其第61条（c）项及第67条第1款，

根据欧盟委员会的建议①，

根据欧洲议会的意见②，

根据欧洲经济与社会委员会的意见③，

鉴于：

（1）欧洲共同体已设定了建立一个自由、安全与司法的区域的目标，在该区域内，人员的自由流动得到保证。为此目标，共同体应在民事事项的司法合作领域采取为内部市场正常运作所必需的措施。

（2）在坦佩雷峰会上，欧洲议会赞同相互承认司法判决原则作为创建一个真正的司法区域的基石，并确定探视权优先。

（3）欧盟理事会在2000年5月29日发布的《第1347/2000号条例》④ 规

---

* Council Regulation (EC) No 2201/2003 of 27 November 2003 concerning Jurisdiction and the Recognition and Enforcement of Judgments in Matrimonial Matters and the Matters of Parental Responsibility, Repealing Regulation (EC) No 1347/2000. 本条例公布于《欧洲联盟官方公报》2003年12月23日第L338号第1~29页。本译文曾载于《中国国际私法与比较法年刊》第9卷（2006年），北京大学出版社2007年版，第537~568页，此处略有修改。本条例由邹国勇和李庆明（江西省上饶市人，武汉大学法学博士，中国社会科学院法学研究所研究人员）于2004年根据德文和英文文本翻译。——译者注

① 《欧洲各大共同体官方公报》2002年8月27日第C 203 E号第155页。

② 该建议提交于2002年9月20日，但未在《欧洲各大共同体官方公报》上公布。

③ 《欧洲各大共同体官方公报》2003年3月14日第C 61号第76页。

④ 该条例全称为《关于婚姻事项和夫妻双方对共生子女的父母亲责任事项的管辖权及判决与执行的第1347/2000号条例》，公布于《欧洲各大共同体官方公报》2000年6月30日第L 160号第19页下文简称《第1347/2000号条例》。——译者注

定了婚姻事项、以及基于婚姻诉讼所引起的配偶双方对共同所生子女的父母亲责任事项的管辖权、判决的承认与执行的规则。该条例内容实质上来源于1998年5月28日的支配相同事项的公约。[①]

（4）2000年7月3日，法国提出一项动议，要求理事会制定相互执行有关探视权判决的条例[②]。

（5）为了保证所有子女的平等，本条例适用于所有关于父母亲责任的判决，包括保护子女的措施，不论与婚姻诉讼是否有关。

（6）由于关于父母亲责任的规则的适用经常产生于婚姻诉，那么制定一项单独法律文书来调整婚姻事项及父母亲责任事项就更为恰当了。

（7）本条例适用于民事事项，而不论法院或者法庭的性质为何。

（8）关于离婚、依法别居或者婚姻无效的判决，本条例仅适用于婚姻事项的解除，且不适用于诸如离婚原因、婚姻财产制或者任何其他从属事项。

（9）关于子女的财产，本条例应仅适用于子女保护措施，例如（i）管理子女财产、代理或者协助子女的个人或者机构的指定及其职责，及（ii）管理、保存或者处置子女的财产。例如，此时，本条例应适用于父母对管理子女的财产有争议的案件。与子女财产相关，但不涉及子女保护措施的，应继续适用《2000年12月22日关于民商事管辖权及判决的承认与执行的第44/2001号条例》[③]。

（10）本条例既不适用于与社会保障、教育或者健康等公法上具有普遍性的公共事项，亦不适用于有关避难权及移民判决的其他事项。其次，本条例不适用于父母子女关系的确定，亦不涉及父母亲责任转移等问题，也不适用于与人的身份相关的其他问题。此外，本条例不适用于因子女犯罪而采取的措施。

（11）抚养义务已由《第44/2001号条例》所调整，故不在本条例适用范围之列。一般而言，根据本条例具有管辖权的法院对受《第44/2001号条例》第5条第2款调整的抚养义务也有权管辖。

（12）本条例所确立的对父母亲责任事项的管辖根据符合子女的最佳利益或类似的特定标准。意即，首先应由子女的惯常居所地的成员国管辖，但子

---

① 欧盟理事会在通过《第1347/2000号条例》时，参照了由Alegria Borras教授负责的公约解释报告，该报告载于《欧洲各大共同体官方公报》1998年7月16日第C221号第27页。

② 该动议公布于《欧洲各大共同体官方公报》2000年8月15日第C 234号第7页。

③ 本条例公布于《欧洲各大共同体官方公报》2001年1月16日第L12号第1页。下文简称《第44/2001号条例》。该条例最后被欧盟委员会颁布的《第1496/2002号条例》所修订，后者公布于《欧洲各大共同体官方公报》2002年8月22日第L 225号第13页。——译者注

女的居所已改变或者父母亲责任的承担者之间另有协议的特定情形除外。

（13）为了子女的利益，在某些条件下，本条例允许有管辖权的法院可例外地将案件移送给另一更合适的成员国法院审理。但此时后者不得将案件移送给第三国法院。

（14）本条例应不损抑制国际公法上有关外交豁免规定的适用。在由于根据国际公法而存在外交豁免的情形而使本条例确定的管辖权不能行使时，应根据相关人员在不享有此种豁免的成员国的法律来行使管辖权。

（15）根据本条例进行的诉讼的文书的送达，适用《欧盟理事会 2000 年 5 月 29 日关于在成员国送达民商事司法与司法外文书的第 1348/2000 号条例》[①]。

（16）本条例不应妨碍成员国法院在紧急情况下对位于该国境内的人或者财产采取包括保护性措施在内的临时措施。

（17）非法带走或者滞留子女的，应立即归还子女；为此目的，被本条例尤其是本条例第 11 条补充的 1980 年 10 月 25 日的《关于国际儿童诱拐的民事方面的海牙公约》（下文简称《1980 年海牙公约》）继续适用。在特定的有合法根据的情形下，子女被非法带走或者滞留所在或所到的成员国法院可拒绝归还子女。但此判决可为子女被非法带走或者滞留前的惯常居所地的成员国法院随后的判决所代替。如该判决要求归还子女，那么子女被非法带走或者滞留所在或所到的成员国应直接归还子女，而不需承认与执行该判决的任何特别程序。

（18）如某法院根据《1980 年海牙公约》第 13 条拒绝归还子女，则应通知子女被非法带走或者滞留前的惯常居所地的成员国的有管辖权的法院或者中央机关。如后一成员国法院尚未受理此案，该法院或者中央机关应通知当事人。该义务不应妨碍中央机关根据本国法通知相关的公共机关。

（19）即便本条例目的并不在于修改现行国内程序，但子女出庭对于本条例的适用具有重要作用。

（20）子女在另一成员国出庭，应遵照《欧盟理事会 2001 年 5 月 28 日关于成员国法院之间在民商事取证方面进行合作的第 1206/2001 号条例》[②] 所作之安排。

（21）承认与执行某成员国所作判决应秉承互信原则，且将不予承认之事由做最小之限制。

---

① 《欧洲各大共同体官方公报》2000 年 6 月 30 日第 L 160 号第 37 页。

② 《欧洲各大共同体官方公报》2001 年 6 月 27 日第 L174 号第 1 页。

（22）为适用关于承认及执行的规则，在某成员国可执行之公证书及当事人间之协议应同视为“判决”。

（23）坦佩雷峰会上，欧洲议会在其最后决议（第 34 号）宣布，在家庭诉讼领域的判决“在联盟范围内自动”得到承认，“无需任何中间程序或说明拒绝执行之理由”。因此，已原始成员国依本条例证明的有关探视权及归还子女的判决，应在所有其他成员国得到承认与执行，无需任何其他程序。执行此类判决的安排继续适用国内法。

（24）对于为便于执行判决所出具之证明，不得上诉。仅在证明存在实质性错误时，如证明未准确地再现判决的内容，方能要求予以纠正。

（25）在一般事项及具体案件上，包括旨在促进有关父母亲责任的家庭纠纷的友好解决，各国中央机关应相互合作。为此目的，各国中央机关应加入遵照《欧盟理事会 2001 年 5 月 28 日关于建立欧洲民商事司法网的第 2001/470 号决定》而设立的欧洲民商事司法网[①]。

（26）欧盟委员会应公布并更新各成员国提交的有关管辖法院及法律救济措施的清单。

（27）为执行本条例所采取的必要措施，应遵守理事会于 1999 年 6 月 28 日发布的《关于确定行使欧盟委员会授予的执行权的程序的第 1999/468 号决定》[②]。

（28）本条例取代随后要废除的《第 1347/2000 号条例》。

（29）为确保本条例的正确实施，欧盟委员会应审查其实施状况，并提出必要的修改建议。

（30）根据《欧洲联盟条约》与《建立欧洲共同体条约》所附的《关于联合王国与爱尔兰立场的议定书》第 3 条，联合王国与爱尔兰已表示愿意接受及适用本条例。

（31）根据《欧洲联盟条约》与《建立欧洲共同体条约》所附的《关于丹麦的立场的议定书》第 1 条及第 2 条，丹麦不接受本条例，因而不受其约束，也不适用本条例。

（32）鉴于本条例的目标在各成员国层面上难以充分实现，而在共同体层面上能更好地实现，则共同体可根据条约第 5 条规定的从属原则采取措施。根据该第 5 条规定的比例原则，本条例并未超越为实现此类目标而采取必要

---

① 公布于《欧洲各大共同体官方公报》2001 年 6 月 27 日第 L174 号第 25 页，下文简称《第 2001/470 号决定》。

② 《欧洲各大共同体官方公报》1999 年 7 月 17 日第 L184 号第 23 页。

措施的限度。

（33）本条例承认《欧洲联盟基本权利宪章》所确立的基本权利，并遵守该宪章的原则。本条例尤其寻求保证尊重《欧洲联盟基本权利宪章》第24条规定的子女基本权利——

特制定本条例：

第一章　适用范围与定义

第1条　适用范围

（1）不论法院或者法庭的性质为何，本条例适用于下列民事事项：

（a）离婚、依法别居或者婚姻无效；

（b）父母亲责任的归结、行使、转移、限制或终止。

（2）第1款（b）项所指事项，尤指：

（a）监护权及探视权；

（b）监护、照管及类似制度；

（c）负责子女的人身或财产、代理或者协助子女的个人或者机构的指定及职责；

（d）对领养家庭或者福利机构中子女的安置；

（e）与管理、保存或者处置子女的财产有关的保护措施。

（3）条例不适用于：

（a）亲子关系的设立及解除；

（b）收养的决定、收养前的准备措施以及收养的无效或撤销；

（c）子女姓名；

（d）成年宣告；

（e）抚养义务；

（f）信托及继承；

（g）因子女犯罪而采取的措施。

第2条　定义

为本条例之目的：

1. “法院”系指根据第1条规定，属于本条例适用范围内之法律事项有管辖权的成员国所有机关；

2. “法官”系指法官或者对本条例适用范围内的事项有同等管辖权的官员；

3. “成员国”系指除丹麦之外的所有成员国；

4. “判决”系指成员国法院做出的关于离婚、依法别居或者婚姻无效以及有关父母亲责的各种判决，而不论其称谓为何，包括裁定、命令或者决定；

5. “原始成员国”系指做出有待于执行的判决的成员国；

6. “执行成员国”系指被应在起境内执行判决的成员国；

7. “父母亲责任”系指因判决、法律规定或者有法律效力的协议所赋予的自然人或法人对与子女的人身或者财产相关的所有权利及义务，包括监护权及探视权；

8. “父母亲责任的承担者”系指对子女负有父母亲责任的任何人；

9. “监护权”系指包括与照管子女的人身相关的权利及义务，尤其是决定子女居所的权利；

10. “探视权”特别指在特定时间内将子女带到其惯常居所地以外的其他场所的权利；

11. “非法带走或者滞留”系指带走或滞留子女时，

（a）由判决、法律规定或者在子女被带走或者滞留之前的惯常居所地所在的成员国法上有法律效力的协议所赋予的监护权受到侵犯；及

（b）在带走或者滞留孩子时，事实上已共同或单独行使监护权，或者未带走或滞留时将会行使监护权。根据判决或者法律规定，如父母亲责任的承担者之一在未征得另一方同意时不能决定子女居所的，应视为共同行使监护权。

第二章　管辖

第一节　离婚、依法别居或者婚姻无效

第3条　一般管辖

（1）涉及离婚、依法别居或者婚姻无效的事项，由下列成员国法院管辖，

（a）下列地点在其境内的成员国

——配偶双方的惯常居所，或者

——配偶双方的最后惯常居所，但须配偶一方仍惯常居住于此，或者

——被申请人的惯常居所，或者

——共同申请时配偶任何一方的惯常居所，或者

——申请人在申请前至少居住一年以上的惯常居所，或者

——申请人的惯常居所，如申请人在申请前至少居住六个月以上，并且是相关成员国国民，或者，如是联合王国与爱尔兰，在其境内有住所；

（b）配偶双方的国籍国，或者，如是联合王国与爱尔兰，在其境内有共同住所的国家。

（2）在本条例意义上，“住所”的概念应与联合王国与爱尔兰的法律中的“住所”同义。

第4条　反诉

受理第3条所指诉讼的法院，只要反诉在本条例适用范围之列，对该反诉也有管辖权。

第5条　依法别居转为离婚

在不损抑第3条的前提下，做出依法别居判决的成员国法院，对于将依法别居转为离婚之诉也有权管辖，但须该成员国法律有此规定。

第6条　第3条、第4条及第5条的专属管辖

配偶一方系下列情形之一者，仅得根据第3、第4及第5条规定在另一成员国对其提起诉讼：

（a）其惯常居所在某成员国境内，或者

（b）其为某成员国国民，或者，如是联合王国与爱尔兰，在该国境内有住所。

第7条　其他管辖

（1）成员国法院依照第3条、第4条及第5条无管辖权时，各成员国的管辖权概依其本国法。

（2）对于在成员国既无惯常居所又为第三国国民，或者，如是联合王国与爱尔兰，在该国境内无住所的被申请人，在另一成员国有惯常居所的成员国国民，则可如同惯常居所所在国国民一样援引该国的现行管辖权规则。

第二节　父母亲责任

第8条　一般管辖

（1）涉及父母亲责任的事项，由起诉时子女惯常居所所在的成员国的法院管辖。

（2）第1款适用于第9条、第10条及第12条所述之情形。

第9条　子女的前惯常居所地国管辖权的保留

（1）子女合法地从一成员国移居到另一成员国，并在那取得了新惯常居所时，作为第8条的例外，为了纠正子女移居前所在成员国发布的关于探视权的判决的目的，如在该国根据关于探视权的判决的探视权享有者继续在子女的前惯常居所地成员国有其惯常居所，则子女的前惯常居所地法院应在子女移居后三个月内保留管辖权。

（2）第 1 款所指的具有探视权的父母一方，如未对管辖权提出异议，而以参与诉讼方式接受子女的新惯常居所地成员国法院的管辖，则第 1 款不适用。

第 10 条 诱拐子女时的管辖

在非法带走或者滞留子女时，子女在此之前的惯常居所地所在的成员国法院保留管辖权，直至子女已在另一成员国取得惯常居所，并且：

（a）每一有监护权的个人、机构或者其他团体已默许带走或者滞留子女；或者

（b）在有监护权的个人、机构或者其他团体知道或者理应知道子女的居所地之后，子女已在该另一成员国至少居住满一年，且其已适应新环境，但必须满足下列任一条件：

（i）在监护权人知道或者理应知道子女的居所地一年内，无人向子女被带走地或者正被滞留地的成员国的主管机关要求归还子女；

（ii）监护权人已撤回归还子女的请求，且未在第（i）目规定的期限内提出新的要求；

（iii）案件已由子女被非法带走或者滞留前的惯常居所地成员国法院根据第 11 条第 7 款审结；

（iv）子女被非法带走或者滞留前的惯常居所地成员国法院做出的关于监护的判决并未要求归还子女。

第 11 条 归还子女

（1）有监护权的个人、机构或者团体向成员国的主管机关申请依据《1980 年海牙公约》做出判决，为了能够使被非法带走或者滞留的子女被归还，除了子女被非法带走或者滞留前的惯常居所地成员国外，适用第 2 至第 8 款之规定。

（2）在适用《1980 年海牙公约》第 12 条及第 13 条时，应确保孩子在诉讼中有机会听审，但是，鉴于其幼小或者不够成熟而不适用该规定的除外。

（3）在接到第 1 款所指的归还子女的申请后，法院应利用本国法中最快捷的程序迅速进行审理。

在不损抑前项的前提下，法院应在受理申请后六周内做出判决，但有特别情况的除外。

（4）如证明已采取充分的措施确保子女在归还后受到保护，法院就不得依据《1980 年海牙公约》第 13 条（b）拒绝归还子女。

（5）法院不能拒绝归还子女，除非已给予要求归还子女的人听审的机会。

（6）如法院根据《1980 年海牙公约》第 13 条的规定做出不归还子女的

判决，则必须立即直接或者通过中央机关把法院关于不归还子女的判决及其相关文书的副本传送给子女被非法带走或者滞留前的惯常居所地成员国的有管辖权的法院或中央机关，上述文书应在做出不归还子女的判决后一个月内送达。

（7）除非子女被非法带走或者滞留前的惯常居所地成员国法院已受理了一方当事人的诉讼，接到第 6 款所述信息的法院或中央机关必须把此事通知各当事人，并要求他们在收到通知后三个月内依法向法院提交请求书。法院可据此审查子女的监护问题。

如法院在该期限内未收到任何请求书，则应终结案件，但不得损抑本条例的管辖权规则。

（8）尽管有依照《1980 年海牙公约》第 13 条所作的拒绝归还子女的判决，但为了保证归还子女，根据本条例具有管辖权的法院随后做出的归还子女的判决，可根据本条例第三章第四节的规定予以执行。

第 12 条　协议管辖

（1）根据第 3 条对离婚、依法别居或者婚姻无效等请求具有管辖权的成员国法院，对于与该请求相关的父母亲责任事项有管辖权，如：

（a）至少配偶一方对子女负有父母亲责任；且

（b）法院受理案件时，法院的管辖权已为配偶双方及父母亲责任的承担者明示地接受或者以其他明确方式所认可，且更符合子女利益。

（2）一有下面情形，第 1 款所指的管辖权终止：

（a）允许或者拒绝有关离婚、依法别居或者婚姻无效等请求的判决已生效；

（b）（a）项提到的仍在进行的关于父母亲责任的诉讼中，其中的一个判决已生效；

（c）（a）项及（b）项提到的诉讼由于其他原因而终止。

（3）对于第 1 款所指诉讼之外的关于父母亲责任的诉讼，成员国法院可管辖，如：

（a）子女与该成员国有实质联系，尤其是由于父母亲责任的承担者之一的惯常居所在该成员国，或者子女为其国民；且

（b）在受理案件时，法院的管辖权已所有当事人明示地接受或者以其他明确的方式接受了，且这最符合子女利益。

（4）子女的惯常居所地所在的第三国非 1996 年 10 月 19 日《关于父母亲责任及子女保护措施的管辖权、法律适用、承认、执行与合作的海牙公约》缔约国，如发现不能在该第三国进行诉讼，则本条例规定的管辖权应视为符

合子女利益。

第13条　基于子女逗留取得的管辖权

（1）如子女惯常居所不能确定，也不能基于第12条确定管辖权，则由子女所在的成员国法院管辖。

（2）第1款也适用于难民的子女或者因其国内骚乱而被迫离开祖国的子女。

第14条　其余管辖

根据第8条至第13条规定而成员国法院无管辖权的，应由各成员国通过其国内法来决定管辖权。

第15条　移送到更适于审理的法院

（1）作为例外，对实体事项有管辖权的成员国法院如认为与子女有特别联系的另一成员国法院更适于审理，且最符合子女利益，则可：

（a）中止审理案件的一部或全部，并要求当事人根据第4款向另一成员国法院提交请求；或者

（b）请求另一成员国法院根据第5款进行管辖。

（2）下列情形，适用第1款规定：

（a）一方当事人提出请求；或者

（b）法院主动提出；或者

（c）基于第3款而所指的与子女有特别联系的另一成员国法院的申请。

法院主动提出或者另一成员国法院申请移送必须至少为一方当事人所接受。

（3）子女应被认为是第1款提到的与成员国有特别联系，如该成员国：

（a）在第1款提到的法院受理后已成为子女的惯常居所地；或者

（b）曾是子女的惯常居所地；或者

（c）是子女的国籍国；或者

（d）是父母亲责任的承担者一方的惯常居所地；或者

（e）是子女财产所在地，且案件涉及管理、保存或者处置其财产的子女保护措施。

（4）对实体事项有管辖权的成员国法院，应设定一个期限，让另一成员国法院在该期限内根据第1款受理案件。

如该另一成员国法院在该期限内未受理，则已受理的法院可根据第8条至第14条的规定继续管辖。

（5）由于案件的特殊情形并且在最符合子女利益时，该另一成员国法院可根据第1款（a）项或者第1款（b）项在受理后六周内接受管辖权。此时，

先受理案件的法院应拒绝管辖。否则，先受理案件的法院应根据第 8 条至第 14 条的规定继续管辖。

(6) 为本条例之目的，法院应直接或者通过第 53 条所指的中央机关进行合作。

第二节 共同规定

第 16 条 法院受理

(1) 在下列情况下，视为法院受理了案件：

(a) 诉讼文书或者类似的文书已提交法院，除非申请人随后未按照要求采取措施向被申请人进行有效的送达；或者

(b) 如该文书在向法院提交前必须先送达被申请人，在负责送达的机关收到时，除非申请人随后未按照要求采取措施向法院提交文书。

第 17 条 对管辖权的审查

对于所受理的案件，如成员国法院根据本条例规定而无管辖权，且另一成员国法院根据本条例有管辖权的，则该成员国法院应主动宣布自己无管辖权。

第 18 条 关于可接受性的审查

(1) 如惯常居所位于提起诉讼的成员国之外的被申请人未出庭，法院须中止诉讼，除非查明被申请人已收到诉讼文书或者类似文书并有充分的时间进行答辩，或者为此目的已采取所有必要的措施。

(2) 如诉讼文书或者类似文书必须根据《第 1348/2000 号条例》[①] 规定从一成员国送达到另一成员国，则应适用该条例第 19 条，而不是本条第 1 款。

(3) 如不适用《第 1348/2000 号条例》规定，且诉讼文书或者类似文书必须根据 1965 年 11 月 15 日《关于民商事司法及司法外文书域外送达的海牙公约》进行域外送达，则适用该公约第 15 条。

第 19 条 未决诉讼与从属诉讼

(1) 相同当事人在不同成员国法院就离婚、依法别居或者婚姻无效起诉的，后受理的法院应主动中止诉讼，直至先受理的法院确立了管辖权为止。

(2) 在不同成员国法院就同一子女的父母亲责任及涉及相同诉因的起诉

---

① 该条例全称是欧监理事会 2000 年 5 月 29 日《关于在成员国之间送达民事或高事司法及司法外文书的第 1348/2000 号条例》，公布于《欧洲各大共同体官方公报》2000 年 6 月 30 日第 L160 号第 37 ~ 52 页。下文简称《第 1348/2000 号条例》。——译者注

的，后受理的法院应主动中止诉讼，直至先受理的法院确立了管辖权为止。

（3）一俟先受理的法院确立了管辖权，后受理的法院应拒绝行使管辖权以支持前者。

此时，在后受理的法院提起相关诉讼的当事人可向先受理的法院起诉。

第 20 条　包括保护性措施在内的临时措施

（1）在紧急情况下，不论本条例规定为何，成员国法院均可对其境内的人或财产采取其本国法规定的包括保护性措施在内的临时措施，即使另一成员国法院根据本条例对该诉讼的实体有管辖权时亦同。

（2）如根据本条例对该诉讼的实体有管辖权的成员国法院已采取了其认为恰当的措施，则应终止第 1 款所指的措施。

第三章　承认与执行

第一节　承认

第 21 条　对判决的承认

（1）一成员国做出的判决应在其他成员国得到承认，而无需任何特别程序。

（2）不损抑第 3 款，且根据该成员国法律不存在上诉的，不应基于其他成员国做出的关于离婚、依法别居或者婚姻无效的判决而要求特别程序来更新成员国的民事身份记录。

（3）不损抑本章第四节，任何利害关系当事人可根据本章第二节规定的程序而请求就是否承认该判决做出裁定。

每一成员国根据第 68 条向欧盟委员会提交的清单上所列法院的属地管辖权，由在其境内提出是否承认判决申请的成员国国内法决定。

（4）如将判决的承认作为先决问题向成员国法院提出，则该法院可就此做出决定。

第 22 条　拒绝承认有关离婚、依法别居或者婚姻无效判决的理由

有关离婚、依法别居或者婚姻无效的判决不予承认：

（a）如承认该判决明显违反被请求承认的成员国的公共政策；

（b）如未向被申请人送达诉讼文书或者类似文书致使被告不能及时答辩而做出缺席判决，除非能够证明被告已明确地接受了该判决；

（c）如与被请求承认的成员国就相同当事人之间的诉讼所作的判决相抵触；或者

（d）如与另一成员国或者第三国就相同当事人之间的诉讼做出的先行判决相抵触，但该先行判决须满足被请求成员国规定的必要条件。

第23条　不承认有关父母亲责任的判决的理由

有关父母亲责任的判决不予承认：

（a）如承认该判决明显违反被请求承认的成员国的考虑了子女的最佳利益的公共政策；

（b）除有紧急情况，如该判决未给予听审的机会违反了被请求承认的成员国诉讼法的基本原则；

（c）如未向被告送达诉讼文书或者类似文书致使被告不能及时答辩而做出缺席判决，除非能够证明被告已明确地接受了该判决；

（d）如某人声称该判决侵犯了其父母亲责任，切该判决做出时未给予其听审机会

（e）如与被请求承认的成员国更晚做出的关于父母亲责任的判决相抵触；

（f）如与另一成员国或者子女的惯常居所地的第三国更晚做出的关于父母亲责任的判决相抵触，但该更晚做出的判决须满足被请求成员国规定的必要条件；或者

（g）如未遵守第56条规定的程序。

第24条　禁止对原始法院的管辖权进行审查

不得审查原始成员国法院的管辖权。第22条（a）项及第23条（a）项所指的对是否符合公共政策的审查条款不适用于第3条至第14条所指的管辖权规则。

第25条　准据法的差异

被请求承认的成员国不得因其本国法律不允许基于相同事实而判决离婚、依法别居或者婚姻无效而拒绝承认该判决。

第26条　不审查实体问题

任何情况下都不得审查判决的实体问题。

第27条　中止诉讼

（1）如对另一成员国所作判决的正常上诉业已开始，被请求承认的成员国可中止诉讼。

（2）如在联合王国或爱尔兰所作判决由于上诉而被暂缓执行，则被请求承认的成员国可中止诉讼。

第二节 申请宣告可执行性

第 28 条 可执行的判决

（1）根据利害当事人的申请，在一成员国做出的关于对子女的父母亲责任的判决在该国具有可执行性，且已进行了送达，则应在另一成员国得到执行。

（2）但是，在联合王国所作的此类判决，可在英格兰、威尔士、苏格兰或北爱尔兰得到执行，但须由利害当事人提出申请并在所涉区域进行登记。

第 29 条 地方法院的管辖权

（1）应向成员国根据第 68 条向欧盟委员会提交的清单上所列的法院提出宣告可执行性的申请。

（2）地方法院的管辖权，应根据被执行人惯常居所地或者与该申请有关的子女的惯常居所地决定。

如前项所指的地点不在执行成员国境内，则地方法院的管辖权由执行地决定。

第 30 条 程序

（1）申请程序依执行成员国法。

（2）申请人必须在法院管辖领域内提供一个送达地址。但是，如执行成员国法律并未规定该地址的，申请人应指定一名诉讼代理人。

（3）申请书后应附上第 37 条及第 39 条所指的文书。

第 30 条 法院的判决

（1）受理申请的法院应立即做出判决。受理申请后，被执行人及子女在该诉讼阶段均无权听审。

（2）只有存在第 22 条、第 23 条及第 24 条所规定的原因时方能拒绝申请。

（3）任何情况下均不得审查判决的实体问题。

第 31 条 裁决的通知

对申请所作之裁决，法院的书记员应立即依执行成员国法所规定的程序通知申请人。

第 33 条 上诉

（1）任何当事人均可就宣告可执行性的申请所作之裁决提起上诉。

（2）上诉应向成员国根据第 68 条向欧盟委员会提交的清单上所列之法院提起。

（3）上诉应根据支配两造程序的规则进行审理。

（4）如提出可执行性宣告的申请人提起上诉，应传唤被执行当事人出庭，如其不出庭，则适用第 18 条规定。

（5）对可执行性宣告的上诉，必须在其送达后一个月内提出。如被执行人的惯常居所地不在做出宣告可执行性的成员国内，则上诉期间为两个月，并自送达到其本人或其居所之日起算。不得因距离遥远而延长期间。

第 34 条　上诉法院以及对上诉裁决的撤销方式

对上诉所做之裁决，仅能通过各成员国依第 68 条向（欧盟）委员会提交的清单所列之程序予以撤销。

第 35 条　程序的中止

（1）如已在原始成员国提起正常上诉，或者上诉期限尚未届满，则依第 33 条或第 34 条受理上诉的法院可应被执行人的请求中止程序。上诉期限尚未届满的，法院可指定上诉期限。

（2）如判决系在爱尔兰或者联合王国做出，则在原始成员国可提起的任何形式的上诉，均视为本条第 1 款所指之正常上诉。

第 36 条　部分执行

（1）如所做之判决系针对多个事项，但该判决难以全部执行的，则法院应允许执行其中一项或几项。

（2）申请人可请求执行部分判决。

第三节　第一节与第二节之共同规定

第 37 条　文书

（1）当事人，如欲申请承认或不予承认某判决，或者申请宣告判决具有可执行性，须提交：

（a）符合证明力要求的判决书副本；及

（b）第 39 条所指之证明。

（2）缺席判决时，欲申请承认判决或者宣告判决具有可执行性的当事人，还须提交：

（a）证明已将诉讼文书或者类似文书送达缺席当事人的文书的正本或者经认证的副本；或者

（b）证明被申请人已明确接受判决的文书。

第 38 条　文书缺失

（1）如未提交第 37 条第 1 款（b）项或者第 37 条第 2 款所指之文书，法院可指定提交文书或类似文书的期限；或者法院若认为无此必要，亦可不要求提交。

（2）应法院要求，当事人应提交前述文书之译本。译本应经成员国有证明资格者认证。

第 39 条　关于婚姻事项以及父母亲责任事项判决之证明

应有利害关系当事人的请求，原始成员国有管辖权的法院或者主管机关应用附件 I（婚姻事项的判决）或者附件 II（父母亲责任的判决）规定的标准格式出具证明。

第四节　关于探视权及要求归还子女的特定判决的可执行性

第 40 条　适用范围

（1）本节适用于：

（a）探视权；及

（b）第 11 条第 8 款所指判决中要求归还子女的事项。

（2）本节的规定不妨碍父母亲责任的承担者根据本章第一节及第二节的规定请求判决的承认与执行。

第 41 条　探视权

（1）一成员国做出的涉及第 40 条第 1 款（a）项所指探视权的具有可执行性的判决，且该判决已根据第 2 款在原始成员国得到证明的，则应在另一成员国得以承认与执行，无需进行可执行性宣告，且对做出的承认不得撤销。

即使国内法未规定，有关探视权的判决在法律上具有可执行性，不论是否提出上诉，原始成员国法院也得宣告该判决具有执行力。

（2）下列情形，原始成员国法官应按照附件 III（关于探视权的证明）的标准格式出具第 1 款所指之证明：

（a）缺席判决的，已及时或以其他方式向未参加诉讼的当事人送达诉讼文书或者类似文书以便其答辩，或者送达相关文书时虽未遵守此等条件，但可证明其已明确接受该判决；

（b）所有相关当事人均曾有听审机会；且

（c）曾给过子女听审机会，除非子女年幼或者不够成熟而不适于出庭听审。

出具的证明应采用判决所使用的语言。

（3）宣布判决时，如探视权涉及跨境之情势，一旦该判决具有执行力或者即使只有临时执行力，法院得依职权出具证明。如该情势事后方有跨境因素，则应根据一方当事人的请求出具证明。

第 42 条 归还子女

（1）一成员国做出的要求按照第 40 条第 1 款（b）项规定归还子女的具有执行力的判决，且该判决已根据第 2 款在原始成员国得到证明，则应在其他成员国得到承认和执行，无需进行可执行性宣告，且不得撤销该项承认。

即使成员国法律未规定，不论是否提出上诉，第 11 条第 8 款所指的归还子女的判决均具有执行力，则原始法院可宣告判决具有执行力。

（2）做出第 40 条第 1 款（b）项所指的判决的原始法官应出具第 1 款所指证明，只有：

（a）给了子女听审机会，但鉴于子女年幼或者不成熟而显得不合适者除外；

（b）所有相关的当事人均有听审机会；且

（c）法院在判决时考虑了做出《1980 年海牙公约》第 13 条裁决时所依据的理由和证据。

如法院或者任何其他机关采取了措施，以保证子女回到其惯常居所地国后受到保护，则证明应载明此类措施之细节。

原始成员国法官应主动采用附件Ⅳ（归还子女之证明）的标准格式出具证明。

出具证明时，应使用判决所用的语言。①

第 43 条 变更之诉

（1）对证明的任何更正，均应适用原始成员国法。

（2）对于根据第 41 条第 1 款或第 42 条第 1 款出具的证明，不得提起上诉。

第 44 条 证明的效力

在判决的可执行性范围内，证明方为有效。

第 45 条 文书

（1）请求执行判决的当事人应提交：

（a）满足确立其证明力的必要条件的判决书副本；及

（b）第 41 条第 1 款或第 42 条第 1 款所指证明。

（2）为本条之目的，

——第 41 条第 1 款所指证明应附上《关于行使探视权的安排》第 12 项的译本；

---

① 本句的德文表述为："标准格式应用判决所采用的语言填写。"

——第 42 条第 1 款所指证明应附上《关于确保归还子女应采取措施之安排》第 14 项的译本。

译本应使用执行成员国的官方语言或者其之一或者该国明示接受的任何其他语言。译本应经由各成员国有认证资格者认证。

第五节　公文书及协议

第 46 条

经一成员国官方制作并具有执行力的公文书，以及当事人之间达成的在原始成员国具有执行力的协议，在相同条件下与判决一样得以承认与执行。

第六节　其他规定

第 47 条　执行程序

（1）执行程序，适用执行成员国法。

（2）另一成员国法院做出的任何判决，如已根据第二节被宣告为具有执行力或者为之出具了第 41 条第 1 款或第 42 条第 1 款所指证明，则执行成员国应如同执行本国判决一样在相同条件下予以执行。

如与随后做出的具有执行力的判决相抵触，则为其出具了第 41 条第 1 款或第 42 条第 1 款所指证明的判决不能予以执行。

第 48 条　行使探视权的实际安排

（1）如对实体事项有管辖权的成员国法院做出的判决未能或者未充分地规定必要的先行措施，假设不影响判决的实质要件，则执行成员国法院可确定行使探视权的实际安排。

（2）对实体事项有管辖权的成员国法院做出判决后，则终止实施第 1 款确定的实际安排。

第 49 条　费用

除第四节外，本章规定也适用于依据本条例进行诉讼的费用的确定以及有关诉讼费用命令的执行。

第 50 条　诉讼费用救助

申请人如已在原始成员国受到全部或部分诉讼费用救助或者免除诉讼费，则根据执行成员国法律规定，就诉讼费用救助或免除诉讼费而言，在第 21 条、第 28 条、第 41 条、第 42 条及第 48 条所指的程序中应享有最优惠待遇。

第 51 条　担保、保证金

当事人在某成员国请求执行另一成员国做出的判决时，不得基于下列理由而要求当事人提供不管名义为何之担保或保证金：

(a) 其惯常居所不在执行成员国境内，或者

(b) 其为外国国民，或者，如果在联合王国或爱尔兰执行的，在这两国均无住所。

第 52 条　认证或者其他手续

关于第 37 条、第 38 条及第 45 条所指文书或者关于指定诉讼代理人的文书，无须认证或其他类似手续。

第四章　中央机关之间在父母亲责任事项上之合作

第 53 条　中央机关的指定

各成员国应指定一个或者多个中央机关以协助实施本条例，并确定其地域或职能权限。如成员国指定了多个中央机关，则原则上应直接通知有管辖权的中央机关。如所通知的中央机关无管辖权，则该机关应将该通知转达给有管辖权的中央机关，并告知发出通知者。

第 54 条　一般职责

各中央机关应就其法律及程序互通信息，采取措施以改进本条例的实施，并加强相互间的合作。为此，应使用依据《第 2001/470 号决定》建立的欧洲民商事司法网。

第 55 条　关于父母亲责任事项的合作

应另一成员国中央机关或者父母亲责任承担者的请求，在特定情况下，各中央机关应为实现本条例宗旨而进行合作。为此，应根据该成员国法中有关保护个人资料的规定，

直接或者由公共机关或其他机构采取下列措施：

(a) 收集并交换下列信息：

(i) 有关子女的情况；

(ii) 有关进行中的任何程序；或者

(iii) 与子女有关的裁决；

(b) 为其境内的请求承认和执行尤其是关于探视权及归还子女的判决的父母亲责任的承担者提供信息及协助；

(c) 便利法院间的沟通，尤其是在适用第 11 条第 6 款、第 11 条第 7 款及第 15 条方面；

(d) 给法院提供其在适用第 56 条时所需要的信息及协助；

(e) 通过调解或者其他方法为父母亲责任的承担者之间的协议提供便利，并为此促进跨境合作。

第 56 条　在另一成员国安置子女

（1）如依照第 8 条至第 15 条规定有管辖权的法院考虑把子女安置在另一成员国的养育院或者领养家庭，而该另一成员国要求在国内安置子女时由公共机关进行的，则应事先与该另一成员国的中央机关或者有管辖权的其他机构磋商。

（2）仅在被请求国主管机关对第 1 款所指安置措施表示同意时，请求成员国方可做出有关此种安置的判决。

（3）第 1 款及第 2 款所指之磋商或者同意程序，适用被请求国法。

（4）如依照第 8 条至第 15 条规定有管辖权的法院决定把子女安置在另一成员国的领养家庭，该另一成员国不要求在国内安置子女时由公共机关进行的，则法院应通知该另一成员国中央机关或者有管辖权的其他机构。

第 57 条　工作方式

（1）任何父母亲责任的承担者均可向其惯常居所或者子女惯常居所或子女所在的成员国的中央机关请求给予第 55 条所指的协助。原则上，该请求应包括所有能获取的有利于执行该请求的信息。如该项协助请求涉及本条例范围的有关父母亲责任的判决的承认或者执行，则父母亲责任的承担者应附上第 39 条、第 41 条第 1 款或第 42 条第 1 款所指的有关证明。

（2）各成员国应将除其本国语言之外的所许可的向中央机关发送通知的属于共同体机构官方语言或者此种语言之一通知（欧盟）委员会。

（3）中央机关进行第 55 条所指的协助时，不得收取任何费用。

（4）各中央机关费用自理。

第 58 条　会议

（1）为便利实施本条例，中央机关之间应定期举行会议。

（2）会议的召集，应遵守《关于建立欧洲民商事司法网的第 2001/470 号决定》。

第五章　与其他法律文件的关系

第 59 条　与其他法律文件的关系

（1）在不损抑第 60 条、第 63 条、第 64 条及本条第 2 款之规定的情况下，本条例自生效后应取代两个或者多个成员国之间就本条例调整事项所达成之既存协定。

（2）（a）芬兰及瑞典得声明，在其相互关系上选择全部或部分地适用 1931 年 2 月 6 日《丹麦、芬兰、冰岛、挪威与瑞典之间关于婚姻、收养及监护的国际私法规定的公约》及其《最后议定书》的规定，而不适用本条例。此类声明作为附件附于本条例，并在《欧洲联盟官方公报》上公布。前述成员国可在随时全部或部分地撤回此类声明。

(b) 对联盟公民不得因国籍而受到歧视的原则应得到遵守。

(c) 第 (a) 项所指成员国之间将来缔结的任何有关管辖权规则的协定，如涉及本条例调整的事项，则应与本条例的规定保持一致。

(d) 已作了第 (a) 项所指声明的北欧国家根据与本条例第二章的管辖权规则相符的管辖权规则而做出的判决，应按照本条例第三章的规定在其他成员国得以承认与执行。

(3) 各成员国应向（欧盟）委员会提交：

(a) 第 2 款 (a) 项和 (c) 项所指协定以及执行此类协定的统一立法的副本；

(b) 此类协定或者统一立法的任何废止或修改。

第 60 条　与其他多边公约的关系

就各成员国之间的关系而言，对于本条例调整的事项，本条例应优先于下列公约：

(a) 1961 年 10 月 5 日《关于未成年人保护的管辖权及法律适用的海牙公约》；

(b) 1967 年 9 月 8 日《关于承认有关婚姻效力判决的卢森堡公约》；

(c) 1970 年 6 月 1 日《关于承认离婚及依法别居判决的海牙公约》；

(d) 1980 年 5 月 20 日《关于承认与执行有关子女监护权及其恢复的判决的欧洲公约》；

(e) 1980 年 10 月 25 日《关于儿童国际诱拐的民事事项的海牙公约》。

第 61 条　与 1996 年 10 月 19 日《关于父母亲责任及子女保护措施的管辖权、法律适用、承认、执行与合作的海牙公约》的关系

在与 1996 年 10 月 19 日《关于父母亲责任及子女保护措施的管辖权、法律适用、承认、执行与合作的海牙公约》的关系上，在下列情况下，适用本条例：

(a) 所涉子女的惯常居所在成员国境内；

(b) 涉及在一成员国境内承认与执行另一成员国做出的判决的，即使子女的惯常居所在前述公约缔约国的第三国境内也不例外。

第 62 条　效力的持续性

(1) 对于不受本条例调整的事项，第 59 条第 1 款、第 60 条及第 61 条所指条约继续有效。

（2）第60条所指公约，尤其是《1980年海牙公约》，在作为其缔约方的成员国之间继续有效，但不得违反第60条规定。

第63条　与罗马教廷的各条约

（1）本条例的适用，并不损抑1940年5月7日罗马教廷与葡萄牙在梵蒂冈所订之国际条约（宗教事务协定）。

（2）对于根据第1款所指条约做出的任何关于婚姻无效的判决，其他成员国应按照第三章第一节规定的条件予以承认。

（3）第1款及第2款之规定也适用于与罗马教廷订立的下列国际条约（宗教事务协定）：

（a）意大利与罗马教廷于1929年2月11日签订的、后经1984年2月18日罗马《附加议定书》修改的《拉特兰条约》；

（b）罗马教廷与西班牙于1979年1月3日签订的《关于法律事务的协定》。

（4）对于第2款所指判决的承认，意大利或西班牙可规定，与教会法院根据第3款所指的与罗马教廷缔结的国际条约而做出的判决一样，适用相同的程序并进行审核。

（5）各成员国应向（欧盟）委员会提交：

（a）第1款及第3款所指条约副本；

（b）此类条约之任何废止或者修改。

第六章　过渡条款

第64条

（1）本条例仅适用于司法程序、公文书以及当事人之间在本条例第72条规定的开始适用本条例后所达成的协议。

（2）某诉讼始于《第1347/2000号条例》生效后、本条例适用前，而该诉讼的判决在本条例适用后做出，只要法院根据那些符合本条例第二章、《第1347/2000号条例》或者原始成员国在诉讼开始时与被请求成员国之间缔结的仍然有效的条约中的管辖权规则的规定具有管辖权，则应根据本条例第三章的规定得以承认与执行。

（3）在《第1347/2000号条例》生效后、但在本条例适用前开始的诉讼中做出的判决，如其涉及离婚、依法别居或者婚姻无效或者因此类婚姻诉讼而做出的对共同子女的父母亲责任的判决，则应根据本条例第三章的规定得以承认与执行。

（4）在《第1347/2000号条例》生效后的诉讼中所做的判决，如其系在《第1347/2000号条例》生效后、本条例适用前做出，只要该判决涉及离婚、依法别居或者婚姻无效或者因此类婚姻诉讼而做出的对共同子女的父母亲责任的判决，并且所适用的管辖权规定符合本条例第二章、《第1347/2000号条例》或者原始成员国在诉讼开始时与被请求成员国之间缔结的仍然有效的条约中的管辖权规则，则依照本条例第三章的规定得以承认与执行。

第七章　最后规定

第65条　审查

在各成员国所提供的信息基础上，（欧盟）委员会应最迟于2012年1月1日向欧洲议会、（欧盟）理事会及欧洲经济社会委员会提交有关本条例的实施报告，此后每五年报告一次，并在必要时附上调整建议。

第66条　有两种或多种法律制度的成员国

就本条例所调整事项而言，如某成员国境内的不同领土单位施行两种或多种法律制度，则适用下列规定：

（a）所指的该成员国境内的惯常居所系指某领土单位的惯常居所；

（b）所指的国籍系指该国法律规定的领土单位，对于联合王国，则指"住所"所在的领土单位；

（c）所指的成员国机关系指该国境内相关领土单位的主管机关；

（d）所指的被请求成员国的规则系指在其领域内主张管辖权或请求承认与执行的领土单位的规则。

第67条　关于中央机关及许可的语言信息

本条例生效后三个月内，各成员国应向（欧盟）委员会告知：

（a）根据第53条指定的中央机关的名称、地址及通知方式；

（b）根据第57条第2款向中央机关发送通知的语言；及

（c）根据第45条第2款许可的有关探视权证明的语言。

上述信息如有变更，则各成员国应告知（欧盟）委员会。

（欧盟）委员会应公布上述信息。

第68条　关于法院及上诉程序的信息

各成员国应将第21条、第29条、第33条及第34条所指法院及上诉程序及其修改的清单告知（欧盟）委员会。

（欧盟）委员会应更新上述信息，并在《欧洲联盟官方公报》上公布及通过其他适当方式公开上述信息。

第 69 条　附件的修改

对附件Ⅰ到附件Ⅳ中的标准格式的任何修改，均应遵守第 70 条第 2 款规定的程序。

第 70 条　专门委员会

（1）专门委员会协助欧盟委员会工作。

（2）与本款有关的，则适用《第 1999/468 号决定》第 3 条和第 7 条规定。

（3）专门委员会应制定自己的程序规则。

第 71 条　废除第 1347/2000 号条例

（1）自本条例施行之日起，《第 1347/2000 号条例》予以废除。

（2）根据附件Ⅴ的对应表，对《第 1347/2000 号条例》的任何指引均为对本条例的指引。

第 72 条　生效

本条例自 2004 年 8 月 1 日起生效。

本条例自 2005 年 3 月 1 日起施行，但第 67 条、第 68 条、第 69 条及第 70 条自 2004 年 8 月 1 日起施行。

本条例在整体上具有约束力，并根据《建立欧洲共同体条约》在各成员国直接适用。

2003 年 11 月 27 日于布鲁塞尔。

欧盟理事会主席

R. Castelli

附件Ⅰ　第 39 条所指的关于婚姻事项的判决的证明（略）

附件Ⅱ　第 39 条所指的关于父母亲责任事项的判决的证明（略）

附件Ⅲ 第41条第1款所指的关于探视权的判决的证明（略）

附件Ⅳ 第42条第1款所指的关于归还子女的证明（略）

附件Ⅴ 与《第1347/2000号条例》的对应表

被取消的条文	新文本的对应条文
1	1, 2
2	3
3	12
4	
5	4
6	5
7	6
8	7
9	17
10	18
11	16, 19
12	20
13	2, 49, 46
14	21
15	22, 23
16	
17	24
18	25
19	26
20	27

被取消的条文	新文本的对应条文
21	28
22	21, 29
23	30
24	31
25	32
26	33
27	34
28	35
29	36
30	50
31	51
32	37
33	39
34	38
35	52
36	59
37	60, 61
38	62
39	
40	63

被取消的条文	新文本的对应条文
41	66
42	64
43	65
44	68，69
45	70
46	72

被取消的条文	新文本的对应条文
附件Ⅰ	68
附件Ⅱ	68
附件Ⅲ	68
附件Ⅳ	附件Ⅰ
附件Ⅴ	附件Ⅱ

附件Ⅵ

瑞典和芬兰根据《欧盟理事会2003年11月27日关于婚姻事项及父母亲责任事项的管辖权及判决的承认与执行并废除第1347/2000号（欧共体）条例的第2201/2003号（欧共体）条例》第59条第2款（a）项所做的声明。

瑞典声明：

根据《欧盟理事会2003年11月27日关于婚姻事项及父母亲责任事项的管辖权及判决的承认与执行并废除第1347/2000号（欧共体）条例的第2201/2003号（欧共体）条例》第59条第2款（a）项，瑞典声明：芬兰与瑞典在其相互关系上全部适用《丹麦、芬兰、冰岛、挪威及瑞典之间关于婚姻、收养及监护的国际私法规定的公约》及其《最后议定书》的规定，而不适用本条例。

芬兰声明：

根据《欧盟理事会2003年11月27日关于婚姻事项及父母亲责任事项的管辖权及判决的承认与执行并废除第1347/2000号（欧共体）条例的第2201/2003号（欧共体）条例》第59条第2款（a）项，芬兰声明：芬兰与瑞典在其相互关系上全部适用《丹麦、芬兰、冰岛、挪威及瑞典之间关于婚姻、收养及监护的国际私法规定的公约》及其《最后议定书》的规定，而不适用本条例。

欧洲议会与（欧盟）理事会 2008年6月17日《关于合同之债法律适用的第593/2008号条例》（“罗马Ⅰ”）*

序 言

欧洲议会与欧盟理事会：

考虑到《建立欧洲共同体的条约》，尤其是其第61条第c项与第67条第5款第2项，

考虑到委员会的建议，

考虑到欧洲经济与社会委员会的意见，①

根据《建立欧洲共同体的条约》第251条规定之程序，②

鉴于：

（1）共同体已制定了保持并发展一个自由、安全与正义的区域的目标。为逐步创设该区域，共同体必须在跨境民事司法合作领域采取措施，以保证内部市场的顺畅运转。

（2）依据《建立欧洲共同体的条约》第65条第b项，这些措施包括促进各成员国的现行法律冲突规则以及有关避免管辖权冲突的规则的可协调性。

（3）1999年10月15日和16日在坦佩雷召开的会议上，欧盟首脑理事会将相互承认司法机关的判决及其他决定之原则确定为民事司法合作的基石，并敦促理事会与委员会制订实施该原则的措施方案。

（4）2000年11月30日，理事会通过了由委员会和理事会共同制订的关

---

* Regulation (EC) No. 593/2008 of the European Parliament and of the Council of 17 June 2008 on the Law Applicable to Contractual Obligations (“Rome Ⅰ”). 本条例公布于2008年7月4日《欧洲联盟官方公报》第L177号第6~16页。本译文以其官方公布的英文文本为准，并参考了其德文文本。本译文原载于《中国国际私法与比较法年刊》第12卷（2009年），北京大学出版社2009版，第491~512页。此处略有修改。——译者注。

① OJC 318, 23. 12. 2006, p. 56.

② 2007年11月29日欧洲议会意见（尚未正式在《欧洲联盟官方公报》上公布）和2008年6月5日理事会的决定。

于实施相互承认民商事判决之原则的措施方案。[①] 该方案指出，协调法律选择规则的措施有利于判决的相互承认。

（5）欧盟首脑理事会2004年11月5日通过的《海牙纲领》[②] 要求积极推进制定关于合同之债的法律选择规则（“罗马Ⅰ”）。

（6）内部市场的顺畅运转需要不论在哪一成员国的法院提起诉讼，其法律选择规则均能指向同一国家的法律，这样才能提高诉讼结果的可预见性、法律适用的确定性与判决的自由转移。

（7）本条例的实体适用范围及规定应与理事会于2000年12月22日通过的《关于民商事管辖权及判决的承认与执行的第44/2001号条例》[③]（下文简称《第44/2001号条例》）以及欧洲议会与理事会2007年7月11日通过的《关于非合同之债法律适用的第864/2007号条例》（“罗马Ⅱ”）[④] 保持一致。

（8）家庭关系包括直系亲属关系、婚姻关系、姻亲关系以及旁系亲属关系。本条例第1条第2款所指的与婚姻及其他家庭关系具有类似效力之关系，应依据受诉法院所在的成员国法律予以解释。

（9）如果债务产生于提单的可流通性，则因汇票、支票和本票以及其他可流通证券所产生的债务也包括提单在内。

（10）因订立合同之前的谈判行为所产生的债务，也在《第864/2007号条例》第12条之列，故被排除在本条例的适用范围之外。

（11）当事人选择准据法的自由应成为构建合同之债的法律选择规则体系的基石。

（12）当事人之间的有关将合同争议交由某成员国的一个或多个法院专属管辖的协议，应作为确定是否进行了明示法律选择的考虑因素之一。

（13）本条例不得妨碍当事人在其合同中援引一个非国家实体的法律或者某国际公约。

（14）如果共同体在特定的法律文件中制定了实体的合同法规则，包括标准合同条款，则该法律文件可规定当事人有权选择适用此类规则。

（15）如果已进行了法律选择，而与案件有关的所有其他要素均位于所选择的法律所属国以外的另一国家，则该法律选择并不妨碍该另一国法律中那

---

① OJ C 12, 15. 1. 2001, p. 1.

② OJ C 53, 3. 3. 2005, p. 1.

③ OJ L 12, 16. 1. 2001, p. 1. 该条例最后被《第1791/2006号条例》（OJ L 363, 20. 12. 2006, p. 1）修订。

④ OJ L 199, 31. 7. 2007, p. 40. 该条例下文简称《第864/2007号条例》。

些不得通过协议加以减损的条款的适用。不论法律选择是否与法院选择协议一并做出，该规定均应予以适用。虽然较之于1980年《关于合同之债的法律适用公约》[①]（《罗马公约》）第3条第3款，在内容上不想做任何实质性的修订，但本条例的措辞应尽可能与《第864/2007号条例》第14条保持协调。

（16）为实现本条例的普遍性宗旨，即欧洲司法区域内的法律确定性，法律冲突规则应具有高度的可预见性。但法院应保留一定的自由裁量权，以便确定与案件有最密切联系的法律。

（17）就未选择法律时的准据法而言，对“提供服务”和“货物销售”这些概念的解释，应如同适用《第44/2001号条例》第5条一样，将货物销售和提供服务均视为由《第44/2001号条例》调整。特许销售合同和分销合同虽然都属于服务合同，但应受特别规则调整。

（18）就未选择法律时的准据法而言，多边体系是指那些开展贸易的体系，如欧洲议会和理事会2004年4月21日《关于融资市场的第2004/39号指令》[②]（下文简称《第2004/39号指令》）第4条所指的受管制的市场、多边贸易设施，而不论这些体系是否以中央结算对手（central counterparty）为依托。

（19）未选择法律时，应根据为各种特殊合同所制定的规则确定准据法。如果合同不能归入特殊的合同种类或者合同的各部分涵盖了一种以上的特殊合同，则合同由实施特征性履行一方当事人的惯常居所地国法支配。如果组成合同的一组权利和义务可归入一种以上的特殊合同，则合同的特征性履行应根据其重心来确定。

（20）如果合同与本条例第4条第1款、第2款所指国家以外的其他国家显然具有更密切联系，则“避让条款”应规定适用该另一国家的法律。为确定该国家，还应考虑该合同是否与其他一个或多个合同具有非常密切的关系。

（21）未选择法律时，如果准据法既不能根据将合同归入特定的合同种类的方法确定，又不能确指实施特征性履行的当事人的惯常居所地国法，则合同由与其有最密切联系的国家的法律支配。在确定该国家时，还应考虑该合同是否与其他一个或多个合同具有非常密切的关系。

（22）对于“货物运输合同”的解释，并不想与《罗马公约》第4条第4款第3句的规定有任何实质性变化。因此，单程租船合同以及其他主要用于

---

① OJ C 334, 30. 12. 2005, p. 1.

② OJ L 145, 30. 4. 2004, p. 1. 该指令最后被《第2008/10号指令》（OJ L 76, 19. 3. 2008, p. 33）修订。

货物运输的合同也应视为货物运输合同。为本条例之目的，“发运方”是指与运输方订立合同之人，“运输方”是指承担运输货物义务的合同当事人，而不论其是否亲自从事运输。

（23）对于在合同中处于弱势地位的一方当事人，应通过适用较一般规则更有利的法律冲突规则予以保护。

尤其在消费者合同中，法律冲突规则应尽可能降低那些标的额通常较低的争议的解决成本，并应顾及远程销售技术的发展。为确保与《第44/2001号条例》实现一致，一方面，作为适用消费者保护规则的前提，应援引所针对的活动的概念，另一方面，在《第44/2001号条例》和本条例中，对该概念的解释应保持协调，同时应注意的是，理事会和委员会在有关《第44/2001号条例》第15条的联合声明中指出，“企业在消费者的住所地所在的成员国或者在包括该成员国在内的多个成员国境内开展活动并不足以满足适用第15条第1款c项的条件，而且合同还必须系在该活动范围内订立”。该声明还指出，“尽管网址能提供订立远程合同的可能性，并且事实上也订立了远程合同，采用何种方式在所不论，但仅仅基于网址的可访问性并不足以成为适用第15条的依据。这时，网址使用何种语言或者货币并不重要”。

（25）假如消费者合同的订立系专业营销人员在消费者的惯常居所地国开展商业或职业活动所致，那么消费者应受到该特定国家法律中那些不可通过协议加以减损的强制性规定的保护。即使该专业营销人员未在消费者的惯常居所地国开展商业或职业活动，但其活动——无论采用什么方式——针对该国或者包括该国在内的多个国家，而且合同的订立由此活动所致，则也应确保消费者受到同样的保护。

（26）为本条例之目的，《第2004/39号指令》附录I第A和B部分所指的专业营销人员为消费者提供的诸如证券服务、投资服务和从属服务等各种金融服务，以及有关出让共同投资企业股份的合同，即使其不在欧洲经济共同体理事会1985年12月20日《关于协调有关以可转让证券形式共同投资企业的法律、法规和行政规章的第85/611号指令》[①] 的适用范围内，仍受本条例第6条调整。因此，如果援引了发行或者向公众发售可转让证券、认购或赎回共同投资企业股份的各种条件，则该援引应包括发行者、发售者对消费者负有义务的各个方面，但与提供融资服务相关的那些方面不在此列。

（27）对于消费者合同，在一般法律冲突规则之外还应规定若干例外情

① OJ L 375, 31. 12. 1985. p. 3. 本指令最后被欧洲议会与理事会《第2008/18号指令》（OJ L 76, 19. 3. 2008, p. 42）修订。

形。有关不动产物权或者不动产租赁的合同就是一种不适用一般规则的例外情形，但欧洲议会和理事会 1994 年 10 月 26 日《关于对不动产分时段使用权转让合同中的买受人加以保护的第 94/47 号指令》① 所指的不动产分时段使用权合同除外。

（28）重要的是，应确保构成融资手段的各种权利与义务不受适用于消费者合同的一般规则支配，因为这会导致对所发行的每种融资手段适用不同法律，这样将改变融资手段的特性，妨碍其交易和发行。相应地，无论何时发行或发售这种融资手段，为确保发行或发售条件的统一性，发行者或发售者与消费者之间业已建立的合同关系并不必然强行适用消费者的惯常居所地国法。该规定同样适用于第 4 条第 1 款 h 项所指的多边体系，应确保在这种多边体系下或者与这种体系的经营者订立的合同所适用的法律规则不受消费者的惯常居所地国法影响。

（29）为本条例之目的，如果发行、向公众发售或公开收购可转让证券均要满足特定的条件，则对构成这些条件的权利与义务的指引，以及对共同投资企业股份的认购和赎回的指引，均应包括决定证券或份额的分配、超额认购权、撤回权和与发行相关的类似事项以及第 10 条、第 11 条、第 12 条和第 13 条所指事项的条件，这样便可确保与发行——发行者或发售者据此对消费者负有义务——相关的所有合同方面均由唯一的法律支配。

（30）为本条例之目的，“融资手段”和“可转让的证券”均指《第 2004/39 号指令》第 4 条所指的手段。

（31）协议在形式上的运作，只要该协议表现为欧洲议会和理事会 1998 年 5 月 19 日《关于用支付和证券结算体系进行清算终结的第 98/26 号指令》② 第 2 条 a 项所指的体系，则不受本条例的影响。

（32）由于运输合同和保险合同的特殊性，应制定特别条款，以确保对旅客或投保人的保护达到适当水准。因此，第 6 条不适用于这些特殊合同。

（33）如果某保险合同不承保大型风险，但在所承保的一个以上风险中，至少有一个风险位于某成员国境内并且至少有一个位于第三国境内，则本条例中有关保险合同的特别规定仅适用于在这一个或几个成员国境内的风险。

（34）依照欧洲议会和理事会 1996 年 12 月 16 日《关于在提供服务的范围内派遣劳工的第 96/71 号指令》③ 进行劳工派遣时，派遣目的地国的强制性

① OJ L 280, 29. 10. 1994, p. 83.

② OJ L 166, 11. 6. 1998, p. 45.

③ OJ L 18, 21. 1. 1997, p. 1.

条款的适用，不受有关个人雇佣合同的冲突规则的影响。

（35）那些不可通过协议加以减损或者仅在对雇员有利时方可减损的规定给予雇员的保护，不得被剥夺。

（36）就个人雇佣合同而言，如果雇员在完成其在国外的任务后被期望继续在原来的国家工作，则其在另一国从事的工作应被视为暂时性的。与原雇主或者与从属于原雇主的同一集团公司的另一雇主订立新的雇佣合同，不应导致该雇员被视为在在另一国暂时性地从事工作的结果。

（37）出于对公共利益的考虑，成员国法院有权在特殊情形下适用公共政策与强制性条款。“强制性条款”的概念应区别于“不得通过协议加以减损的条款”这种表述，并应做更严格的解释。

（38）对于自愿转让，如果法律制度具有债法和物权法方面的区分，则“关系”这个概念应阐明，第 14 条第 1 款规定也适用于让与人与受让人之间的转让的物权方面。但是，“关系”这个概念不应理解为让与人与受让人之间可能存在的任何关系，尤其是不应扩及与自愿转让或合同代位有关的先决问题。该概念只能严格限制在直接与自愿转让或合同代位相关的那些方面。

（39）出于法律稳定性的考虑，尤其是涉及公司和其他法人团体或非法人团体时，应明确界定“惯常居所”的概念。《第 44/2001 号条例》第 60 条第 1 款设立了三种标准，但与该条例不同的是，（本条例的）法律冲突规则应限于唯一标准，否则当事人将无法预见他们的情况应适用何种法律。

（40）应避免出现法律冲突规则分散于各种法律文件以及这些规则之间存在歧异的情况。不过，本条例并不排除共同体法律就特定事项制定有关合同之债的法律冲突规则的可能性。

当其他旨在推进内部市场顺畅运转的法律文件的条款无法与本条例规则所指定的法律联合适用时，本条例不应排除前者的适用。适用本条例所指定的准据法条款不应限制被共同体法律文件，如欧洲议会与理事会 2000 年 6 月 8 日发布的《关于内部市场的信息社会服务尤其是电子商务的特定法律方面的第 2000/31 号指令》（电子商务指令）[①]，所调整的货物与服务的自由流通。

（41）尊重成员国所承担的国际义务，意即本条例不应影响一个或多个成员国在通过本条例时已参加或缔结的国际公约。为使这些法律文件更易于知晓，委员会应根据各成员国所提供的资料在《欧洲联盟官方公报》上公布相关公约的清单。

① OJ L 178, 17.7.2000, p.1.

（42）成员国有权以自己的名义与第三国在个别与例外事项上就某些问题进行谈判，并订立含有关于合同之债的法律适用条款的协议，委员会将向欧洲议会和理事会就有关程序和条件提出建议。

（43）鉴于本条例的级别和影响，其目标在成员国层面上难以完全实现，而在共同体层面上却能更好地实现，共同体可根据《建立欧洲共同体的条约》第 5 条规定的从属原则采取措施。根据该条规定的相称原则，本条例不得超出为达到目标所必需的限度。

（44）依据作为《欧盟条约》和《建立欧洲共同体的条约》附件的《关于联合王国与爱尔兰地位的议定书》第 3 条，爱尔兰已表达了其参加接受并适用本条例的愿望。

（45）依据作为《欧盟条约》和《建立欧洲共同体的条约》附件的《关于联合王国与爱尔兰地位的议定书》第 1 条和第 2 条，在不损抑该议定书第 4 条的情况下，联合王国不参与接受本条例，本条例不能约束、也不适用于联合王国。

（46）依据作为《欧盟条约》和《建立欧洲共同体的条约》附件的《关于丹麦地位的议定书》第 1 条和第 2 条，丹麦不参与接受本条例，本条例不能约束、也不适用于丹麦。

特制定本条例：

第一章　适用范围

第 1 条　适用范围

1. 本条例适用于任何涉及法律冲突情形的民、商事合同之债。

本条例尤其不适用于税收、海关或行政事务。

2. 本条例不适用于下列事项：

（a）涉及自然人的身份或法律能力的问题，但不影响本条例第 13 条的规定；

（b）因家庭关系产生的债务，以及根据所适用的法律规定，与其有类似效果的关系包括扶养义务关系所产生的债务；

（c）因婚姻财产制产生的债务，以及根据所适用的法律规定，与婚姻、遗嘱和继承有类似效果的其他关系所形成的财产制而产生的债务；

（d）因汇票、支票、本票和其它流通票据而引起的债务，以及由于这些票据的流通性而引起的债务；

（e）仲裁协议及选择法院的协议；

（f）由公司法或者其他关于法人团体或非法人团体的法律所调整的问题，例如以注册或者其他方式设立公司和其他法人或非法人团体，其法律能力、内部组织或停业清理，以及因公司或其他团体所负债务而产生的高级管理人员与股东的个人责任；

（g）代理人能否代表本人对第三人承担责任的问题，或者公司或其他法人或非法人团体的管理机构能否使该公司或其他团体对第三人承担责任的问题；

（h）信托的设立，委托人、受托人和受益人之间的关系；

（i）在订立合同前进行谈判而产生的债务；

（j）因欧洲议会和理事会 2002 年 11 月 5 日《关于人寿保险的第 2002/83 号指令》[①]（下文简称《第 2002/83 指令》）第 2 条所指企业之外的其他组织所开展的交易而产生的保险合同，且该交易的目的旨在为企业或企业集团的雇员和个体经营者，某职业或职业团体的职员在发生死亡或生存事件、失业或丧失劳动能力、患有职业病或发生工伤事故时提供福利。

3. 本条例不适用于证据和诉讼程序，但不影响本条例第 18 条的规定。

4. 在本条例中，“成员国”系指适用本条例的各成员国，但在第 3 条第 4 款和第 7 条中，却指所有成员国。

第 2 条　普遍适用性

凡本条例所指定的任何法律，不论其是否为成员国的法律，均应予以适用。

第二章　统一规则

第 3 条　选择自由

1. 合同由当事人选择的法律支配。选择必须是明示的，或者通过合同条款、案件情况予以阐明。当事人可自行选择将法律适用于合同的全部或部分。

2. 当事人可随时协议变更原先支配合同的法律，无论这种支配是根据本条款规定的结果，还是依据本条例其他条款规定的结果。合同订立后，所做出的任何关于法律适用的变更，不得损害第 11 条所规定的合同形式效力，也不得对第三人的权利造成任何不利影响。

3. 如果选择法律时与当时情况有关的所有其他因素均位于所选择的法律

---

① OJ L 345, 19. 12. 2002, p. 1. 本指令最后被《第 2008/19 号指令》（OJ L 76, 19. 3. 2008, p. 44）修订。

所属国以外的其他国家，则当事人的法律选择不得影响该其他国家的那些不得通过协议减损的法律条款的适用。

4. 如果选择法律时与当时情况有关的所有其他因素均位于一个或多个成员国境内，则当事人选择适用非成员国的法律，不应影响那些不得通过协议加以减损的共同体法律规定的适用，即使该共同体法已在法院所在成员国得到适当的实施。

5. 当事人选择准据法的合意是否成立和效力问题，应依第 10 条、第 11 条和第 13 条的规定确定。

第 4 条　未选择法律时应适用的法律

1. 如果当事人未依第 3 条规定选择适用于合同的法律，在不影响第 5 条至第 8 条规定的条件下，合同准据法依照如下方式确定：

（a）货物销售合同，依卖方的惯常居所地国法；

（b）服务合同，依服务提供者的惯常居所地国法；

（c）有关不动产物权或者不动产租赁的合同，依不动产所在地国法；

（d）尽管有第 c 项的规定，供私人暂时使用连续不超过 6 个月的不动产租赁合同，如果租赁人为自然人而且与出租人在同一国家有惯常居所，则依出租人的惯常居所地国法；

（e）特许销售合同，依特许证持有人的惯常居所地国法；

（f）分销合同，依分销人的惯常居所地国法；

（g）通过拍卖方式订立的货物销售合同，如果拍卖地能够确定，则依拍卖发生地国法；

（h）在多边体系下订立的合同，如果依照非自由裁量规则和唯一的法律，该多边体系能集结或有助于集结在《第 2004/39 号指令》第 4 条第 1 款第 17 项所指的融资手段下的众多第三人买入和卖出利益，则依该唯一的法律。

2. 如果合同不在第 1 款规定之列，或者合同的各组成部分涉及第 1 款第 a 项至第 h 项规定的一种以上的合同，则该合同依提供特征性履行的一方当事人的惯常居所地国法。

3. 如果案件的所有情况表明，合同显然与第 1 款或第 2 款所指国家以外的另一国家有更密切联系，则适用该另一国家的法律。

4. 如果根据第 1 款和第 2 款均不能确定应适用的法律，则合同依与其有最密切联系的国家的法律。

第 5 条　运输合同

1. 当事人未根据第 3 条规定选择适用于货物运输合同的法律时，如果接货地、交货地或者发运人的惯常居所地也在承运人的惯常居所地国境内，则适用承运人的惯常居所地国法。不满足这些要求的，则应适用当事人协议选择的货物交付地国法。

2. 当事人未按照本款第 2 段规定选择适用于旅客运输合同的法律时，如果始发地或者目的地也在旅客的惯常居所地国境内，则适用旅客的惯常居所地国法。不满足这些要求的，则应适用承运人的惯常居所地国法。

当事人按照第 3 条规定选择适用于旅客运输合同的法律时，只能选择下述地点所在国的法律：

（a）旅客的惯常居所地；

（b）承运人的惯常居所地；

（c）承运人的主要管理机构所在地；

（d）始发地；

（e）目的地。

3. 未进行法律选择时，如果案件的所有情况表明，合同显然与第 1 款或第 2 款所指国家以外的其他国家有更密切联系，则适用该另一国家的法律。

第 6 条　消费者合同

1. 在不影响第 5 条及第 7 条规定的情况下，自然人非出于商业或职业活动目的（消费者）而与从事商业或职业活动的另一方（专业营销人员）订立的合同，依消费者的惯常居所地国法，如果该专业营销人员：

（a）在消费者的惯常居所地国从事其商业或职业活动；

（b）通过某种手段，将此种活动指向了该国或者包括该国在内的多个国家，并且合同处于该活动范围之列。

2. 尽管有第 1 款的规定，对于满足第 1 款要求的合同，当事人可根据第 3 条规定选择应适用的法律。但此种选择的结果，不得剥夺未选择法律时依照第 1 款本应适用的法律中不能通过协议加以减损的强制性条款给予消费者提供的保护。

3. 不满足第 1 款第 a 项或第 b 项要求的，则适用于消费者和专业人员之间的合同的法律，依第 3 条和第 4 条规定确定。

4. 本条第 1 款和第 2 款不适用于：

（a）专门在消费者的惯常居所地国之外的其他国家向消费者提供服务的合同；

（b）除（欧洲经济共同体）理事会 1990 年 6 月 13 日《关于一揽子旅游

的第 90/314 号指令》[①]（以下简称《第 90/134 号指令》）所规定的一揽子旅游合同之外的其他运输合同；

（c）除《第 94/47 号指令》所规定的不动产分时使用权合同之外的其他与不动产物权或者不动产租赁有关的合同；

（d）与融资手段相关的权利和义务，以及作为决定发行、向公众发售或公开收购可转让证券的条件以及认购或赎回共同投资企业股份条件的权利和义务，但以这些活动不涉及提供融资服务为限；

（e）在第 4 条第 1 款第 h 项所指体系下订立的合同。

第 7 条　保险合同

1. 本条适用于第 2 款所指的合同——无论其所承保的风险是否在成员国境内——以及承保位于成员国境内的风险的所有其他保险合同，但不适用于再保险合同。

2. 承保 1973 年 7 月 24 日《关于协调有关从事除人寿保险以外的直接保险业务的法律、法规和行政规章的第 73/239 号第一指令》[②] 所规定的大型风险的保险合同，适用当事人根据本条例第 3 条规定所选择的法律。

当事人未选择准据法时，保险合同适用保险人的惯常居所地国法。如果案件的所有情况表明，合同显然与另一国有更密切联系，则适用该另一国法律。

3. 对于不在第 2 款范围内的保险合同，当事人只能根据第 3 条规定在下列法律中做出选择：

（a）订立合同时风险所在的成员国法；

（b）投保人的惯常居所地国法；

（c）人寿保险中的投保人国籍国法；

（d）对于所承保的风险仅限于财产损害的保险合同，如果该财产损害发生于风险所在成员国之外的其他成员国，则为该其他成员国法；

（e）如果本款所指保险合同的投保人从事商业或工业活动或者为自由职业者，并且保险合同承保的是与这些活动有关的、位于不同成员国的两个或两个以上的风险，则为各相关成员国的法律或者投保人的惯常居所地国法。

在第 a、b 和 e 项所指情况下，如果相关成员国在选择适用于保险合同的法律方面赋予当事人更大的自由，则当事人可以利用该项自由权利。

如果当事人未依本款规定选择准据法，则该合同应由订立合同时风险所

---

① OJ L 158, 23. 6. 1990, p. 59.

② OJ L 228, 16. 8. 1973, p. 3. 本指令最后被欧洲议会和理事会《第 2005/68 号指令》（OJ L 323, 9. 12. 2005, p. 1.）修订。

在的成员国法律支配。

4. 如果某成员国对某些风险规定了强制保险义务，则对于承保这类风险的保险合同，适用下列另行规定：

（a）只有在保险合同符合那些课加强制保险义务的成员国所规定的有关该保险的特别规定时，该保险合同才具有承担保险义务的效力。如果风险所在的成员国法律与课加强制保险义务的成员国法律彼此冲突，则后者优先；

（b）各成员国可背离本条第 2 款和第 3 款，规定保险合同适用那些课加强制保险义务的成员国的法律。

5. 如果保险合同所承保的风险在一个以上的成员国境内，则为了第 3 款第 3 段和第 4 款之目的，应认为该合同由多个合同组成，且各该合同均只涉及一个成员国。

6. 为本条之目的，风险所在国应根据 1988 年 6 月 22 日《关于协调有关除人寿保险以外的直接保险业务的法律、法规和行政规章以便有效行使服务流动自由的第 88/357 号第二指令》① 第 2 条 d 项之规定确定，对于人寿保险合同，风险所在国是指承担《第 2002/83 号指令》第 1 条第 1 款第 g 项所指义务的国家。

第 8 条　个人雇佣合同

1. 个人雇佣合同，依当事人根据第 3 条规定所选择的法律。但是，这种法律选择的结果，不得剥夺未进行法律选择时依照本条第 2 款、第 3 款和第 4 款规定应适用的法律中那些不得通过协议加以减损的强制性条款给雇员提供的保护。

2. 当事人未选择适用于个人雇佣合同的法律时，该合同由雇员在履行合同的过程中从事惯常工作地国家法支配，若无此种国家，则由雇员为履行合同从事惯常工作的出发地国法律支配。即使雇员只是暂时性地受雇于另一国，也不得认为从事惯常工作所在地国家发生了变化。

3. 如果依照第 2 款不能确定应适用的法律，则合同由聘用该雇员的营业所所在地国法支配。

4. 如果整体情况表明，合同与本条第 2 款或第 3 款所指国家之外的另一国有更密切联系，则适用该另一国的法律。

第 9 条　优先适用的强制性条款

1. 优先适用的强制性条款是指，被一国认为对维护该国的公共利益，尤

---

① OJ L 172, 4. 7. 1988, p. 1. 本指令最后被欧洲议会与理事会《第 2005/14 号指令》（OJ L 149, 11. 6. 2005, p. 14）修订。

其是对维护其政治、社会和经济组织的利益至关重要而必须遵守的强制性条款，以至于对属于其适用范围的所有情况，不论根据本条例适用于合同的是何种法律，它们都必须予以适用。

2. 本条例的任何规定均不得限制法院地法中强制性条款的适用。

3. 应在其境内或已在其境内履行合同债务的国家，其强制性法律规定也可被赋予（强制性）效力，但该强制性规定不得使合同的履行归于非法。在决定是否赋予这些规定以强制性效力时，应考虑这些法律规定的性质、目的以及适用或不适用该规定将产生的后果。

第 10 条　同意和实质有效性

1. 合同或合同任何条款的成立及效力，应根据假设该合同或条款有效时依本条例应适用的法律确定。

2. 但是，如果情况表明，按第 1 款规定的法律来确定一方当事人行为的效力有失公平，则该当事人可援用其惯常居所地法以指证其并未同意该合同。

第 11 条　形式有效性

1. 合同各方当事人或其代理人在订立合同时在同一国家的，只要合同满足了依照本条例在实体上支配合同的法律或者合同缔结地国法所规定的形式要件，则在形式上为有效。

2. 合同各方当事人或其代理人在订立合同时在不同国家的，只要合同满足了依照本条例在实体上支配合同的法律、一方当事人或其代理人在订立合同时的所在地国法、一方当事人在订立合同时的惯常居所地国法所规定的形式要件，则在形式上为有效。

3. 旨在对既存的或拟订立的合同产生法律效力的单方行为，如果满足了依照本条例应适用或本应在实体上支配合同的法律、行为实施地国法或者已实施行为的当事人此时的惯常居所地国法所规定的形式要件，则在形式上为有效。

4. 本条例第 6 条范围内的合同，不适用本条第 1 款、第 2 款和第 3 款的规定。此类合同的形式，应由消费者的惯常居所地国法支配。

5. 不管第 1 款至第 4 款有何规定，以不动产物权或者不动产租赁为标的的合同，适用该不动产所在地国法有关形式的规定，只要依照该国法律，

（a）无论合同在哪一国订立或者受哪一国法律支配，这些要求均应强行适用，以及

（b）这些要求不得通过协议加以减损。

第 12 条　准据法的适用范围

1. 依本条例规定适用于合同的法律特别支配下列事项：

（a）合同的解释；

（b）合同的履行；

（c）在受诉法院国诉讼法授予法院的权限内，完全不履行或部分不履行合同债务的后果，包括依法律进行的估算损失；

（d）债务消灭的各种方式，诉讼时效；

（e）合同无效的后果。

2. 对于履行的方式以及在履行有瑕疵的情况下债权人应采取的措施，应考虑履行地国的法律。

第 13 条　无行为能力

在同一国家的双方当事人订立的合同，依该国法律应属有行为能力的自然人，不得依据另一国法律主张其无行为能力，除非合同的另一方当事人在订立合同时明知或因疏忽而不知其无行为能力。

第 14 条　自愿转让和合同代位

1. 基于自愿转让而发生的让与人与受让人之间的关系，以及对另一人（债务人）的债权基于合同而发生的代位，应由根据本条例的规定适用于让与人和受让人之间的合同的法律支配。

2. 债权的可转让性、受让人和债务人之间的关系、向债务人主张受让权或代位权的条件以及债务人的债务是否已被免除等问题，由支配该被转让或代位的债权的法律决定。

3. 本条所指的“转让”之概念包括债权的完全转让、为设立担保而进行的债权转让以及在债权上设立抵押权或者其他担保权的转让。

第 15 条　法定代位

当一人（“债权人”）对另一人（“债务人”）具有合同上的请求权，而第三人有义务清偿债权人时，或事实上已向债权人履行了清偿义务，那么，应由支配第三人清偿债权人的义务的法律决定，该第三人是否有权以及能在多大范围内行使原债权人对债务人基于支配他们之间关系的法律所享有的权利。

第 16 条　多方债务

如一个债权人对数个负有连带责任的债务人享有债权，而且已从其中一个债务人处得到全部或部分清偿，则支配该债务人对债权人的义务的法律亦适用于该债务人要求其他债务人予以补偿的权利。其他债务人，在支配他们对债权人义务的法律的许可范围内，可以对该债务人行使他们对债权人所享有的抗辩权。

第 17 条　抵销

如果当事人未就抵销权达成一致，则抵消权适用支配被设定了抵消权的债权的法律。

第 18 条　举证责任

1. 依本条例支配合同之债的法律，如其关于合同之债的规定中有涉及法律推定以及举证责任的条款，各该条款亦一并予以适用。

2. 旨在产生法律效力的合同或行为，可以通过法院地法所认可的任何证明方法加以证明，或以依第 11 条所指的据以认定该合同或行为在形式上有效的法律所认可的证明方法证明，但以此种证明方法能为法院执行为限。

第三章　其他规定

第 19 条　惯常居所

1. 为本条例之目的，公司、社团和法人的惯常居所系指其主要管理中心所在地。

在从事经营活动中实施法律行为的自然人，其惯常居所系指其主要营业机构所在地。

2. 如果合同系在分支机构、代表机构或者其他营业机构的经营过程中订立，或者根据合同规定，由该分支机构、代表机构或者其他营业机构负责履行，则该分支机构、代表机构或其他营业机构所在地视同惯常居所地。

3. 在确定惯常居所时，以合同订立时为准。

第 20 条　排除反致

凡适用依本条例确定的任何国家的法律，系指适用该国现行的法律规范而非其国际私法规范，但本条例另有规定者除外。

第 21 条　法院地国的公共秩序

凡依本条例确定的任何国家的法律规范，仅在其适用明显违背法院地国的公共秩序时，方可拒绝适用。

第 22 条　多法制国家

1. 如一国由几个领土单位组成，而各领土单位在合同之债方面均有各自的法律规则，则为依本条例确定准据法的目的，每个领土单位应被视为一个国家。

2. 各成员国内的不同领土单位在合同之债方面有各自的法律规则时，对于纯属此种领土单位之间的法律冲突，不受适用本条例的约束。

第 23 条　与其他共同体法律条款的关系

除第 7 条外，在特定领域就合同之债制定了法律选择规则的共同体法律条款，其适用不受本条例影响。

第 24 条　与《罗马公约》的关系

1. 在成员国之间，《罗马公约》由本条例所取代，但属于该公约的地域适用范围，并且根据《建立欧洲共同体的条约》第 299 条不适用本条例的成员国领土除外。

2. 就本条例取代《罗马公约》的规定而言，对该公约的指引视同对本条例的指引。

第 25 条　与现存国际公约的关系

1. 在通过本条例时，如果一个或多个成员国已成为某些制定了合同之债的法律选择规则的国际公约的缔约国，则这些公约的适用不受本条例影响。

2. 但是，就仅仅在两个或者多个成员国之间签署的公约而言，如果这些公约涉及由本条例调整的事项，则本条例在这些成员国之间优先适用。

第 26 条　公约名单

1. 各成员国应在 2009 年 6 月 17 日之前将本条例第 25 条第 1 款所指公约通知委员会。该日期之后，如果成员国废除其中某项公约，应告知委员会。

2. 委员会在收到第 1 款所指通知后 6 个月之内，应在《欧洲联盟官方公报》上公布：

（a）第 1 款所指公约名单；

（b）第 1 款所指的废除事项。

第 27 条　审查条款

1. 委员会最迟应在 2013 年 6 月 17 日之前向欧洲议会、理事会和欧洲经济与社会委员会提交有关本条例适用情况的报告。适当时，在报告中可附上对本条例的修改建议。该报告应包括：

（a）有关保险合同法律适用情况的调查研究和对将施行的条款所产生的影响的评估，以及

（b）对第 6 条适用情况，尤其是共同体法在消费者保护方面的连贯性的评价。

2. 委员会应在 2010 年 6 月 17 日之前向欧洲议会、理事会和欧洲经济与社会委员会提交有关债权转让或债权代位对第三人的效力以及被转让的债权对其他人权利的优先性等问题的报告。适当时，在报告中可附上对本条例的修改建议和对将施行的条款所产生的影响的评估。

第 28 条　时间上的适用范围

本条例适用于 2009 年 12 月 17 日之后订立的合同。

第四章　最后条款

第29条　生效和适用

本条例于《欧洲联盟官方公报》上公布之后第20日生效。

本条例自2009年12月17日起施行，但第26条除外，该条款自2009年6月17日起施行。

根据《建立欧洲共同体的条约》，本条例在整体上具有拘束力，并且直接适用于各成员国。

2008年6月17日于斯特拉斯堡。

欧洲议会主席	理事会主席
H. - G. PÖTTERING	J. LENARČIČ

附 录：

吉尔吉斯共和国仲裁法*

（比什凯克，2002 年 7 月 30 日第 135 号法）

非司法机关（以下简称“仲裁庭”）的组成程序，依本法确定；仲裁庭裁决争议的活动（以下简称“仲裁程序”），由本法调整。

仲裁程序应遵循当事人在法律和仲裁庭面前一律平等、当事人意思自治、必须履行仲裁裁决等基本原则。

第一章 一般规定

第 1 条 本法的适用范围

本法适用于因民事法律关系引起的、本属法院管辖但由当事人协议提交仲裁庭审理的包括投资争议在内的各种争议，但本法另有规定的争议除外。

第 2 条 本法所使用的概念

仲裁庭——独任仲裁员或者合议制仲裁庭（Schiedgerichterkollegium）。

仲裁程序——在某程序中对争议加以审理的过程，该程序由当事人约定或者

由应适用的规则或本法加以规定。

仲裁员——由当事人选定的审理其争议之人。

仲裁协议（仲裁条款）——当事人之间关于将争议提交仲裁庭审理的协议。

管辖法院——吉尔吉斯共和国的相关法院。

仲裁程序的当事人——申请人和被申请人。申请人是指公民和组织，也包括为自身利益而申请仲裁的国家权力机关和地方自治机关。被申请人是指公民和组织，也包括被申请仲裁的国家权力机关和地方自治机关。

---

* 本法由 2002 年 6 月 28 日的吉尔吉斯共和国国民议会立法大会通过，并经吉尔吉斯共和国 2003 年 5 月 15 日第 93 号法律和 2004 年 6 月 11 日第 73 号法律修订。本法根据德文译本（资料来源：IPRax 2008, Heft 3, S. 290－296）翻译，其官方文本为吉尔吉斯语文本和俄语文本。在翻译过程中，武汉大学国际法研究所宋连斌教授和北京邮电大学人文学院副教授丁颖博士在文字校对和专业术语表述方面给予了诸多指点和帮助，在此谨致谢意。——译者注

应适用的规则——常设仲裁机构的规章、规定、议事规则（Geschäftsordnungen）和其他文件。

第 3 条 仲裁庭的形式与法律地位

1. 当事人可根据仲裁协议或法律，将争议提交常设仲裁机构或临时仲裁庭审理。

常设仲裁机构是指确保仲裁程序得以进行的组织。

临时仲裁庭是指当事人为审理一项具体争议而组成的仲裁庭，其活动随着审理该争议的仲裁程序终结而终止。

2. 常设仲裁机构是一个法人；它作为一个非商业组织而开展活动。

仲裁庭所开展的与仲裁程序有关的活动不具有任何经济目的。

第 4 条 仲裁庭的组成与活动程序

1. 临时仲裁庭的组成与活动程序，依照当事人的协议确定；就当事人协议未做规定的部分而言，依照本法确定。

2. 常设仲裁机构的组建程序，由吉尔吉斯共和国的法律确定。常设仲裁机构的活动，由应适用的规则予以调整；就应适用的规则未做规定的部分而言，由吉尔吉斯共和国法律调整。

3. 吉尔吉斯共和国缔结或者参加的国际条约对仲裁庭的组成或者活动有其他规定的，适用国际条约的规定。

第 5 条 将争议提交仲裁庭解决

1. 当事人之间存在将争议提交仲裁庭审理的协议或者法律有规定时，可将争议提交仲裁庭解决，仲裁庭可予以受理。

提交管辖法院审理的争议，在该法院就争议的实体问题做出判决之前或者在当事人达成和解之前，均可提交仲裁庭解决。

2. 诉讼所涉及的问题属于仲裁协议的标的时，如果有证明存在仲裁协议的事实，包括一方当事人收到申请仲裁的通知，则被提起诉讼的管辖法院必须拒绝受理或者不加审查地驳回起诉或中止诉讼。

第 6 条 仲裁庭开展活动的法律基础

1. 仲裁庭的仲裁程序应依照仲裁协议所指定的规则进行；仲裁协议无相关指定时，则依照该仲裁庭所选择的或制订的规则进行。

2. 仲裁庭应根据实体法规范，即当事人在合同中或在仲裁协议中所确定的适用于争议实体问题的规范来审理争议。

3. 当事人未约定应适用的法律时，由仲裁庭自行确定与审理争议有关的法律规范。

4. 仲裁庭根据应适用的法律做出裁决；就应适用的法律未予调整的部分

而言，依照商事交易惯例做出裁决。

第二章　仲裁协议

第 7 条　仲裁协议的内容与形式

1. 当事人可订立仲裁协议，将他们之间已经产生或将要产生的全部或某些民事争议提交仲裁庭审理，而不论这些争议是否具有契约性。仲裁协议既可作为合同中的仲裁条款——构成合同的组成部分——也可作为单独的协议订立。

2. 仲裁协议应以书面形式订立。如果仲裁协议载于由各方当事人签字的文件中，或者通过往来信件、电报、电挂、传真或采用其他信息交流手段——包括记录此种协议的电子手段——订立，则视为以书面形式订立。如果合同采用书面形式订立，并且合同中所援引的文件载有将争议提交仲裁庭裁决的协议，假设此种援引足以使该协议视为该合同一部分，则此种援引即构成仲裁协议。

3. 仲裁协议必须含有将争议事项、因各方当事人之间的争议而产生的意见分歧及请求均由仲裁庭审理的规定，并指定必须对争议进行审理的仲裁庭。

在仲裁协议中可载明仲裁员的人数、仲裁地点、仲裁程序所使用的语言、应适用的法律和规则、审理争议的期限等内容。

4. 不符合本条第 2 款和第 3 款第 1 段要求的仲裁协议，应视为无效。

第三章　仲裁庭的组成

第 8 条　对仲裁员的要求

1. 仲裁员应是具有行为能力的自然人，具有能保证客观地审理争议的相应资历，并且独立于各方当事人。单独审理争议的仲裁员，必须具有法律方面的资历。对争议进行合议裁决的，首席仲裁员必须具有法律方面的资历。

2. 应适用的规则可对仲裁员提出附加要求。

3. 下列人员不得作为仲裁员：

（1）管辖法院的法官；

（2）国家公务员；

（3）曾被判刑的人；

（4）被宣告为无行为能力人或者限制行为能力人的人。

4. 任何人不得因其国籍而被剥夺作为仲裁员的资格，但当事人另有约定的除外。

第 9 条　指定仲裁员

1. 仲裁员的人数必须为单数。

2. 临时仲裁庭的仲裁员按照当事人约定的程序予以指定。

当事人可自由确定仲裁员的人数。当事人不能确定仲裁员人数的，每一方当事人均有权请求常设仲裁机构按照本条所规定的程序指定 3 名仲裁员。

3. 当事人未确定指定仲裁员的顺序时，依照下列程序指定仲裁员：

（a）在仲裁员为 3 名的仲裁程序中，当事人每一方各指定 1 名仲裁员；通过该方式指定的 2 名仲裁员指定第 3 名仲裁员，即首席仲裁员。一方当事人在接到另一方当事人的指定仲裁员的要求时起 30 天内不指定仲裁员的，或者已被指定的 2 名仲裁员在被指定之时起 30 天内未就选定第 3 名仲裁员达成一致的，则经一方当事人请求，由常设仲裁机构主席指定第 3 名仲裁员。

（b）在独任仲裁员的仲裁程序中，如果当事人各方不能就指定该仲裁员达成一致的，则经一方当事人请求，由常设仲裁机构主席在收到该请求后 30 天内指定仲裁员。

（c）一方当事人不遵守当事人之间约定的指定仲裁员的程序，或者当事人各方或 2 名仲裁员未能根据该程序达成一致的，则当事人任何一方均可请求常设仲裁机构主席就有关的问题，包括指定仲裁员的问题，自主做出决定。常设仲裁机构主席所做出的相应决定不得予以撤销。

4. 常设仲裁机构的仲裁员依照该仲裁机构应适用的规则所规定的程序予以指定，但当事人另有约定的除外。

第 10 条　仲裁员回避的理由

具有下列原因之一者，仲裁员不得参与审理争议，应予以回避：

（1）仲裁员是案件当事人的亲属或其代理人；

（2）仲裁员本身与争议的结果有直接或间接的利害关系，或者存在对仲裁员的公正性或独立性引起正当怀疑的其他情况；

（3）不符合本法第 8 条第 3 款所规定的要求；

（4）仲裁员不具备仲裁协议或者本法所要求的资历。

第 11 条　仲裁员回避的程序

1. 某人被询有关他可能被指定为仲裁员之事情时，必须说明构成其回避理由的任何情况。自被指定时起以至在整个仲裁程序期间，仲裁员必须将在仲裁程序中出现的上述类似情况毫不迟延地告知当事人各方，并自行宣告回避。

2. 出现构成仲裁员回避理由的情况时，当事人各方均有权宣告仲裁员回避。

请求回避及自行回避必须说明理由，且必须在对案件实体问题进行审理前提出。在审理程序中，只有在开始审理争议后方得知存在回避理由的情形下方可提出回避。

3. 当事人可自由约定仲裁员回避的程序。

4. 无此种约定时，拟请求仲裁员回避的当事人，在其知晓仲裁庭的组成情况或者本法第 10 条所指情况后 15 天内向仲裁庭提出书面声明，并说明回避的理由。被申请回避的仲裁员辞职或者他方当事人不同意回避的，则由仲裁庭对回避做出决定。

如果适用当事人所约定的仲裁员回避程序无法做出裁决或者其他仲裁员之间无法就回避达成协议的，则任何一方当事人均可请求常设仲裁机构主席就仲裁员回避做出决定。此种决定不得予以撤销。只要该项请求处于等待解决期间，仲裁庭不得继续进行仲裁程序，也不得做出任何裁决。

5. 将争议提交常设仲裁机构庭审理的，依照应适用的规则所规定的程序来决定仲裁员的回避。

第 12 条　仲裁员权限的终止

1. 参与仲裁程序的仲裁员权限，自仲裁庭对争议做出实体裁决之日起 60 天期限的届满而终止。仲裁员的权限也可因自行回避、当事人请求回避或者当事人约定的其他理由而终止。

2. 如果管辖法院因本法第 42 条所规定的理由而拒绝对常设仲裁机构做出的裁决签发予以强制执行的执行令时，仲裁员的权限不予终止。常设仲裁机构有义务自行承担费用确保原来做出实体裁决的仲裁员重新审理争议。

第 13 条　仲裁员的替换

1. 如果当事人无其他约定，仅在具有本法所规定的理由时，方允许替换仲裁员。

2. 仲裁员的权限因本法第 10 条规定的理由或其他理由而被终止时，则根据指定被替换的仲裁员时所适用的规则指定新的仲裁员。

3. 常设仲裁机构仲裁员的替换，依照应适用的规则为之。

第四章　仲裁程序

第 14 条　仲裁庭的管辖权

1. 仲裁庭自行对仲裁协议的存在或效力以及它是否有审理具体争议的管辖权等问题做出决定。

2. 在开始对争议进行实体审理之前，当事人有权主张无仲裁协议或者仲裁协议无效等需经法院认定的情况。当事人并不因其已指定或者参与指定仲裁员而被剥夺提出前述主张的权利。

3. 在仲裁程序中，只要——根据各方当事人的意见——出现仲裁庭超越权限的问题，当事人即可提出仲裁庭超越权限的抗辩。

4. 仲裁庭认定无仲裁协议或仲裁协议无效时，应就此做出决定，并与当事人一方递交的材料一起送交各方当事人。

第15条　异议权

如果一方当事人已知晓或理应知晓本法或者仲裁协议的某些规定应根据当事人的意愿予以适用，但在规定的期限内或者在合理的期限内未得以遵守，却对此种不遵守不提出任何异议且继续参与仲裁审理，则其以后丧失就此提出异议的权利。

第16条　仲裁程序规则的确定

1. 对于临时仲裁庭，当事人可自由确定仲裁程序的规则。

当事人尚未确定此种规则的，由仲裁庭根据本法规定自行确定。

2. 常设仲裁机构的仲裁程序规则，依照应适用的规则确定，但当事人另有约定的除外。

第17条　仲裁地点

1. 当事人可以自由约定仲裁地点。

2. 无前述约定的，仲裁地点由仲裁庭在考虑案件各种情况的基础上予以确定，这些情况包括是否便于当事人以及是否便于听取专家、证人和当事人意见以及是否便于调查财产或材料。

第18条　仲裁程序所使用的语言

1. 除非当事人另有约定，由仲裁庭确定仲裁程序所使用的语言。

2. 当事人所提供的证据未采用仲裁程序所使用的语言的，有义务确保证据的翻译准确性。

3. 仲裁庭有权要求当事人将书面证据翻译成仲裁程序所使用的语言。

第19条　仲裁程序的保密性

1. 未征得当事人或其继承人同意，仲裁员不得披露其在仲裁程序中所知晓的各种信息。

2. 仲裁员不得就其在仲裁程序中所知晓的信息充当证人。

第20条　仲裁申请和对仲裁申请的答辩

1. 在当事人约定的或者仲裁庭确定的期限内，申请人应向仲裁庭递交书面的仲裁申请及副本——给被申请人——并阐明其仲裁请求；被申请人可向申请人及仲裁庭就仲裁申请送交答辩书，并附上据以答辩的各种文件。

2. 仲裁申请书应载明：

（1）递交申请书的日期；

（2）当事人的全称及其邮寄地址；

（3）争议标的额；

（4）仲裁请求；

（5）提出仲裁请求所依据的各种情况、法律规范和证据，以及仲裁请求的计算依据；

（6）其他有利于正确审理争议的情况；

（7）仲裁申请书所附文件及其他证据的清单；

仲裁申请书应附上证明下列情况的文件：

（1）存在仲裁协议；

（2）已向被申请人送交仲裁申请书副本及所附文件；

3. 当事人在递交仲裁申请书和仲裁答辩书时可附注说明其将要提交的文件或其他证据。

4. 除非当事人另有约定，在仲裁程序中，任何一方当事人均可在当事人约定的或者应适用的规则所规定的期限内修改或补充其仲裁申请书或答辩书。

第 21 条　反请求

1. 除非当事人另有约定，被申请人有权提出反请求，但该反请求不得超出仲裁协议的范围。

2. 反请求可与对仲裁申请的答辩书一起提交；如果仲裁庭认定推迟提出反请求有正当理由，则也可在解决争议的稍后阶段提出反请求。

3. 反请求必须依照本法第 20 条所规定的规则提出。

4. 反请求书应递交仲裁庭，并将副本送交另一方当事人，但由仲裁庭将反请求书送交另一方当事人的情形除外。

5. 申请人有权依照本法第 20 条的规定向仲裁庭递交对反请求的答辩书。

第 22 条　保全措施

1. 除非当事人另有约定，仲裁庭可经任何一方当事人的请求，对一方当事人就争议标的采取其认为必要的保全措施。

2. 仲裁庭有权要求提出保全申请的一方当事人提供执行此种保全措施的担保。

第 23 条　证据的提交和核实

1. 证据应由当事人提交。每一方当事人必须对其据以提出仲裁请求或抗辩的情况予以证明。仲裁庭认为所提交的证据不充分时，有权建议当事人提交其他证据。

2. 仲裁庭有义务毫不迟延地对其所掌握的所有证据予以核实。

第24条　争议解决程序

1. 争议的审理既可在有当事人或其代理人的参与的情况下进行，也可在无此种参与的情况下进行。

2. 仲裁庭的开庭通知必须及时送达各方当事人。该项通知如被签收、通过挂号寄交或者以其他能记载该项通知到达的方式转交，则视为已送达。

一方当事人递交仲裁庭的所有申请书、文件或其他材料的副本，应送交另一方当事人。

经当事人请求，仲裁庭必须将据以做出裁决的专家意见或者其他文件送交各方当事人。

3. 争议的审理不公开进行，但当事人另有约定的除外。

4. 各方当事人必须被给予同等的机会，以陈述其立场并维护其权利和利益。

第25条　当事人不提交文件与不出庭的后果

1. 当事人或其代理人收到审理案件的适当通知后，不提交所要求的文件或仲裁答辩书，不出席仲裁庭的开庭审理的，如果仲裁庭认为当事人不提交文件或不出庭无正当理由，则不妨碍对争议的审理。

2. 被申请人不提交仲裁答辩书的，不得被视为认可了申请人的仲裁请求。

第26条　指定专业人员与专家，鉴定的实施

1. 当事人无其他约定的，仲裁庭可邀请专业人员或者专家对在审理争议中产生的需要由在某领域具有专业知识的人予以解释的问题提供专家鉴定，并可要求各方当事人提交进行专家鉴定所必需的文件和证据。

当事人尚无其他约定的，仲裁庭可指定一名或一名以上的专业人员及/或专家。

2. 当事人无其他约定的，专业人员或专家候选人以及对待解释的问题进行鉴定的人，由仲裁庭在考虑当事人意见的基础上予以确定。

3. 专家应向仲裁庭提交书面的鉴定意见；专业人员则对当事人或仲裁庭提出的问题进行相应的解释或答复。

4. 当事人无其他约定的，如果一方当事人请求或者仲裁庭认为有必要，专家在提交书面鉴定意见之后，必须参与案件的实体审理，使当事人或仲裁庭有机会就与实施鉴定或提交鉴定意见有关的事项向专家提问。

第 27 条　仲裁庭的庭审记录

当事人无其他约定的，仲裁庭应记录其庭审情况。

第五章　仲裁庭做出裁决

第 28 条　仲裁裁决的终局性

仲裁庭的裁决是终局的，不得撤销。各方当事人必须依照裁决所规定的程序和期限履行该裁决。

第 29 条　仲裁裁决的做出

1. 在对案件的各种情况进行核实后，仲裁庭依照多数仲裁员的意见做出仲裁裁决，但应适用的规则或当事人协议另有规定的除外。裁决应以全面、客观地核实所有情况为基础。裁决应以仲裁庭的名义做出并在庭审时宣布。仲裁庭有权只宣布裁决的主要内容，但当事人另有约定的除外。在此情形下，必须最迟在宣布裁决书主要内容后 5 天内将附具理由的裁决书送交各方当事人。

不同意多数仲裁员所做裁决的仲裁员，有权阐述其特殊意见，该意见将附于仲裁裁决书中。当事人有权知晓该仲裁员的特殊观点。

2. 如为解决争议所必需，仲裁庭有权延期做出裁决，并邀请当事人出席附加的开庭审理。

3. 仲裁裁决应视为在仲裁地并于仲裁庭宣布之日做出。

第 30 条　友好地达成一致（和解）

在仲裁庭就案件实体做出裁决前，如果当事人就解决争议达成协议，并且仲裁庭也对此表示同意的，则仲裁庭应按当事人协议的条件做出仲裁裁决，以确认当事人的和解。在以仲裁裁决确认当事人和解的同时，仲裁庭应做出终止仲裁程序的决定。

第 31 条　仲裁裁决的形式与内容

1. 仲裁裁决应以书面形式做出，并由组成仲裁庭的仲裁员签名。

2. 仲裁裁决必须包括下列内容：

（1）做出裁决的日期、仲裁庭的组成、仲裁地、仲裁程序的起止时间；

（2）仲裁程序（争议）当事人的名称、姓氏、代理人的职责与代理权限；

（3）争议标的、主张、请求、参与仲裁程序人员的陈述；

（4）由仲裁庭确认的案件情况、仲裁庭据以对这些情况进行总结的证据、仲裁庭据以做出裁决的法律和其他规范性法律文件；

（5）裁决所依据的理由；

（6）主要内容，其中应载明：

——所做裁决的内容；

——与解决争议有关的费用的分担；

——履行所做裁决的期限和程序。

第 32 条　补充裁决

1. 在做出仲裁裁决之日起 30 天内，当事人一方有权请求仲裁庭就其已在仲裁程序中提出、但在仲裁裁决中遗漏的请求事项做出补充裁决，并将此情况通知另一方当事人。

2. 仲裁庭必须将有关审理该项请求的地点和时间等情况告知双方当事人。一方或双方当事人不出庭并不妨碍仲裁庭对补充仲裁的请求进行审理和裁决。

请求进行补充裁决的申请必须在收到该申请之日起 30 天内进行审理。

第 33 条　仲裁裁决的解释

1. 在仲裁庭做出裁决之日起 30 天内，当事人一方有权请求仲裁庭就裁决的任何具体要点或某部分做出解释，并将此情况通知另一方当事人。

2. 如果仲裁裁决尚未予以执行，且强制执行裁决的期限尚未届满，允许对裁决进行解释。

仲裁庭在当事人参与庭审的情况下就裁决的解释问题做出决定；当事人不出庭并不妨碍仲裁庭对裁决的解释问题进行审理。

3. 仲裁庭必须在收到请求之日起 30 天内做出相应的解释，但不得改变裁决的内容。此种解释是仲裁裁决的组成部分。

第 34 条　书写、打印及计算错误的更正

1. 仲裁庭在做出裁决之日起 30 天内，应主动或经一方当事人请求，更正裁决书中出现的誊写、打印及计算错误，并将此情况通知另一方当事人。

2. 仲裁庭在当事人参与庭审的情况下就更正问题做出决定；当事人不出庭并不妨碍仲裁庭对裁决的更正问题进行审理。

第 35 条　仲裁庭的卷宗

仲裁庭在解决实体争议后做出裁决。仲裁裁决必须合法并且附具理由。对于不涉及争议实质的问题，仲裁庭应做出附具理由的决定。

临时仲裁庭的卷宗必须采用由仲裁员签字的方式来证明其真实性，并经公证认证。

第 36 条　仲裁程序的终止

对案件实体问题做出裁决后，或者有下列情形之一者，仲裁程序终止：

（1）申请人撤回其仲裁请求，且被申请人对此不提出抗辩；

（2）当事人各方就终止仲裁程序达成协议；

（3）争议不得由仲裁庭审理；

（4）当事人达成和解。

第 37 条　案件的存档

临时仲裁庭审理的案件，交由吉尔吉斯共和国的国家机关依照《吉尔吉斯共和国国家档案法》的规定进行存档。

常设仲裁机构审理的案件，由该仲裁机构存档保管，但应适用的规则另有规定的除外。

第六章　与仲裁庭审理争议有关的费用

第 38 条　与仲裁庭审理争议有相关的费用

1. 与仲裁庭审理争议有关的费用包括：

（1）仲裁员报酬；

（2）常设仲裁机构收取的费用；

（3）差旅费或者由仲裁员开支的其他费用；

（4）与审理争议有关的其他费用。

2. 常设仲裁机构的仲裁员报酬由应适用的规则确定。

3. 临时仲裁庭的仲裁员报酬数额依照当事人的协议确定。

4. 仲裁庭无权就更正其所做的裁决、对裁决进行解释、做出补充裁决或者重新审理争议等行为索要报酬。

第 39 条　费用的预付；当事人之间分担与仲裁庭审理争议有关的费用

1. 仲裁庭在其组成之后，有权要求各方当事人支付等额的款项，作为支付本法第 38 条所规定费用的预付金。

如果当事人在收到缴费通知后 30 天内未全额支付应缴的预付金，仲裁庭应将此通知各方当事人，以便其中一方或其余当事人能预付应缴款项。

如果各方当事人不按确定的数额和条件支付预付款，则仲裁庭有权拒绝或中止执行仲裁程序。

2. 仲裁庭自行对所有与仲裁庭审理争议有关的费用如何在当事人之间分担的问题做出决定，但当事人另有约定的除外。

3. 仲裁裁决书或决定应说明当事人之间分担与审理争议相关费用的比例。

仲裁庭做出的在当事人之间分担仲裁费用的命令是仲裁裁决的组成部分，应强制履行。

第七章 仲裁裁决的履行

第 40 条 履行仲裁裁决的程序

1. 仲裁裁决应依照该裁决所规定的程序和期限自觉地予以履行。

仲裁裁决未规定履行期限的，应立即予以履行。

2. 不自觉履行仲裁裁决的，应予强制执行。

第 41 条 仲裁裁决的强制执行

1. 仲裁裁决的强制执行，由管辖法院以发布强制执行仲裁裁决的执行令的方式进行。

2. 发布执行令的申请，由有利害关系的当事人向债务人的住所地或居所地管辖法院递交。

3. 请求发布强制执行仲裁裁决的执行令的申请，必须在自该裁决做出时起 3 年内提出。

提出该申请时必须附上下列文件：

（1）仲裁裁决的原件或者经做出裁决的机构认证的裁决书副本，或者经公证的裁决书副本；

（2）将争议提交仲裁庭解决的协议（仲裁协议）原件或经公证的协议书副本；

（3）证明已按国家规定缴费的文件。

国际仲裁庭或者外国仲裁庭所做的裁决，必须依照吉尔吉斯共和国法律规定的程序进行认证。

所提交的裁决书文本以及将争议提交仲裁解决的协议，应以吉尔吉斯共和国的国语或官方语言做成。该文本如用外国文字作成，其译文必须以译者签字证明的方式予以认证。

第 42 条 拒绝发布执行令的理由

管辖法院对请求发布强制执行仲裁裁决的执行令的申请予以审查后，在下列情形下有权拒绝发布执行令：

（1）当事人一方向管辖法院证明，当事人一方在订立将争议提交仲裁庭解决的协议时无行为能力；

（2）当事人一方未得到指定仲裁员或进行仲裁程序的适当通知；

（3）仲裁庭的组成或者仲裁程序与当事人的协议不一致或者不符合应适用的规则；

（4）仲裁庭的裁决处理了当事人未约定或者不在当事人约定条件内的争

议，或者裁决处理的问题超出了协议的范围。如果仲裁协议所涉及的问题能与该协议未涉及的那些问题分开，则与仲裁协议所涉及的问题有关的那部分仲裁裁决，准予执行，且对该部分裁决的执行不得拒绝发布执行令；

（5）一方当事人附具理由地提出了仲裁协议无效的抗辩，而仲裁庭却对争议进行了审理并对争议的实体问题做出了裁决；

（6）管辖法院查明，根据吉尔吉斯共和国法律，争议事项不能通过仲裁程序解决。

如果因本条第1款第2点、第3点和第4点所述理由而拒绝发布强制执行令，则做出该被拒绝发布执行令的裁决的仲裁庭有义务重新启动仲裁程序。

第43条 期限的恢复

1. 管辖法院认为延误本法第41条第3款所指期限的理由很充分的，有权恢复申请发布强制执行仲裁裁决的执行令的期限。

2. 恢复期限的程序，由吉尔吉斯共和国法律调整，但国际条约或者协定另有规定的除外。

第44条 对请求发布执行令的申请进行审理

1. 对于请求发布强制执行仲裁裁决的执行令的申请，依照吉尔吉斯共和国法律规定的程序予以审理。

2. 必须以适当的方式告知当事人审理前述申请的时间和地点；但是，当事人一方不出庭并不妨碍对该申请的审理。

3. 不自觉履行仲裁裁决的当事人，有权向管辖法院提出抗辩，并说明不履行仲裁裁决的理由。

4. 作为审理前述申请的结果，管辖法院应做出发布执行令或拒绝发布执行令的裁定。管辖法院做出的裁定，可依照吉尔吉斯共和国法律规定的程序予以撤销。

第八章 仲裁庭对特殊类型的争议的审理

第45条 将本法规定适用于有公民参与的争议

1. 将争议交由仲裁庭审理时，如果争议的一方或者双方当事人均为公民，则应适用本法的规定，但当事人协议或吉尔吉斯共和国法律另有规定的除外。

2. 下列事项不得由仲裁庭审理：

——因撤销法院执行人员的决定或其他行为（不作为、拒绝执行某项行为）而引起的争议；

——对具有法律意义的事实（法律事实）的认定；

——所遗失票据的权利的恢复；

——破产争议；

——因损害公民生命或健康而引起的索赔；

——有关保护声誉、尊严和商誉的事项；

——因继承关系引起的争议；

——涉及结婚和终结婚姻的制度和条件的争议；

——涉及处于婚姻存续期的夫妻之间、父母与子女之间以及其他家庭成员之间的人身关系及非财产关系的争议；

——与收养、监护和照管有关的事项以及与子女教养有关的事项；

——因身份注册引起的争议；

——法律规定不得提交仲裁庭解决的事项。

第 46 条　对投资争议的审理

无仲裁协议时，外国投资者有权在其与吉尔吉斯共和国订立的合同中援引仲裁程序解决争议，并推定吉尔吉斯共和国对此表示同意。此时，外国投资者有权选择到吉尔吉斯共和国《关于在吉尔吉斯共和国投资的法律》第 18 条所述的任何机构仲裁。

在收到外国投资者提请仲裁（initiierende Mitteilung）的通知后，由吉尔吉斯共和国司法机关确定在投资争议中代表吉尔吉斯共和国的一方当事人。

自收到外国投资者的提请仲裁通知之日起 90 天内，吉尔吉斯共和国对于将争议提交仲裁庭解决的同意书，由司法机关经与其他相应的国家机关及其他机构协商后递交。在该期限内，司法机关有权以书面形式向外国投资者阐明其有关解决争议的建议、结论或者方式。

外国投资者不接受司法机关的建议或者在前述期限内未被告知此种建议时，该外国投资者有权立即将争议提交仲裁庭审理，无需取得代表吉尔吉斯共和国的一方当事人的书面同意；应推定吉尔吉斯共和国同意将争议提交仲裁庭审理。

如果本条第 1 款所指机构的应适用的规则规定，吉尔吉斯共和国参与仲裁程序应有书面同意的，则在收到外国投资者的质询之日起 7 天内，由司法机关以吉尔吉斯共和国的名义表示同意。

第 47 条　提请仲裁的通知

提请仲裁的通知必须包括：

（1）发出通知的人的情况（名称、法定地址、电话、传真、电子邮箱）；

（2）审理争议的仲裁庭名称和所在地；

（3）争议的另一方当事人或组织的名称及其法定地址；

（4）争议的一般情况，以阐明当事人据以提出请求的法律依据和事实依据的性质；

（5）当事人希望达到的请求数额；

（6）有关争议是否在管辖法院进入司法程序的情况。

第九章 最后条款

第 48 条 本法的生效

本法自官方公布之日起生效。

吉尔吉斯共和国总统

A. 阿卡耶夫

哈萨克斯坦共和国关于国际商事仲裁的第23号法律*

（2004年12月28日）

国际商事仲裁庭在哈萨克斯坦共和国领域内进行仲裁期间所产生的关系以及国际商事仲裁庭所做裁决在哈萨克斯坦共和国承认及执行的程序和条件，由本法调整。

第一章　一般规定

第1条　适用范围

本法适用于由自然人和法人参与的民事合同引起、并经国际商事仲裁庭裁决的争议，但哈萨克斯坦共和国法律另有规定的除外。

第2条　本法所使用的基本概念

本法所使用的基本概念如下：

1. 仲裁庭——为审理一项具体争议而特别组成的国际商事仲裁庭、常设的国际商事仲裁机构或者单独审理争议的仲裁员；

2. 仲裁员——由当事人选定的自然人或者仲裁庭为审理争议而根据当事人依本法规定所约定的程序指定的自然人；

3. 仲裁程序——仲裁庭审理争议并做出仲裁裁决的程序；

4. 仲裁协议——合同当事人关于将已经产生或即将产生的争议提交给仲裁庭审理的书面协议，该协议以仲裁条款的形式订于合同中或者以往来信件、电报、电挂、电传、传真、电子文件或者能记载民事主体意思表示的其他文件形式订立；

5. 仲裁裁决——仲裁庭所做出的裁决；

---

* 《哈萨克斯坦共和国关于国际商事仲裁的第23号法律》于2004年12月28日通过，公布于2005年1月7日《哈萨克斯坦法律公报》第4号并自该日起生效实施。本法根据德文译本翻译（资料来源：IPRax 2006, Heft 3, S. 322－328）。在翻译过程中，武汉大学国际法研究所宋连斌教授和北京邮电大学人文学院副教授丁颖博士在文字校对和专业术语表述方面给予了诸多指点和帮助，在此谨致谢意。——译者注

6. 管辖法院——属于哈萨克斯坦共和国法院体系，并根据《哈萨克斯坦共和国民事诉讼法》有权审理相关合同当事人之间争议的第一审法院；

7. 商事交易惯例——在不违背应适用的法律的范围内，在民事合同领域被广泛运用的行为规则，而不论该规则是否以一项文件为载体；

8. 仲裁规则——常设国际商事仲裁机构进行仲裁活动的规则；

9. 商业组织——以营利为主要目的之哈萨克斯坦共和国法人或者外国组织；

10. 哈萨克斯坦共和国的公共秩序——哈萨克斯坦共和国法律所规定的基本国家制度或社会制度。

第 3 条 哈萨克斯坦共和国关于国际商事仲裁的立法

1. 哈萨克斯坦共和国关于国际商事仲裁的立法应以哈萨克斯坦共和国的宪法为依据，并由本法和哈萨克斯坦共和国的其他规范性法律文件所组成。

2. 哈萨克斯坦共和国批准的国际条约中所制订的规则与本法有不同规定的，适用国际条约的规定。

第 4 条 仲裁程序的基本原则

进行仲裁程序时应遵循下列原则：

1. 当事人意思自治原则，即当事人有权通过事先约定的方式，自行对一项已经产生的争议开展仲裁程序的规则和条件等问题做出决定；

2. 依法仲裁原则，即仲裁员和仲裁庭只能根据当事人约定适用的法律规范做出裁决；

3. 当事人原则和当事人平等原则，即当事人在仲裁程序中同等地行使权利和履行义务，独立地陈述其立场并选择维护其权利的方式和手段，而不受仲裁庭、其他机构和个人的限制；

4. 衡平原则，即仲裁员和仲裁庭在对争议做出裁决时以及仲裁程序的当事人必须谨慎行事，尊重所提出的要求、社会道德准则和职业道德规范；

5. 保密原则，即仲裁员在未征得当事人或其继承人同意时，无权披露在仲裁程序中所知晓的信息；仲裁员不得就其在仲裁程序中所知晓的信息充当证人，但法律直接规定了公民有义务向主管机构报告有关信息的情形除外。

第 5 条 不许干涉仲裁活动

仲裁员和仲裁庭独立地对交由其审理的争议做出裁决；在做出裁决时，不受国家机关和其他机构影响。

第 6 条 将争议提交仲裁裁决

1. 当事人之间订有仲裁协议的，可将争议提交仲裁庭审理。

2. 当事人之间可以就已经产生或即将产生的任何民事合同争议订立仲裁

协议。

3. 如果一项争议已由一个管辖法院受理，在该法院对该争议做出判决之前，当事人均可就此争议订立仲裁协议。此时，管辖法院应裁定驳回申请且不予审理。

4. 当事人一方非哈萨克斯坦共和国居民时，当事人可通过协议将自然人、商业组织和其他组织之间的民事合同争议提交仲裁庭审理。

第二章　仲裁庭的组成

第 7 条　仲裁员

1. 所选定（指定）的仲裁员，应是对案件的结果无直接或间接利害关系、独立于各方当事人、同意履行仲裁员义务、年满 25 岁并受过高等教育的自然人。

2. 单独地对争议做出裁决的仲裁员，必须受过法律方面的高等教育并有 2 年以上的法律专业学习经历。对争议进行合议裁决的，首席仲裁员必须受过法律方面的高等教育。

3. 对候选仲裁员所做的要求，可由当事人直接约定或在仲裁规则中确定。

4. 下列人员不得作为仲裁员：

（1）根据哈萨克斯坦共和国的法律文件规定的程序被选聘或任命为管辖法院法官的人；

（2）被有管辖权的法官根据哈萨克斯坦共和国法律所规定的程序宣告为无行为能力或限制行为能力的人；

（3）曾被判刑且未注销其刑事记录的人；

（4）国家公务员。

第 8 条　审理争议的仲裁员人数

1. 当事人有权确定仲裁员的人数，但仲裁员的人数必须是单数。

2. 如果当事人无其他约定，应选定（指定）3 名仲裁员审理争议。

第 9 条　仲裁庭的组成

1. 仲裁庭由选定（委任）的仲裁员组成。

2. 由常设仲裁庭审理争议时，应按照该常设仲裁机构的规则所规定的程序组成仲裁庭。

3. 仲裁庭在对具体争议做出裁决时，依照当事人约定的程序组成仲裁庭。

4. 经当事人约定，哈萨克斯坦共和国公民、外国人或者无国籍人均可被选为仲裁员。

5. 当事人无另外约定的，在审理具体争议时，应按照下列程序组成仲裁庭：

（1）由3名仲裁员组成仲裁庭时，各方当事人选定1名仲裁员，然后由按照这种方式选定的2名仲裁员选择第3名仲裁员。

如果一方当事人在另一方当事人提出选择仲裁员的要求后60天内不选定仲裁员或者所选定的2名仲裁员在自己被选定后60天内不选定第3名仲裁员，则该名仲裁员由常设仲裁机构主席指定。

（2）如果由独任仲裁员审理争议，一方当事人向另一方当事人提出选择仲裁员的建议后，双方当事人在60天内未选定仲裁员的，则该仲裁员由常设仲裁机构主席指定。

第10条　仲裁员的回避

1. 仲裁员不符合本法第7条所规定要求的，各方当事人可以提出回避。

2. 某人被询有关他可能被选定（委任）为仲裁员的事情时，必须说明是否存在本法第7条所规定的构成其回避理由的任何情况。在仲裁程序期间，如曾有前述情况发生，仲裁员应毫不迟延地告知当事人并自行宣告回避。

3. 当事人一方只能根据在选定所涉仲裁员之后才得知的据以回避的前述情况，宣告他所选定的仲裁员回避。

4. 常设仲裁机构可在其仲裁规则中确定仲裁员的回避程序。

5. 对于裁决具体争议的仲裁庭，仲裁员的回避程序由各方当事人约定。

6. 当事人未约定仲裁员的回避程序或者常设仲裁机构的仲裁规则对此未做规定的，则在当事人得知据以回避的情况时起30天内，由当事人向仲裁庭递交请求仲裁员回避的书面声明，并说明理由。

7. 如果被请求回避的仲裁员不回避或者他方当事人不同意该回避，则各位仲裁员应组成仲裁庭，在收到当事人附具理由的书面声明起10天内，对回避做出决定。

单独审理争议的仲裁员，应自行对回避做出决定。

8. 单独审理争议的仲裁员驳回一方或者双方当事人提出的回避申请，或者当事人一方不同意该回避时，由双方当事人以达成终止仲裁程序的协议的方式对回避做出决定。

第11条　仲裁员权力的终止

1. 仲裁员的权力可由当事人根据本法规定的理由约定予以而终止，但也可因仲裁员患有疾病、死亡等基本无能力履行其职责的情况而终止。

2. 仲裁庭或单独审理争议的仲裁员权力终止时，在选定（指定）另一仲裁员之前，审理该争议的程序暂时中止。

3. 在对具体案件做出裁决后，仲裁员的权力即应终止。在本法第 30 条所规定的情况下，仲裁员的权力重新恢复，但在该条所规定的程序性行为结束后，仲裁员的权力又应终止。

第 12 条 仲裁员的替换

仲裁员的权力终止时，应按照选定（指定）被替换的仲裁员时所适用的规则选定（指定）另一名仲裁员。

在替换程序中被选定（指定）的仲裁员，有权安排重新庭审的时间。

第三章 仲裁庭裁决争议的费用

第 13 条 仲裁庭裁决争议的费用

1. 与仲裁庭裁决争议有关的费用，包括：

（1）仲裁员报酬；

（2）由仲裁员开支的与参加仲裁庭审理有关的费用，包括抵达仲裁地的差旅费、住宿费、餐饮费；

（3）专家和翻译人员的报酬；

（4）由仲裁员开支的与实地调查、勘验书面、事实证据有关的费用；

（5）由证人承担的费用；

（6）为使仲裁庭做出有利于当事人的裁决而向为当事人提供服务的代理人支付的费用；

（7）组织并确保仲裁程序正常运作的费用。

2. 对于常设仲裁机构，待仲裁庭组成后，根据常设仲裁机构的规章所规定的仲裁员报酬数额表确定仲裁员报酬的数额。

常设仲裁机构的规章未规定仲裁员报酬固定数额的，仲裁庭可根据审理争议的具体情况决定仲裁员报酬的数额——应考虑争议额大小、案件的难易程度、仲裁员在仲裁程序中所花费的时间以及其他与案件有关的情况。

3. 对于裁决具体争议的仲裁庭，仲裁员报酬的数额依当事人的协议确定；无此种协议的，仲裁员报酬的数额由对具体争议做出裁决的仲裁庭依照常设仲裁机构所规定的数额加以确定。

第 14 条 仲裁庭裁决争议的费用的分担

1. 与仲裁庭裁决争议有关的费用在当事人之间的分担，由仲裁庭根据当事人的协议确定，无此种协议时，依照所判付的以及被驳回的请求比例分担。

2. 为使仲裁庭做出有利于当事人的裁决而向为当事人提供服务的代理人支付的费用以及其他与仲裁程序有关的费用，仲裁庭可以裁决由另一方当事人承担，前提是在仲裁程序中已提出了赔偿所承担的该项费用的请求并且该请求已被仲裁庭准许。

3. 与仲裁庭裁决争议有关的费用分担，应在仲裁庭的裁决书或决定中注明。

第四章 仲裁庭的管辖权

第 15 条 仲裁庭对其管辖权做出决定的权利

1. 仲裁庭自行对其是否有权审理向其提交的争议——包括一方当事人因仲裁协议无效而对仲裁程序提出的抗辩——做出决定。

2. 当事人一方有权在对争议进行第一次开庭审理前，宣告仲裁庭无权对争议做出裁决。

3. 在仲裁程序中，如果作为裁决对象的问题未在仲裁协议中加以规定，或者根据在该仲裁程序中所适用的法律规范或者仲裁程序规则，所裁决的问题不得作为仲裁程序的对象，则当事人一方有权宣告仲裁庭超越权限。

4. 仲裁庭必须在 10 天之内对根据本条第 2 款和第 3 款所提出的宣告予以审查，并对宣告进行审查的结果做出决定。

5. 如果仲裁庭在对其管辖权进行审查后做出决定，认为自己无权对争议做出裁决，则仲裁庭不得对案件实质问题进行审理。

第五章 仲裁程序的进行

第 16 条 仲裁程序规则的确定

1. 常设仲裁机构依照其仲裁规则进行仲裁程序。

2. 对具体争议做出裁决的仲裁庭，依照当事人约定的规则进行仲裁程序。

常设仲裁机构的仲裁规则以及本法均未规定仲裁程序规则，当事人也对此无约定的，仲裁程序规则由仲裁庭确定。

第 17 条 仲裁地

当事人可根据其意愿决定仲裁地。当事人对此不能达成一致的，仲裁地由仲裁庭确定——应考虑个案情况，包括是否便利当事人等因素。

第 18 条 仲裁申请和对仲裁申请的答辩

1. 申请人应向仲裁庭递交书面的仲裁申请，并在仲裁申请书中阐明其请求。

仲裁申请书的副本应转交被申请人。

2. 仲裁申请书必须载明：

（1）提出仲裁申请的日期；

（2）当事人的名称、邮寄地址和银行账户；

（3）向仲裁庭提请仲裁的理由；

（4）申请人的请求；

（5）申请人据以提出请求的各种情况；

（6）证实所提请求的证据；

（7）债权争议额；

（8）仲裁申请所附的文件和其他资料。

3. 仲裁规则可对仲裁申请书的内容提出附加要求。

4. 被申请人有权向申请人和仲裁庭就仲裁申请书提出答辩，并在该答辩书中阐述其对仲裁申请的抗辩。对仲裁申请的答辩书应按照仲裁规则所规定的方式和期限提交给申请人和仲裁庭。

仲裁规则就提交对仲裁申请的答辩书的日期未做规定的，则此项答辩应至少在仲裁庭第一次开庭前 10 天提交，但本法另有规定的除外。

5. 在仲裁程序中，当事人有权变更、补充其仲裁请求或其对仲裁申请书的答辩。

第 19 条　仲裁程序的开始

如当事人无另外约定，就具体争议而言，仲裁程序自被申请人接到将该争议提交仲裁庭裁决的通知之日起开始。

第 20 条　驳回仲裁申请

1. 有下列情形之一者，仲裁庭驳回仲裁申请：

（1）当事人之间无仲裁协议；

（2）向仲裁庭提交的仲裁申请未在仲裁协议中规定；

（3）仲裁事项超出仲裁协议的范围；

（4）签署仲裁申请的人无签署权；

（5）申请人提出了驳回仲裁申请的请求；

（6）在本仲裁程序或者其他仲裁程序中，相同当事人之间因相同的理由就同一事项存在争议。

2. 仲裁庭在驳回仲裁申请时，应做出附具理由的决定。

3. 仲裁庭驳回仲裁申请并不妨碍申请人对同一被申请人因相同的理由就同一事项重新向仲裁庭提请仲裁。

第 21 条　仲裁程序所使用的语言

1. 当事人可以自由约定仲裁程序中所使用的一种或多种语言。当事人对此不能达成一致的，由仲裁庭确定哈萨克斯坦共和国的国语、与该语言具有同等地位的俄语或者在审理过程中必须使用的其他语言作为仲裁程序的语言。

仲裁参与人不通晓仲裁程序所使用的语言时，应确保其熟悉案件资料、借助翻译参与仲裁程序、在庭审时使用其母语进行陈述的权利。

2. 当事人所提交的文件和其他资料不是用仲裁程序所使用的一种或多种语言作成时，该当事人应确保该文件或资料翻译的准确性，同时，仲裁规则或当事人的协议可对此提出另外的要求。

3. 仲裁庭可要求当事人将文件和其他资料翻译成仲裁程序所使用的语言。

第 22 条　不提交文件以及一方当事人不出庭

1. 不提交文件和其他资料以及当事人一方不出席庭审或者该当事人的代理人在被适当通知庭审的时间和地点后仍不出庭时，如果无充分理由而不提交文件和其他资料或者当事人不出席庭审，则不妨碍仲裁庭审理争议并做出裁决。

2. 被申请人不提交对仲裁申请的答辩书，不得被视为认可仲裁申请所提出的请求。

第 23 条　当事人的权利

参与仲裁程序的当事人具有下列权利：

（1）熟悉案件资料并制作相关资料的副本；

（2）提交证据；

（3）提出仲裁员回避的申请；

（4）提出与仲裁程序有关的问题，提交书面或口头声明；

（5）就仲裁程序期间发生的所有问题提出自己的论据；

（6）对另一方当事人的申请或论据进行抗辩；

（7）根据哈萨克斯坦共和国法律向管辖法院请求强制执行仲裁裁决；

（8）在本法所规定的情况下请求撤销仲裁裁决。

第 24 条　仲裁庭所指定的专家

1. 如果参与仲裁程序的各方当事人无其他约定，仲裁庭可以：

（1）就仲裁庭确定的某个具体问题指定一名或数名专家出具鉴定意见；

（2）要求当事人就与案件有关的信息提供专家报告、授权调查与案件有关的文件、货物或其他财产。

2. 当事人对此不能达成一致的，如果当事人要求或者仲裁庭认为有必要，专家在出具书面的或口头的鉴定意见后应参加仲裁庭的口头庭审，在庭审中当事人有权向其提问并就专家对争议的问题所做的发言提出异议。

第 25 条　管辖法院协助采取保全措施和提取证据

1. 当事人可以向管辖法院请求采取保全其仲裁请求的措施。

2. 有关保全由仲裁庭审理的仲裁请求的申请，应由当事人向仲裁地或者被采取保全措施的财产所在地的管辖法院提出。

3. 有关保全由仲裁庭审理的仲裁请求的申请，由管辖法院依照《哈萨克斯坦共和国民事诉讼法》所规定的方式处理，并做出保全仲裁请求或驳回该项请求的裁定。

4. 有关保全由仲裁庭审理的仲裁请求的裁定，可由做出该项裁定的法院基于当事人一方的申请予以撤销。

5. 仲裁庭或者经仲裁庭同意的当事人可以请求管辖法院协助提取证据。管辖法院根据哈萨克斯坦共和国法律对该项请求进行审查。

第六章　做出仲裁裁决与终止仲裁程序

第 26 条　适用于争议实质问题的规范

1. 仲裁庭裁决争议，应根据当事人所选择的作为适用于审查争议的法律规范进行。对一国法律或法律体系的任何指引必须解释为直接指引该国的实体法规范，而非指引其冲突规范。

2. 当事人未约定应适用的法律时，由仲裁庭根据哈萨克斯坦共和国的法律确定应适用的法律。

3. 应适用的法律对具体的法律关系未做规定的，由仲裁庭根据适用于相应法律行为的商业交易惯例做出裁决。

第 27 条　友好地达成一致（和解）

1. 在仲裁程序中，当事人双方已对争议达成和解的，仲裁庭终止审理。经当事人请求，仲裁庭应按协议的条件以仲裁裁决的形式记录该和解。

2. 按协议的条件所做的仲裁裁决必须依照本法第 28 条的规定做出。此种仲裁裁决，同其他就案件本身所做的仲裁裁决一样，应予以履行。

第 28 条　仲裁裁决的形式与内容

1. 仲裁庭的裁决应以书面形式做出，并由组成仲裁庭的仲裁员——包括对裁决持不同意见的仲裁员，其书面观点也是仲裁裁决不可分割的一部分——签名。如果仲裁审理采用合议制，则裁决应由组成仲裁庭的仲裁员的多数人签名，前提是要注明其他仲裁员不签名的充分理由。

2. 仲裁裁决书应载明仲裁的日期、地点以及据以做出仲裁裁决的缘由。

3. 仲裁裁决做出后，应面交或寄交每一方当事人一份裁决书。

第 29 条 仲裁程序的终止

1. 仲裁程序可因本条第 2 款所规定的理由做出终止仲裁程序的决定而终止。

2. 在下列情形下，仲裁庭做出终止仲裁程序的决定：

（1）申请人撤回其仲裁申请，仲裁庭也同意撤回，并且被申请人对终止仲裁程序无任何异议；

（2）仲裁庭做出了自己无权对交由其裁决的争议进行审理的决定；

（3）管辖法院或仲裁庭对相同当事人之间就同一事项因相同理由发生的争议所做出的判决或裁决已发生法律效力；

（4）当事人已经达成了终止仲裁程序的协议；

（5）作为仲裁程序当事人的商业组织被清算；

（6）作为仲裁程序当事人的自然人死亡、被宣告死亡或者被宣告失踪。

第 30 条 仲裁裁决的更正与解释；补充裁决

1. 当事人未约定其他期限时，在收到仲裁裁决书 60 天内：

（1）任何一方当事人均可请求仲裁庭就裁决书中出现的计算错误、签名错误或打印错误以及其他类似性质错误进行更正，并将此告知另一方当事人；

（2）任何一方当事人均可请求仲裁庭就其所做裁决的某具体要点或某部分进行解释，并将此告知另一方当事人。

如果仲裁庭认为当事人的请求有理，必须在收到该请求后 30 天内对此种更正进行登记或者做出解释。对仲裁裁决所做的解释属于该仲裁裁决不可分割的一部分。

2. 自做出仲裁裁决之日起 30 天内，仲裁庭可以自行对第 1 款第 1 项所述的错误进行更正。

3. 如果当事人无其他约定，则任何一方当事人均可在收到仲裁裁决书后 60 天内请求仲裁庭对已在仲裁程序中申请过、但在仲裁裁决书中未予体现的仲裁请求予以补充仲裁，并将此告知另一方当事人。如果仲裁庭认为当事人的请求有理，必须在收到该请求后 60 天内做出补充的仲裁裁决。

4. 必要时，仲裁庭可将期限延长，但延长的期限不得超出 60 天，在该延长的期限内，仲裁庭必须根据本条第 1 款和第 3 款的规定更正错误、对裁决进行解释或者做出补充的仲裁裁决。

第七章 仲裁裁决的撤销

第 31 条 申请撤销仲裁裁决

1. 撤销仲裁裁决的申请，只能根据本条第 2 款和第 3 款的规定向管辖法院提出。

2. 管辖法院只能在下列情况下撤销仲裁裁决：

（1）申请撤销仲裁裁决的当事人提交证据证明：

——仲裁协议的当事人一方被管辖法院宣告为无行为能力人，或者根据支配当事人本身的法律，以及无此种法律时，根据哈萨克斯坦共和国法律，仲裁协议无效；

——未接到指定仲裁员或者有关仲裁庭开庭审理的通知，或者因为经管辖法院认定的其他充分理由而不能提交其声明；

——仲裁裁决所针对的争议不在仲裁协议规定之列或者不在协议的条款范围内，或者其含有的决定所针对的问题超出了仲裁协议的界限，以及由于仲裁庭对争议无管辖权。

如果仲裁庭针对处于仲裁协议范围内的问题所做的裁决可与那些针对不在仲裁协议范围内的问题所做的裁决分离开来，则只能撤销仲裁裁决中针对仲裁协议未涉及的问题所做的那部分裁决；

——仲裁庭的组成或者审理争议的仲裁程序不符合当事人的约定或仲裁规则；

（2）经管辖法院认定，仲裁裁决违背哈萨克斯坦共和国的公共秩序，或者根据哈萨克斯坦共和国的法律，仲裁裁决的争议不得通过仲裁程序解决。

3. 请求撤销仲裁裁决的当事人自收到仲裁裁决书之日起，但在依照本法第 30 条规定提出请求的情况下，自仲裁庭就该项请求做出裁决之日起，在 3 个月的期限届满后不得提出撤销仲裁裁决的申请。

4. 应当事人一方的请求，管辖法院可在特定期限内推迟有关申请撤销仲裁裁决、重新开始仲裁审理或者采取允许消除据以撤销仲裁裁决的事由的其他措施的程序。

5. 管辖法院应就撤销仲裁裁决的问题做出裁定。该项裁定可予以撤销或者根据《哈萨克斯坦共和国民事诉讼法》对其提出抗辩。

第八章 仲裁裁决的承认与执行

第 32 条 仲裁裁决在哈萨克斯坦共和国的承认与执行

1. 仲裁裁决被承认为具有约束力，并在向管辖法院提出书面申请后根据哈萨克斯坦共和国的法律规定予以执行。

在外国做出的仲裁裁决由管辖法院予以承认，并由强制执行机构基于互惠原则予以执行。

2. 支持仲裁裁决或者请求执行仲裁裁决的当事人，必须提交仲裁裁决书及仲裁协议或者经认证的副本。

如果仲裁裁决或仲裁协议以外国语言做成，则当事人必须提交经认证的以哈萨克斯坦共和国国语或俄语做成的这些文件的译本。

第 33 条 拒绝承认或执行仲裁裁决的理由

1. 无论仲裁裁决在哪国做出，有下列理由之一者，管辖法院拒绝予以承认或执行该裁决：

（1）当事人向管辖法院提供证据证明：

——当事人一方被管辖法院宣告为无行为能力人或限制行为能力人；

——依照支配当事人的法律，仲裁协议无效；

——仲裁裁决所针对的当事人未接到指定仲裁员或仲裁庭开庭审理的通知或者因为经管辖法院认定的其他充分理由而不能提交其声明；

——仲裁裁决所针对的争议不在仲裁协议规定之列或者不在协议的条款范围内，或者其含有的决定所针对的问题超出了仲裁协议的界限，以及由于仲裁庭对争议无管辖权。

如果仲裁庭针对处于仲裁协议范围内的问题所做的裁决可与那些针对不在仲裁协议范围内的问题所做的裁决分离开来，则只能驳回仲裁裁决中针对仲裁协议未涉及的问题所做的那部分裁决；

——仲裁庭的组成或者审理争议的仲裁程序不符合当事人的约定，或者在无此种约定时，不符合仲裁地国家的法律；

——裁决对当事人尚未产生约束力或者已被撤销，或者仲裁裁决已经被做出裁决所依据的法律所属国的法院中止执行。

（2）如果经管辖法院认定，承认与执行该仲裁裁决违背哈萨克斯坦共和国的公共秩序，或者根据哈萨克斯坦共和国的法律，仲裁裁决的争议不得通过仲裁程序解决。

2. 管辖法院以裁定的方式对有关承认与执行仲裁裁决的问题做出决定。

该项裁定可予以撤销或者根据《哈萨克斯坦共和国民事诉讼法》对其提出抗辩。

哈萨克斯坦共和国总统
努尔苏丹·阿比舍维奇·纳扎尔巴耶夫